SEARCH SEIZURE EXTRATERRI-TORIAL DATA

역외 전자정보 압수·수색 연구

조성훈

박영사

머리말

전자정보 또는 디지털증거의 문제는 최근 형사법에서 가장 큰 변화를 겪고 있는 분야이다. 대부분의 유의미한 증거가 전자정보의 형태로 존재하며, 최근 압수·수색에서 디지털증거의 획득은 필수적 요소로 여겨지고 있다. 그런데 전자정보 압수·수색에서는 기존에 검토되지 않았던 다양한 쟁점이 제기되고 있다. 전자정보의 대량성, 다양성, 비가시성이라는 특징 때문에 관련성 있는 정보의 탐색이라는 명목하에 수사기관에 광범위한 정보 열람 권한을 부여할 우려가 있다. 또한 범죄행위와 네트워크의 초 국경적 성격, 암호화 기술발전 등의 이유로 역외 전자정보 수집의 문제는 날로 중요성을 더하고 있는바, 이에 대한 각국 정부의 대응은 프라이버시와 표현의 자유에 대한 중대한 위협이 될 수 있는 것이다.

본서는 역외 전자정보 수집을 중심으로 전자정보 압수·수색의 기본적인 문제를 다루고 있다. 압수·수색과 감청 관련 법제는 수사기관으로 대표되는 국가의 정보통제권이라는 관점에서 바라보아야 한다. 달리 말하면, 정부와 민간 사이에 정보 통제에 대한 적절한 범위를 결정한다는 관점이 필요하다. 국가의 정보수집 활동 통제라는 의미에서 개인정보보호 관련 원칙과 제도를 압수·수색의 적법성을 통제하는 실질적 원칙으로 발전시켜야 한다. 본서는 위와 같은 관점을 토대로 전자정보 압수·수색의 구체적 쟁점 연구에 도움이 되기를 바라는 마음에서 저자의 학위 논문을 다듬어 편찬한 것이다.

항상 격려와 조언을 아끼지 않으시고 지도교수로서 열과 성을 다해 가르침을 주신 이상원 교수님께 먼저 감사드린다. 그리고 논문심사과정에서 가르침과 깨달음을 주신 신동운, 이용식, 오영근, 김성돈 교수님께도 깊은 감사를 드린다. 또한 언제나 따뜻한 배려를 해주시는 정상조 교수님의 은혜를 잊을 수 없다. 버클리법대에서 필자를 지도해주신 Robert Merges, Robert Cooter, Paul Schwartz, Richard Buxbaum, John Yoo, Laurent Mayali 교수님께도 감사의 마음을 전하고 싶다.

필자는 연구자이면서 동시대에 가장 논쟁이 되는 사건들의 현장에서 치열하게 뛰어온 실무가이기도 하다. 따라서 본서는 법률가로서의 연구, 대학에서 강의라는 지적 활동의 결과물임과 동시에 수사와 공판이라는 전쟁터의 최전선에서 입은 상흔의 누적인 것이다. 필자가 이러한 활동을 할 수 있는 최고의 기회를 제공해 준 사무실의 동료, 선후배들에 대한 감사한 마음은 그 어떤 말로도 다 표현할 수 없다. 아울러 검찰에서 함께 땀과 눈물을 흘렸던 동료, 선후배 검사님들과 검찰 구성원분들, 본서의 출간을 위해 교정·발간 과정에서 애써 주신 박영사 관계자분들에게도 감사를 드린다.

마지막으로 언제나 든든한 후원자가 되어 주는 가족에게도 미안한 마음과 함께 감사한 마음을 전한다.

2020년 6월 광화문 사무실에서

저자

목차

제1장 서론

제2장 역외 전자정보 수집의 현황과 문제점

제3장 전자정보 압수·수색의 사법 통제

제1절 전자정보 압수·수색의 기본 문제

제2절 전자정보 압수·수색의 사전통제

제3절 전자정보 압수·수색의 중간단계 통제

제4장 전자정보 접근방법의 법적 문제

제1절 일반론

제2절 접근권한정보 등을 이용한 전자정보 접근

제6장 관련 문제

제1절 국가관할권 행사의 합리성 이론

제2절 국제협력의 가능성

제7장 결론

제1장

서론

제1장 서론

Ⅰ. 연구 필요성

전자정보에 대한 대물적 강제처분은 형사법에서 가장 큰 변화를 겪고 있는 분야이다. 대부분의 유의미한 증거가 전자정보의 형태로 존재하고 있고, 그에 따라 전자정보의 확보는 압수·수색 절차에서 핵심적 위치를 차지하게 된 것이다.

그런데 전자정보 압수·수색에서는 기존의 물리적 증거에서 검토되지 않았던 다양한 쟁점이 제기되고 있다. 기술의 발전으로 인하여 정보저장매체가 담을 수 있는 정보의 양은 기존 물리적 증거에서는 상상하기 어려울 정도로 방대해지고 있으며, 일상생활에서 컴퓨터를 필수적으로 이용하는 활동영역이 증가함에 따라 일반적으로 사용되는 개인용 컴퓨터 또는 휴대전화기 한 대에도 서로 관련성이 없는 다양한 종류의 정보가 기록되고 있다. 또한 전자정보의 비가시성이라는 특징 때문에 관련성 있는 정보의 탐색이라는 명목하에 수사기관에 광범위한 정보 열람 권한을 부여할 우려가 있는 것이다. 한편 전자정보의 저장장소도 다양화되고 있다. 클라우드 컴퓨팅을 비롯한 정보통신기술의 발달로 데이터는 컴퓨터, 휴대전화기 등의 개인용 정보기기에서 정보통신망으로 상호연결된 원격관리 서버로 옮겨가고 있으며, 그 서버의 소재지도 반드시 국내에 국한되지 않게 되었다. 범죄행위와 네트워크의 초 국경적 성격, 암호화 기술발전 등의 이유로 역외 전자정보 수집의 문제는 날로 중요성을 더하고 있는바, 각국 정부는 이에 대응하기 위한 다양한 방법을 동원하고 있다. 그러나 개별 국가가 정보에 대한 통제를 확대하려는 시도는 프라이버시와 표현의 자유에 대한 중대한 위협이 될 수 있는 것이다.

본 문헌은 이러한 문제의식을 바탕으로 전자정보의 특성을 고려하면서도 공적 이익과 프라이버시 보호를 조화할 수 있는 해석론과 입법론을 검토하고자 한다.

Ⅱ. 연구범위와 방법

1. 기초이론

본 문헌은 적법절차 원칙을 출발점으로 하여 전자정보에 대한 압수、수색 절차를 규율하는 핵심원리를 발견하기 위해 우리 판례, 법령, 학설을 살피고, 국제법·비교법적 검토를 병행한다. 우선 제2장, 제3장은 본서의 개별 쟁점 검토를 위한 기초적인 사항을 제시한다.

제2장에서는 먼저 역외 전자정보 수집을 유형화하고, 유형별로 국내외 입법, 판례의 동향을 간략히 정리할 것이다. 전자정보가 저장된 서버의 소재지가 해외인 경우, 수사기관은 관할권이 미치는 어떠한 '연결점'을 매개로 역외 전자정보에 대한 압수·수색을 시도한다. 즉, ① 관할권 내의 최초 압수·수색 장소에 있는 수색 대상 컴퓨터, ② 적법하게 확보한 압수대상자의 계정정보, ③ 관할권이 미치는 인터넷서비스 제공자의 자회사 또는 모회사 등을 매개로 하여 해외에 저장·보관된 전자정보를 수집하는 것이다. 위 유형들은 각각 고유한 쟁점을 가지고 있는바, 그에 대한 국내외 현황을 파악하는 것은 이후 논의를 위한 중요한 기초가 될 것이다.

다음으로 역외 전자정보의 쟁점 검토에 필요한 정책적 관점을 제공한다. 각국 정부는 전자정보 또는 데이터에 대한 접근권한을 확대하기 위해 다양한 방법을 동원하고 있다. 대표적인 수단으로 ① 국가관할권의 확장, ② 데이터 국지화, ③ 암호화 관련 조치 등을 들 수 있다. 위와 같은 현상의 배경과 전개 현황을 살펴봄으로써 개별 법적 쟁점의 검토에 필요한 폭넓은 시각을 얻을 수 있을 것이다.

제3장에서는 전자정보 압수·수색의 기초이론을 제공한다. 먼저 전자정보의 맥락에서 압수·수색의 요건 및 절차를 살펴본 후, 전자정보 압수·수색의 사법 통제 문제를 검토할 것이다. 대량성, 다양성, 비가시성 등의 특성 때문에 기존의 압수·수색 제한 법리는 전자정보에 있어 본래의 역할을 할 수 없으므로 별도의 법리가 필요하다는 주장이 국내외에서 제시되는 상황에서, 대법원은 2015. 7. 16.자 2011모1839 전원합의체 결정을 통하여 당사자 참여권을 전자정

보 압수·수색 과정에서 적법절차와 영장주의 원칙을 관철할 핵심 제도의 위치로 격상시킨 바 있다. 제3장에서는 중간단계의 사법 통제라는 관점에서 당사자 참여권의 의미에 대하여 상세히 살펴보고, 추가적인 개선 방향을 검토하고자 한다.

2. 역외 전자정보 압수·수색의 구체적 쟁점

역외 전자정보에 대한 압수·수색은 ① 국내법 위반의 문제, ② 국제법과 개별 국가의 국내법을 고려한 영토주권 침해의 문제, ③ 위법수집증거 배제법칙의 문제로 나누어 검토할 필요가 있다. 제4장, 제5장에서는 위와 같은 역외 전자정보 압수·수색의 구체적 쟁점을 상세히 검토한다.

제4장에서는 역외 전자정보 수집의 국내법적 측면으로 수사기관의 전자정보 접근 방법의 법적 문제를 검토한다. 이를 위하여 ① 피압수자로부터 취득한 접근권한정보, 암호화 정보를 기초로 전자정보에 접근하는 경우와 ② 기타 수사 활동을 통해 전자정보에 접근하는 경우로 나누어 적법성 판단기준을 제시할 것이다. 전자정보가 저장된 서버에 대한 압수·수색은 원칙적으로 피압수자의 접근권한정보(아이디, 패스워드 등) 획득을 전제로 하며, 저장매체 또는 개별 파일에 대하여 개인정보·영업비밀 등의 보호를 위해 암호화 방법을 사용하는 경우도 많다. 이러한 상황을 고려하여 접근권한정보, 암호화 정보의 취득과 진술거부권의 관계를 면밀히 검토하는 것이 제4장의 핵심적 내용이라 할 것이다.

제5장에서는 ① 국제법과 개별 국가의 국내법을 고려한 영토주권 침해의 문제, ② 적법절차의 실질적 내용의 검토를 통한 위법수집증거 배제법칙의 문제를 구분하여 역외 전자정보 압수·수색의 범위와 한계를 검토한다. 먼저 국제형사법적 관점에서 국제규범과 개별 국가의 실행을 고려한 방법론을 검토하고, 이를 적용하여 역외 전자정보 수집의 맥락에서 국가관할권의 범위를 명확히 할 것이다. 나아가 기존에 충분히 논의되지 아니하였던 국제법 문제와 위법수집증거 배제법칙의 관계를 구체적으로 살펴본다.

3. 관련 문제

제6장, 제7장에서는 역외 전자정보 수집과 관련된 다양한 입법론·정책론의 관점을 검토한다. 먼저 **제6장**에서는 ① 우리 법의 해석 및 입법에 참고할 수 있도록 이익형량의 방법에 따른 국가관할권의 제한 법리를 검토하고, ② 디지털증거 공유를 위한 국제적 차원의 논의를 살펴본다. **제7장**에서는 연구 결과를 요약하며 장래의 과제를 정리한다.

* * * * *

제2장

역외 전자정보 수집의 현황과 문제점

제2장 역외 전자정보 수집의 현황과 문제점[1)]

Ⅰ. 전자정보의 의의와 현황

형법은 실체법 관점에서 '문서', '재물' 등의 개념을 보완하기 위해 '전자기록 등 특수매체기록'의 개념을 사용하며,[2)] 형사소송법은 증거의 맥락에서 '정보'와 '컴퓨터용 디스크, 그 밖에 이와 비슷한 정보저장매체'의 개념을 도입하고 있다.[3)] 한편 대법원은 형사소송법의 문언을 이어받아 '전자정보'라는 개념을 사용하고 있다.[4)] '전자정보' 외에도 '디지털증거',[5)] '전자증거'[6)] 등의 용어가 혼

---

1) 본 장의 내용 중 일부는 拙稿, "역외 디지털증거 수집과 국제형사 규범의 발전", 법학논집 제43권 제3호 (2019), 93면의 내용을 수정·발전시킨 것이다.

2) 1995. 12. 29. 법률 제5057호로 개정된 형법은 '정보처리장치'와 '특수매체기록'의 개념을 도입하여 컴퓨터범죄의 기본 틀을 마련하였다. 컴퓨터범죄 관련 구성요건은 다음과 같이 구분할 수 있다. ① '특수매체기록'으로 넓은 의미의 '문서' 개념을 보완한 경우: 형법 제140조 제3항(공무상비밀전자기록등내용탐지), 제227조의2(공전자기록등위작·변작), 제228조 제1항(공전자기록등불실기재), 제229조(위작·변작공전자기록등행사, 불실기재공전자기록등행사), 제232조의2(사전자기록등위작·변작), 제234조(위작·변작사전자기록등행사), 제316조 제2항(전자기록등내용탐지). ② '특수매체기록'으로 '재물' 또는 '물건'의 개념을 보완한 경우: 형법 제141조 제1항(공용전자기록등손상·은닉·무효), 제323조(권리행사방해), 제366조(전자기록등손괴·은닉). ③ '정보처리장치'를 매개로 한 구성요건: 형법 제314조 제2항(컴퓨터등손괴·전자기록등손괴·컴퓨터등장애업무방해), 형법 제347조의2(컴퓨터등사용사기).

3) 형사소송법은 다음과 같이 증거의 맥락에서 '정보'와 '정보저장매체등'의 개념을 사용한다. ① 제106조 제3항 본문: "법원은 압수의 목적물이 컴퓨터용디스크, 그 밖에 이와 비슷한 정보저장매체(이하 이 항에서 '정보저장매체등'이라 한다)인 경우에는 기억된 정보의 범위를 정하여 출력하거나 복제하여 제출받아야 한다." ② 제313조 제1항 본문: "전2조의 규정 이외에 피고인 또는 피고인이 아닌 자가 작성한 진술서나 그 진술을 기재한 서류로서 그 작성자 또는 진술자의 자필이거나 그 서명 또는 날인이 있는 것(피고인 또는 피고인 아닌 자가 작성하였거나 진술한 내용이 포함된 문자·사진·영상 등의 정보로서 컴퓨터용디스크, 그 밖에 이와 비슷한 정보저장매체에 저장된 것을 포함한다. 이하 이 조에서 같다)은 공판준비나 공판기일에서의 그 작성자 또는 진술자의 진술에 의하여 그 성립의 진정함이 증명된 때에는 증거로 할 수 있다." (밑줄은 필자가 부기함).

4) 다음과 같은 대표적 판례들이 모두 '전자정보'라는 용어를 사용한다. ① 대법원 2015. 7. 16.자 2011모1839 결정(종근당 사건): "수사기관의 전자정보에 대한 압수·수색은 원칙

용되며 각 개념 간의 관계가 구체적으로 정립되어 있지는 않다.[7] 본 문헌에서는 대법원의 용례에 따라 '전자정보' 개념을 주로 사용하되, 맥락에 따라 '정보', '데이터', '디지털증거'의 개념도 혼용하기로 한다.

형사 절차에서 전자정보는 그 목적에 따라 다양한 기준으로 유형화할 수 있으나, 가장 중요한 기준은 정보통신망을 통해 전송 중인 정보와 전송이 완료되어 저장·보관 중인 정보의 구분이라 할 수 있다. 전송 중인 정보는 통신비밀보호법이 적용되고, 전송이 완료된 정보는 형사소송법이 적용되어 관련 법적 절차가 다르기 때문이다. 본 문헌은 원칙적으로 전송이 완료되어 저장·보관 중인 전자정보를 논의 대상으로 한다. 후술하는 암호기술 발전 등의 이유로 인하여, 역외 증거수집에서 주로 논의되는 유형은 전송이 완료되어 인터넷서비스 제공자[8]의 서버 등에 저장·보관 중인 전자정보이기 때문이다.

적으로 영장 발부의 사유로 된 범죄 혐의사실과 관련된 부분만을 문서 출력물로 수집하거나 수사기관이 휴대한 저장매체에 해당 파일을 복제하는 방식으로 이루어져야 하고, 저장매체 자체를 직접 반출하거나 저장매체에 들어 있는 전자파일 전부를 하드카피나 이미징 등 형태(이하 '복제본'이라 한다)로 수사기관 사무실 등 외부로 반출하는 방식으로 압수·수색하는 것은 (…) 예외적으로 허용될 수 있을 뿐이다." ② 대법원 2017. 11. 29. 선고 2017도9747 판결(역외 서버 압수·수색 사건 – 시나닷컴): "정보저장매체에 저장된 <u>전자정보</u>에 대한 압수·수색은 영장 발부의 사유로 된 범죄 혐의사실과 관련된 부분만을 출력하거나 복제하는 방법으로 하여야 하고, 다만 범위를 정하여 출력 또는 복제하는 방법이 불가능하거나 압수의 목적을 달성하기에 현저히 곤란하다고 인정되는 때에는 정보저장매체 자체를 압수할 수 있다." (밑줄은 필자가 부기함)

5) 디지털증거의 수집·분석 및 관리 규정(대검찰청 예규 제991호, 2019. 5. 20. 전부개정, 2019. 5. 20. 시행) 제3조 제1호: "디지털증거란 범죄와 관련하여 디지털 형태로 저장되거나 전송되는 증거로서의 가치가 있는 정보를 말한다."

6) 미연방 법무부의 매뉴얼이 대표적으로 '전자증거'(electronic evidence)의 개념을 사용한다. U.S. Department of Justice, **Searching and Seizing Computers and Obtaining Electronic Evidence in Criminal Investigation** (3d ed. 2009).

7) 국가정보화법 제3조 제1호는 "정보란 특정 목적을 위하여 광(光) 또는 전자적 방식으로 처리되어 부호, 문자, 음성, 음향 및 영상 등으로 표현된 모든 종류의 자료 또는 지식을 말한다"고 규정하여 정보에 대한 일반적 정의를 제공하고 있다.

8) 정보통신망 이용촉진 및 정보보호 등에 관한 법률(이하 '정보통신망법'이라 함) 제2조 제1항 제3호는 '**정보통신서비스 제공자**'를 전기통신사업법 제2조 제8호에 따른 전기통신사업자와 영리를 목적으로 전기통신사업자의 전기통신역무를 이용하여 정보를 제공하거나 정보의 제공을 매개하는 자로 정의한다. 한편, 전기통신사업법에 의하면, '**전기통신역무**'란 전기통신설비를 이용하여 타인의 통신을 매개하거나 전기통신설비를 타인

전송이 완료된 전자정보는 개인이 사용하는 컴퓨터에 저장·보관 중인 경우가 일반적이었으나, 정보주체가 아닌 제3자가 보관하는 정보의 양과 중요성은 날로 증가하고 있다. 즉, 정보통신기술의 발달로 정보가 컴퓨터, 휴대전화기 등의 개인용 정보기기에서 정보통신망으로 상호연결된 원격관리 서버(remotely managed server)로 옮겨가고 있다. 대형 IT 기업이 제공하는 클라우드 서비스가 대표적인 예라고 할 수 있다. 이에 따라 수사기관 입장에서 서버에 대한 압수·수색이 매우 중요한 의미를 가지며, 정보 주체 입장에서도 자신과 관련된 데이터가 자국 수사기관은 물론이고, 타국 정부에 함부로 제공되지 않도록 요청할 법률적 이익이 증가하고 있다.

Ⅱ. 서버에 보관 중인 전자정보의 압수·수색

1. 서버에 보관 중인 전자정보 수집의 유형

수사기관이 피의자의 컴퓨터에 저장된 전자정보를 압수·수색하는 것이 가장 원칙적인 방법이다. 그러나 관련 정보가 반드시 피의자의 컴퓨터 내에만 저장되어 있다는 보장은 없다. 이에 따라 서버에 저장·보관 중인 전자정보에 대한 압수·수색이 매우 중요한 의미를 지니게 된 것이다.

서버에 저장·보관 중인 전자정보의 압수·수색은 그 대상과 방법이라는 관점에서 다음과 같은 유형으로 나누어 볼 수 있다. 먼저, 인터넷서비스 이용자인 피압수자의 접근권한에 근거하여 서버에 저장·보관 중인 전자정보를 압수·수색하는 경우이다. ① 최초 압수·수색 장소에 있는 수색 대상 컴퓨터와 정보통신망으로 연결된 다른 컴퓨터에 관련 정보가 저장되어 있을 가능성이 확인되고 수색 대상 컴퓨터를 통한 접근이 가능한 때에, 수색 대상 컴퓨터를 통하여

의 통신용으로 제공하는 것을 말하고(같은 법 제2조 제6호), '**전기통신사업자**'는 이 법에 따라 등록 또는 신고(신고가 면제된 경우를 포함한다)를 하고 전기통신역무를 제공하는 자를 의미한다(같은 법 제2조 제8호). 해외에 근거를 둔 서비스제공자가 정보통신망법에서 규정하는 '정보통신서비스 제공자'에 해당하는지는 개별 사안의 구체적 내용을 살펴보아야 할 것인바, 본 문헌에서는 정보통신망법이 적용되지 않는 경우도 포괄하기 위해 '**인터넷서비스 제공자**'라는 용어를 주로 사용하기로 한다.

다른 컴퓨터에 접근하여 관련 정보를 압수하는 경우, ② 피압수자의 계정정보를 이용하여 수사기관 사무실 등 별도 장소에서 서버에 접속하여 압수·수색하는 경우를 예로 들 수 있다.

다음으로 서버 관리자에 대하여 직접 압수·수색하는 방법이다. ③ 서버 소재지를 압수·수색 장소로 하여, 서버를 수색하여 관련 정보를 압수하거나 서버(정보저장매체) 자체를 압수하는 경우, ④ 서버 운영자(인터넷서비스 제공자) 소재지를 압수·수색 장소로 하여, 서비스제공자로부터 관련 정보를 제출받거나 수사기관이 직접 수색하여 압수하는 경우 등이 그것이다.

2. 유형별 검토

먼저 ①**유형**은 '**원격 압수·수색**'이라 칭하기도 하는바, 실무상 수사기관이 '압수·수색 장소에 존재하는 컴퓨터로 해당 웹사이트에 접속하여 전자정보를 다운로드한 후 이를 출력 또는 복사하거나 화면을 촬영하는 방법으로 압수한다'는 취지를 영장청구서에 기재하여 압수·수색영장을 발부받기도 하나,[9] 그 적법성과 허용범위에 대하여는 견해가 대립하고 있다.[10] 다음으로 ②**유형**은 적법한 계정정보의 취득방법을 어느 범위까지 허용할 것인지가 문제 되며, 압수대상자가 참여하지 않은 상태에서 수색·압수에 착수할 경우 참여권 보장, 압수목록 교부 등의 적법절차 준수 여부도 중요한 쟁점이 된다.

그러나 위 유형들은 인터넷서비스 이용자인 피압수자의 접근권한을 기초로 한다는 점에서 일정한 한계가 있다. 대부분 서버는 접근권한을 부여하기 위해 아이디와 패스워드를 확인하며, 서버에 저장된 전자정보도 이용자의 선택이나 서버 관리자의 정책에 따라 암호화되어 있는 경우도 많다. 이 경우 피의자(피압수자)에게 패스워드 등 '접근권한정보'나 '암호화 정보'의 제출을 강제할 수 있는지는 논의의 여지가 있다. 나아가 범죄의 국제화, 지능화가 진행함에 따라

---

9) 법원행정처, 압수·수색영장 실무 (개정2판, 2016), 76면.

10) 긍정설, 부정설, 제한적 긍정설 등이 제시되나, 적법성을 부정하는 견해도 원격 압수·수색의 필요성을 인정하는 전제에서 입법을 통한 제도화를 주장한다. 관련 논의는 다음의 문헌을 참고할 수 있다. 정대용·김기범·이상진, "수색 대상 컴퓨터를 이용한 원격 압수수색의 쟁점과 입법론", 법조 제714호 (2016), 40, 54-68면.

피의자의 신원이 확인되지 않는 경우, 또는 그 행방을 찾기 어려운 경우도 많다. 각국의 수사기관은 이러한 어려움을 극복하기 위해 전자정보가 저장·보관된 서버 자체를 대상으로 증거수집을 시도하여 왔다.

구체적으로 살펴보면, 먼저 ③**유형**은 그 대상이 서버라는 점에서 차이가 있을 뿐 개인용 컴퓨터에 대한 압수·수색과 본질적 차이점은 없다. 그러나 음란물제공 웹사이트, 사행성 온라인게임 등의 운영에 사용되어 몰수 대상에 해당하는 경우를 제외하면, 수사기관이 서버 자체에 대하여 직접 유형력을 행사하며 압수·수색을 하는 경우는 흔하지 않다. 서버는 기술적 측면에서 강한 개별성을 가지고 있어 시스템에 익숙하지 않은 수사기관이 직접 관련 정보를 수색하여 필요한 정보를 추출하기 어렵고, 나아가 금융기관, 통신회사, 인터넷서비스 제공자 등 일반 소비자에게 서비스를 제공하는 회사의 서버는 안전성 문제 때문에 함부로 접근할 수 없기 때문이다. 따라서 현실적으로는 ④**유형**에 따라 서버 운영자의 협조를 기초로 관련 정보를 제출받게 된다.

④**유형**에 따라 서버 운영자로부터 관련 증거를 제출받을 경우 비록 그 형식은 압수·수색영장의 집행이나 실질은 제출명령의 집행에 가깝다 할 것이다.[11] 다만 정보제출에 응하지 않을 경우 영장의 집행이 예상되기 때문에, 현실적인 강제력을 가진다는 특징이 있다. 또한 영장을 집행하는 과정에서 압수대상과 범위에 대한 해석의 문제가 발생하는 경우에 집행대상자(서버 운영자)의 의사가 반영될 여지가 상대적으로 크다 할 것이다.

이하에서는 항목을 바꾸어 **역외 서버 압수·수색**과 관련된 구체적 사례와 법적 쟁점을 상세히 살펴보기로 한다.

Ⅲ. 역외 전자정보 압수·수색: 피압수자의 권한에 근거한 경우

1. 유형별 검토

앞서 살펴본 '서버 압수·수색'의 유형 구분은 원칙적으로 해당 국가의 주권

11) 형사소송법 제106조 제2항: 법원은 압수할 물건을 지정하여 소유자, 소지자 또는 보관자에게 제출을 명할 수 있다.

이 미치는 영역에서 이루어지는 것을 전제로 한 것이다. 그런데 대상 서버의 물리적 소재지 자체가 해외인 경우, 즉 '역외 서버에 대한 압수·수색'은 국가 관할권이라는 새로운 차원의 문제가 추가되면서 그 복잡성을 더하게 된다.

역외 서버에 대한 압수·수색의 문제가 등장하게 된 배경은 다음과 같다. 먼저 **개인**의 경우 컴퓨터, 휴대전화기와 같은 개인용 정보기기와 그와 연결된 클라우드 서버가 대표적 압수·수색 대상이라 할 것인데, 국제경제의 발전에 따라 서비스제공자의 영업근거지나 서버 소재지가 반드시 국내에 국한되지 않게 된 점이 변화의 큰 원인이라 할 수 있다. 이러한 점은 **기업**의 경우도 유사하다. 오늘날 기업의 경영정보시스템은 이메일, 메신저, 전자결재, 공용저장공간, 전사적자원관리 등의 다양한 기능을 제공한다. 위와 같은 기능은 통상 중앙집중적으로 관리하는 서버를 통해 제공되나, 특정 기능은 나누어져 관리되기도 한다. 나아가 이메일과 같은 일부 기능은 대형 IT 기업에 외주를 주기도 한다. 외국계 기업의 한국법인이나 한국지사의 경우, 경영정보시스템 자체는 해외에 존재하고 국내에 있는 컴퓨터는 자료입출력 또는 서버접근용에 불과한 경우가 많다. 우리 기업들도 전 세계적인 활동을 함에 따라 경영정보시스템이 반드시 국내에 존재한다고 단정할 수 없게 되었다. 결국, 국제경제의 발전과 활동영역의 확대로 인하여 필연적으로 역외 전자정보의 문제가 발생하게 된 것이다.

'역외 서버에 대한 압수·수색'도 다양한 관점에서 분류할 수 있으나,[12] 본 문헌에서는 앞서 살펴본 '서버 압수·수색'의 유형을 기본으로 관련 쟁점을 살펴보고자 한다.

서버 소재지가 해외인 경우, 국제형사사법공조 절차에 의하지 않는 한 **③유**

12) 예컨대, 사이버범죄방지조약 위원회(Cybercrime Convention Committee (T-CY))의 보고서는 다음과 같은 5가지의 상황을 설명하고 있다. ① 압수대상자의 컴퓨터를 통하여 원격지에 있는 데이터에 접근하는 경우(Transborder access during search of premises), ② 수사기관이 패스워드를 합법적으로 취득한 후 정보통신망을 통하여 역외 데이터에 접근하는 경우(Transborder access through lawfully obtained password), ③ 특수 소프트웨어나 기술적 수단을 이용하여 역외 데이터에 접근하는 경우(Transborder access through special software or technical means), ④ 당사자 동의에 근거하여 역외 데이터에 접근하는 경우(Transborder access with consent), ⑤ 데이터를 보관하는 서비스제공자로부터 정보를 제공받는 경우(Information provided by a service provider). Cybercrime Convention Committee (T-CY), Transborder Access and Jurisdiction: What are the Options? (2012), 29면.

형, 즉 서버 자체에 대한 압수·수색은 현실적으로 불가능하다. 나머지 유형에서는 관할권이 미치는 어떠한 '연결점'을 매개로 역외 전자정보에 대한 압수·수색을 시도하고 있다. 즉, 관할권 내에 있는 최초 압수·수색 장소에 있는 수색 대상 컴퓨터(①**유형**), 적법하게 확보한 압수대상자의 계정정보(②**유형**), 관할권이 미치는 인터넷서비스 제공자의 자회사 또는 모회사(④**유형**) 등을 매개로 하여 해외에 저장·보관된 전자정보를 수집하는 것이다. 따라서 각 유형의 적법성을 판단할 때에는 역외 전자정보에 대한 압수·수색 가능성이라는 원론적 문제에 더하여 역외 정보에 대한 접근이 가능하도록 하는 법적 연결고리가 압수·수색의 적법성을 담보하기에 충분한지 여부도 검토하여야 한다.

이해를 돕기 위해 앞서 살펴본 각 유형을 영장에 기재할 '**압수·수색 장소**'와 압수·수색의 '**연결점**'이라는 측면에서 [표 2-1]과 같이 정리할 수 있다. 이하에서는 역외 전자정보 수집의 법적 쟁점을 명확히 인식하기 위해 먼저 피압수자의 권한에 근거한 역외 압수·수색의 구체적 모습을 살펴본다.

[표 2-1]

	압수·수색 장소	연결점
①**유형**	서버와 정보통신망으로 연결된 최초 수색 대상 컴퓨터 소재지	관할권 내에 있는 최초 수색 대상 컴퓨터
②**유형**	수사기관의 사무실 등 별도 장소	적법하게 확보한 피압수자의 접근권한정보
③**유형**	서버 소재지	(없음)
④**유형**	서버 운영자 소재지	관할권 내에 있는 인터넷서비스 제공자의 자회사 또는 모회사

2. 최초 수색 대상 컴퓨터를 통하여 역외 전자정보에 접근하는 경우

가. 역외 원격 압수·수색

①**유형**은 최초 압수·수색 장소에 있는 수색 대상 컴퓨터와 정보통신망으로 연결된 다른 컴퓨터에 관련 정보가 저장되어 있을 가능성이 확인되고 수색

대상 컴퓨터를 통한 접근이 가능한 때에, 수색 대상 컴퓨터를 통하여 다른 컴퓨터에 접근하여 관련 정보를 압수하는 경우이다. 즉, 관할권이 미치는 수색 대상 컴퓨터를 매개로 하여 역외 전자정보를 압수·수색하는 것이다. 설사 '원격 압수·수색'의 적법성을 인정한다고 하더라도 이를 해외에 있는 서버에까지 확장할 수 있는가라는 새로운 차원의 쟁점이 제기되는바, 이를 '역외 원격 압수·수색의 문제'라 칭할 수 있을 것이다.

나. 사이버범죄방지조약

'사이버범죄방지조약'(Convention on Cybercrime) 제19조 제2항은 최초 수색 대상인 컴퓨터와 정보통신망으로 연결된 다른 컴퓨터에 관련 정보가 저장되어 있고 정당하게 접근 가능한 경우, 다른 컴퓨터에 대한 수색이 가능하도록 당사국들이 국내법 규정을 정비할 것을 규정하고 있다.[13] 그러나 위 조항은 최초 수색 대상 컴퓨터와 연결된 다른 컴퓨터가 '해당 국가 영토 내'(in its territory)에 있을 것을 요건으로 한다. 즉, 사이버범죄방지조약은 '원격 압수·수색'을 넘어선 '역외 원격 압수·수색'은 규율하지 않는 것이다. 이러한 점은 제32조의 내용을 통해서도 확인할 수 있다. 즉, 사이버범죄방지조약 제32조는 (a) 일반에 공개되어 사용 가능한 데이터를 대상으로 하는 경우와 (b) 법적 권한 있는 자의 적법하고 자발적인 동의를 얻은 경우에 역외 데이터에 대한 일방적 접근이 가능하다고 규정하고 있다.[14] 이는 협의 과정에서 논의의 여지가 없는 최소

---

13) 사이버범죄방지조약 제19조(저장데이터 압수·수색) 제2항: "당사국은 그의 기관이 제1항 (a) 호에 따라 특정 컴퓨터를 수색하여 발견한 데이터가 자국 영토 내의 다른 컴퓨터에 저장되어 있고, 최초 수색 대상인 컴퓨터에서 그 데이터에 정당하게 접근 가능하다고 믿을 수 있는 경우, 다른 컴퓨터를 신속히 수색할 수 있도록 하는 입법적 조치와 그 밖의 조치를 하여야 한다." (Article 19 – *Search and seizure of stored computer data.* (2) Each Party shall adopt such legislative and other measures as may be necessary to ensure that where its authorities search or similarly access a specific computer system or part of it, pursuant to paragraph 1. (a) and have grounds to believe that the data sought is stored in another computer system or part of it in its territory, and such data is lawfully accessible from or available to the initial system, the authorities shall be able to expeditiously extend the search or similar accessing to the other system.) (밑줄은 필자가 부기함)

14) 사이버범죄방지조약 제32조(동의에 의한 또는 공개된 저장데이터에 대한 초 국경적 접

한의 경우만 조약에 포함되었기 때문인바, 현재로서는 초 국경적 접근의 범위에 대한 국제적 차원의 합의는 성숙하지 않았음을 알 수 있다.

다. 개별 국가 차원의 논의

(1) 독일

이러한 논의는 개별 국가 법률의 해석에서도 찾아볼 수 있다. 독일 형사소송법 제110조 제3항은 수색 대상인 자에게서 발견한 저장매체에 대한 열람은 그 저장매체를 통하여 접근할 수 있는 다른 저장매체에까지 확대할 수 있도록 규정하고 있다(원격 압수·수색).[15] 위 조항의 해석과 관련, ① 수사기관이 접근한 데이터가 해외에 존재한다는 점이 사후에 밝혀진 경우에도 국제사법공조절차에 따라 요청하면 충분하다고 하여 제한적인 범위에서나마 제110조 제3항의 적용 범위를 확장하는 견해가 있으나,[16] ② 수사기관의 선의(good-faith)만

근): "당사국은 다른 당사국의 동의를 받지 않은 상태에서 (a) 데이터의 지리적 위치와 관계없이, 일반에 공개되어 사용 가능한 저장데이터에 접근할 수 있고, (b) 만약 데이터를 공개할 법적 권한 있는 자의 적법하고 자발적인 동의를 얻었다면, 자국 영토 내의 컴퓨터를 통해 다른 당사국에 위치한 컴퓨터에 저장된 데이터에 접근하거나 이를 수령 할 수 있다." (Article 32 – *Trans-border access to stored computer data with consent or where publicly available*. A Party may, without the authorisation of another Party: (a) access publicly available (open source) stored computer data, regardless of where the data is located geographically; or (b) access or receive, through a computer system in its territory, stored computer data located in another Party, if the Party obtains the lawful and voluntary consent of the person who has the lawful authority to disclose the data to the Party through that computer system.)

15) 독일 형사소송법 제110조(서류와 전자저장매체의 열람) 제3항: "수색 대상자에게서 발견한 전자저장매체에 대한 열람은 그 전자저장매체와 공간적으로 분리되어 있는 다른 저장매체까지로 확장할 수 있으나, 이는 그 전자저장매체를 통하여 다른 저장매체에 접근할 수 있고 이런 접근을 하지 않으면 찾고자 하는 데이터를 상실할 염려가 있는 경우에 한한다. 심리에 의미가 있을 수 있는 데이터는 저장할 수 있다; 제98조 제2항을 준용한다." (StPO § 110 Durchsicht von Papieren und elektronischen Speichermedien. (3) Die Durchsicht eines elektronischen Speichermediums bei dem von der Durchsuchung Betroffenen darf auch auf hiervon räumlich getrennte Speichermedien, soweit auf sie von dem Speichermedium aus zugegriffen werden kann, erstreckt werden, wenn andernfalls der Verlust der gesuchten Daten zu besorgen ist. Daten, die für die Untersuchung von Bedeutung sein können, dürfen gesichert werden; § 98 Abs. 2 gilt entsprechend.)

으로는 주권 침해라는 국제법 위반이 치유되지 않는다고 보아야 할 것이다.[17] 즉, 독일 형사소송법 제110조 제3항은 '역외 전자정보 압수·수색'의 근거 규정이 될 수 없다.

(2) 일본

일본은 2011년의 형사소송법 개정으로 제218조 제2항, 제99조 제2항에 원격 압수·수색의 근거 규정을 마련하고,[18] 제107조 제2항은 원격 압수·수색을 할 경우 영장에 기재할 사항을 규정하고 있다.[19]

일본 형사소송법 제99조 제2항은 본래 압수대상인 특정 '전자계산기'의 존재를 전제로 하여, ① '해당 전자계산기에 전기통신회선으로 접속되어 있는 기록매체'(이하 '**원격 저장매체**'라 함)에 보관되고, ② '해당 전자계산기에서 작성·변경하였거나, 변경·삭제가 가능한 전자정보'를 대상으로 한다. 구체적 집행은 '원격 저장매체'에 있는 전자정보를 본래 압수대상인 '전자계산기' 또는 '다른 기록매체'에 복사한 후 그 '전자계산기' 또는 '다른 기록매체'를 압수하도록 하

16) Bär, in: Wabnitz/Janovsky (Hrsg), **Handbuch des Wirtschafts- und Steuerstrafrechts**, 4. Aufl. 2014, 27. Kap. Rn. 30.

17) Meyer-Goßner/Schmitt, **Strafprozessordnung**, 61. Aufl. 2018, § 110 Rn. 7a; Gercke, *Straftaten und Strafverfolgung im Internet*, GA 2012, 474, 489.

18) 일본 형사소송법 제99조 제2항: "압수할 물건이 전자계산기인 경우에는 해당 전자계산기에 전기통신회선으로 접속되어 있는 기록매체로서, 해당 전자계산기에서 작성 또는 변경을 한 전자정보 또는 해당 전자계산기에서 변경하거나 삭제할 수 있는 전자정보를 보관하기 위해 사용되고 있다고 인정할 만한 상황에 있는 것으로부터, 그 전자정보를 해당 전자계산기 또는 다른 기록매체에 복사한 후에, 해당 전자계산기 또는 다른 기록매체를 압수할 수 있다." (第九十九条 ② 差し押さえるべき物が電子計算機であるときは、当該電子計算機に電気通信回線で接続している記録媒体であつて、当該電子計算機で作成若しくは変更をした電磁的記録又は当該電子計算機で変更若しくは消去をすることができることとされている 電磁的記録を保管するために使用されていると認めるに足りる状況にあるものから、その電磁的記録を当該電子計算機又は 他の記録媒体に複写した上、当該電子計算機又は当該他の記録媒体を差し押さえることができる。)

19) 일본 형사소송법 제107조 제2항: "제99조 제2항의 규정에 의한 처분을 할 때에는 전항의 압수장에 동항에 규정하는 사항 외에 압수할 전자계산기에 전기통신회선으로 접속해 있는 기록매체로서 그 전자적 기록을 복사해야 할 범위를 기재해야 한다." (第百七条 ② 第九十九条第二項の規定による処分をするときは、前項の差押状に、同項に規定する事項のほか、差し押さえるべき 電子計算機に電気通信回線で接続している記録媒体であつて、その電磁的記録を複写すべきものの範囲を記載しなければならない。)

고 있다. 즉, 본래 압수대상인 '전자계산기'가 존재하고 이를 근거로 '원격 저장매체'에 있는 정보를 이전하는 방법으로 집행되어야 한다. 따라서 앞서 살펴본 ②**유형**, 즉 수사기관의 사무실 등 별도의 장소에서 원격 저장매체에 접근하여 전자정보를 압수하는 것은 허용되지 않을 것이다.[20)]

위와 같이 일본 형사소송법은 원격 압수·수색의 요건을 엄격히 유지하고 있다. 또한 위 조항은 원격 압수·수색을 통하여 역외 전자정보에 접근할 수 있는지에 대하여는 아무런 언급을 하지 않고 있다.[21)]

(3) 미국

개정 전 미연방 형사소송규칙은 치안판사가 속한 법원의 관할권 내 지역에만 수색영장을 발부할 수 있도록 하고 있었으나,[22)] 2016년에 개정된 형사소송규칙 제41조는 '범죄 관련 행위가 발생하였을지 모르는 지역 법원의 치안판사는, 매체 또는 정보가 기술적 수단을 통해 은닉된 경우, 관할구역 내외를 불문하고 정보저장매체 수색과 전자정보 압수·복제를 위한 원격접속을 허가하는 영장을 발부할 수 있다'고 규정하고 있다.[23)]

---

20) 우지이에 히토시, "일본의 전자적 압수에 관한 2011년 개정법 소개", 형사법의 신동향 통권 제49호 (2015), 421, 422면.

21) 최근 일본 하급심 판례 중, 검증영장으로 압수가 끝난 컴퓨터로부터 해외 메일 서버인 구글 클라우드 서비스에 접속하여 압수한 증거에 대해 증거능력을 부정한 사례가 있다. 横浜地方裁判所 平成28年3月17日 判決 ＜LEX/DB25542385＞

22) 따라서 대상 컴퓨터의 위치가 밝혀지지 않은 때에는 영장청구를 기각할 수밖에 없었다. *In re Warrant to Search a Target Computer at Premises Unknown*, 958 F. Supp. 2d 753, 755 (S.D. Tex. 2013).

23) 연방 형사소송규칙 제41조 (b)(6)(A): "범죄 관련 행위가 발생하였을지 모르는 지역 법원의 치안판사는, 매체 또는 정보가 기술적 수단을 통해 은닉된 경우, <u>관할구역 내외를 불문하고 정보저장매체 수색과 전자정보 압수·복제를 위한 원격접속을 허가하는 영장</u>을 발부할 수 있다." (Federal Rule of Criminal Procedure 41. Search and Seizure. (b) Venue for a Warrant Application. At the request of a federal law enforcement officer or an attorney for the government: (…) (6) a magistrate judge with authority in any district where activities related to a crime may have occurred has authority to issue <u>a warrant to use remote access to search electronic storage media and to seize or copy electronically stored information located within or outside that district</u> if: (A) the district where the media or information is located has been concealed through technological means.) (밑줄은 필자가 부기함)

연방 법무부는 개정된 형사소송규칙이 역외 전자정보에 대한 수색을 허용하는 것은 아니라는 취지로 설명하고 있으나,[24] 실제 수사에서 결과적으로 역외정보에 대한 수색으로 이어지는 경우가 빈번하게 발생하고 있다. 워싱턴주 연방지방법원이 키로거(key logger)를 이용하여 계정정보를 확보한 후 영장 없이 러시아 서버에 접근하여 증거를 확보한 사안에서, ① 수정헌법 제4조는 미연방 수사기관의 외국인에 대한 역외 압수·수색에 적용되지 않고, ② 설사 수정헌법 제4조가 적용된다고 하더라도 러시아 현지의 공범들이 증거를 인멸할 우려 등이 있기 때문에 영장주의 예외인 '긴급 상황'(exigent circumstances)에 해당한다고 판시한 예를 보아도 그러한 가능성을 예상할 수 있을 것이다.[25]

(4) 검토

지금까지 논의를 살펴보면, '원격 압수·수색' 방법에 따른 역외 전자정보의 수집은 국제적 차원 또는 개별 국가 차원에서 명확한 입장이 없는 사실상 법적 규율의 공백 상태에 있으며, 개별 사건의 구체적 사실관계를 고려한 해당 국가의 법령 해석 문제로 처리되고 있음을 알 수 있다.[26] 최근 대법원에서 피의자의 계정정보를 이용하여 역외 전자정보를 수집한 사안의 적법성이 치열하게 다투어 졌는바,[27] 위 사건도 이러한 맥락 아래에서 그 의미를 파악할 수 있

---

24) Letter from Mythili Raman, Acting Assistant Attorney General, Criminal Division, U.S. Department of Justice, to Judge Reena Raggi, Chair, Advisory Committee on Rules of Criminal Procedure 4 (Sept. 18, 2013), *in* **Advisory Comm. on Criminal Rules, Advisory Committee on Rules of Criminal Procedure: April 2014**, at 171, 174 (2014).

25) *United States v. Gorshkov*, No. CR00－550C, 2001 WL 1024026 (W.D. Wash. May 23, 2001). 고르시코프(*Gorshkov*) 사건은 미국과 '충분한 연관성'(sufficient connection)을 가지는 사람만이 수정헌법 제4조의 권리를 주장할 수 있다는 미연방대법원 판단의 연장선에 있는 것이다. *United States v. Verdugo-Urquidez*, 494 U.S. 259 (1990).

26) 우리 형사소송법은 '원격 압수·수색'의 근거 규정을 따로 두고 있지 않다. 다만 디지털 증거의 수집·분석 및 관리 규정(대검찰청 예규 제991호, 2019. 5. 20. 전부개정) 제18조(디지털증거의 압수·수색·검증) 제6항은 "압수·수색·검증의 대상인 정보저장매체와 정보통신망으로 연결되어 있고 압수·수색·검증의 대상이 되는 디지털증거를 저장하고 있다고 인정되는 다른 정보저장매체에 대하여 압수·수색·검증 대상인 정보저장매체의 시스템을 통하여 접속한 후 수색을 할 수 있다. 이 경우 압수·수색·검증 대상 정보저장매체가 정보통신망에 연결되어 있고, 압수·수색·검증 대상자가 정보통신망으로 접속하여 기억된 정보를 임의로 삭제할 우려가 있을 경우에는 정보통신망 연결 케이블을 차단할 수 있다"고 규정하고 있다.

다고 생각된다.

3. 압수대상자의 접근권한정보를 이용하여 접근하는 경우

최근 대법원에서 피의자(압수대상자)의 계정정보를 이용하여 역외 전자정보를 수집한 사안의 적법성이 치열하게 다투어 졌는바, 본 항목에서는 먼저 위 판결의 사실관계와 쟁점을 살펴보기로 한다.[28)]

가. 사실관계

국가정보원 수사관은 국가보안법위반 등 혐의로 수사하던 중 甲의 차량에서 압수한 이동형 저장장치(USB)에 암호화되어 저장되어 있던 파일을 복호화하였고, 그 결과 甲 등이 시나닷컴(sina.com)에서 사용한 이메일 아이디와 비밀번호를 알게 되었다. 수사기관은 '압수할 물건'을 '시나닷컴(sina.com) 이메일 계정 내 편지함 등에 저장된 이메일 내용 등'으로, '압수·수색 장소'를 '한국인터넷진흥원 사무실에 설치된 PC'로 하여 영장을 청구하였고, 법원은 甲에게 압수·수색에 참여할 기회를 부여할 것을 부가조건으로 하여 영장을 발부하였다. 수사기관은 甲과 그 변호인에게 영장을 제시하며 참여 의사를 확인하였으나 참여 의사를 밝히지 아니하여, 한국인터넷진흥원 직원의 참여하에 위 웹사이트(sina.com)의 이메일 계정에 접속하였고, 15건의 이메일 및 그 첨부파일을 추출하여 이미지화하고 저장하는 방법으로 압수하였다. 검사는 위와 같이 압수된 이메일 등을 증거로 甲을 "2013. 7. 7.경 불상의 장소에서 중국 인터넷 포탈업체 'sina.com'에 접속하여 북한 '225국' 소속 공작원과 공동으로 사용하는 ID로 로그인한 다음, 대북보고문 등 파일을 XKRRN555@ sina.com 등을 수신인으로 지정하여 발송하여 반국가단체 구성원 등과 통신 연락을 하고, 편의를 제공하였다(국가보안법위반)"는 내용으로 기소하였다.

---

27) 대법원 2017. 11. 29. 선고 2017도9747 판결(역외 서버 압수·수색 사건 – 시나닷컴).

28) 대법원 2017. 11. 29. 선고 2017도9747 판결(역외 서버 압수·수색 사건 – 시나닷컴). 본 판례와 관련된 문헌으로 다음의 것을 참고할 수 있다. 이순옥, "디지털증거의 역외 압수·수색", 중앙법학 제20집 제1호 (2018), 117면; 이정민, "외국계 이메일 계정에 대한 압수·수색의 정당성", 비교형사법연구 제19권 제3호 (2017), 117면.

나. 항소심 판결 요지: 서울고등법원 2017. 6. 13. 선고 2017노23 판결

1심 법원은 해당 이메일의 압수·수색 과정은 실질적으로 국내에서 발생한 것으로 타국의 사법관할권을 침해한 것이 아니라는 점 등을 이유로 압수된 이메일의 증거능력을 인정하였으나,[29] 항소심 법원은 계정정보를 확보한 것을 이용하여 전자정보가 저장된 해외 서버를 수색·압수하는 것은 사법관할권이 미치지 아니하는 영역으로 강제처분의 효력을 근거 없이 확장한 것으로 위법하다고 판단하였다.[30] 그 근거로 ① 형사소송법 제120조가 압수·수색영장 집행에 있어 건정(자물쇠)을 열거나 개봉 기타 필요한 처분을 할 수 있다고 규정하고 있지만, 본건은 건정(자물쇠)을 열거나 개봉하여 압수·수색하는 장소 또는 대상물이 해외에 존재하여 대한민국의 사법관할권이 미치지 아니하는 점, ② 해외 인터넷서비스 제공자(ISP)의 참여권이 보장되지 않아 전자정보의 원본성이나 무결성을 담보할 수 없는 점, ③ 위와 같은 집행방식이 형사소송법 제106조, 제107조, 제118조 등의 절차 규정과 부합되지 않는 점 등을 들고 있다.[31]

다. 대법원의 판단: 대법원 2017. 11. 29. 선고 2017도9747 판결

그러나 대법원은 다음과 같은 이유로 이메일의 증거능력을 인정할 수 있다고 판시하였다.[32] 즉, ① '수색행위'는 정보통신망을 통해 원격지의 저장매체에서 수색 장소에 있는 정보저장장치로 내려받거나 현출된 전자정보에 대하여 위 정보처리장치를 이용하여 이루어지고, '압수행위'는 위 정보처리장치에 존재하는 전자정보를 대상으로 그 범위를 정하여 이를 출력 또는 복제하는 방법으로 이루어지므로, 수색에서 압수에 이르는 일련의 과정이 모두 압수·수색영장에 기재된 장소에서 행하여졌고,[33] ② 수사기관이 피의자가 접근하는 통상

---

29) 서울중앙지방법원 2016. 12. 15. 선고 2016고합538, 558(병합) 판결.

30) 서울고등법원 2017. 6. 13. 선고 2017노23 판결.

31) 유사한 사실관계 하에서 다른 취지의 판단을 한 서울고등법원 2017. 7. 5. 선고 2017노146 판결이 있으나, 본 사건에서 대법원의 판단과 유사한 취지이므로 상세한 언급은 생략하기로 한다.

32) 대법원 2017. 11. 29. 선고 2017도9747 판결(역외 서버 압수·수색 사건 – 시나닷컴).

33) 따라서 대법원의 논리에 따르면 사안의 압수·수색은 외국에서 발생한 압수·수색이라

적인 방법에 따라 원격지의 저장매체에 접속하고 그곳에 저장된 전자정보를 수색 장소의 정보처리장치로 내려받거나 그 화면에 현출시키는 것은 인터넷서비스 제공자가 허용한 전자정보에 대한 접근 및 처분 권한과 일반적 접속 절차에 기초한 것으로서, 특별한 사정이 없는 한 인터넷서비스 제공자의 의사에 반하는 것이 아니라는 것이다.

라. 법적 쟁점

대법원과 항소심 판결의 가장 주된 차이점은 다음과 같다. 먼저 ① 역외 서버에 접근하여 최종적으로 관련 정보를 압수하는 과정에 이르기까지 어떠한 행위가 '수색' 및 '압수'에 해당하는지 여부이다. **항소심**은 역외 서버에 접근하여 정보를 검색하는 과정에서 이미 '수색' 행위가 발생하고, 검색한 정보를 내려받는 과정을 '압수' 행위의 시작점으로 파악하는 것으로 보인다.[34] 컴퓨터 또는 네트워크를 통한 정보처리 과정에 법적 의미를 부여한다는 점에서 이를 '**가상공간의 관점**'이라 부를 수 있을 것이다. 이에 반하여 **대법원**은 수색 장소에 있는 컴퓨터에 내려받거나 화면에 현출된 정보를 수사기관이 살펴보는 단계에서 비로소 '수색'이 개시되고, 선별한 정보를 최종 복제 또는 출력하는 단계에서 '압수'가 이루어진다고 본다. 수사기관이 인지할 수 있는 진행 과정에 법적 의미를 부여한다는 측면에서 이를 '**현실공간의 관점**'이라 부를 수 있다. 즉, 대법원은 현실공간의 관점에서 '수색'과 '압수'를 파악함으로써 형사소송법이 관할권이 미치지 않는 범위로 확장되지 않는 결과를 도출한 것이다. 그에 따른 논리적 결과로서 ② **항소심** 법원이 정보의 물리적 보관자인 인터넷서비스 제공자를 피압수자로 보아 참여의 기회를 배제한 것을 절차적 위법으로 본 반면,[35] **대법원**은 정보의 소유자인 피의자를 피압수자로 보아 전체적인 절차

볼 수 없는 것이다.

34) 항소심 판결은 '역외 서버에 접근하여 정보를 검색하고, 국내에 있는 컴퓨터로 해당 정보를 이전하는 행위'가 '**압수 · 수색 자체**'인지 아니면, 형사소송법 제120조 제1항의 '**압수 · 수색의 집행에 필요한 처분**'인지에 대하여 분명한 판단을 하고 있지 않다. 다만, '역외 서버에 접근하여 정보를 검색하는 행위'는 적어도 '압수 · 수색의 집행에 필요한 처분'에는 해당하고 전체 압수 · 수색 집행의 일환에 해당하는 행위는 시작되었다는 취지로 보인다.

35) 형사소송법 제121조(영장집행과 당사자의 참여)는 "검사, 피고인 또는 변호인은 압수 ·

의 적법성을 판단하고 결과적으로 증거능력을 인정한 것이다.

한편 우리 정보통신망법 제71조 제9호, 제48조 제1항도 '정당한 접근권한 없이 정보통신망에 침입한 행위'를 형사처벌의 대상으로 하는 점을 고려하면, 해외에 있는 컴퓨터 또는 네트워크에서 발생한 정보처리 과정에 아무런 의미를 부여하지 않을 수는 없다. 대법원은 압수·수색 과정이 '피의자의 권한'에 기초한 것이라는 점을 들어 이 문제를 해결하고 있다. 즉, '수사기관이 원격지 저장매체에 접속하여 저장된 전자정보를 수색 장소의 정보처리장치로 내려받거나 그 화면에 현출시킨다 하더라도, 이는 인터넷서비스 제공자가 허용한 피의자의 전자정보에 대한 접근 및 처분 권한과 일반적 접속 절차에 기초한 것으로서, 인터넷서비스 제공자의 의사에 반하지 않는다'는 것이다.

4. 역외 압수·수색의 적법성

가. 역외 압수·수색 긍정설의 논거

역외 압수·수색의 법적 쟁점을 해결하는 가장 중요한 도구는 어떠한 행위가 '수색'과 '압수'에 해당하는지에 대한 논증 과정이다. 앞서 설명한 대법원 2017. 11. 29. 선고 2017도9747 판결(역외 서버 압수·수색 사건 – 시나닷컴)의 핵심적 쟁점도 바로 그것이며, 이를 분석하는 과정에서 항소심은 '가상공간의 관점'을 취하였고, 대법원은 '현실공간의 관점'을 취한 것으로 설명한 바 있다.[36] 먼저 대법원의 판단을 다음과 같은 논거를 들어 뒷받침할 수 있을 것이다.

수색영장의 집행에 참여할 수 있다"고 하여 "피고인 또는 변호인"을 참여권자로 규정함을 고려하면, 항소심의 판단에는 의문이 제기될 수 있다. 이러한 이유 때문인지 항소심은 형사소송법 제121조는 언급하지 않으면서 "압수·수색 처분을 받게 되는 이메일 서비스제공자의 참여를 배제한 채 이루어지게 됨으로써, 수집된 증거의 원본성과 무결성을 실질적으로 담보할 수 없게 되는 문제 또한 발생한다"고 하여 원본성·무결성 문제를 언급하고 있다. 서울고등법원 2017. 6. 13. 선고 2017노23 판결.

36) 이러한 '관점'(perspective)의 문제는 전자정보 압수·수색, 컴퓨터범죄 등 정보 관련 형사법의 전 분야에서 제기되고 있다. 이에 대한 기본적 내용은 다음의 문헌을 참고할 수 있다. Orin S. Kerr, *The Problem of Perspective in Internet Law*, 91 Geo. L.J. 357 (2003).

(1) 현실공간 관점에 기초한 해석

소위 '가상공간'은 네트워크로 연결된 컴퓨터 사이에 전자신호를 주고받는 현상에 불과하며, 정보의 유통을 인간이 이해할 수 있는 형태로 나타내는 과정에서 비유나 모델링의 방법으로 공간적 성격을 구현한 것뿐이다. 따라서 가상공간의 관점을 직접 규범화하여 해당 법률에 명시적으로 규정한 경우가 아닌 한, 단지 이해의 편의를 도모하는 것에 불과한 법적 허구나 비유가 법령 해석의 방향을 결정하여서는 아니 될 것이다. 이러한 측면에서 인간(수사기관)이 직접 인지할 수 있는 진행 경과를 관찰하여 '수색' 및 '압수'에 해당하는 행위를 특정함이 상당한 것이다.[37]

(2) 압수대상인 정보의 특성

압수대상인 정보의 특성도 역외 압수·수색의 적법성을 주장하는 논거로 사용된다.[38] 정보를 검색하는 과정에서 수사기관의 물리적 진입(physical entry)이 없으므로 일반적인 수색과 달리 타국의 주권 침해 우려가 적다는 점을 들기도 하고,[39] 전자정보는 압수한 후에도 여전히 서버에 남아있어 유체물과 달리 수사기관이 배타적 점유권을 취득한 것이 아니라는 점도 주장된다.[40]

(3) 역외 전자정보 수집의 연결점

최초 수색 대상 컴퓨터를 이용하여 역외 전자정보에 접근하는 경우(①**유형**)나 피압수자의 계정정보를 이용하여 수사기관 사무실 등의 장소에서 역외 전

---

37) 수색 장소에 있는 컴퓨터에 내려받거나 화면에 현출된 정보를 수사기관이 살펴보는 단계에서 비로소 '수색'이 개시되고, 선별한 정보를 최종 복제 또는 출력하는 단계에서 '압수'가 이루어진다고 보는 견해는 본문과 같은 고려를 배경으로 한다고 생각된다.

38) 일반적으로 情報(information)는 公共財(public goods)의 성격을 가진다고 설명된다. 공공재는 어떤 사람이 그 재화를 소비한다 하더라도 다른 사람의 소비가능성이 줄어들지 않는다는 점에서 '비경합성'(non-rivalry)을 가지며, 대가를 지불하지 않은 사람을 그 재화의 소비에서 배제하기 어렵다는 점에서 '비배제성'(non-excludability)을 가진다. Robert Cooter & Thomas Ulen, **Law and Economics** 40, 114 (6th ed. 2012). 이를 법률적 관점에서 표현하면, 정보의 비경합성 때문에 수사기관이 압수를 한 경우에도 배타적 점유권을 취득한 것은 아니라는 주장이 나오게 되는 것이다.

39) 정대용·김기범·권헌영·이상진, "디지털증거의 역외 압수수색에 관한 쟁점과 입법론", 법조 제720호 (2016), 133면, 160면.

40) 이정민, 앞의 논문(주 28), 133면; 이순옥, 앞의 논문(주 28), 136면.

자정보에 접근하는 경우(②**유형**) 모두 역외 증거수집을 위한 연결점(최초 수색 대상 컴퓨터, 피압수자의 계정정보)을 가지고 있다. 긍정설은 이러한 연결점의 성격도 개별 사안에서 적법성을 주장하는 논거로 사용한다. 예컨대, '원격지에 대한 압수·수색은 원래 장소에 대한 압수·수색과 논리적 동일성이 인정되는 경우에 가능하다'는 견해가 있고,[41] 앞서 살펴본 '압수·수색 과정이 인터넷서비스 제공자가 허용한 접근권한과 일반적 접속 절차에 기초한 것으로서 인터넷서비스 제공자의 의사에 반하지 않는다'는 대법원의 판시도 이러한 견지에 있는 것으로 판단된다.[42]

⑷ 현실적 필요성, 역차별 문제 등

나아가 정책적 논거로서 발전된 네트워크 환경에 따른 수사의 필요성을 강조하거나,[43] 역외 압수·수색을 인정하지 않으면 국내 인터넷서비스 제공자와 그 이용자를 역차별하는 결과가 될 수 있는 점도 주장된다.[44]

나. 검토

긍정설의 논거는 모두 충분히 고려될 수 있는 쟁점들이다. 특히 수사 목적을 위한 현실적 필요성, 국내 인터넷서비스 제공자에 대한 역차별의 문제는 간과할 수 없는 검토과제이기도 하다. 그러나 긍정설이 간과하는 부분도 있는바, 아래에서 쟁점별로 상세히 논하기로 한다.

---

41) 이용, 디지털증거 수집에 있어서의 협력 의무 (서울대학교 전문박사 학위논문, 2016), 397면. 다만 본문의 견해는 역외적용 여부를 직접 논하는 것이 아니라 원격 압수·수색에 대한 견해임을 유의할 필요가 있다.

42) 대법원 2017. 11. 29. 선고 2017도9747 판결(역외 서버 압수·수색 사건 – 시나닷컴). 이순옥, 앞의 논문(주 28), 136면도 '현금카드 소유자를 협박하여 예금인출 승낙과 함께 현금카드를 보유받아 현금자동지급기에서 피해자의 예금을 인출한 경우, 은행은 피해자의 지급정지 신청이 없는 한 피해자의 의사에 따라 그의 계산으로 적법하게 예금을 지급할 수밖에 없는 것이므로, 피고인이 현금지급기에서 피해자의 예금을 취득한 행위를 현금지급기 관리자의 의사에 반하여 현금을 절취한 것이라 할 수 없다'는 판례(대법원 1996. 9. 20. 선고 95도1728 판결)를 들면서 대법원의 입장을 지지하고 있다.

43) 정대용·김기범·권헌영·이상진, 앞의 논문(주 39), 160면.

44) 이순옥, 앞의 논문(주 28), 137면.

(1) 목적론적 해석의 필요성

'수색'과 '압수'를 파악함에 있어 현실적 관점을 유지할 필요가 있는 것은 사실이다. 그러나 '수색' 및 '압수'의 개념을 파악할 때 가장 필요한 것은 압수·수색 제도를 통하여 보호하고자 하는 법익과 관련하여 파악하는 규범적 해석이다. 즉, 수사를 통해 얻어지는 공익과 강제처분 대상자의 프라이버시와 점유이익을 조화하는 해석이 필요한 것이다.[45] 이러한 관점에서 본다면, 해외 서버를 검색하는 과정이 언제나 '수색'에 해당하지 않는다고 볼 수는 없다. 해외 서버에서 정보를 검색·처리하고 이를 관할권 내에 있는 컴퓨터로 옮겨오는 과정은 수사기관이 정보를 파악하는 바로 전 단계 또는 준비행위로서 사익침해와 밀접한 연관성을 가지기 때문이다.

앞서 논한 바와 같이, 우리 정보통신망법 제71조 제9호, 제48조 제1항도 '정당한 접근권한 없이 정보통신망에 침입한 행위'를 형사처벌의 대상으로 하는 점까지 고려하면, 해외에 있는 컴퓨터 또는 네트워크에서 발생한 정보처리 과정에 아무런 의미를 부여하지 않을 수는 없다. 따라서 어떠한 행위가 '수색' 및 '압수'에 해당하는지는 단정적으로 판단할 수 없는 문제라고 생각되며, 특히 역외 압수·수색의 경우는 서버 소재 국가의 주권 침해 가능성도 판단의 한 요소가 되어야 할 것이다.

(2) 압수대상인 정보의 특성

서버에 접근할 때 물리적 진입이 없다거나, 정보는 유체물과 달리 압수를 하더라도 점유이익의 침해가 없다는 주장 역시 세밀한 검토가 필요하다. 이러한 논리를 일관되게 밀어붙인다면, 결국 전자정보 압수·수색에 대한 법적 규제 자체가 필요 없다는 결론에 이를 우려가 있다. 압수대상자에게 피해가 없으므로 공권력을 제한할 이유도 없기 때문이다. 전자정보의 경우 다른 사람이 그 내용을 파악하는 것만으로 프라이버시, 재산상 이익 등의 침해가 발생한다. 따라서 전자정보가 유체물과 구별되는 특징이 있다고 하더라도 이는 '수색' 및 '압수'의 규범적 해석에 영향을 주는 하나의 요소일 뿐, 독립적 논거로 주장되기는 어렵다고 생각된다.

---

45) 미연방 수정헌법 제4조 해석의 관점에서도 유사한 논의가 있다. Orin S. Kerr, *Fourth Amendment Seizures of Computer Data*, 119 **Yale L. J.** 700 (2010).

(3) 역외 증거수집의 연결점

(개) 서버 접근방법의 관점: 역외 증거수집을 위한 연결점 중 서버에 접근하는 방법을 먼저 살펴본다. 서버에 접근하는 방법으로 실무상 다음과 같은 다양한 방법이 시도되고 있다. ① 피의자에게 접근권한정보를 직접 요청하는 방법, ② 제3자가 접근권한정보를 제공한 경우, ③ 다른 증거를 통해 접근권한정보 등을 취득하거나,[46] 관련 정보를 바탕으로 추측하여 이를 알아내는 경우, ④ 이미 작동 중인 수색 대상 컴퓨터를 통하여 암호화 해제된 평문, 또는 접속 중인 서버에 접근하는 경우(자동접속기능 포함), ⑤ 프로그램을 이용하여 계속적·반복적인 접근을 시도하는 경우,[47] ⑥ 키로거(key logger) 프로그램 등을 통하여 접근권한정보를 알아내는 경우,[48] ⑦ 시스템의 보안상 취약점(vulnerability)을 이용하여 접근하는 경우 등이 그것이다. 특히 위 ⑦방법은 네트워크 수사기법(network investigative techniques, NIT)이라고도 불리는 수사기관에 의한 해킹으로 일방적 관할권 행사의 가장 확장된 모습이라 할 수 있다.[49] 이러한 접속방법이 역외 압수·수색을 정당화할 수 있는지는 개별 사안에서 구체적 사실관계를 고려하여 판단해야 하며, 일률적으로 논의할 수 있는 문제는 아니라 할 것이다.[50]

(내) 인터넷서비스 제공자의 관점: 다음으로 정보를 보관하고 있는 서버 관리자

---

46) 앞서 살펴본 대법원 2017. 11. 29. 선고 2017도9747 판결(역외 서버 압수·수색 사건 – 시나닷컴)의 사실관계가 이에 해당한다.

47) 이를 '무작위 대입 공격'(brute force attack)이라 한다.

48) 앞서 살펴본 고르시코프(*Gorshkov*) 사건의 사실관계가 이에 해당한다. *United States v. Gorshkov*, No. CR00-550C, 2001 WL 1024026 (W.D. Wash. May 23, 2001).

49) 네트워크 수사기법(NIT)은 '다크 웹'(The Dark Web)으로 인한 문제를 해결하기 위해 대상 컴퓨터에 감시 소프트웨어(surveillance software)를 침투시키는 수사방법이다. '다크 웹'은 기존의 웹 브라우저로는 접근 불가능하고 특정 프로그램에서만 접속할 수 있는 정보통신망의 일종인바, 수사기관의 트래픽 분석(traffic analysis), 속성정보(meta data) 분석 등을 차단하여 범죄자의 신원과 위치를 파악할 수 없도록 한다. 네트워크 수사기법은 형사법적 관점에서 위법성조각사유, 관할권 한계 등 다양한 논점을 제시하는바, 그 기초적 논의는 다음의 문헌을 참고할 수 있다. Ahmed Ghappour, *Searching Places Unknown: Law Enforcement Jurisdiction on the Dark Web*, 69 **Stan. L. Rev.** 1075 (2017).

50) 정대용·김기범·이상진, 앞의 논문(주 10), 74면도 접속 수단·방법의 상당성, 정보 압수의 긴급성, 피해법익의 중대성을 고려하여 판단하여야 하며, 본문에 열거한 ⑤, ⑥, ⑦의 방법은 정보통신시스템에 대한 침해행위로서 허용되기 어렵다고 설명한다.

의 입장에서 살펴본다. 대법원은 인터넷 온라인게임 ‘리니지’의 계정 개설자 겸 명의자가 자신의 계정을 양도한 이후 그 계정을 현재 사용 중인 전전양수인이 설정해 둔 비밀번호를 변경하여 접속을 불가능하게 한 사안에서,[51] 관리자로부터 직접 권한을 부여받은 계정명의자가 아닌 제3자에게 접근권한이 있는지 여부는 접근권한을 부여하는 주체인 정보통신망 관리자(인터넷서비스 제공자)가 부여한 권한을 기준으로 판단한다고 판시한다.[52] 구체적으로 ① 인터넷서비스 제공자가 정한 인터넷 온라인게임 이용약관 상 계정과 비밀번호 등의 관리책임 및 그 양도나 변경의 가부, ② 그에 필요한 절차와 방법 및 그 준수 여부, ③ 이용약관에 따른 의무를 이행하지 않았을 경우 행해질 수 있는 조치내용, ④ 캐릭터 및 아이템 등 게임 정보에 관한 이용약관 상 소유 관계 등 여러 사정을 종합적으로 고려한다는 것이다.

위 판례(‘리니지 계정양도 사건’)는 가상공간의 출입통제에 대한 중요한 통찰을 제공한다. 만약 정보통신망 관리자로부터 권한을 부여받은 계정명의자가 아무런 제한 없이 제3자에게 접근권한을 양도하거나 대여할 수 있다면, 관리자는 정보통신망에 접근할 수 있는 대상을 선정할 권한을 상실하게 된다. 따라서 정보통신망 관리자는 계정양도를 허가할 권한을 보유하거나, 적어도 그 사실을 통보받고 후속조치를 취할 기회가 주어져야 한다. 그렇다면 대법원이 거론하는 ‘허용된 접근권한’과 ‘일반적 접속 절차’만으로 수사기관의 역외 서버접근이 정당화되는 것이라 단정할 수는 없다. 수사기관의 정당한 법 집행이라는 주장 역시 역외 접근을 정당화하는 논거가 되기는 어렵다. 앞서 본 대법원 2017. 11. 29. 선고 2017도9747 판결(역외 서버 압수·수색 사건 – 시나닷컴)의 인터넷서비스 제공자는 대한민국 수사기관의 처분을 수인할 근거나 이유가 없기 때문이다. 따라서 수사기관이 역외 서버에 접근하게 된 구체적 경위, 역외 증거수집 대상국가의 국내법, 해당 인터넷서비스의 이용약관 등을 면밀히 살펴 피의자의 계정정보를 이용한 수사기관의 접근이 허용되는지 여부를 검토하여야 할 것이다.

---

51) 대법원 2010. 7. 22. 선고 2010도63 판결(‘리니지 계정양도 사건’).

52) 피고인이 정보통신망법 제49조를 위반하여 ‘타인의 정보를 훼손’한 것인지를 판단하는 전제로서 정보가 귀속되는 권한을 가진 자가 누구인지를 정해야 하기 때문이다.

이상의 논의를 종합할 때, '원격 압수·수색' 방법에 따른 역외 전자정보 수집의 적법성은 일률적으로 판단할 수 있는 문제는 아니며, 개별 사건의 구체적 사실관계를 고려하며 '수색'과 '압수'의 목적론적 해석에 따라 그 적법성 여부를 판단할 수밖에 없다고 생각된다.

Ⅳ. 역외 전자정보 압수 · 수색: 서비스제공자로부터 직접 증거를 제출받는 경우

1. 서비스제공자에 대한 제출요구의 필요성

지금까지 살펴본 최초 수색 대상 컴퓨터를 이용하여 역외 전자정보에 접근하는 경우(①**유형**)나 피의자의 계정정보를 이용하여 역외 전자정보에 접근하는 경우(②**유형**) 모두 일정한 한계가 있다. 앞서 설명한 바와 같이, 대부분 서버는 접근권한을 부여하기 위해 아이디와 패스워드를 확인하는데 피의자가 협력하지 않는 경우 접근권한정보의 확보를 보장할 수 없고, 범죄의 국제화, 지능화가 진행함에 따라 피의자의 신원이 확인되지 않거나 그 행방을 찾기 어려운 경우도 많기 때문이다. 각국의 수사기관은 이러한 어려움을 극복하기 위해 전자정보가 저장·보관된 서버 자체를 대상으로 증거수집을 시도하여 왔다.

앞서 본 바와 같이 전자증거가 저장·보관된 서버 자체에 대한 압수·수색은 다음과 같은 방법이 있다. 즉, ③ 서버 소재지를 압수·수색 장소로 하여, 서버를 수색하여 관련 전자정보를 압수하거나 서버(정보저장매체) 자체를 압수하는 경우, ④ 서버 운영자(인터넷서비스 제공자) 소재지를 압수·수색 장소로 하여, 서비스제공자로부터 관련 전자정보를 제출받거나 수사기관이 직접 수색하여 압수하는 경우 등이다.

그런데 서버 소재지가 해외인 경우, 국제형사사법공조 절차에 의하지 않는 한 ③**유형**, 즉 서버 자체에 대한 압수·수색은 현실적으로 불가능하다. ④**유형**에서도 외국계 인터넷서비스 제공자를 대상으로 하는 경우라면, 그 형식은 압수·수색영장의 집행이나 실질은 개별 서비스제공자의 협조를 구하는 것에 불과한 경우가 많다. 실무상 일부 외국계 서비스제공자들은 수사기관에 대한 협력을 위하여 홈페이지나 연락처 등을 개설하고 수사기관이 압수·수색영장을 발부받아 홈페이지 등을 통해 영장 사본 등을 제시하는 경우 해당 정보를 추출하여 제공하고 있는데,[53] 이러한 경우에 영장에 기재하는 '압수·수색 장소'는 '외국에 소재한 본사의 주소'로, '압수·수색 대상'은 '해외 본사가 보관 중인 정보'로 기재하고 있다.[54]

2. 서비스제공자에 대한 제출요구의 법적 쟁점

그러나 서버 소재지, 즉 전자정보가 저장·보관된 물리적 위치가 해외라 하더라도 이를 관리하는 서비스제공자에 대하여 관할권을 가지는 경우라면, 전자정보 제출을 강제할 수 있는지가 쟁점이 될 수 있다. 달리 말하면, 관할권이 미치는 서비스제공자를 매개로 하여 역외에 있는 전자정보의 압수·수색이 가능한지가 문제 되는 것이다. 최근 해외에서 수사기관이 인터넷서비스 제공자에게 역외 전자정보 제출을 강제한 사례의 적법성이 다투어진 바 있다. 대표적으로 마이크로소프트 아일랜드(*Microsoft Ireland*) 사건과 구글 펜실베이니아(*Google Pennsylvania*) 사건을 들 수 있는데, 법원은 위 각 사건에서 '수색'의 법적 위치를 어떤 기준으로 볼 것인가라는 핵심 쟁점에 대하여 상반된 결론을 내려 논란이 되었다.

다만, 위 사건들은 형식은 '영장'의 집행이지만, 실질은 발부요건이 강화된 '제출명령'(subpoena)의 효력을 다툰 것임을 유의해야 한다. 즉, 수사기관이 직접 정보에 접근하는 경우가 아니라 인터넷서비스 제공자에게 전자정보 제출의무를 부과하는 법률의 역외적용 여부를 판단하는 것이다. 우리 형사소송법의 해석상 영장은 수사기관의 물리적 강제력 행사에 대한 소극적 수인의무를 부과하고, 제출명령에 불응할 경우에는 별다른 제재방법이 없다. 반면 미국의 경우 영장이나 제출명령에 의하여 적극적 행위 의무를 부과할 수 있고 이에 불응할 경우 법정모욕(contemp) 등에 의한 제재가 뒤따른다는 점에서 차이가 있

53) 예컨대, 구글의 경우 본사 이메일 계정을 통해 관련 요청을 접수하고, 페이스북은 수사기관 협력 홈페이지를 통하여 자료제공을 요청할 수 있도록 하고 있다.

54) 법원행정처, 앞의 책(주 9), 77면.

다. 즉, 제도적 배경이라는 측면에서는 우리 판례와 완전히 일치하지 않는다. 다만 쟁점이 되는 '행위'의 '법적 위치'를 판단한다는 점에서는 유사한 맥락을 가지는 것이다.

가. 마이크로소프트 아일랜드 사건

수사기관은 법원으로부터 '저장통신법'(Stored Communication Act, SCA)[55]에 근거한 영장을 발부받아 마이크로소프트를 상대로 마약밀매 사건과 관련된 것으로 의심되는 이메일 계정의 내용을 포함한 관련 정보를 제출할 것을 요청하였다. 이에 마이크로소프트는 미국 내 서버에 보관 중인 일부 정보만을 제출하고 아일랜드 데이터 센터에 보관 중인 데이터에 대한 제출은 거부하면서 '영장무효신청'(motion to squash a search warrant)을 하였으나, 법원은 다음과 같은 이유를 들어 신청을 기각하였다.[56] 즉, ① 전자정보의 '수색'(search)은 해당 정보가 저장매체나 컴퓨터로 복사·전송되면서 시작되는 것이 아니며, 수사기관이 미국 내에서 모니터 화면 등을 통하여 대상 정보를 관찰할 수 있게 될 때 비로소 시작된다는 것이다.[57] 또한 ② 전자정보가 어디에 존재하는지 문제는 해당 정보를 관리(control)하는 서비스제공자가 국내에 있는가 여부에 따라 결정되는 것이며, 정보가 저장(storage)된 서버의 물리적 위치에 따라 결정되는 것은 아니라는 것이다. 마이크로소프트는 이에 불복하여 항소하였다.

그러나 미연방제2항소법원은 다음과 같은 이유로 마이크로소프트에 역외에 저장된 데이터의 제출을 요구하는 영장의 집행은 법률의 역외적용에 해당하여 허용될 수 없다고 판시하였다.[58] 먼저 ① 저장통신법(SCA)에는 역외적용에

---

55) '저장통신법'(Stored Communications Act)은 미국 연방 법률 제18장 제2701조부터 제2713조까지 규정(18 U.S.C. §§ 2701-2713)을 통칭하는 것이다.

56) *In re Warrant to Search a Certain E-Mail Account Controlled and Maintained by Microsoft Corp.*, 15 F. Supp. 3d 466, (S.D.N.Y. Apr. 25, 2014).

57) 전자정보의 맥락에서 어느 시점부터 '수색'(search)과 '압수'(seizure)에 해당하는지는 미연방 수정헌법 제4조의 적용 여부를 판단하는 전제로서 매우 중요한 쟁점이다. 관련 논의로는 다음의 문헌을 참고할 수 있다. Orin S. Kerr, *Searches and Seizures in a Digital World*, 119 **Harv. L. Rev.** 531 (2005); Orin S. Kerr, *Fourth Amendment Seizures of Computer Data*, 119 **Yale L. J.** 700 (2010).

58) *In re Warrant to Search a Certain E-Mail Account Controlled & Maintained by Microsoft*

대한 명시적 규정이 없으므로 '역외적용 추정금지 원칙'(presumption against extraterritoriality)에 따라 위 법에 따라 발부된 영장의 역외집행은 허용될 수 없다.[59] 다음으로 ② 저장통신법 제2703조 (a) 항의 주된 보호법익은 '사용자의 통신 내용에 대한 프라이버시'이고, 이와 관련된 행위는 마이크로소프트 직원이 수사기관의 대리인 자격으로 사용자의 통신 내용을 취득하는 경우에 발생한다. 그런데 그러한 행위는 아일랜드 더블린(Dublin)에 있는 데이터 센터에서 발생하므로 법률의 보호법익과 관련된 행위는 역외에서 발생하는 것이다. 즉, 보호법익과 관련된 행위인 수색·압수는 전자정보의 저장장소인 아일랜드의 데이터 센터에서 이루어지므로 본건 영장의 집행을 강제하는 것은 허용되지 않는 역외적용에 해당한다는 것이다.

미연방 법무부는 항소법원의 판단에 불복하여 상고하였고, 전자정보의 저장장소와 관계없이 영장 집행이 가능하도록 하는 것을 주요 내용으로 하는 저장통신법 개정법안을 제안하였다. 사건이 연방대법원에 계류 중에 위 법안이 양원을 통과하여 법률로서 성립하자, 연방대법원은 항소심 판결을 파기하고 소의 이익이 없으므로(moot) 기각함이 상당하다는 취지로 환송하였다.[60]

마이크로소프트 아일랜드 사건의 항소법원 판단을 무력화하고자 한 위 법률은 '**합법적 해외 데이터 활용의 명확화를 위한 법**'(Clarifying Lawful Overseas Use of Data Act, CLOUD Act)이라는 명칭의 저장통신법(SCA) 개정법률이다.[61] 위 법은 정부기관이 미국의 전자통신서비스제공자가 '소유, 소지, 또는 관리'(possession, custody, or control)하는 데이터에 대하여 저장장소와 관계없이 제공 요청을 할 수 있도록 하며, 기존 국제형사사법공조 절차에 대한 대안으로 광범위한 데이터를 상호 공유할 수 있는 행정협정(executive agreement) 절차를

Corp. (Microsoft Ireland), 829 F.3d 197 (2d Cir. 2016).

59) 역외적용 추정금지 원칙(presumption against extraterritoriality)은 입법자의 의사가 법률에 명시적으로 나타나 있지 않다면 해당 법률의 역외적용은 허용되지 않는다는 원칙을 말하며, 그 판단구조에 대한 상세는 다음의 문헌을 참고할 수 있다. William S. Dodge, *The Presumption against Extraterritoriality in Two Steps*, 110 **AJIL Unbound** 45 (2016).

60) *United States v. Microsoft Corp.*, 138 S. Ct. 1186 (2018) 따라서 본 사안의 핵심 쟁점에 대한 미연방대법원의 최종 판단은 내려지지 않은 것이다.

61) CLOUD Act, H.R. 1526, 115th Con. div. V (2018). (이하 '**클라우드 법**'라 함)

규정하는바, 상세한 내용은 제6장에서 따로 설명하기로 한다.

나. 구글 펜실베이니아 사건

한편 앞서 언급한 마이크로소프트 아일랜드 사건과 유사한 쟁점을 다루었음에도 정반대의 판단을 한 사례도 있다. 미국 연방수사국(FBI)이 구글(Google)을 상대로 저장통신법에 근거한 영장을 발부받아 집행한 사건에서 구글 역시 해당 전자정보가 해외에 저장되어 있다는 이유로 정보제공을 거부하였는바, 펜실베이니아 동부 연방지방법원은 위 영장의 집행이 적법하다고 판시한 것이다.[62] 영장 집행의 구체적 내용은 전자통신서비스 제공자가 통신 내용과 가입자 정보를 정부에 공개하는 것인데, 법원은 이러한 모든 절차가 국내에서 이루어진다고 보았다. 즉 전자정보에 대한 수색·압수는 정보의 저장(storage) 장소가 아니라 데이터에 접근(access)하는 장소에서 발생하는 것이므로 역외적용에 해당하지 않는다는 것이다.[63]

3. 검토

가. '수색'과 '압수'의 해석

인터넷서비스 제공자에 대하여 직접 전자정보 제출을 요구하는 경우도 앞서 본 대법원 2017. 11. 29. 선고 2017도9747 판결(역외 서버 압수·수색 사건 – 시나닷컴)과 유사한 쟁점이 다투어졌다. 마이크로소프트 아일랜드 사건을 계기로 등장한 '클라우드 법'은 데이터 보관장소와 관계없이 영장을 집행할 수 있도록 저장통신법(SCA)을 개정하였으나, 수색·압수의 법적 위치를 데이터 접근(access) 위치를 기준으로 할 것인지, 아니면 데이터 저장(storage) 장소를 기준으로 할 것인가라는 쟁점은 아직 해결된 것은 아니다. 이 쟁점은 여전히 중요한 의미가 있는데, 예컨대 저장통신법의 적용 범위에 포함되지 않는 데이터에 대한 역외 수집의 적법성을 판단하는 결정적 기준이 될 것이기 때문이다.

---

62) *In re Search Warrant No. 16-960-M-01 to Google (Google Pennsylvania)*, 232 F. Supp. 3d 708 (E.D. Pa. 2017).

63) *Google Pennsylvania*, 232 F. Supp. at 722.

마이크로소프트 아일랜드(*Microsoft Ireland*) 사건의 항소심 법원은 데이터 저장장소를 기준으로 역외적용 여부를 판단하였고,[64] 구글 펜실베이니아(*Google Pennsylvania*) 사건은 데이터 접근 장소를 기준으로 하여 명확한 대비를 보이고 있다.[65] 본 쟁점을 검토할 때 클라우드 서비스와 관련된 특유한 문제점도 있는바, 이하에서는 항목을 바꾸어 이를 상세히 살펴보고자 한다.[66]

나. 클라우드 서비스 관련 문제점

마이크로소프트 아일랜드 사건의 항소심 법원과 구글 펜실베이니아 사건이 같은 쟁점에 대하여 상반된 결론을 내린 것에는 다양한 이유가 있을 수 있다. 그 중 간과되어 온 중요한 배경으로 위 각 사건의 클라우드 서비스가 서로 다른 기술적 배경을 가진 점을 설명하고자 한다. 이를 이해하기 위해 먼저 클라우드 서비스의 다양한 모델을 살펴볼 필요가 있다.

먼저 ① 데이터 분산형 모델(data distribution model)이 있다. 이는 데이터를 분할한 후 국제적으로 분산된 데이터 센터에 나누어 보관하고, 효율성 확보를 위해 분산 보관된 데이터를 네트워크상의 한 지점에서 다른 지점으로 자동적으로 이동시키는 모델이다.[67] 이에 대비되는 것으로 ② 데이터 국지화 모델(data localization model)이 있다. 이는 특정 지역 사용자의 데이터는 해당 지역

---

64) 마이크로소프트 아일랜드 사건의 항소심 법원은, 서울고등법원 2017. 6. 13. 선고 2017노23 판결(대법원 2017. 11. 29. 선고 2017도9747 판결(역외 서버 압수·수색 사건 – 시나닷컴)의 항소심)과 유사하게, 역외 서버에 접근하여 정보를 검색하는 과정에서 이미 '수색' 행위가 발생하고, 검색한 정보를 내려받는 과정을 '압수' 행위의 시작점으로 파악하는 것이다.

65) 구글 펜실베이니아 사건은, 대법원 2017. 11. 29. 선고 2017도9747 판결(역외 서버 압수·수색 사건 – 시나닷컴)과 유사하게, 수색 장소에 있는 컴퓨터에 내려받거나 화면에 현출된 정보를 수사기관이 살펴보는 단계에서 비로소 '수색'이 개시되고, 선별한 정보를 최종 복제 또는 출력하는 단계에서 '압수'가 이루어진다고 보는 것이다.

66) 물론 이러한 문제점은 클라우드 서비스 외에 서버와 데이터 센터가 국제적으로 분산된 형태인 다른 인터넷서비스도 동일할 것이나, 본문에서 살펴본 사건과 관련하여 이해하기 위하여 이 부분에서 설명하는 것이다.

67) 구글 펜실베이니아 사건의 판결문에서도 데이터 분산형 모델의 특징을 설명하고 있다. *Google Pennsylvania*, 232 F. Supp. at 723. 한편 데이터 분산형 모델의 기술개요와 법적 쟁점을 다룬 것으로 다음의 문헌을 참고할 수 있다. Patrick Ryan & Sarah Falvey, *Trust in the Clouds*, 28 **Computer L. & Security Rev.** 513 (2012).

에 한정하여 저장하는 모델이다. 순수한 국지화 모델은 오직 해당 지역에서만 데이터 접근이 가능하나, 데이터 관리자가 한정된 범위에서 데이터에 접근 가능한 경우도 있으므로 개별 사안의 사실관계에 따라 접근권한에 대한 구체적 파악이 필요하다.

데이터 국지화 모델의 발전된 형태로 ③ 데이터 신탁 모델(data trust model)이 있다. 이는 서비스제공자와 구분되는 법적 실체가 수탁자 자격으로 데이터를 관리하는 모델이다.[68] 인터넷서비스 제공자는 데이터 보관을 위한 하드웨어, 소프트웨어에 대한 관리 역할만 담당하고, 별개의 법적 실체인 데이터 수탁자만이 데이터에 대한 접근권한을 가진다. 예컨대, 특정 국가 사용자를 위해 해당 국가의 법률에 근거하여 독립법인을 설립하고 신탁계약에 의하여 데이터 관리자의 접근권한을 제한하는 것이다. 법률적 수단에 더하여 데이터 수탁자에게만 암호 키를 부여하는 방법으로 기술적으로도 접근권한을 제한하는 방법을 취하는 경우가 많다.[69] 즉, 법률적 방법(신탁계약)과 기술적 방법(암호 키)으로 데이터 관리자의 접근권한을 제한하며, 오직 데이터 수탁자만이 접근권한을 가지게 된다. 한편 데이터 수탁자는 해당 국가의 법률에 따라 설립된 법적 실체로서 해당 국가의 개인정보보호 관련 법령을 따르게 된다. 이러한 다양한 기술적 가능성은 특정 국가의 역외 데이터 접근을 회피할 수 있도록 할 수 있다.

위 사건에서 구글은 데이터 분산형 모델의 서비스를 제공하였으며, 반면 마이크로소프트는 데이터 국지화 모델에 기반하고 있었다. 다만 마이크로소프트의 서비스는 해당 국가(아일랜드)뿐만 아니라 미국 본사에서도 일정 범위의 접근권한을 가지고 있다는 점에서 완전한 국지화 모델은 아니었다.[70] 구글 펜실베이니아 사건에서 법원은 "누구도 어느 국가에 요청해야 할지를 알 수 없고, 설사 데이터가 보관된 특정 서버를 파악하였다 하여도 데이터는 더는 그곳에

---

68) 데이터 신탁 모델은 최근 독일에서 발전 중인바, 그 현황에 대하여는 다음 문헌을 참고할 수 있다. Schwartz/Peifer, *Datentreuändermodelle—Sicherheit vor Herausgabeverlangen US-amerikanischer Behörden und Gerichte?*, **CR** 2017, 165 (데이터 신탁 모델이 수사기관 등으로부터 프라이버시 침해 위험에 긍정적 대안이 될 수 있음을 설명함).

69) 데이터 신탁 모델의 법적, 기술적 분석에 대하여는, Rath/Kuß/Maiworm, *Die neue Microsoft Cloud in Deutschland mit Datentreuhand als Schutzschild gegen NSA* & Co.?, **CR** 2016, 98.

70) *Microsoft Ireland*, 829 F.3d at 202.

머물러있지 않은 경우가 많다"고 판시하였는데,[71] 법원의 이러한 판시에는 앞서 본 기술적 배경이 중요한 역할을 한 것이다. 반면 마이크로소프트 아일랜드 사건의 항소심 법원은 "클라우드에 저장된 정보도 물리적 보관장소를 식별할 수 있다"고 판시하였는바,[72] 본 판시에서도 사실관계의 기본이 된 기술적 배경에서 그 의미를 새롭게 파악할 수 있다.

이러한 기술적 배경의 차이는 법적 쟁점의 판단에도 중요한 영향을 미친다. 예컨대, 구글 펜실베이니아 사건에서 보관장소는 법적으로 중요한 의미를 가지기 어렵다. 보관장소를 일률적으로 파악하는 것 자체가 사실상 불가능하기 때문이다. 이와 달리 마이크로소프트 아일랜드 사건에서는 명확한 보관장소를 파악할 수 있다. 다음으로 데이터 국지화 모델을 채택한 마이크로소프트 아일랜드 사건의 경우 법원이 영장 집행을 저지하더라도 국제형사사법공조 절차를 통해 데이터를 확보할 가능성이 있지만, 구글 펜실베이니아 사건에서는 이러한 가능성을 기대할 수 없었다. 양 사건에서 법원이 상반된 결론을 가져온 것에는 기술적 배경에서 비롯된 위와 같은 차이도 일정한 역할을 한 것으로 생각된다. 한편 기술적 배경에서 비롯된 법적 쟁점의 차이는 단순히 수색행위의 법적 위치를 결정하는 역할에 그치는 것이 아니다. 이는 새롭게 형성 중인 역외 전자정보 수집에 대한 법적 체계의 방향에도 일정한 영향력을 행사하고 있다.

Ⅴ. 역외 전자정보 수집의 문제점과 개선방안

1. 범죄의 초 국경적 성격과 암호화 기술의 발전

지금까지 유형별로 살펴본 역외 전자정보의 압수·수색은 수사기관에 의한 일방적 관할권 확장이라는 큰 흐름 하에 있는 것이다. 그 원인으로 먼저 범죄행위와 네트워크의 초 국경적 성격(trans-border nature)을 들 수 있다. 컴퓨터 관련 범죄의 경우,[73] 범죄자와 피해자의 국적이 다른 경우가 많고, 범행에 사

---

71) *Google Pennsylvania*, 232 F. Supp. at 725.

72) *Microsoft Ireland*, 829 F.3d at 220 n.28.

73) 컴퓨터는 그 자체가 범죄의 대상이 될 수 있고, 범죄의 중요한 도구로 사용될 수도 있다. 그리고 관련 범죄의 경위를 밝힐 수 있는 중요한 증거방법이 되기도 한다. Thomas K.

용한 도구 또는 그 결과가 각기 다른 나라의 저장매체에 보관된 경우가 일반적이다. 즉, 범죄행위의 초 국경적 성격으로 인하여 관련 증거가 여러 국가에 흩어져 있는 것이다. 이에 따라 특정 국가의 수사기관이 자국 법령에 근거하여 관할권 외에 있는 자료에 접근할 수 있는가라는 문제가 새로운 관심을 받게 된 것이다.

또 하나의 원인으로 암호화 기술의 발전을 들 수 있다.[74] 예컨대, 이메일 서비스의 경우 이용자와 서비스제공자 간에 전송되는 정보만이 암호화 처리되었으나 최근에는 서로 다른 이메일 서비스의 서버 간에도 암호화된 정보를 송·수신하고 있다. 또한, 기업이나 공공단체들도 가상사설망(virtual private network) 등의 사용으로 암호화된 정보를 전송하는 경우가 많다.[75] 이러한 경향 때문에 전송 중인 통신에 대한 감청은 점점 그 실효성을 잃어가고 있으며, 송·수신이 완료되고 암호화되지 않은 상태로 보관 중인 자료에 접근할 필요성이 더욱 커진 것이다. 전송이 완료되어 저장·보관 중인 정보는 상대적으로 암호화에 의한 장벽이 낮은데, 이에는 두 가지 이유가 있다.[76] 첫째, 데이터가 암호화되어 있는 경우 대규모 서버에 저장된 데이터의 효율적 관리·검색이 어렵기 때문에 상당수 데이터가 암호화되지 않은 상태로 저장되는 경우가 많다. 둘째, 설사 데이터가 암호화되어 있다 하여도 인터넷서비스 제공자는 통상 암호해제를 위한 수단을 보유하고 있다. 서비스 이용자가 암호 키를 분실하는 등 보안상의 이유만으로 사실상 자료접근 권한을 상실하는 경우 적절한 절차에 따라 이를 복구시켜 줄 필요가 있기 때문이다.

정리하자면, 범죄행위와 네트워크의 초 국경적 성격, 암호화 기술발전 등의

Clancy, **Cyber Crime and Digital Evidence: Materials and Cases** 1 (2011) (범죄대상으로서의 컴퓨터, 범죄 도구로서의 컴퓨터, 증거저장수단으로서의 컴퓨터로 구분함)

74) 암호화 기술의 발전과 그 법적 의미에 대하여는 다음 문헌을 참고할 수 있다. Peter Swire, *From Real-Time Intercepts to Stored Records: Why Encryption Drives the Government to Seek Access to the Cloud*, in **Bulk Collection: Systematic Government Access to Private Data** 409 (Fred H. Cate & James X. Dempsey eds., 2017).

75) 가상사설망(virtual private network)은 암호화된 정보를 전송하는 등의 방법으로 인터넷과 같은 공중망(public network)을 마치 전용선으로 사설망(private network)을 구축한 것처럼 사용할 수 있는 방식을 말한다.

76) Swire, 앞의 논문(주 74), 415면.

이유로 역외 전자정보 수집의 문제는 날로 중요성을 더하고 있는바, 각국 정부는 이를 위하여 다양한 방법을 동원하고 있다. 대표적인 수단으로 ① 관할권의 확장, ② 데이터 국지화, ③ 암호화 관련 조치 등을 들 수 있다.

2. 역외 전자정보 확보를 위한 대책

가. 국가관할권의 확장

(1) 국가관할권의 개념

국가관할권(state jurisdiction)은 한 국가가 사람, 물건, 행동 등에 행사할 수 있는 권한의 총체를 의미한다.[77] 국가관할권의 세부적 분류에 대하여는 다양한 견해가 제시되는바,[78] 대체로 '입법관할권', '집행관할권'으로 나누는 견해(二分說)[79]와 '입법관할권', '(협의의) 집행관할권', '재판관할권'으로 나누는 견해(三分說)[80]로 나눌 수 있다. 본 문헌에서는 개념 분석의 편의상 삼분설에 따라 국가관할권의 개념을 살펴본다.

국가관할권을 형사법적 관점에서 살펴보면, 먼저 우리 형법은 제2조에서 제6조까지 국제형법 관련 규정을 두고 있다.[81] 따라서 형사사건의 **입법관할권** 문제는 원칙적으로 위 규정에 따라 해결되는 것이다. 형사사건의 경우 **재판관할권**과 입법관할권의 범위는 일치한다는 것이 일반적 견해이다.[82] 민사사건과 달리 형사사건에서 다른 나라의 형법을 적용하여 형벌을 부과하는 경우는 없

---

77) 김대순, 국제법론 (제20판, 2019), 451면; 정인섭, 신국제법강의, 194면 (제5판, 2014).

78) 국가관할권의 세부 분류에 대한 다양한 견해에 대하여는 다음의 문헌을 참고할 수 있다. 석광현, 국제재판관할에 관한 연구, 41면 (2001).

79) 김대순, 앞의 책(주 77), 451면; 정인섭, 앞의 책(주 77), 195면. 그러나 이분설을 취하는 경우에도 효과적 분석을 위하여 입법관할권, (협의의) 집행관할권, 재판관할권으로 나누어 검토할 수 있음을 부정하지 않는다.

80) 미국법률협회(American Law Institute, ALI)의 'Restatement (Third) of the Foreign Relations Law of the United States (1987)'가 대표적이다. [이하 '**대외관계법 리스테이트먼트**'라 함]

81) 본문에서 사용한 '국제형법'이란 두 나라 이상이 관련된 범죄사건에서 적용할 형법을 의미하며, 민사법의 국제사법에 대응하는 개념이다. 신동운, 형법총론 (제9판, 2015), 65면.

82) 석광현, "클라우드 컴퓨팅의 규제 및 관할권과 준거법", Law & Technology 제7권 제5호 (2011), 3, 24면; 신동운, 앞의 책(주 81), 65면.

기 때문에, 우리 형법이 적용되는 때에는 재판관할권을 가지지만 외국법이 적용되는 경우는 재판관할권을 가지지 않는 것이다.

한편 **집행관할권**은 법원 또는 행정기관이 체포, 강제조사 등의 물리적인 강제조치에 따라 국내법을 집행하는 권한을 말한다.[83] 그런데 우리 형사소송법은 제1조부터 제16조까지 다수의 법원 사이에 재판업무 분담에 관한 규정(관할)을 두고,[84] 검찰청법 제5조,[85] 형사소송법 제210조[86]에 수사 관할에 대한 간단한 규정을 두고 있을 뿐, 집행관할권에 대한 명시적 규정은 찾기 어렵다. 국제법적 관점에서는 동의를 받지 않고 다른 국가의 영토 내에서 집행관할권을 행사하는 것은 영토주권을 직접 침해하는 행위가 된다는 것이 일반적인 결론이다.[87] 따라서 집행관할권은 입법관할권과 달리 기본적으로 영토적 제약성을 가진다고 설명된다.[88]

---

83) 대외관계법 리스테이트먼트 제401조(관할권의 분류) (c) 호는 집행관할권을 "법원을 통하거나 행정, 경찰 또는 기타 비사법적 행위를 통해 법령 또는 규제의 준수를 유도·강제하거나 불이행을 처벌하는 권한"으로 정의한다. (§ 401. *Categories of Jurisdiction.* (c) jurisdiction to enforce, *i.e.*, to induce or compel compliance or to punish non-compliance with its law or regulations, whether through the courts or by use of executive, administrative, police, or other nonjudicial action.)

84) '**재판권**'은 구체적 사건에 대하여 법원이 심리와 재판을 할 수 있는 일반적·추상적 권한이고, '**관할**'은 다수의 법원 사이에 재판업무의 분담기준을 의미하는 것으로 서로 구별되는 개념이다. 재판권 흠결의 경우 법원은 공소기각의 판결을 하나(형사소송법 제327조 제1호), 피고사건이 법원의 관할에 속하지 아니한 때에는 판결로써 관할위반의 선고를 하여야 한다(형사소송법 제319조).

85) 검찰청법 제5조(검사의 직무관할) 검사는 법령에 특별한 규정이 있는 경우를 제외하고는 소속 검찰청의 관할구역에서 직무를 수행한다. 다만, 수사에 필요할 때에는 관할구역이 아닌 곳에서 직무를 수행할 수 있다.

86) 형사소송법 제210조(사법경찰관리의 관할구역 외의 수사) 사법경찰관리가 관할구역 외에서 수사하거나 관할구역 외의 사법경찰관리의 촉탁을 받어 수사할 때에는 관할지방검찰청 검사장 또는 지청장에게 보고하여야 한다. 다만, 제200조의3, 제212조, 제214조, 제216조와 제217조의 규정에 의한 수사를 하는 경우에 긴급을 요할 때에는 사후에 보고할 수 있다.

87) 김대순, 앞의 책(주 77), 454, 476면; 석광현, 앞의 논문(주 82), 36면; 정인섭, 앞의 책(주 77), 196면.

88) 대외관계법 리스테이트먼트 제432조(형사법 집행수단) 제2항: "특정 국가의 수사기관은 다른 국가의 권한 있는 공무원에 의한 동의가 있는 경우에만 다른 국가의 영토 내에서 그 권한을 행사할 수 있다." (§ 432. *Measures in Aid of Enforcement of Criminal Law.*

(2) 역외 전자증거 수집과 국가관할권의 확장

앞서 살핀 바와 같이, 국가관할권은 형법 제2조에서 제6조까지 국제형법 관련 규정과 집행관할권의 영토적 제약성에 의해 제한된다. 그러나 각국 수사기관은 역외 전자정보를 확보하기 위한 다양한 수단을 이용하고 있다. 미국의 경우 구글 펜실베이니아 사건과 같이 해석을 통하여, 또는 '클라우드 법'과 같이 입법을 통하여 국가관할권의 범위를 확대하고 있다. 이는 다른 국가도 마찬가지이다. 예컨대, 영국은 수사기관에 정보 주체의 국적(또는 거주지), 서비스제공자의 주된 사업지, 데이터가 보관된 장소 등을 고려하지 아니하고 관할권 내에서 사업을 영위하는 모든 인터넷서비스 제공자(주로 IT 기업임)에게 보관 중인 데이터의 제출을 요구할 권한을 부여하고 있다.[89] 우리 판례도 피의자의 계정정보를 이용한 역외 서버접근의 적법성을 승인함으로써 국가관할권을 일방적으로 확장할 수 있는 길을 열어둔 것이라 평가할 수 있다.[90]

그러나 이러한 일방적 국가관할권 확장은 여러 문제점을 낳게 된다. 먼저 주지하다시피 타국의 주권을 침해하는 국제법 위반의 여지가 있다는 비판이 제기되고 있다. 나아가 개별 주권 국가들이 경쟁적으로 국가관할권을 확장하는 경우, 주로 IT 기업인 인터넷서비스 제공자는 서로 상충하는 법적 의무를 부담할 위험성이 있다. 즉, 특정 국가의 수사기관이 자국 법령에 따라 전자정보 제출을 강제하는 상황에서 정보주체에 대하여 관할권을 가지는 국가,[91] 데이터를 관리하는 서비스제공자에 대한 관할권을 가지는 국가, 데이터 소재지에 대하여 관할권을 가지는 국가 등의 법령은 그러한 정보의 제출을 금지하는 경우가 충분히 가능하기 때문이다. 상충하는 법적 의무를 부담하는 상황에서 어느 일방의 의무에 위반된 경우, 위반된 법령에 따라 형사처벌 등 법적 책임

(2) A state's law enforcement officers may exercise their functions in the territory of another state only with the consent of the other state, given by duly authorized officials of that state.)

89) Data Retention and Investigatory Powers Act (DRIPA), 2014, c.27, § 4 (UK) (expires December 31, 2016); Investigatory Powers Bill, 2015－16, H.C. Bill [143] 34(4), 35, 36(3) (UK).

90) 대법원 2017. 11. 29. 선고 2017도9747 판결(역외 서버 압수·수색 사건 － 시나닷컴).

91) 우리 개인정보 보호법 제2조 제3호는 '정보주체'란 처리되는 정보에 의하여 알아볼 수 있는 사람으로서 그 정보의 주체가 되는 사람을 말한다고 규정한다.

을 부담할 수 있고,[92] 실제로 2015년 1월 브라질에서 마이크로소프트社 임직원들이 형사 기소된 사례도 있다.[93]

나. 데이터 국지화

법적·현실적 제약으로 인해 국가관할권의 일방적 확장이 항상 가능한 것은 아니다. 이에 더하여 암호화 기술에 따른 사실상의 접근제한, 국제형사사법 공조절차의 비효율성 등의 장벽에 막힐 경우, 개별 국가는 입법 등의 수단으로 데이터 국지화를 강제하는 선택을 할 가능성이 크다(mandatory data localization requirements). 예컨대, 2015년에 시행된 독일의 '데이터 저장의무 및 저장기간에 관한 법률'은 통신서비스 제공자에게 거주자 관련 데이터를 독일 내에 보관하도록 하는 의무를 부과하고 있고,[94] 데이터 국지화의 범위나 그 위반에 대한 제재의 정도는 다르지만 많은 국가에서 이러한 시도를 찾아볼 수 있다.[95]

우리 법제에서도 데이터의 국외이전을 제한하는 규정을 찾을 수 있다. 정보통신망법 제51조는 '중요 정보의 국외유출 제한 등'이라는 표제 하에 정부에게 정보통신서비스 제공자 또는 이용자에게 필요한 조치를 할 수 있는 권한을 부여하고(제1항), 중요 정보의 범위를 규정하며(제2항), 정부가 정보통신서비스 제공자에게 할 수 있는 조치를 열거하고 있다(제3항). 또한, 정보통신망법 제63

---

92) '정당한 권한 없이 또는 허용된 권한을 초과하여 다른 사람의 개인정보를 훼손, 멸실, 변경, 위조 또는 유출하는 행위'를 형사처벌하고(개인정보 보호법 제71조 제6호, 제59조 제3호), '제17조 제1항 제2호에 해당하지 아니함에도 같은 항 제1호를 위반하여 정보주체의 동의를 받지 아니하고 개인정보를 제3자에게 제공한 자'를 처벌하는(개인정보 보호법 제71조 제1호) 우리 법제에서도 얼마든지 발생할 수 있는 현상이다.

93) Brad Smith, *In the Cloud We Trust*, Microsoft Stories, available at http://news.microsoft.com/stories/inthecloudwetrust.

94) Gesetz zur Einführung einer Speicherpflicht und einer Höchstspeicherfrist für Verkehrsdaten 10.12.2015 BGBl. I S. 2218. 한편 위 법률은 유럽연합의 자유로운 서비스 이동 원칙을 위반한다는 비판을 받고 있다. 그에 대한 논의로는 다음의 문헌을 참고. Lothar Determann & Michaela Weigl, *Data Residency Requirements Creeping into German Law*, Bloomberg BNA Privacy & Security Law Report, 15 PVLR 529 (2016).

95) 세계 중요 국가의 데이터 국지화 관련 법령의 동향을 정리한 것으로 다음의 문헌을 참고할 수 있다. Anupam Chander & Uyen P. Le, *Data Nationalism*, 64 **Emory L.J.** 677 (2015).

조는 정보통신서비스 제공자 등이 이용자의 개인정보에 관하여 동 법에 위반되는 사항을 내용으로 하는 국제계약 체결을 금지하고(제1항), 개인정보의 국외이전 시 동의를 받을 의무(제2항), 고지의무(제3항)를 각 규정하며, 일정한 보호조치를 취하도록 하고 있다(제4항).[96]

이와 같이 정보통신망법은 개인정보의 국외이전을 억제하는 태도로 보이나, 이러한 의무를 위반한 때에도 형벌이나 과징금을 부과하는 조항을 두지 않고, 단지 시정조치 명령의 대상으로만 규정한 후 위반 시 과태료를 부과할 뿐임은 유의하여야 한다(정보통신망법 제64조 제3항, 제76조 제1항 제12호). 한편 개인정보보호법 제17조 제3항은 '개인정보처리자가 개인정보를 국외의 제3자에게 제공할 때에는 17조 제2항 각호에 따른 사항을 정보주체에게 알리고 동의를 받아야 하며, 이 법을 위반하는 내용으로 개인정보의 국외이전에 관한 계약을 체결하여서는 아니 된다'고 규정하여 '국외 제3자에게 제공'할 경우에만 동의를 받도록 하는 점에서 정보통신망법과 차이가 있다.[97]

데이터 국지화는 데이터를 보관·처리하는 기업에 불필요한 시설 투자를 사실상 강제하여 데이터 관리의 비효율을 초래할 수 있다는 지적이 있다.[98] 나아가 데이터 국지화는 국가안보 및 범죄수사라는 명목으로 정보에 대한 정부의 통제권을 과도하게 확장하고, 국가의 감시와 사상통제를 가속화 하여 궁극적으로는 개인의 자유를 심각하게 침해할 우려가 있다.[99]

다. 암호화 관련 조치

각국의 수사기관 및 정보기관은 일정한 범위에서 서비스제공자의 암호화를 제한하거나, 수사기관이 접근할 수 있는 백도어(backdoor)를 열어두도록 하는

---

96) 특이한 점은, 정보통신망법은 국내이전의 경우 '제3자 제공(제24조의2)'과 '취급위탁(제25조)'을 구분하나, 국외이전의 경우는 이를 구분하지 아니한다는 것이다.

97) 신용정보법과 전자금융거래법은 국외이전을 따로 규정하고 있지 않다.

98) Peter Swire & Justin Hemmings, *Stakeholders in Reform of the Global System for Mutual Legal Assistance*, *in* **Bulk Collection: Systematic Government Access to Private Data** 396 (Fred H. Cate & James X. Dempsey eds., 2017).

99) 이러한 주장을 체계적으로 정리한 것으로 다음의 문헌을 참고할 수 있다. 동 문헌은 '검열(censorship) + 데이터 국지화(data localization) = 통제의 완성(total control)'이라는 등식으로 이러한 위험성을 경고하고 있다. Chander & Le, 앞의 논문(주 95), 713면.

방법을 사용하기도 한다. 그러나 이러한 조치는 정부가 적절한 법적 통제 없이 해당 국가의 영역을 경유하는 정보에 접근하도록 할 위험이 있다.[100] 또한 암호화 제한, 수사기관을 위한 백도어 설정 등의 조치는 오히려 정보보호에도 심각한 위험이 될 수 있다.[101] 인위적으로 설정한 백도어가 수사기관에 의하여만 사용될 것이라는 보장이 없기 때문이다. 예컨대 전자상거래 시스템의 경우 신용카드 정보 등 민감한 정보가 전송되는바, 이러한 정보를 수사기관이 아닌 자가 획득하여 남용할 경우 예상되는 해악은 상상하기 어렵다. 즉, 수사 목적을 위해 인위적으로 '결함'을 만들어 두는 경우, 오히려 해당 시스템을 손상하는 기회를 제공할 수 있는 것이다.

3. 프라이버시 보호를 위한 대응

앞서 살펴본 ① 국가관할권의 확장, ② 데이터 국지화, ③ 암호화 관련 조치 등은 개별 국가의 정보에 대한 통제를 확대하여 프라이버시와 표현의 자유에 위험요소로 작용할 가능성이 크다. 나아가 인터넷의 열린 구조에 근본적 변화를 초래하고, 서비스제공자의 비효율적 운영을 초래할 수 있다. 더욱 큰 문제는 위와 같은 위험성을 내포하면서도 정작 그 목적을 위한 실효적 수단이 되기도 어렵다는 점이다.

법적·현실적 제약으로 인해 국가관할권의 일방적 확장이 역외 전자정보 수집에 유효한 수단이 되지 못하는 경우도 많다. 중요한 원인으로 클라우드 기술의 발전에 따라 발전한 데이터 국지화 모델(data localization model), 데이터 신탁 모델(data trust model)을 들 수 있다. 이러한 모델의 확산으로 인하여 기업

---

100) 미국 국가보안국(National Security Agency)의 감시실태를 폭로한 스노든 사건에서도 이러한 위험을 충분히 감지할 수 있다. Ewen Macaskill & Gabriel Dance, *NSA Files: Decoded*, **Guardian** (2013. 11. 1.). 한편 스노든 폭로는 미국과 유럽연합 간의 세이프 하버 협정(safe harbor agreement)을 무효화 한 쉬렘스(*Schrems*) 판결의 도화선이 되기도 하였다. Case C-362/14, *Maximillian Schrems v Data Protection Commissioner*, 2015 E.C.R. 650 (Oct. 6, 2015).

101) 이러한 점을 상세히 지적하는 것으로 다음의 문헌을 참고할 수 있다. Peter Swire & Kenesa Ahmad, *Encryption and Globalization*, 13 **Colum. Sci. & Tech. L. Rev.** 416, 433 (2012).

이나 정보 주체들은 합법적으로 국가관할권 밖으로 정보의 보관장소를 이동하고, 특정 국가의 법률 적용을 회피할 수 있는 것이다.

데이터 국지화도 마찬가지이다. 모든 종류의 정보에 대하여 국지화를 강제하는 경우는 없고, 실제 가능하지도 않다. 특정 국가의 관할권이 미치는 않는 지역에 근거한 서비스제공자가 특정 국가에 상업적 주재(commercial presence)도 없는 경우, 국가관할권을 행사할 근거를 찾기는 쉽지 않다.[102] 그러나 인터넷서비스의 특징상 위 국가의 국민이나 거주자가 위 서비스를 사용하는 것을 막기는 매우 어렵다. 오히려 국내 서비스제공자에게 부과된 규제를 회피하기 위해 해외에 기반을 둔 서비스제공자의 서비스를 선택하는 경우가 발생할 우려가 있다.[103]

암호화 기술은 정보보호에 대한 사용자의 수요에 따라 발전하고 있는데, 경제적 측면에서 볼 때 주로 IT 기업인 서비스제공자가 그러한 사용자의 요청을 거부하고 정부의 요청에 순응하기 쉽지 않다.[104] 경제적 측면의 고려 외에도 암호를 통한 정보보호의 요청은 불리한 진술을 강요당하지 아니할 권리(헌법 제12조 제2항), 자기부죄거부특권(privilege against self-incrimination) 등에 의해 뒷받침될 가능성도 있기 때문에,[105] 과도한 암호화 금지는 규범적 차원에서도 논의의 여지가 있는 것이다.

4. 공적 이익과 프라이버시 보호의 조화

역외 전자정보를 확보하기 위한 개별 국가의 노력은 개인의 자유를 침해할 우려가 크면서도 정작 그 실효성을 담보하기도 어렵다. 즉, 규제와 회피의 악순환은 국가안보나 정당한 법 집행과 같은 공적 이익을 훼손함과 동시에 정치

102) 석광현, 앞의 논문(주 82), 21면.

103) 카카오톡 사용자들이 보안 및 개인정보보호를 이유로 외국회사가 제공하는 서비스로 옮기는 경향을 보인 것은 대표적 사례라 할 수 있다.

104) 최근 수사기관의 아이폰 암호해제 요청이 큰 논쟁을 불러온 사례가 있다. *In re Search of an Apple iPhone Seized During Execution of a Search Warrant on a Black Lexus IS300, Cal. License Plate 35KGD203, No. ED 15-0451M*, 2016 WL 618401, at *1 (C.D. Cal. Feb. 16, 2016).

105) 본 문헌의 제4장에서 본 문제를 상세히 다룬다.

적, 경제적 측면에서도 바람직하지 않은 결과로 귀결될 수 있는 것이다. 따라서 공적 이익과 프라이버시 보호를 조화를 위한 해석론과 입법론의 검토가 필요하다.

가. 해석론의 검토

먼저 압수·수색의 적법 요건과 국가관할권의 범위를 명확히 할 필요가 있다. 즉, ① 우리 형사소송법의 관점(전자정보 압수·수색의 사법 통제, 수사기관이 역외 전자정보에 접근하는 방법의 적법성), ② 국제법적 측면 및 다른 국가의 전자정보 접근 관련 국내법 관행 등을 고려한 합리적 해석론을 검토하여야 한다. 본 문헌의 제3장, 제4장에서 국내법적 관점에서 전자정보 압수·수색의 법적 문제를 검토하고, 제5장에서 국제법적 측면에서 역외 전자정보 압수·수색의 범위와 한계를 살펴본다.

나. 입법론의 검토

다음으로 다양한 차원의 입법적 대응을 검토할 필요가 있다. 먼저 ① 우리 법의 해석 및 입법에 참고할 수 있도록 제반 이익을 고려한 이익형량 방법에 따른 국가관할권의 제한 법리를 검토할 필요가 있다. 나아가 ② 충돌하는 주권국가 사이의 이익을 조정하여 정보 접근에 대한 일관되고 안정된 규칙을 발전시키기 위한 국제적 차원의 논의도 살펴볼 필요가 있다. 그런데 국제적으로 일원화된 하나의 조약으로 이러한 목표를 이루는 것은 쉬운 일이 아니다. 서로 가치관을 달리하는 개별 주권국가의 이해관계를 모두 충족하고자 하는 경우, 실효성이 없는 최소한의 합의 수준에 머무르는 경우가 많기 때문이다. 개별 국가별로 서로 다른 법체계와 이해관계를 가진 현실에서 단일한 조약체계로 대응하는 것은 적절하지 않다는 사고를 전제로 하여 '분권화된 접근방법'이 제시되고 있으며, 대표적인 것으로 미연방 '클라우드 법'을 들 수 있다. 본 문헌의 제6장에서 위와 같은 위 내용을 상세히 살펴보고, 우리 형사법에 미치는 영향과 함의를 논하고자 한다.

* * * * *

제3장

전자정보 압수 · 수색의 사법 통제

제 1 절 전자정보 압수 · 수색의 기본 문제

제 2 절 전자정보 압수 · 수색의 사전통제

제 3 절 전자정보 압수 · 수색의 중간단계 통제

제3장 전자정보 압수 · 수색의 사법 통제

제1절 전자정보 압수 · 수색의 기본 문제

Ⅰ. 전자정보의 압수 · 수색

1. 기본 개념

압수(押收)는 물건의 점유를 취득하는 강제처분을 말하고, 구체적으로 압류, 영치, 제출명령의 3가지 유형으로 분류할 수 있다.[1] ① 압류(押留)는 물건의 점유를 점유자나 소유자의 의사에 반하여 강제적으로 취득하는 강제처분이고, 압수는 보통 압류를 의미한다. ② 영치(領置)는 임의제출물이나 유류물과 같이 점유의 이전이 점유자나 소유자의 의사에 반하지 않는 경우를 말한다(형사소송법[2] 제108조, 제218조).[3] 그러나 일단 영치한 물건에 대하여는 압류와 같이 강제적인 점유가 계속되고 임의로 점유를 회복할 수 없다는 점에서 압수의 일종으로 파악된다. ③ 제출명령(提出命令)은 법원이 압수할 물건을 지정하여 소유자 등에게 제출을 명하는 것이다(형사소송법 제106조 제2항).[4] 제출명령에 응하여 물건이 제출되었을 때에는 압수의 효력이 발생하고 이에 응하지 않으면 압류할 수 있기 때문에 제출명령도 압수의 일종으로 본다. 다만, 제출명령은 법원이 행하는 것이므로 수사상의 압수에는 인정되지 않고 있다.[5]

---

1) 신동운, 신형사소송법 (제5판, 2014), 400, 1068면; 이재상 · 조균석, 형사소송법 (제11판, 2017), 316면; 이창현, 형사소송법 (제4판, 2018), 431면.

2) 이하 본 장에서 형사소송법은 '**법**'으로, 형사소송규칙은 '**규칙**'으로 약칭한다.

3) 형사소송법 제108조(임의제출물 등의 압수) 소유자, 소지자 또는 보관자가 임의로 제출한 물건 또는 유류한 물건은 영장없이 압수할 수 있다.
형사소송법 제218조(영장에 의하지 아니한 압수) 검사, 사법경찰관은 피의자 기타 인의 유류한 물건이나 소유자, 소지자 또는 보관자가 임의로 제출한 물건을 영장없이 압수할 수 있다.

4) 형사소송법 제106조(압수) ② 법원은 압수할 물건을 지정하여 소유자, 소지자 또는 보관자에게 제출을 명할 수 있다.

한편, **수색**(搜索)은 압수할 물건이나 피의자 또는 피고인을 발견할 목적으로 주거, 물건, 사람의 신체, 또는 기타 장소에 대하여 행하는 강제처분을 말한다.[6] 수색은 주로 압수를 위하여 행하여지며, 실무상으로 양자를 합친 압수·수색영장이라는 단일영장이 사용되고 있다.

2. 전자정보 압수·수색의 2단계 절차

이러한 '수색'과 '압수'의 개념은 대체로 물리적 대상물을 전제로 한 것으로 전자정보의 맥락에서 '수색'과 '압수'의 의미를 명확히 할 필요가 있다. 전통적 압수·수색과 달리 전자정보에 대한 압수·수색은 일반적으로 2단계 절차로 이루어진다. 즉, 전통적 압수·수색은 현장에서 대상물을 수색하고 이를 압수하는 것으로 종료되나, 전자정보의 경우는 먼저 현장에서 컴퓨터·저장매체에 대한 압수가 이루어진 후 '이미징'(imaging) 작업을 통하여 원본 전자정보 저장매체를 대체할 복제본을 생성하며, 디지털증거분석실에서 인케이스(EnCase)와 같은 디지털포렌식 도구를 이용하여 그 복제본에 대한 분석이 이루어지는 것이다.

판례는 ① 현장에서 이루어지는 압수·수색, ② 디지털증거분석실에서 이루어지는 탐색·출력·복제라는 2단계 절차를 전제로 하여, ① 저장매체 원본, ② 복제본(저장매체에 들어있는 전체 전자정보), ③ 출력·복제한 정보(혐의사실과 관련된 전자정보)라는 3단계 개념을 파악해 왔다([**그림 3-1**] 참고).

---

5) 형사소송법 제219조는 제106조를 준용하고 있어 수사기관이 행하는 압수에도 제출명령의 형태가 인정된다고 해석될 여지가 있으나, 영장주의에 따라 수사기관의 압수에는 원칙적으로 법관의 영장이 필요하므로 독자적인 제출명령권을 가진다고 할 수 없고, 따라서 제106조 제2항은 준용되지 않는다고 보는 견해가 일반적이다. 신동운, 앞의 책(주 1), 400면; 이은모, 형사소송법(제6판, 2018), 320면; 이재상·조균석, 앞의 책(주 1), 316면; 이창현, 앞의 책(주 1), 431면.

6) 신동운, 앞의 책(주 1), 397, 1069면; 이재상·조균석, 앞의 책(주 1), 316면; 이창현, 앞의 책(주 1), 432면.

[그림 3-1]

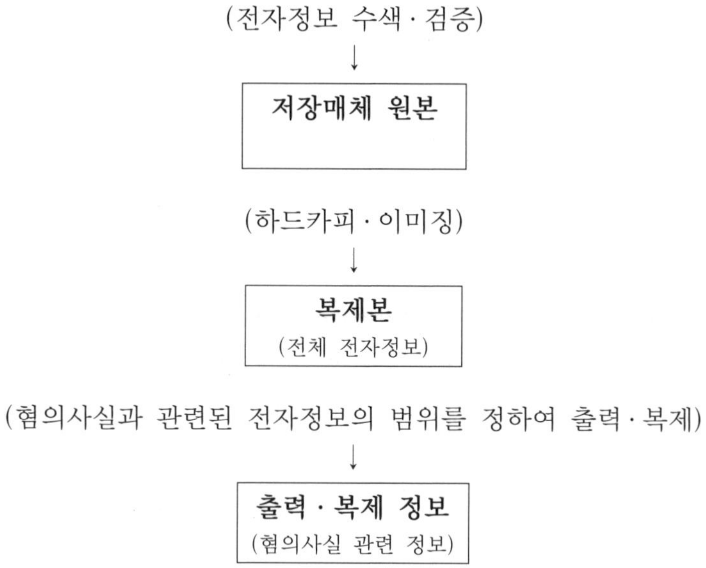

(전자정보 수색·검증)

↓

저장매체 원본

(하드카피·이미징)

↓

복제본
(전체 전자정보)

(혐의사실과 관련된 전자정보의 범위를 정하여 출력·복제)

↓

출력·복제 정보
(혐의사실 관련 정보)

3. 전자정보 압수·수색의 방법

위와 같은 개념을 전제로 판례는 압수·수색의 방법에 대한 정치한 논리를 발전시켜 왔고,[7] 이러한 논리는 형사소송법 제106조 제3항에도 반영되어 있다.[8]

---

7) 대법원은 다음과 같은 일련의 판결을 통하여 전자정보 압수·수색 관련 법리를 발전시켜 왔다. ① 대법원 1999. 9. 3. 선고 99도2317 판결(영남위원회 사건), ② 대법원 2007. 12. 13. 선고 2007도7257 판결(일심회 사건), ③ 대법원 2011. 5. 26.자 2009모1190 결정(전교조 사건), ④ 대법원 2012. 3. 29. 선고 2011도10508 판결(관세법위반 사건), ⑤ 대법원 2013. 7. 26. 선고 2013도2511 판결(왕재산 사건), ⑥ 대법원 2014. 1. 16. 선고 2013도7101 판결(공직선거법위반 사건), ⑦ 대법원 2015. 1. 22. 선고 2014도10978 판결(RO 사건), ⑧ 대법원 2015. 7. 16.자 2011모1839 결정(종근당 사건), ⑨ 대법원 2017. 11. 29. 선고 2017도9747 판결(역외 서버 압수·수색 사건 – 시나닷컴).

8) 형사소송법 제106조 제3항은 "법원은 압수의 목적물이 컴퓨터용디스크, 그 밖에 이와 비슷한 정보저장매체('정보저장매체 등')인 경우에는 기억된 정보의 범위를 정하여 출력하거나 복제하여 제출받아야 한다. 다만, 범위를 정하여 출력 또는 복제하는 방법이 불가능하거나 압수의 목적을 달성하기에 현저히 곤란하다고 인정되는 때에는 정보저장매체등을 압수할 수 있다."고 규정한다. 위 조항은 법률 제10864호로 개정된 형사소송법

가. 원칙적 압수방법

- 저장매체 소재지에서 수색·검증 후, 혐의사실과 관련된 전자정보만을 범위를 정하여 문서로 '**출력**'하거나 수사기관이 휴대한 저장매체에 '**복제**'하는 방법으로 압수할 수 있다.

나. 예외적 방법 - 복제본 반출

- 혐의사실과 관련된 전자정보의 범위를 정하여 출력·복제하는 원칙적 압수방법이 불가능하거나, 압수 목적을 달성하기에 현저히 곤란한 경우에 한하여, 저장매체에 들어있는 전자파일 전부를 하드카피·이미징하여 그 '**복제본**'을 외부로 반출할 수 있다.
- 위 복제본에 대하여는, 혐의사실과 관련된 전자정보만을 '**출력**' 또는 '**복제**'하여야 하고, 전자정보의 복구나 분석을 하는 경우 신뢰성과 전문성을 담보할 수 있는 방법에 의하여야 한다.

다. 예외적 방법 - 저장매체 원본 반출

- 집행현장에서 저장매체의 복제본 획득이 불가능하거나 현저히 곤란할 때에 한하여, 피압수자 등의 참여하에 '**저장매체 원본**'을 봉인하여 저장매체의 소재지 이외의 장소로 반출할 수 있다.
- 위와 같이 저장매체 원본을 반출한 때에는 피압수자 등의 참여권을 보장한 가운데 원본을 개봉하여 '**복제본**'을 획득할 수 있고, 그 경우 원본은 지체없이 반환하되, 특별한 사정이 없는 한 원본 반출일로부터 10일을 도과하여서는 아니된다.
- 위 저장매체 원본 또는 복제본에 대하여는, 혐의사실과 관련된 전자정보만을 '**출력**' 또는 '**복제**'하여야 하고,[9] 전자정보의 복구나 분석을 하는 경우 신뢰성과 전문성을 담보할 수 있는 방법에 의하여야 한다.

(2011. 7. 18. 개정, 2012. 1. 1. 시행)에 의하여 신설된 것이다. 한편, 본문에 정리한 내용은 법원이 최근 영장에 별지로 첨부하는 '압수대상 및 방법의 제한' 기재례에도 그 취지가 반영되어 있다.

9) 일부 판례는 '복사'라는 표현을 사용기도 하나, 본 문헌에서는 형사소송법 제106조 제3항에 따라 '복제'로 용어를 통일하기로 한다.

4. 전자정보의 맥락에서 '수색'과 '압수'의 의미

가. 집행을 시작하여 종료하기까지 모든 진행 경과를 포함함

판례는 '저장매체 자체' 또는 '복제본(저장매체에 들어있는 전체 전자정보)'을 대상으로 '혐의사실과 관련된 전자정보의 범위를 정하는 행위'를 '**탐색**'이라 칭하고 있다.[10] 즉, '저장매체 자체' 또는 '복제본(저장매체에 들어있는 전체 전자정보)'을 대상으로 혐의사실과 관련된 전자정보를 '**탐색**'하여 해당 전자정보를 문서로 '**출력**'하거나 파일을 '**복제**'하는 일련의 과정을 거치게 되고, 이를 '**탐색·출력·복제**' 과정으로 일괄하여 표시하기도 한다.[11] 이처럼 판례는 전자정보의 맥락에서 '수색'과 '압수'의 의미를 세분한 별도의 용어를 사용하고 있음을 유의하여야 한다.

'**탐색·출력·복제**'라는 일련의 과정은 전체적으로 하나의 영장에 기한 압수·수색 집행의 일환에 해당한다.[12] 따라서 '수색'과 '압수'는 대상 전자정보가

---

10) 예컨대 대법원 2011. 5. 26.자 2009모1190 결정(전교조 사건)은, "이처럼 저장매체 자체를 수사기관 사무실 등으로 옮긴 후 영장에 기재된 범죄혐의 관련 전자정보를 **탐색**하여 해당 전자정보를 문서로 **출력**하거나 파일을 **복사**하는 과정 역시 전체적으로 압수·수색 영장 집행의 일환에 포함된다고 보아야 한다"고 판시한다. (밑줄은 필자가 부기함)

11) 법원이 최근 영장에 별지로 첨부하는 '압수대상 및 방법의 제한' 기재례가 대표적으로 이러한 표현을 사용한다.

12) 판례는 '**탐색·출력·복제**'라는 일련의 과정은 전체적으로 하나의 영장에 기한 압수·수색 집행의 일환에 해당한다는 전제하에, 아래와 같이 절차적 보장을 명확히 하고 있다. 즉, ① **혐의 사실과 관련성 있는 부분으로 한정**: "저장매체 자체 또는 적법하게 획득한 복제본을 **탐색**하여 혐의사실과 관련된 전자정보를 문서로 **출력**하거나 파일로 **복제**하는 경우에, 문서 출력 또는 파일복제의 대상 역시 저장매체 소재지에서의 압수·수색과 마찬가지로 혐의사실과 관련된 부분으로 한정되어야 함은 헌법 제12조 제1항, 제3항과 형사소송법 제114조, 제215조의 적법절차 및 영장주의 원칙이나 비례의 원칙에 비추어 당연하다. 따라서 수사기관 사무실 등으로 반출된 저장매체 또는 복제본에서 혐의사실 관련성에 대한 구분 없이 임의로 저장된 전자정보를 문서로 출력하거나 파일로 복제하는 행위는 원칙적으로 영장주의 원칙에 반하는 위법한 압수가 된다." ② **참여의 기회 보장**: "저장매체에 대한 압수·수색 과정에서 범위를 정하여 출력 또는 복제하는 방법이 불가능하거나 압수의 목적을 달성하기에 현저히 곤란한 예외적인 사정이 인정되어 전자정보가 담긴 저장매체 또는 하드카피나 이미징 등 형태('복제본')를 수사기관 사무실 등으로 옮겨 **탐색·출력·복제**하는 경우도, 그와 같은 일련의 과정에서 형사소송법 제219조, 제121조에서 규정하는 피압수·수색 당사자나 변호인에게 참여의 기회를 보장하고 혐의

저장된 저장매체의 소재 발견, 저장매체에 있는 정보 중 혐의사실과 관련된 전자정보의 범위를 정하는 작업('탐색'), 혐의사실과 관련된 전자정보를 확보하는 작업('출력·복제') 등 집행을 시작하여 종료하기까지 모든 진행 경과를 포함하는 것이다.[13] 달리 말하면, '수색·압수'는 현장에서의 1단계 집행(저장매체를 발견하는 과정)과 디지털증거분석실에서 이루어지는 2단계 집행('탐색·출력·복제' 등의 과정)을 포괄하는 넓은 개념이다.

나. 검토: 노출 기준 이론

컴퓨터 또는 네트워크를 통한 정보처리 과정은 수색의 개념에 포섭되지 아니하고, 해당 정보의 내용을 컴퓨터 화면에 현출시키는 등의 방법으로 수사기관이 관찰할 수 있을 때 비로소 '수색'이 이루어진다는 견해가 있다.[14] 이를 '노출 기준 이론'(exposure-based approach)이라 부르기도 한다.

앞서 설명한 바와 같이, '시나닷컴' 사건의 항소심은 역외 서버에 접근하여 정보를 검색하는 과정에서 이미 '수색' 관련 행위가 발생한다는 전제에 있다.[15] 반면, 대법원은 수색 장소에 있는 컴퓨터에 내려받거나 화면에 현출된 정보를

사실과 무관한 전자정보의 임의적인 복제 등을 막기 위한 적절한 조치를 취하는 등 영장주의 원칙과 적법절차를 준수하여야 한다. 만약 그러한 조치가 취해지지 않았다면 피압수자 측이 참여하지 아니한다는 의사를 명시적으로 표시하였거나 절차 위반행위가 이루어진 과정의 성질과 내용 등에 비추어 피압수자 측에 절차 참여를 보장한 취지가 실질적으로 침해되었다고 볼 수 없을 정도에 해당한다는 등의 특별한 사정이 없는 이상 압수·수색이 적법하다고 평가할 수 없고, 비록 수사기관이 저장매체 또는 복제본에서 혐의사실과 관련된 전자정보만을 복제·출력하였다 하더라도 달리 볼 것은 아니다." 대법원 2015. 7. 16.자 2011모1839 전원합의체 결정(종근당 사건). (밑줄은 필자가 부기함)

13) 형사소송법에 규정된 개념을 기준으로 보면, 압수·수색영장의 집행과정에는 '압수'와 '수색' 외에도 법 제120조 제1항의 '압수·수색영장의 집행에 필요한 처분'도 포함된다. 그러나 실제 집행과정에서 '압수·수색'과 '필요한 처분'을 명확히 구분하기는 어렵고, 위 개념을 구분하는 전제에서 법적 쟁점을 검토한 사례도 발견하기 어렵다.

14) Orin S. Kerr, *Searches and Seizures in a Digital World*, 119 **Harv. L. Rev.** 531, 551 (2005) [이하 '***Searches and Seizure***'라 함].

15) 서울고등법원 2017. 6. 13. 선고 2017노23 판결. 마이크로소프트 아일랜드(*Microsoft Ireland*) 사건의 항소심 법원도 유사한 취지이다. *In re Warrant to Search a Certain E-Mail Account Controlled & Maintained by Microsoft Corp. (Microsoft Ireland)*, 829 F.3d 197 (2d Cir. 2016).

수사기관이 살펴보는 단계에서 비로소 '수색'이 개시되고, 수색 장소 컴퓨터에 존재하는 전자정보를 대상으로 그 범위를 정하여 이를 출력 또는 복제하는 방법으로 '압수'가 이루어진다고 본다.[16] 이에 대하여 항소심은 '가상공간의 관점'을 취하였고, 대법원은 '현실공간의 관점'을 취한 것으로 설명한 바 있다. 위와 같은 대법원의 입장은 '노출 기준 이론'의 영향을 받은 것으로 보이나, 다음과 같은 이유로 이는 타당하지 않다고 판단된다.

① '노출 기준 이론'은 미연방 수정헌법 제4조의 '수색'을 해석하는 관점에서 비롯한 것이다. 미연방대법원의 1967년 카츠(*Katz*) 판결 이래 수정헌법 제4조는 '프라이버시에 대한 합리적 기대'(reasonable expectation of privacy)를 보호하는 것으로 이해된다.[17] 따라서 수정헌법 제4조의 '수색'은 수사기관의 행위가 새로운 프라이버시 이익을 침해하는 것인지를 살피기 위한 도구개념인 것이다. 그렇다면 중요한 것은 수사를 통해 얻어지는 공익과 강제처분 대상자의 프라이버시를 조화하는 목적론적 해석이며, 그에 따라 '수색'의 범위는 얼마든지 달리 볼 수 있는 것이다. 즉, '노출 기준 이론'을 고집할 이유는 없다.

② 앞서 살펴본 바와 같이, 전자정보의 맥락에서 본 형사소송법의 '압수·수색'은 현장에서의 1단계 집행(저장매체를 발견하는 과정)과 디지털증거분석실에서 이루어지는 2단계 집행('탐색·출력·복제' 등의 과정)을 포괄하는 넓은 개념이다. 대법원은 원격지 서버에 있는 피의자의 이메일 등의 전자정보를 수색 장소의 정보처리장치로 내려받거나 그 화면에 현출시키는 행위가 형사소송법 제120조 제1항의 '압수·수색영장의 집행에 필요한 처분'에 해당한다는 취지로 판시하나,[18] '압수·수색'에 포함되든 아니면 '집행에 필요한 처분'에 해당하든

---

16) 대법원 2017. 11. 29. 선고 2017도9747 판결(역외 서버 압수·수색 사건 – 시나닷컴). 구글 펜실베이니아(*Google Pennsylvania*) 사건도 유사한 취지이다. *In re Search Warrant No. 16-960-M-01 to Google (Google Pennsylvania)*, 232 F. Supp. 3d 708 (E.D. Pa. 2017).

17) 미연방대법원의 1967년 카츠 판결은 **수사기관이 피의자가 이용하는 공중전화 부스 내부에 침입하지 않고 외부에 도청장치를 부착하여 통화 내용을 녹음**한 사안에서, 수정헌법 제4조는 '장소가 아니라 사람'을 보호하는 것이며 위 도청은 '프라이버시에 대한 합리적 기대'를 침해한 것으로 위헌이라고 판시함으로써 위 조항의 해석론에 새로운 장을 열게 된 것으로 평가받고 있다. *Katz v. United States*, 389 U.S. 347 (1967).

18) 대법원 2017. 11. 29. 선고 2017도9747 판결(역외 서버 압수·수색 사건 – 시나닷컴):

전체 영장 집행의 과정에 포함되는 것이며, 법적 평가의 기준이 달라질 이유는 없다. 따라서 일련의 과정 중 일부에만 초점을 두고 적법성 여부를 따지는 것은 나머지 집행과정을 사법 통제의 대상에서 배제하는 결과가 되며, 이는 위법수집증거 배제법칙의 적용 범위를 부당하게 축소하는 결과가 된다.

③ 대법원의 입장처럼 현실공간 관점을 취하는 경우에도, 수사기관이 수색장소에 있는 컴퓨터 화면에 노출된 정보의 내용을 보기 전에 원격 또는 역외에 있는 서버 등의 저장매체와 일정한 신호(signal)를 주고받는 과정이 있음을 부인할 수 없다. 정보통신기술이 발전한 이래 이러한 과정은 일정한 경우 법령의 규율 대상이 된다. 예컨대, 정보통신망 이용촉진 및 정보보호 등에 관한 법률(이하 '정보통신망법'이라 함) 제48조는 정보통신망에 대한 권한 없는 침입 등의 행위를 금지하며,[19] 형사처벌의 대상으로 하고 있다.[20] 또한, 독일,[21] 미

"위와 같은 사정들을 종합하여 보면, 피의자의 이메일 계정에 대한 접근권한에 갈음하여 발부받은 압수·수색영장에 따라 원격지의 저장매체에 적법하게 접속하여 내려받거나 현출된 전자정보를 대상으로 하여 범죄 혐의사실과 관련된 부분에 대하여 압수·수색하는 것은, 압수·수색영장의 집행을 원활하고 적정하게 행하기 위하여 필요한 최소한도의 범위 내에서 이루어지며 그 수단과 목적에 비추어 사회통념 상 타당하다고 인정되는 대물적 강제처분 행위로서 허용되며, 형사소송법 제120조 제1항에서 정한 압수·수색영장의 집행에 필요한 처분에 해당한다. 그리고 이러한 법리는 원격지의 저장매체가 국외에 있는 경우라 하더라도 그 사정만으로 달리 볼 것은 아니다." (밑줄은 필자가 부기함)

19) 정보통신망법 제48조(정보통신망 침해행위 등의 금지) ① 누구든지 정당한 접근권한 없이 또는 허용된 접근권한을 넘어 정보통신망에 침입하여서는 아니 된다.
② 누구든지 정당한 사유 없이 정보통신시스템, 데이터 또는 프로그램 등을 훼손·멸실·변경·위조하거나 그 운용을 방해할 수 있는 프로그램(이하 "악성프로그램"이라 한다)을 전달 또는 유포하여서는 아니 된다.
③ 누구든지 정보통신망의 안정적 운영을 방해할 목적으로 대량의 신호 또는 데이터를 보내거나 부정한 명령을 처리하도록 하는 등의 방법으로 정보통신망에 장애가 발생하게 하여서는 아니 된다.

20) 정보통신망법 제70조의2는 "제48조 제2항을 위반하여 악성프로그램을 전달 또는 유포한 자"를 7년 이하의 징역 또는 7천만 원 이하의 벌금에 처하고, 제71조 제10호는 "제48조 제3항을 위반하여 정보통신망에 장애가 발생하게 한 자"를, 같은 법 제71조 제9호는 "제48조 제1항을 위반하여 정보통신망에 침입한 자"를 각 5년 이하의 징역 또는 5천만 원 이하의 벌금에 처하도록 하고 있다.

21) 독일 형법 제202의 a조 (데이터탐지) ① 그를 위해서 작성된 것이 아니고 무권한 접근으로부터 특별히 보호되는 데이터에 권한 없이 보안장치를 해제함으로써 접근하거나

국[22]에도 유사한 조항이 있다. 나아가 일정한 경우 국제법 위반(주권 침해)의 여지도 있다. 따라서 영장 집행과정 중 해외에서 일어난 부분에 대한 법적 평가를 명확히 할 필요가 있고, 이는 '수색'의 개념을 좁게 해석한다고 하여 달라지지 않는다. 따라서 굳이 '노출 기준 이론'을 통하여 '수색'의 개념을 파악할 실익도 없다고 판단된다.

Ⅱ. 압수·수색의 요건

1. 강제처분과 헌법 원칙

가. 적법절차

압수·수색과 같은 강제처분의 사법적 통제에 적용되는 헌법적 기준으로 적법절차, 영장주의, 비례원칙 등을 들 수 있다. 먼저 헌법 제12조 제1항 후문은 "누구든지 … 법률과 적법한 절차에 의하지 아니하고는 처벌·보안처분 또는 강제노역을 받지 아니한다"고 규정하고, 제12조 제3항은 "체포·구속·압수 또는 수색을 할 때에는 적법한 절차에 따라 검사의 신청에 의하여 법관이 발부한 영장을 제시하여야 한다"고 규정하여 적법절차 원칙을 명시하고 있다.

적법절차 원칙은 원래 신체의 자유와 관련된 형사사법적 원리로 출발한 것이다. 그러나 오늘날에는 모든 공권력 작용에 적용되는 기본원리의 가치를 가지며, 단순히 절차적 정의 구현을 위한 원리에 머무르는 것이 아니라 공권력 행사의 근거가 되는 적정한 실체법의 원리로까지 확장되어 있다.[23] 즉, 적법절차 원칙은 입법·행정·사법 등 모든 국가작용은 절차상의 적법성을 갖추어야 할 뿐 아니라 공권력 행사의 근거가 되는 법률의 실체적 내용도 합리성과 정

제3자로 하여금 접근하게 한 자는 3년 이하의 자유형 또는 벌금형에 처한다.
② 제1항의 데이터는 전기적·자기적으로 또는 기타 직접 인식할 수 없도록 저장되거나 전달되는 정보만을 의미한다.

22) 미연방 컴퓨터사기·남용법(Computer Fraud and Abuse Act) 중 연방 법률 제18장 제1030조 (a)(2)(C): "누구든지 고의로 권한 없이 컴퓨터에 접근하거나 허용된 권한을 넘어 접근하여 '보호 대상 컴퓨터'에 있는 정보를 취득한 자는 본조 (c) 항에 규정된 바와 같이 처벌한다."

23) 성낙인, 헌법학 (제16판, 2016), 1088면.

당성을 갖추어야 한다는 헌법의 일반원리인 것이다.[24]

적법절차 원칙을 법률이 정한 절차와 그 실체적 내용이 합리성과 정당성을 갖추어야 한다는 것으로 이해한다면, 헌법 제37조 제2항의 일반적 법률유보조항의 해석상 요구되는 기본권 제한 법률의 정당성 요건과 개념적으로 중복된다고 볼 여지도 있다. 그러나 적법절차 원칙은 단순히 입법권의 제한이라는 한정적 의미에 그치는 것이 아니라 모든 국가작용을 지배하는 독자적인 헌법의 기본원리라는 점에서 입법권의 유보적 한계를 선언하는 과잉금지원칙과 구별된다.[25] 다만 실제 헌법재판에서 적법절차 원칙은 과잉금지원칙과 함께 기본권을 제한하는 국가작용의 합헌성 여부를 판단하는 기준으로 작용하고 있다.[26]

나. 영장주의

헌법 제12조 제3항은 "체포·구속·압수 또는 수색을 할 때에는 적법한 절차에 따라 검사의 신청에 의하여 법관이 발부한 영장을 제시하여야 한다"고 하여 영장주의를 규정하고 있다. 영장주의는 중립적인 법관이 구체적 판단을 거쳐 발부한 영장에 의하여서만 수사에 필요한 강제처분을 할 수 있다는 원칙이다.[27] 영장주의는 적법절차 원칙에서 도출되는 것이나,[28] 그 자체로도 중요한 판단기준으로 작용하고 있다.[29]

---

24) 헌법재판소 1992. 12. 24. 선고 92헌가8 결정(형사소송법 제331조 단서규정에 대한 위헌심판); 헌법재판소 2001. 3. 15. 선고 2001헌가1 등 결정(공적자금관리특별법 제20조 중 파산관재인관련부분 등 위헌제청).

25) 성낙인, 앞의 책(주 23), 1090면.

26) 헌법재판소 1995. 3. 23. 선고 92헌가14 결정(노동조합법 제46조 위헌제청).

27) 헌법재판소 1997. 3. 27. 선고 96헌바28 등 결정(형사소송법 제70조 제1항 헌법소원 등).

28) 헌법재판소 2012. 8. 27. 선고 2011헌가36 결정(형사소송법 제101조 제3항 위헌제청): "헌법 제12조 제3항의 영장주의는 헌법 제12조 제1항의 적법절차 원칙의 특별규정이므로 헌법상 영장주의 원칙에 위배되는 이 사건 법률조항은 헌법 제12조 제1항의 적법절차 원칙에도 위배된다."

29) 영장주의의 적용 여부를 판단할 때 해당 국가작용이 강제처분에 해당하는지 여부는 중요한 의미를 가진다. 헌법재판소는 ① **음주측정**은 호흡측정기에 의한 측정의 성질상 강제될 수 있는 것이 아니며 당사자의 자발적 협조가 필수적이므로 영장주의가 적용되는 강제처분이라 볼 수 없고(헌법재판소 1997. 3. 27. 선고 96헌가11 결정(도로교통법 제41조 제2항 등 위헌제청), ② 수사기관이 직접 물리적 강제력을 행사하여 피의자에게 강제로 지문을 찍도록 허용하는 규정이 아니라 단지 형벌에 의한 불이익을 부과함으로써 심리

영장주의를 위반한 법률은 위헌이고,[30] 헌법상 영장주의와 이를 구체화한 형사소송법의 규정을 위반하여 수집한 증거는 위법수집증거 배제법칙에 따라 증거능력이 인정되지 않는다.[31]

다. 비례원칙(과잉금지 원칙)

헌법 제37조 제2항은 "국민의 모든 자유와 권리는 국가안전보장·질서유지 또는 공공복리를 위하여 필요한 경우에 한하여 법률로써 제한할 수 있으며, 제한하는 경우에도 자유와 권리의 본질적인 내용을 침해할 수 없다"고 규정한다.

비례원칙은 기본권을 제한할 때 그 제한이 목적과 균형을 유지하여야 한다는 것으로, 법치국가원리를 이론적 근거로 하고 헌법 제37조 제2항을 헌법상 근거로 하는 법의 일반원리라 할 수 있다.[32] 비례원칙은 목적의 정당성, 방법의 적절성, 피해의 최소성, 법익의 균형성을 세부 내용으로 하며,[33] 기본권을

적·간접적으로 **지문채취**를 강요할 뿐이라면 영장주의가 적용되는 강제처분이 아니라고 판시한다(헌법재판소 2004. 9. 23. 선고 2002헌가17 등 결정(경범죄처벌법 제1조 제42호 위헌제청)).

30) 헌법재판소는 ① 보석허가 결정에 대한 검사의 즉시항고를 허용하고 검사의 즉시항고가 있으면 보석의 집행이 정지되도록 규정한 구 형사소송법(1995. 12. 29. 법률 제5054호로 개정되기 전의 것) 제97조 제3항이 영장주의, 적법절차 원칙 및 과잉금지 원칙에 반한다는 이유로 위헌으로 판단하였고(헌법재판소 1993. 12. 23. 선고 93헌가2 결정(형사소송법 제97조 제3항 헌법소원 등)), ② 구속집행정지 결정에 대한 검사의 즉시항고를 허용한 구 형사소송법(2015. 7. 31. 법률 제13454호로 개정되기 전의 것) 제101조 제3항도 마찬가지 이유로 위헌이라 판단하였다(헌법재판소 2012. 8. 27. 선고 2011헌가36 결정(형사소송법 제101조 제3항 위헌제청)).

31) 형사소송법 제308조의2, 대법원 2007. 11. 15. 선고 2007도3061 전원합의체 판결.

32) 성낙인, 앞의 책(주 23), 960면.

33) 헌법재판소 1992. 12. 24. 선고 92헌가8 결정(형사소송법 제331조 단서 규정에 대한 위헌심판): "국가작용 중 특히 입법 작용에 있어서의 과잉입법금지의 원칙이라 함은 (…) 국민의 기본권을 제한하려는 입법의 목적이 헌법 및 법률의 체제상 그 정당성이 인정되어야 하고(**목적의 정당성**), 그 목적의 달성을 위하여 그 방법이 효과적이고 적절하여야 하며(**방법의 적정성**), 입법권자가 선택한 기본권 제한의 조치가 입법목적달성을 위하여 설사 적절하다 할지라도 보다 완화된 형태나 방법을 모색함으로써 기본권의 제한은 필요한 최소한도에 그치도록 하여야 하며(**피해의 최소성**), 그 입법에 의하여 보호하려는 공익과 침해되는 사익을 비교형량할 때 보호되는 공익이 더 커야한다(**법익의 균형성**)는 법치국가의 원리에서 당연히 파생되는 헌법상의 기본원리의 하나인 비례의 원칙을 말하는 것이다. 우리 헌법은 제37조 제1항에서 '국민의 자유와 권리는 헌법에 열거되지 아니한

제한하는 법률뿐만 아니라 구체적인 처분의 위헌성을 판단하는 중요한 기준이 된다.[34)]

형사 절차의 측면에서 보면, 비례원칙은 형벌권의 실행절차인 형사소송의 전반을 규율하는 기본원리로서 피고인의 기본권이 공권력에 의해 침해당할 가능성을 최소화하도록 절차를 형성·유지할 것을 요구하는 것이다.[35)] 비례원칙은 전자정보에 대한 강제처분에서도 중요한 의미를 가지는바, 헌법재판소는 통신제한조치기간의 연장을 허가함에 있어 총연장기간 또는 총연장횟수의 제한을 두지 아니한 통신비밀보호법 제6조 제7항 단서 중 관련 부분에 대하여 비례원칙(과잉금지원칙)을 위반하여 통신의 비밀을 침해하였다는 이유로 헌법불합치로 판단하였고,[36)] 반면 공개되지 아니한 타인 간의 대화를 녹음 또는 청취하여 지득한 대화의 내용을 공개하거나 누설한 자를 처벌하는 통신비밀보호법 제16조 제1항 제2호는 비례원칙을 위반하지 않는다고 판단하였다.[37)]

2. 형사소송법 규정

가. 헌법 원칙의 구체화

형사소송법은 헌법의 원칙을 구체화하여 대물적 강제처분의 요건을 규정하

이유로 경시되지 아니한다.' 제2항에서 '국민의 모든 자유와 권리는 국가안전보장, 질서유지 또는 공공복리를 위하여 필요한 경우에 한하여 법률로써 제한할 수 있으며, 제한하는 경우에도 자유와 권리의 본질적인 내용을 침해할 수 없다.'라고 선언하여 입법권의 한계로서 과잉입법금지의 원칙을 명문으로 인정하고 있으며 이에 대한 헌법 위반 여부의 판단은 헌법 제111조와 제107조에 의하여 헌법재판소에서 관장하도록 하고 있다."

34) 헌법재판소 1999. 5. 27. 선고 97헌마137 등 결정(재소자용수의착용처분 위헌확인); 헌법재판소 2004. 1. 29. 선고 2002헌마293 결정(무작위음주운전단속 위헌확인); 헌법재판소 2004. 9. 23. 선고 2000헌마138 결정(변호인의 조력을 받을 권리 등 침해 위헌확인); 헌법재판소 2011. 6. 30. 선고 2009헌마406 결정(서울특별시 서울광장 통행 저지행위 위헌확인).

35) 헌법재판소 1998. 7. 16. 선고 97헌바22 결정(소송촉진등에관한특례법 제23조 위헌소원).

36) 헌법재판소 2010. 12. 28. 선고 2009헌가30 결정(통신비밀보호법 제6조 제7항 단서 위헌제청).

37) 헌법재판소 2011. 8. 30. 선고 2009헌바42 결정(통신비밀보호법 제16조 제1항 제2호 위헌소원).

고 있다. 형사소송법은 법원은 필요한 때에는 피고사건과 관계가 있다고 인정할 수 있는 것에 한정하여 증거물 또는 몰수할 것으로 사료하는 물건을 압수할 수 있고(법 제106조 제1항),[38] 피고인의 신체, 물건 또는 주거, 그 밖의 장소를 수색할 수 있다고 규정한다(법 제109조 제1항).[39] 또한, 검사는 범죄 수사에 필요한 때에는 피의자가 죄를 범하였다고 의심할 만한 정황이 있고 해당 사건과 관계가 있다고 인정할 수 있는 것에 한정하여 지방법원 판사에게 청구하여 발부받은 영장에 의하여 압수, 수색 또는 검증을 할 수 있고(법 제215조 제1항),[40] 사법경찰관은 범죄 수사에 필요한 때에는 피의자가 죄를 범하였다고 의심할 만한 정황이 있고 해당 사건과 관계가 있다고 인정할 수 있는 것에 한정하여 검사에게 신청하여 검사의 청구로 지방법원 판사가 발부한 영장에 의하여 압수, 수색 또는 검증을 할 수 있다(법 제215조 제2항).[41]

위 규정을 종합하면 압수·수색과 같은 대물적 강제처분의 요건으로 ① 죄를 범하였다고 의심할 정황, ② 필요성, ③ 관련성, ④ 비례성을 들 수 있다.

나. '죄를 범하였다고 의심할 정황'

압수·수색을 하기 위해서는 먼저 "죄를 범하였다고 의심할 만한 정황"이 있어야 한다(법 제215조 제1항).[42] 압수·수색·검증을 위한 범죄혐의의 정도는

---

38) 형사소송법 제106조(압수) ① 법원은 필요한 때에는 피고사건과 관계가 있다고 인정할 수 있는 것에 한정하여 증거물 또는 몰수할 것으로 사료하는 물건을 압수할 수 있다. 단, 법률에 다른 규정이 있는 때에는 예외로 한다.

39) 형사소송법 제109조(수색) ① 법원은 필요한 때에는 피고사건과 관계가 있다고 인정할 수 있는 것에 한정하여 피고인의 신체, 물건 또는 주거, 그 밖의 장소를 수색할 수 있다. ② 피고인 아닌 자의 신체, 물건, 주거 기타 장소에 관하여는 압수할 물건이 있음을 인정할 수 있는 경우에 한하여 수색할 수 있다.

40) 형사소송법 제215조(압수, 수색, 검증) ① 검사는 범죄 수사에 필요한 때에는 피의자가 죄를 범하였다고 의심할 만한 정황이 있고 해당 사건과 관계가 있다고 인정할 수 있는 것에 한정하여 지방법원 판사에게 청구하여 발부받은 영장에 의하여 압수, 수색 또는 검증을 할 수 있다.

41) 형사소송법 제215조(압수, 수색, 검증) ② 사법경찰관이 범죄 수사에 필요한 때에는 피의자가 죄를 범하였다고 의심할 만한 정황이 있고 해당 사건과 관계가 있다고 인정할 수 있는 것에 한정하여 검사에게 신청하여 검사의 청구로 지방법원 판사가 발부한 영장에 의하여 압수, 수색 또는 검증을 할 수 있다.

42) 형사소송법은 강제처분의 침해 정도에 따라 그 요건을 단계별로 강화하고 있다. 즉, ①

체포나 구속에서 요구되는 범죄혐의의 정도보다 낮은 혐의로도 가능하며(구별설),[43] 이는 미연방 수정헌법 제4조가 '상당한 이유'(probable cause)를 요구하는 것과 차이가 있다.

범죄혐의는 강제처분의 대상과 필요성을 판단하는 기준이 된다.[44] 이에 따라 형사소송규칙은 압수·수색·검증 영장청구서에 죄명 및 범죄사실의 요지를 기재하고(규칙 제107조 제1항 제1호, 제95조 제3호),[45] '피의자에게 범죄의 혐의

제195조는 수사 개시 요건으로 "**범죄의 혐의**"를 요구하고, ② 제215조는 "**죄를 범하였다고 의심할 만한 정황**"이 있고 "**범죄 수사에 필요한 때**" 지방법원 판사에게 청구하여 발부받은 영장으로 압수·수색을 할 수 있다고 규정한다. 또한, ③ 제200조의2와 제201조는 각 체포와 구속요건으로 "**죄를 범하였다고 의심할 만한 상당한 이유**"를 요구하고, ④ 제200조의3은 긴급체포의 요건으로 "**사형·무기 또는 장기 3년 이상의 징역이나 금고에 해당하는 죄를 범하였다고 의심할 만한 상당한 이유**"를 요건으로 한다. 한편 ⑤ 형사소송법은 법원이 압수·수색을 하는 경우 "죄를 범하였다고 의심할 만한 정황"을 명문으로 규정하지 않지만, 이는 당연히 필요한 요건이라 할 것이다(이재상·조균석, 앞의 책(주 1), 313면; 이창현, 앞의 책(주 1), 428면).

43) 종래 동일성과 구별설이 대립하였으나, 법률 제10864호로 개정된 형사소송법(2011. 7. 18. 개정, 2012. 1. 1. 시행)은 제215조에 "죄를 범하였다고 의심할 정황"을 추가하여 입법적으로 해결하였다.

44) 이재상·조균석, 앞의 책(주 1), 313면; 이창현, 앞의 책(주 1), 428면.

45) 형사소송규칙 제107조(압수, 수색, 검증 영장청구서의 기재사항) ① 압수, 수색 또는 검증을 위한 영장의 청구서에는 다음 각호의 사항을 기재하여야 한다.

1. 제95조 제1호부터 제5호까지에 규정한 사항
2. 압수할 물건, 수색 또는 검증할 장소, 신체나 물건
3. 압수, 수색 또는 검증의 사유
4. 일출 전 또는 일몰 후에 압수, 수색 또는 검증을 할 필요가 있는 때에는 그 취지 및 사유
5. 법 제216조 제3항에 따라 청구하는 경우에는 영장 없이 압수, 수색 또는 검증을 한 일시 및 장소
6. 법 제217조 제2항에 따라 청구하는 경우에는 체포한 일시 및 장소와 영장 없이 압수, 수색 또는 검증을 한 일시 및 장소
7. 통신비밀보호법 제2조 제3호에 따른 전기통신을 압수·수색하고자 할 경우 그 작성기간

형사소송규칙 제95조(체포영장청구서의 기재사항) 체포영장의 청구서에는 다음 각호의 사항을 기재하여야 한다.

1. 피의자의 성명(분명하지 아니한 때에는 인상, 체격, 그 밖에 피의자를 특정할 수 있는 사항), 주민등록번호 등, 직업, 주거
2. 피의자에게 변호인이 있는 때에는 그 성명

가 있다고 인정되는 자료'를 제출하도록 하고 있다(규칙 제108조 제1항).[46]

다. 압수·수색의 필요성: '범죄 수사에 필요한 때'

압수·수색을 하기 위해서는 '필요성'이 인정되어야 한다. 형사소송법도 법원은 "필요한 때에는" 압수, 수색을 할 수 있고(법 제106조 제1항, 제109조 제1항), 검사와 사법경찰관도 "범죄 수사에 필요한 때"에 압수, 수색 또는 검증을 할 수 있다고 규정한다(법 제215조). 이에 따라 형사소송규칙은 압수·수색·검증영장을 청구할 때 '압수, 수색, 또는 검증의 필요를 인정할 수 있는 자료'를 제출하도록 하고(규칙 제108조 제1항), 압수수색영장에 "압수수색의 사유"를 기재하도록 규정한다(규칙 제58조).[47]

필요성은 단순히 범죄 수사를 위하여 압수·수색이 필요할 뿐만 아니라, 압수·수색을 하지 않으면 수사의 목적을 달성할 수 없는 것을 말한다.[48] 구체적으로 이러한 필요성은 범죄의 형태나 경중, 압수물의 증거가치 및 중요성, 증거인멸의 우려 유무, 압수로 인하여 피압수자가 받을 불이익의 유무 등 제반 사정을 종합적으로 고려하여 판단한다.[49]

---

3. 죄명 및 범죄사실의 요지
4. 7일을 넘는 유효기간을 필요로 하는 때에는 그 취지 및 사유
5. 여러 통의 영장을 청구하는 때에는 그 취지 및 사유

46) 형사소송규칙 제108조(자료의 제출) ① 법 제215조의 규정에 의한 청구를 할 때에는 피의자에게 범죄의 혐의가 있다고 인정되는 자료와 압수, 수색 또는 검증의 필요 및 해당 사건과의 관련성을 인정할 수 있는 자료를 제출하여야 한다.
② 피의자 아닌 자의 신체, 물건, 주거 기타 장소의 수색을 위한 영장의 청구를 할 때에는 압수하여야 할 물건이 있다고 인정될 만한 자료를 제출하여야 한다.

47) 형사소송규칙 제58조(압수수색영장의 기재사항) 압수수색영장에는 압수수색의 사유를 기재하여야 한다.

48) 이재상·조균석, 앞의 책(주 1), 314면; 이창현, 앞의 책(주 1), 428면.

49) 대법원 2004. 3. 23.자 2003모126 결정: ① "형사소송법 제215조에 의하면 검사나 사법경찰관이 범죄수사에 필요한 때에는 영장에 의하여 압수를 할 수 있으나, 여기서 '**범죄수사에 필요한 때**'라 함은 단지 수사를 위해 필요할 뿐만 아니라 강제처분으로서 압수를 행하지 않으면 수사의 목적을 달성할 수 없는 경우를 말하고, 그 필요성이 인정되는 경우에도 무제한적으로 허용되는 것은 아니며, 압수물이 증거물 내지 몰수하여야 할 물건으로 보이는 것이라 하더라도, 범죄의 형태나 경중, 압수물의 증거가치 및 중요성, 증거인멸의 우려 유무, 압수로 인하여 피압수자가 받을 불이익의 정도 등 제반 사정을 종

라. 사건 관련성: '사건과 관계가 있다고 인정할 수 있는 것에 한정하여'

압수·수색을 하기 위해서는 해당 사건과 '관련성'이 인정되어야 한다.[50] 형사소송법도 법원은 "피고사건과 관계가 있다고 인정할 수 있는 것에 한정하여" 압수, 수색을 할 수 있고(법 제106조 제1항, 제109조 제1항), 검사와 사법경찰관도 "해당 사건과 관계가 있다고 인정할 수 있는 것에 한정하여" 압수, 수색 또는 검증을 할 수 있다고 규정한다(법 제215조). 이에 따라 형사소송규칙은 압수·수색·검증영장을 청구할 때 '해당 사건과의 관련성을 인정할 수 있는 자료'를 제출하도록 하고 있다(규칙 제108조 제1항).

압수·수색영장의 발부 사유로 된 혐의사실과 관련된 부분에 대해서만 집행할 수 있으므로 관련성에 대한 구분 없이 행한 압수·수색은 영장주의 등에 반하는 위법한 집행이며,[51] 압수·수색영장의 발부 사유로 된 혐의사실과 무관한 별개의 증거를 압수한 경우에는 원칙적으로 증거로 사용할 수 없다.[52]

압수·수색영장의 범죄사실과 관계있는 범죄란, 압수·수색영장에 기재된

합적으로 고려하여 판단해야 한다." ② "원심은, 검사가 이 사건 준항고인들의 폐수무단 방류 혐의가 인정된다는 이유로 준항고인들의 공장부지, 건물, 기계류 일체 및 폐수운반차량 7대에 대하여 한 압수처분은 수사상의 필요에서 행하는 압수의 본래의 취지를 넘는 것으로 **상당성**이 없을 뿐만 아니라, 수사상의 필요와 그로 인한 개인의 재산권 침해의 정도를 비교 형량해 보면 **비례성의 원칙**에 위배되어 위법하다고 판단하였는바, 기록과 위의 법리에 비추어 살펴보면, 원심의 위와 같은 판단은 정당한 것으로 수긍이 가고, 거기에 주장과 같은 압수의 요건에 관한 법리 오해의 위법이 없다."

50) 관련성은 필요성 판단의 내용에 지나지 않는다는 견해도 있으나(이재상·조균석, 앞의 책(주 1), 315면), 형사소송법이 관련성을 독립하여 요구하는 점 등에 비추어 필요성과 구별되는 독자적인 요건으로 보는 것이 타당하다(신동운, 앞의 책(주 1), 417면; 이창현, 앞의 책(주 1), 429면).

51) 대법원 2011. 5. 26.자 2009모1190 결정(전교조 사건); 대법원 2015. 7. 16.자 2011모1839 결정(종근당 사건).

52) 대법원 2018. 4. 26. 선고 2018도2624 판결: "수사기관은 범죄 수사의 필요성이 있고 피의자가 죄를 범하였다고 의심할 만한 정황이 있는 경우에도 해당 사건과 관계가 있다고 인정할 수 있는 것에 한하여 영장을 발부받아 압수·수색을 할 수 있다. 영장 발부의 사유로 된 범죄 혐의사실과 관련된 증거가 아니라면 적법한 압수·수색이 아니다. 따라서 영장 발부의 사유로 된 범죄 혐의사실과 무관한 별개의 증거를 압수하였을 경우 이는 원칙적으로 유죄 인정의 증거로 사용할 수 없다."; 대법원 2017. 11. 14. 선고 2017도3449 판결; 대법원 2016. 3. 10. 선고 2013도11233 판결.

혐의사실과 객관적 관련성이 있고, 압수·수색영장 대상자와 피의자 사이에 인적 관련성이 있는 범죄를 의미한다. 먼저 ① **객관적 관련성**은 압수·수색영장에 기재된 범죄사실 자체, 또는 그와 기본적 사실관계가 동일한 범행과 직접 관련된 경우는 물론, 범행 동기와 경위, 범행 수단과 방법, 범행 시간과 장소 등을 증명하기 위한 간접증거나 정황증거 등으로 사용될 수 있는 경우에도 인정될 수 있다.[53] 또한 ② **인적 관련성**은 압수·수색영장에 기재된 대상자의 공동정범, 교사범 등 공범이나 간접정범은 물론 필요적 공범 등에 대한 피고사건에 대해서도 인정될 수 있다.[54]

마. 비례원칙

대물적 강제처분인 압수·수색의 위법성 판단에는 비례원칙이 적용된다(법 제199조 제1항 단서).[55] 즉, ① 압수·수색에 의하지 않으면 증거를 확보할 수

53) 대법원 2017. 12. 5. 선고 2017도13458 판결: "1차 압수·수색영장에 기재된 허위사실공표 사건의 혐의사실은 피고인이 2016. 4. 11. 선거운동과 관련하여 자신의 페이스북에 허위의 글을 게시하였다는 것이다. 이 사건 공소사실은 피고인이 2016. 3. 30.경 선거운동과 관련하여 자신의 페이스북에 선거홍보물 게재 등을 부탁하면서 A에게 금품을 제공하였다는 것이다. 이 사건 공소사실은 1차 압수·수색영장 기재 혐의사실에 대한 범행의 동기와 경위, 범행 수단과 방법, 범행 시간과 장소 등을 증명하기 위한 간접증거나 정황증거 등으로 사용될 수 있는 경우에 해당하므로 1차 압수·수색영장 기재 혐의사실과 **객관적 관련성**이 있다. 또한, 이 사건 공소사실과 1차 압수·수색영장 기재 혐의사실은 모두 피고인이 범행 주체가 되어 페이스북을 통한 선거운동과 관련된 내용이므로 **인적 관련성** 역시 인정된다."

54) 따라서 ① 경찰관이 전화를 이용한 사기죄의 피의자를 긴급체포하면서 그가 보관하고 있던 다른 사람의 주민등록증, 운전면허증과 그것이 들어있던 지갑을 압수한 것은 사기죄와 관련된다고 의심할 만한 상당한 이유가 있어 적법하며, 피고인의 점유이탈물횡령죄에 대한 증거로 인정할 수 있고(대법원 2008. 7. 10. 선고 2008도2245 판결), ② 저서 기부행위 제한 위반의 점에 대하여 적법하게 압수한 물건을 피고인 및 공범에 대한 사전선거운동 혐의사실의 증거로 사용할 수 있다(대법원 2015. 10. 29. 선고 2015도9784 판결). 그러나 ③ 수사기관이 피의자 甲의 공직선거법위반 범죄사실로 발부받은 압수·수색영장을 집행하는 과정에서 乙, 丙 사이의 대화가 녹음된 녹음파일을 압수하여 乙, 丙의 공직선거법위반 혐의사실을 발견한 것은 압수·수색영장에 기재된 피의자 甲의 혐의사실과 관련이 없으므로 별도의 압수·수색영장을 발부받지 않은 이상 위법수집증거로서 증거능력을 인정할 수 없다(대법원 2014. 1. 16. 선고 2013도7101 판결).

55) 형사소송법 제199조(수사와 필요한 조사) ① 수사에 관하여는 그 목적을 달성하기 위하여 필요한 조사를 할 수 있다. 다만, 강제처분은 이 법률에 특별한 규정이 있는 경우에

없는 불가피성이 인정되고, ② 목적 달성을 위해 필요한 최소한의 범위로 한정하여야 한다.[56] 또한, ③ 압수·수색에 따른 개인의 기본권침해가 범죄사실의 중대성과 균형 관계를 이루어야 한다.[57]

Ⅲ. 압수 · 수색의 절차

1. 압수 · 수색영장의 기재사항

형사소송법은 압수·수색영장에 '① 피고인의 성명, ② 죄명, ③ 압수할 물건, ④ 수색할 장소, 신체, 물건, ⑤ 발부년월일, 유효기간과 그 기간을 경과하면 집행에 착수하지 못하며 영장을 반환하여야 한다는 취지 기타 대법원규칙으로 정한 사항'을 기재하도록 규정하고,[58] 형사소송규칙은 '압수수색의 사유'를 기재하도록 하고 있다.[59] 즉, 형사소송법과 형사소송규칙은 '**압수 · 수색 집행방법**'을 영장의 기재사항으로 규정하지 않고 있다. 오히려 형사소송법 제219조, 제115조 제1항 본문은 영장은 원칙적으로 검사의 지휘에 의하여 사법경찰관리가 집행하도록 하고 있다.[60]

한하며, 필요한 최소한도의 범위 안에서만 하여야 한다.

56) 대법원 2008. 7. 10. 선고 2008도2245 판결.

57) 대법원 2004. 3. 23.자 2003모126 결정(관련 압수처분이 수사상의 필요와 그로 인한 개인의 재산권 침해의 정도를 비교 형량해 보면 **비례성의 원칙**에 위배되어 위법하다고 판단한 사례임)

58) 형사소송법 제114조(영장의 방식) ① 압수·수색영장에는 피고인의 성명, 죄명, 압수할 물건, 수색할 장소, 신체, 물건, 발부년월일, 유효기간과 그 기간을 경과하면 집행에 착수하지 못하며 영장을 반환하여야 한다는 취지 기타 대법원규칙으로 정한 사항을 기재하고 재판장 또는 수명법관이 서명날인하여야 한다.

59) 형사소송규칙 제58조(압수수색영장의 기재사항) 압수수색영장에는 압수수색의 사유를 기재하여야 한다.

60) 형사소송법 제115조(영장의 집행) ① 압수·수색영장은 검사의 지휘에 의하여 사법경찰관리가 집행한다. 단, 필요한 경우에는 재판장은 법원사무관등에게 그 집행을 명할 수 있다.

2. 집행방법의 문제

그러나 최근 압수·수색영장은 다음과 같은 '**압수대상 및 방법의 제한**'을 기재한 별지를 첨부하여 발부되고 있다([**표 3-1**] 참고). 그 법적 근거에 대하여 의문이 있을 수 있지만, 별지 내용 중 전자정보와 관련된 부분을 살펴보면 형사소송법 제106조 제3항, 대법원 2015. 7. 16.자 2011모1839 전원합의체 결정(종근당 사건), 대법원 2011. 5. 26.자 2009모1190 결정(전교조 사건) 등에서 제시된 압수·수색의 기본원칙을 정리한 것임을 알 수 있다. 그런데 법률과 판례에 의해 확립된 기본원칙을 강조하는 것을 넘어 더욱 구체적인 '집행방법'을 기재하는 것이 영장에 의한 사법 통제의 방법으로 허용되는지 문제 된다.

최근 전자정보 압수·수색의 맥락에서 구체적인 집행방법을 기재한 영장이 발부되고 있는바, 그러한 사례의 적법성을 따지기 위해서도 본 문제에 대한 검토가 필요하다.[61] 그런데 주지하다시피 대법원은 영장 발부나 기각 재판에 대한 불복을 허용하지 않으며,[62] 형사소송법 제417조가 '검사 또는 사법경찰관의 압수에 관한 처분에 대하여 불복이 있으면 법원에 그 처분의 취소 또는 변경을 구할 수 있다'는 취지로 규정할 뿐이다. 따라서 본 문제를 직접 다루는 판례나 사례를 찾기는 쉽지 않다. 이에 항목을 바꾸어 본 문제의 검토에 참고할 수 있는 비교법적 사례를 살펴보고자 한다.

61) 관련 내용은 본 문헌의 제4장에서 상세히 검토하기로 한다.

62) 대법원 1997. 9. 29.자 97모66 결정; 백형구·박일환·김희옥 (편), 주석형사소송법 (II), 176, 200면 (제4판, 2009).

[표 3-1]

별지

압수대상 및 방법의 제한

1. 문서에 대한 압수

가. 해당 문서가 몰수 대상물인 경우, 그 원본을 압수함

나. 해당 문서가 증거물인 경우, 피압수자 또는 참여인[1)](이하 '피압수자 등'이라 한다)의 확인 아래 사본하는 방법으로 압수함 (다만, 사본 작성이 불가능하거나 협조를 얻을 수 없는 경우 또는 문서의 형상, 재질 등에 증거가치가 있어 원본의 압수가 필요한 경우에는 원본을 압수할 수 있음)

다. 원본을 압수하였더라도 원본의 압수를 계속할 필요가 없는 경우에는 사본 후 즉시 반환하여야 함

2. 컴퓨터용 디스크 등 정보저장매체에 저장된 전자정보에 대한 압수·수색·검증

가. 전자정보의 수색·검증

수색·검증만으로 수사의 목적을 달성할 수 있는 경우, 압수 없이 수색·검증만 함

나. 전자정보의 압수

(1) 원칙: 저장매체 소재지에서 수색·검증 후 <u>협의사실과 관련된 전자정보만을 범위를 정하여 문서로 출력하거나 수사기관이 휴대한 저장매체에 복사하는 방법으로 압수할 수 있음</u>

(2) 저장매체 자체를 반출하거나 하드카피·이미징 등 형태로 반출할 수 있는 경우

(가) 저장매체 소재지에서 하드카피·이미징 등 형태(이하 '복제본'이라 함)로 반출하는 경우

– 혐의사실과 관련된 전자정보의 범위를 정하여 출력·복제하는 <u>위 (1)항 기재의 원칙적 압수방법이 불가능하거나, 압수 목적을 달성하기에 현저히 곤란한 경우</u>[2)]에 한하여, 저장매체에 들어 있는 전자파일 전부를 하드카피·이미징하여 그 복제본을 외부로 반출할 수 있음

(나) 저장매체의 원본 반출이 허용되는 경우

1) <u>위 (가)항에 따라 집행현장에서 저장매체의 복제본 획득이 불가능하거나 현저히 곤란할 때</u>[3)]에 한하여, 피압수자 등의 참여 하에 저장매체 원본을 봉인하여 저장매체의 소재지 이외의 장소로 반출할 수 있음

2) 위 1)항에 따라 저장매체 원본을 반출한 때에는 피압수자 등의 참여권을 보장한 가운데 원본을 개봉하여 복제본을 획득할 수 있고, 그 경우 원본은 지체없이 반환하되, 특별한 사정이 없는 한 원본 반출일로부터 10일을 도과하여서는 아니됨

(다) 위 (가), (나)항에 의한 저장매체 원본 또는 복제본에 대하여는, 혐의사실

과 관련된 전자정보만을 출력 또는 복제하여야 하고, 전자정보의 복구나 분석을 하는 경우 신뢰성과 전문성을 담보할 수 있는 방법에 의하여야 함

(3) 전자정보 압수 시 주의사항

(가) 위 (1), (2)항에 따라 협의사실과 관련된 전자정보의 탐색·복제·출력이 완료된 후에는 지체없이, 피압수자 등에게 ① 압수대상 전자정보의 상세목록을 교부하여야 하고, ② 그 목록에서 제외된 전자정보는 삭제·폐기 또는 반환하고 그 취지를 통지하여야 함 [위 상세목록에 삭제·폐기하였다는 취지를 명시함으로써 통지에 갈음할 수 있음]

(나) 봉인 및 개봉은 물리적인 방법 또는 수사기관과 피압수자 등 쌍방이 암호를 설정하는 방법 등에 의할 수 있고, 복제본을 획득하거나 개별 전자정보를 복제할 때에는 해시 함수값의 확인이나 압수·수색 과정의 촬영 등 원본과의 동일성을 확인할 수 있는 방법을 취하여야 함

(다) 압수·수색의 전체 과정(복제본의 획득, 저장매체 또는 복제본에 대한 탐색·복제·출력 과정 포함)에 걸쳐 피압수자 등의 참여권이 보장되어야 하며, 참여를 거부하는 경우에는 신뢰성과 전문성을 담보할 수 있는 상당한 방법으로 압수·수색이 이루어져야 함

---

1) 피압수자 – 피의자나 변호인, 소유자, 소지자 // 참여인 – 형사소송법 제123조에 정한 참여인

2) ① 피압수자가 협조하지 않거나, 협조를 기대할 수 없는 경우, ② 혐의사실과 관련될 개연성이 있는 전자정보가 삭제·폐기된 정황이 발견되는 경우, ③ 출력·복제에 의한 집행이 피압수자 등의 영업활동이나 사생활의 평온을 침해하는 경우, ④ 그 밖에 위 각 호에 준하는 경우를 말한다.

3) ① 집행현장에서 하드카피·이미징이 물리적·기술적으로 불가능하거나 극히 곤란한 경우, ② 하드카피·이미징에 의한 집행이 피압수자 등의 영업활동이나 사생활의 평온을 현저히 침해하는 경우, ③ 그 밖에 위 각 호에 준하는 경우를 말한다.

제2절 전자정보 압수·수색의 사전통제[63)]

Ⅰ. 미연방 수정헌법 제4조: 비교법적 기초

1. 수정헌법 제4조의 법적 성격

본 항목에서는 비교법적 검토를 위한 기초작업으로 미연방 수정헌법 제4조(Fourth Amendment to United States Constitution, 이하 '**수정헌법 제4조**'라 함)의 연혁, 법적 성질, 적용 범위 등을 검토하고, 수정헌법 제4조의 법리가 전자정보의 맥락에서 어떻게 적용되고 있는지 살펴보고자 한다.

수정헌법 제4조는 다음과 같이 규정한다. "① (**합리성조항**) 비합리적인 체포, 수색, 압수로부터 신체, 주거, 서류 및 물건의 안전을 보장받을 인민의 권리는 이를 침해할 수 없다. ② (**영장조항**) 영장은 상당한 이유가 있고, 선서 또는 확약에 의하여 뒷받침되며, 수색될 장소, 체포될 사람, 또는 압수될 물건을 특정하여 기재하지 아니하면 발부되지 아니한다."[64)]

가. 재산법적 연원과 프라이버시에 대한 합리적 기대

미연방대법원은 압수·수색의 합리성 여부를 판단하는 도구적 개념으로 '프라이버시에 대한 합리적 기대'(reasonable expectation of privacy)를 제시하는바, 그 배경을 살펴볼 필요가 있다.

수정헌법 제4조는 독특한 역사적 배경을 가지고 있다. 현대적 의미의 경찰조직이 완비되기 전 프라이버시 침해에 대한 일차적 법적 보호는 침입금지법(trespass law)이었다.[65)] 즉, 사유지에 침입하는 자에 대하여는 일반인이든 공권

---

63) 본 항목의 내용 중 일부는 拙稿, "디지털증거와 영장주의: 증거분석과정에 대한 규제를 중심으로", 형사정책연구 제25권 제3호 (2013), 119면 이하의 내용을 수정·발전시킨 것이다.

64) 미연방 수정헌법 제4조: "① The right of the people to be secure in their persons, houses, papers, and effects, against unreasonable searches and seizures, shall not violated, and ② no Warrants shall issue, but upon probable cause, supported by Oath or affirmation, and particularly describing the place to be searched, and the persons or things seized." (구분기호 ①, ②는 필자가 부기한 것임)

력이든 관계없이 침입금지 소송을 제기하여 보호받을 수 있었다. 한편 공권력을 행사한 경찰관은 그 수색이 합리적이었음을 입증하여 책임에서 벗어날 수 있으나, 이는 수색집행자에게 법적 불확실성을 부담하도록 하는 것이었다.[66] 영장제도는 이러한 법적 불확실성을 제거하고, 수사 업무에 종사하는 공무원을 침입금지 책임에서 보호하는 역할을 한 것이다. 그러나 다른 한편으로 포괄적 압수·수색의 권한을 부여하는 일반영장(general warrant)의 남용으로 인한 심각한 폐해가 있었다.[67] 이러한 배경하에 수정헌법 제4조의 입안자들은 정당한 공권력 행사라는 공익과 프라이버시 보호라는 사익을 조화시키기 위하여, 체포·수색·압수는 '합리적'이어야 하며,[68] 영장은 '상당한 이유'가 있고 그 대상이 특정될 것을 요구한 것이다.[69]

이러한 재산법적 연원은 수정헌법 제4조의 적용 범위 해석에 결정적 영향을 미쳤다. 미연방대법원은 1928년 옴스테드(*Olmstead*) 판결[70]에서 **피의자 주거지에 침입하지 않고 외부전화선을 통하여 도청**한 경우 수정헌법 제4조를 위반하지 아니한다고 판시하였는바, 침입금지법의 논리는 위 판단에 중요한 이론적 근거가 되었다. 즉, 피고인 주거에 불법적으로 침입하지 않았기 때문에 외부전화선을 통한 도청은 수정헌법 제4조의 적용대상이 아니라는 것이다. 그러나 40여 년 후 선고된 1967년 카츠(*Katz*) 판결[71]은 **수사기관이 피의자가 이용하는**

65) William J. Stunz, *The Substantive Origins of Criminal Procedure*, 105 **Yale L. J.** 393, 396 (1995).

66) 이는 전통적 침입금지(trespass) 법리와 차이가 있다. 침입금지는 이른바 엄격책임(strict liability)으로 원고와 피고 사이에 이익형량을 한다거나, 침입의 합리성 여부 등을 따지지 않고 책임을 묻는다. 그러나 현대의 해석에서는 그 엄격성이 다소 완화되어 있다. 침입금지의 법리에 대하여는, William L. Prosser, **Torts** 63 (4th ed. 1971); Restatement (Second) of Torts § 166.

67) Nelson B. Lasson, **The History and Development of the Fourth Amendment to the United States Constitution** 25 (1937).

68) 윌리엄 스턴츠는 수정헌법 제4조의 재산법적 연원을 지적하며 '합리성' 기준은 불법행위법의 주의의무위반 기준과 유사하도록 설계된 것이라고 설명한다. William J. Stunz, *Implicit Bargains, Government Power, and the Fourth Amendment*, 44 **Stan. L. Rev.** 553, 553 (1992).

69) *Brinegar v. United States*, 338 U.S. 160 (1949).

70) *Olmstead v. United States*, 277 U.S. 438 (1928).

71) *Katz v. United States*, 389 U.S. 347 (1967).

공중전화 부스 내부에 침입하지 않고 외부에 도청장치를 부착하여 통화 내용을 녹음한 사안에 대하여, 수정헌법 제4조는 '장소가 아니라 사람'을 보호하는 것이며 위 도청은 '프라이버시에 대한 합리적 기대'를 침해한 것으로 위헌이라고 판시함으로써 위 조항의 해석론에 새로운 장을 열게 된 것으로 평가받고 있다.[72)]

나. 합리성조항과 영장조항의 관계

수정헌법 제4조의 첫 번째 문장을 '합리성조항'(reasonableness clause), 두 번째 문장을 '영장조항'(warrant clause)이라 하는바, '합리성조항'은 체포·수색·압수 등이 합리적일 것을 요구할 뿐이고, '영장조항'은 영장 발부의 요건을 정한 것일 뿐 체포·수색·압수 등이 합리적이려면 반드시 영장이 필요한 것인지 여부를 언급하지 아니하기 때문에, 위 두 문장의 관계에 대하여 다음과 같이 대립하는 두 가지 견해가 제시되고 있다.[73)]

먼저 ① 영장조항은 합리성조항에 의미를 부여하고 그 범위를 명확히 하는 것이므로, **원칙적으로 영장조항에 따른 강제처분만이 합리성조항을 충족한다**는 견해가 있다.[74)] 이러한 견해에 따르면, 원칙적으로 모든 체포·수색·압수 절차에 영장이 필요하고 영장을 발부받는 것이 현실적으로 불가능하거나 의미가 없는 경우에만 영장주의 예외를 인정하게 된다.[75)] 다음으로 ② 영장조항은

72) 카츠 판결의 실천적 의미에 대하여는 견해의 대립이 있다. 예컨대, 레식(Lessig)은 동 판결을 기술발전에 대응하는 법 해석의 모범적 사례로 설명한다(Lawrence Lessig, **Code: Version 2.0** 157－168 (2006)). 반면 커(Kerr)는 광범위한 판례 분석을 통하여 카츠 판결이 선언적 의미를 가질 뿐 영장 실무에 실질적 변화를 가져오지 못하였으며, 동 판결 이후의 판례들도 '완화된 재산권적 접근'(loose property－based approach)에 입각하여 설명이 가능하다고 주장한다(Orin S. Kerr, *The Fourth Amendment and New Technologies: Constitutional Myths and the Case for Caution*, 102 **Mich. L. Rev.** 801, 808 (2004)).

73) 두 이론의 개관으로는 다음의 문헌을 참고할 수 있다. Craig M. Bradley, *Two Models of the Fourth Amendment*, 83 **Mich. L. Rev.** 1468 (1985); Craig M. Bradley, *The Court's Two Model Approach to the Fourth Amendment: Carpe Diem*, 84 **J. Crim. L. & Criminology** 429 (1993).

74) Tracey Maclin, *The Complexity of the Fourth Amendment: A Historical Review*, 77 **B.U. L. Rev.** 925 (1997); Tracey Maclin, *When the Cure for the Fourth Amendment is Worse than the Disease*, 68 **S. Cal. L. Rev.** 1, 33 (1994).

합리성조항에 어떤 의미를 부여하거나 범위를 정하는 역할을 하는 것이 아니며, **강제처분의 합리성 여부는 제반 관련 요소를 고려하여 판단하면 충분하다**는 견해가 있다.76) 다시 말하면, 영장 발부 여부가 강제처분의 합리성 여부를 전적으로 결정짓는 것은 아니라는 것이다.77)

미연방대법원은 최근 압수·수색의 합헌성 여부를 판단하는 궁극적 기준은 '합리성'(reasonableness)이라고 판시하여 후자의 견해이나,78) 수정헌법 제4조의 역사적 발전 과정에 비추어 영장조항의 의미를 결코 가볍게 볼 수는 없다. 즉, 영장이 강제처분에 필수적 요건은 아니라 하더라도 적어도 영장에 대한 사법적 선호(judicial preference)는 인정되는 것이다. 특히 중립적 법관79)이 '상당한 이유'와 '특정 요건'(particularity requirement)의 판단을 통하여 수사기관과 일반시민 사이를 중재하고 일반영장의 폐해로부터 프라이버시 이익을 보호한다는 점에서, 영장조항은 형사 절차에서 불가결한 역할을 담당한다.80)

이러한 영장조항의 연혁과 법적 성질에 비추어 '상당한 이유'는 원칙적으로

---

75) 미국 연방대법원이 *California v. Acevedo* 판결에서, "법관의 사전 승인을 얻지 아니한 수색은 그 자체로 비합리적이고, 다만 그 범위가 명확히 기술되어 있는 소수의 예외만이 특별히 인정될 수 있다"고 판시하는 것은 이와 같은 입장에 입각한 것으로 볼 수 있다. *California v. Acevedo*, 500 U.S. 565, 580 (1991).

76) Akhill Reed Amar, *Fourth Amendment First Principles*, 107 **Harv. L. Rev.** 107 (1994).

77) 예컨대, 렌퀴스트 대법관이 *Robbins v. California* 판결에서, "영장조항에 따르는 것이 합리성조항을 만족하는 것이라는 견해는 법원의 해석에 의하여 만들어진 선호에 불과하다. 이러한 견해가 위법증거배제법칙의 폐해를 가중시키고 있다. 수정헌법 제4조는 수색 등 절차에 있어 반드시 영장이 필요한 것으로 규정하고 있지 않다는 점을 유의하여야 한다. 동 조항은 다만 체포, 수색, 압수 등이 합리적일 것을 요구하고, 또한 영장은 상당한 이유가 있어야만 발부될 수 있다고 규정할 뿐이다"라고 판시하는 것은 이와 같은 입장에 입각한 것으로 볼 수 있다. *Robbins v. California*, 453 U.S. 420, 438 (1981) (Rehnquist, J., dissenting).

78) *Maryland v. King*, 133 S.Ct. 1958, 1969 (2013).

79) 미국의 영장 실무에서 치안판사(magistrates) 제도가 가지는 중요성을 간략히 검토할 필요가 있다. 미국의 치안판사 제도는 영국의 제도를 모태로 한 것으로, 치안판사는 통상 경미한 형사범죄재판과 행정법규위반사건을 관할한다. 또한 압수·수색영장, 체포영장의 발부, 범죄인부절차(arraignment), 예비심문절차(preliminary hearing) 등을 담당한다. 치안판사 제도와 영장 심리의 관계에 대하여는, Abraham S. Goldstein, *The Search Warrant, the Magistrate, and Judicial Review*, 62 **N.Y.U. L. Rev.** 1173 (1987).

80) *Maryland v. Garrison*, 480 U.S. 79, 84 (1987).

'개별적 사정에 따라 판단되는 구체적 혐의'(individualized suspicion, 이하 '**개별적·구체적 혐의**'라 함)를 기초로 인정되어야 한다. 또한 ① 영장에는 수색 장소, 압수대상 물건을 특정하여 기재하고, ② 수색 대상인 물건과 특정 범죄행위의 관련성, ③ 그 물건이 수색 장소에서 발견될 것이라는 점이 증거로 뒷받침되어야 한다.[81] 미연방대법원은 '상당한 이유'는 영장 없이 행하여지는 체포·압수·수색에서도 인정되어야 한다고 판시하여, 압수·수색의 합리성 판단의 핵심요소로 보고 있다.[82]

2. 수정헌법 제4조와 전자정보

가. 상당한 이유

위와 같은 수정헌법 제4조 영장조항의 법리는 전자정보 또는 디지털증거라는 새로운 분야에서도 비교적 일관되게 적용되어 왔다. 즉, '상당한 이유'는 ① 컴퓨터 또는 정보저장매체가 범죄의 증거, 금제품(禁制品, contraband), 범죄로 인하여 취득한 물건, 범죄의 도구이거나, 또는 위에 해당하는 것들을 포함하고, ② 위와 같은 컴퓨터 또는 정보저장매체가 수색 장소에서 발견될 것이라는 점이 증거에 의하여 뒷받침되어야 이를 인정할 수 있다.[83]

수사기관이 특정한 범죄의 증거가 될 수 있는 문서를 수색하는 경우, 그 '문서'가 물리적 형태로 존재할 것인지 또는 전자적 형태로 존재할 것인지를 예측하기 어렵기 때문에 압수·수색 대상으로 컴퓨터 또는 정보저장매체를 명시적으로 기재할 필요는 없다는 판례도 있으나,[84] 이와 달리 압수·수색 대상인 컴

---

81) Wayne R. LaFave, Jerold H. Israel, Nancy J. King & Orin S. Kerr, **Criminal Procedure** 164 (5th ed. 2009).

82) 그렇게 해석하지 아니할 경우 영장 없이 집행되는 강제처분이 오히려 느슨한 요건 아래 인정되어 수사기관이 영장에 의한 강제처분을 회피하게 될 우려가 있기 때문이다. *Wong Sun v. United States*, 371 U.S. 471 (1963).

83) Federal Rules of Criminal Procedure 41(c): "A warrant may be issued for any of the following: (1) evidence of a crime; (2) contraband, fruits of crime, or other items illegally possessed; (3) property designed for use, intended for use, or used in committing a crime; or (4) a person to be arrested or a person who is unlawfully restrained."; *United States v. Adjani*, 452 F.3d 1140, 1145 (9th Cir. 2006).

퓨터 또는 정보저장매체를 특정해야 한다는 견해도 있다.[85] 어쨌든 현재의 실무는 컴퓨터 또는 정보저장매체를 수색 대상물로 명시하도록 하고 있다.[86] 상당한 이유를 뒷받침할 증거로는 피의자의 IP 주소,[87] 인터넷서비스의 계좌정보[88] 등 온라인상 정보를 사용할 수도 있고, 기타 일반적 증거가 사용될 수도 있다.[89]

나. 압수·수색 대상의 특정

다음으로 '특정 요건'을 만족하려면 압수·수색 대상을 구체적으로 특정해야 하는바, 특히 컴퓨터나 정보저장매체 자체를 압수할 것인지 아니면 단순히 관련 정보를 취득함에 그칠 것인지를 결정해야 한다.[90] 금제품, 범죄로 인하여 취득한 물건, 범죄의 도구로서 몰수대상물일 경우 컴퓨터나 저장매체 자체를 압수하여야 하나, 반면 저장매체에 있는 정보가 범죄의 증거에 불과한 경우에는 그 범위를 특정하여 관련 정보만을 취득할 수도 있는 것이다. 다만 관련 정보를 특정할 때에는 수사 대상인 범죄, 피의자, 범행 기간과 함께 대표적으로 요구되는 정보의 종류를 예시하고, 기타 관련 자료를 포괄하는 형식이면

---

84) *United States v. Giberson*, 527 F.3d 882, 887 (9th Cir. 2008); *People v. Gall*, 30 P.3d 145 (Colo. 2001) (en banc).

85) *United States v. Payton*, 573 F.3d 859, 861 (9th Cir. 2009).

86) U.S. Department of Justice, **Searching and Seizing Computers and Obtaining Electronic Evidence in Criminal Investigation** 65 (3d ed. 2009). [이하 'Electronic Evidence'라 함]

87) IP 주소(Internet Protocol Address)를 알면 인터넷서비스 제공자(ISP) 등을 통하여 사용자의 인적사항, 주소 등을 알 수 있으며, 이러한 정보를 기초로 '상당한 이유'를 인정한 다수의 판례가 있다. *United States v. Grant*, 218 F.3d 72, 76 (1st Cir. 2000); *United States v. Perez*, 484 F.3d 735, 740 (5th Cir. 2007); *United States v. Carter*, 549 F.Supp. 2d 1257, 1261 (D. Nev. 2008).

88) 주로 아동음란물(child pornography) 관련 웹서비스 사용자를 대상으로 하는 수사에서 이러한 증거가 사용된다. *United States v. Gourde*, 440 F.3d 1065, 1070 (9th Cir. 2006) (en banc); *United States v. Kelley*, 482 F.3d 1047, 1053 (9th Cir. 2007); *United States v. Wilder*, 526 F.3d 1, 6 (1st Cir. 2008); *United States v. Terry*, 522 F.3d 645, 648 (6th Cir. 2008).

89) *United States v. Flanders*, 468 F.3d 269, 271 (5th Cir. 2006); *United States v. Khanani*, 502 F.3d 1281, 1290 (11th Cir. 2007).

90) U.S. Department of Justice, Electronic Evidence (주 86), 70면.

충분한 것으로 이해되고 있다.[91] 예컨대 연방제10항소법원의 *Davis v. Gracey* 판결에서 수사기관은 '음란물 배포·전시와 관련된 장비'를 압수·수색 대상으로 하는 영장에 근거하여 약 2,000명의 가입자에게 디지털 화상과 이메일 서비스를 제공한 2개의 서버를 압수하였는바, 법원은 위 영장의 기재가 범죄행위에 직접 관계된 장비에 한정된 점 등을 이유로 특정 요건을 충족한다고 판시하였다.[92]

3. 전자정보 압수·수색의 특성

그러나 디지털증거가 기존 물리적 증거와 구별되는 현저한 특징을 가진다는 이유로 기존 영장조항의 법리가 그대로 적용되는 것이 타당한가에 대하여 의문을 제기하는 견해가 있으며, 그러한 고려를 반영하여 전통적 영장에서는 볼 수 없는 이례적 제한을 부가하는 사례들이 등장하고 있다. 디지털증거가 기존 증거와 구별되는 특징은 다음의 것을 들 수 있다.

가. 정보의 대량성·다양성

정보저장매체가 담을 수 있는 정보의 양은 기존 물리적 증거에서는 상상하기 어려울 정도로 방대하다.[93] 또한, 일상생활에서 컴퓨터를 필수적으로 이용하는 활동영역이 증가함에 따라 일반적인 개인용 컴퓨터 1대에도 서로 관련성이 없는 다양한 종류의 정보가 저장된다.[94] '특정 요건'은 압수·수색 대상물을 한정함으로써 일반영장의 폐해를 막고자 하는 것인바, 위와 같이 다양하고 방대한 정보가 수록되는 정보저장매체의 특성 때문에 전자정보 압수·수색에서는 특정 요건이 본래의 역할을 할 수 없다는 것이다. 그에 따라 수사기관이 혐

---

91) U.S. Department of Justice, Electronic Evidence (주 86), 72면.

92) *Davis v. Gracey*, 111 F.3d 1472 (10th Cir. 1997). 유사한 취지의 판결로는, *United States v. Lacey*, 119 F.3d 742, 746 (9th Cir. 1997); *United States v. Adjani*, 452 F.3d 1140, 1148 (9th Cir. 2006).

93) 이러한 점을 지적하는 견해로는, Orin S. Kerr, *Digital Evidence and the New Criminal Procedure*, 105 **Colum. L. Rev.** 279, 302 (2005); Raphael Winick, *Searches and Seizures of Computers and Computer Data*, 8 **Harv. J. L. & Tech.** 75, 82 (1994).

94) 이러한 점을 지적하는 견해로는, Kerr, *Searches and Seizures* (주 14), 569면.

의사실과 관련 없는 정보에 무분별하게 접근하는 것을 막을 법적 수단을 고안할 필요가 있다.

나. 압수·수색절차의 복잡성

전통적 압수·수색과 달리 전자정보의 압수·수색은 일반적으로 2단계 절차로 이루어진다는 점이 지적되고 있다.[95] 즉, 전통적 압수·수색은 현장에서 대상물을 수색하고 이를 압수하는 것으로 종료되나, 전자정보의 경우는 먼저 현장에서 컴퓨터·저장매체에 대한 압수가 이루어진 후 '이미징'(imaging) 작업을 통하여 원본 전자정보 저장매체를 대체할 복제본을 생성하며, 디지털증거분석실에서 디지털포렌식 도구를 이용하여 그 복제본에 대한 분석이 이루어지는 것이다.

기존 영장조항의 법리는 주로 압수·수색이 현장에서 종료되는 경우를 예상한 것이기 때문에 현장 외에서 이루어지는 증거분석과정은 사법적 통제의 범위에서 벗어나게 되며, 이러한 점에서 기존 법리의 보완·수정이 필요하다는 견해가 제시되고 있다. 아래에서는 항을 바꾸어 위와 같은 주장의 구체적 내용에 대하여 살펴보도록 한다.

Ⅱ. 전자정보 압수·수색의 사전통제: 비교법적 고찰

1. 1단계 집행 규제: 압수방법 제한론

먼저 논의되는 것은 압수·수색현장에서의 1단계 집행 절차에 대한 규제이다. 즉, 사법적 통제에서 벗어날 위험이 있는 2단계 집행을 최소화하고 되도록 현장에서의 1단계 집행으로 절차를 종료시키려는 시도인 것이다.

방대한 데이터에서 필요한 정보를 발견하는 것은 많은 시간과 노력이 소요되는 작업이며, 압수·수색현장에서 컴퓨터를 조작하여 증거를 찾는 작업은 오

---

95) 이러한 점을 지적하는 견해로는, Orin S. Kerr, **Computer Crime Law** 375 (2d ed. 2009); Orin S. Kerr, *Search Warrants in an Era of Digital Evidence*, 75 **Miss. L. J.** 85, 86 (2005).

히려 증거가치를 훼손시키는 경우가 많다. 이러한 사정 때문에 전자정보의 경우 일단 현장에서 발견된 저장매체를 일괄적으로 압수한 후 현장 외에서 분석하는 것이 오히려 일반적 집행방법이 되었고,[96] 미국의 각급 법원도 이러한 전자정보의 특성을 고려하여 현장에서 일괄압수 후 디지털증거분석실(현장 외)에서 분석하는 집행방법을 승인하여 왔다.[97] 그러나 이러한 일괄압수 관행을 비판하는 견해가 있었고,[98] 연방제9항소법원도 2006년 힐(*Hill*) 판결에서 수사기관은 일괄압수 및 현장 외 분석이 필요하다는 점을 반드시 소명하여야 하며 그러한 소명이 결여된 영장은 원칙적으로 위법하다는 취지로 판시한 바 있다.[99] 이에 연방 법무부는 위 판결의 취지를 반영하여 영장신청진술서(affidavit)에 현장 외 증거분석이 요구되는 이유를 기재할 것을 권고하고 있다.[100]

그러나 위 판결도 결론적으로 관련 증거의 증거능력을 부정하지는 아니하였다는 점을 유의하여야 한다.[101] 수사기관이 영장을 신청하면서 일괄압수 및 현장 외 분석이 필요하다는 점을 소명하지 아니한 결함은 있으나, 비합리적이거나 부적절한 의도로 그러한 의무를 게을리하지는 않았다는 점을 이유로 한다. ① 현실적으로 대부분의 전자정보 압수·수색에서 현장 외 분석이 요구된다는 점, ② 현장 외 분석의 필요성을 소명하는 것은 영장신청 시 첨부하는 수사기

---

96) 이러한 점은 대량의 문서를 압수·수색할 필요가 있는 전통적 사건의 경우에도 마찬가지이다. *United States v. Santarelli*, 778 F.2d 609, 616 (11th Cir. 1985); *United States v. Hargus*, 128 F.3d 1358, 1363 (10th Cir. 1997) (피고인은 수사기관이 전체 파일 캐비닛을 압수한 것은 영장 기재 내용을 '노골적으로 무시한 것'(flagrant disregard)이라 주장하였으나, 어떠한 문서가 영장에서 허가된 범위에 속하는지 여부를 현장에서 판단하는 것이 현실적으로 불가능하다는 점 등을 이유로 이를 받아들이지 아니한 사례).

97) *United States v. Schandl*, 947 F.2d 462 (11th Cir. 1991) (관련된 문서를 주의 깊게 분석해야 하는 탈세 수사의 특성상 혐의와 관련 없는 일부 문서가 압수되는 것은 불가피한 것이며, 현장에서 모든 문서를 검토한 후 압수 여부를 결정하도록 하도록 하는 것은 영장 집행에 많은 시간이 소요되도록 함으로써 오히려 강제처분에 의한 법익침해가 더 커지도록 하는 것이라고 판시함); *United States v. Upham*, 168 F.3d 532, 535 (1st Cir. 1999); *United States v. Hay*, 231 F.3d 630, 637 (9th Cir. 2000); *Guest v. Leis*, 255 F.3d 325, 335 (6th Cir. 2001).

98) Winick, 앞의 논문(주 93), 75면.

99) *United States v. Hill*, 459 F.3d 966, 975 (9th Cir. 2006).

100) U.S. Department of Justice, Electronic Evidence (주 86), 78면.

101) *Hill*, 459 F.3d at 977.

관의 진술서에 전형적인 관용 문구를 기재하는 것 외에 별다른 방법이 없다는 점 등을 고려하면, 압수방법 제한의 법리가 전자정보 압수·수색의 문제점에 대한 실효성 있는 대책이 되기는 어렵다 할 것이다.[102)]

2. 2단계 집행 규제 (1): 플레인 뷰 이론의 제한

가. 의의

전자정보의 특성으로 인하여 현장에서 벗어나 디지털증거분석실에서 이루어지는 2단계 집행과정이 불가피하다면, 이를 적절히 통제할 방법론을 모색할 수밖에 없다. 즉, 현장 외에서의 증거분석과정을 규율하는 것이 더욱 현실적이고 중요한 문제인 것이다. 우리 판례의 용어를 빌린다면, 디지털증거분석실에서 행하는 수사기관의 '탐색·출력·복제' 과정(압수·수색의 2단계 집행)을 어떻게 통제할 것인가라는 문제라 할 수 있다.

압수방법 제한론은 2단계 집행과정의 범위를 축소하려는 시도에 불과하므로, 2단계 집행과정의 문제점 자체를 해결하지는 못한다. 따라서 2단계 집행과정(또는 현장 외 분석과정) 자체를 직접 통제하는 법리의 발전이 필요한 것이다. 그러한 법리 중 미국에서 논해지는 대표적인 것이 '플레인 뷰 이론'(plain view doctrine)의 제한 법리이다.[103)] '플레인 뷰 이론'은 수사기관이 적법한 수색 과정에서 범죄 관련성이 명백한 물건을 발견한 경우 영장주의 예외를 인정하여 영장 없이 압수·수색할 수 있다는 것이다. 위 이론은 정당한 공권력 행사라는 공익과 프라이버시 보호라는 사익을 조화시키려는 시도이나,[104)] 다양한 종류

---

102) 2009. 12. 1.부터 시행된 미연방 형사소송규칙(Federal Rules of Criminal Procedure)이 현장 외에서의 증거분석을 원칙적으로 허용하는 취지로 규정함에 따라 그 실효성은 더욱 반감되었다. Federal Rules of Criminal Procedure 41(e)(2)(B): "Unless otherwise specified, the warrant authorizes a later review of the media or information consistent with the warrant."

103) 'Plain view doctrine'은 '명백한 시야 원칙'(손동권, "수사절차상 긴급 압수·수색제도와 그에 관한 개선입법론", 경희법학 제46권 제3호 (2011), 15면), '육안발견이론'(이완규, "디지털증거 압수수색과 관련성 개념의 해석", 법조 제62권 제11호 (2013), 101면) 등으로 번역된다. 본 문헌에서는 번역 또는 의역을 하지 아니하고 '플레인 뷰 이론'(plain view doctrine)', '플레인 뷰 예외', 또는 '플레인 뷰'라는 표기를 사용하기로 한다.

의 방대한 정보가 저장되는 전자정보 저장매체의 특성은 위 원칙이 의도하는 이익의 균형점을 근본적으로 무너뜨리고 있다는 것이 플레인 뷰 제한론의 핵심 내용이다.[105]

나. 제한론의 내용과 검토

원칙적으로 '플레인 뷰 이론'은 수사기관의 '주관적 의도'(subjective intent)를 고려하지 않는다. 즉, 수사기관이 우연히 영장 기재 범위에 있지 않은 증거를 발견한 경우는 물론이고, 처음부터 그러한 증거를 발견할 것을 어느 정도 예상하였으나 이를 영장에 기재하지 아니하고 수색에 임한 경우라도 적법한 수색과정 중이었고 대상물의 범죄 관련성이 명백하다면 영장주의 예외를 인정할 수 있다는 것이다.[106] 압수·수색 대상을 특정해야 한다는 '특정 요건', 영장 기재 범위에 있지 아니한 대상물의 '명백한 범죄 관련성'이라는 요건만으로도 영장주의 예외의 적절한 범위를 정할 수 있기 때문에, 추가로 수사기관의 주관적 의도를 고려함은 필요하지 않다는 것이다.

한편 ① 디지털증거 관련 사건에서는 수사기관의 주관적 의도를 고려하여 영장주의 예외의 범위를 제한하려는 시도가 있다. 예컨대 연방제10항소법원의 1999년 *U.S. v. Carey* 판결에서,[107] 수사관은 마약 거래 관련 증거수집을 위한 영장을 근거로 하드디스크를 분석하던 중 우연히 아동음란물 파일을 발견하자 마약 거래 관련 분석을 중지하고 아동음란물 파일을 추가로 발견하기에 이르렀다. 이에 법원은 최초로 발견한 아동음란물 파일은 플레인 뷰의 적용을 받으나, 이후에 발견된 파일은 그 증거능력을 인정할 수 없다고 판시한 것이다.[108]

---

104) *Horton v. California*, 496 U.S. 128 (1990).

105) Kerr, *Searches and Seizures* (주 14), 568면.

106) 위 *Horton v. California* 사건에서, 수사기관은 강도 범행으로 취득한 장물을 수색·압수대상으로 하는 영장에 근거하여 수색하던 중 위 범행에 사용된 무기도 발견하게 되었는바, 이러한 점은 수사기관도 수색에 임하기 전에 어느 정도 예상한 범주의 것이었다. 연방대법원은 플레인 뷰의 적용에서 우연적 요건(inadvertent requirement)을 제거하고 오직 객관적 기준에 의하여 동 이론의 적용 범위를 결정하여야 한다는 전제에서, 위 무기의 증거능력을 인정하였다. *Horton v. California*, 496 U.S. at 138.

107) *United States v. Carey*, 172 F.3d 1268 (10th Cir. 1999).

108) 유사한 취지의 판결로는 다음의 것이 있다. *United States v. Campos*, 221 F.3d 1143,

반면 조지아주(州) 연방지방법원은 유사한 사실관계를 판단한 U.S. v. Kearns 판결에서,[109] 수사관이 아동음란물 파일을 발견하였음에도 기존 혐의 관련 증거 분석을 중지하지 않고 계속 수행하던 중 추가로 아동음란물 파일을 발견한 것에 불과한 것이라면 최초 발견 파일뿐만 아니라 추가로 발견된 파일도 플레인 뷰의 적용을 받아 증거능력이 인정된다고 판시하여 다소 다른 결론을 내렸다.

그러나 수사기관의 주관적 의도를 고려하는 방법은 그 자체로 많은 문제를 가지고 있다. 앞서 유사한 사실관계에서 *Carey* 판결과 *Kearns* 판결이 상반된 결론을 내린 것에서 볼 수 있듯 그 판단기준이 명확하지 아니하며, 나아가 수사관 자신의 진술 외에 그 주관적 의도를 어떠한 방법으로 입증할 수 있는가라는 점에서도 그 실효성에 의문이 제기되고 있다.[110]

그 외에도 ② 전자정보의 경우 테러 등 제한된 범위의 중대범죄에 사용될 증거에 대하여만 플레인 뷰에 의한 영장주의 예외를 인정해야 한다는 견해,[111] ③ '명백한 범죄 관련성'이라는 요건을 엄격히 해석함으로써 그 범위를 제한하자는 견해가 있다.[112] 더 나아가 ④ 디지털증거의 경우 플레인 뷰 자체를 부정해야 한다는 견해도 있다.[113]

그러나 위 ②**견해**는 어떠한 범주의 범죄에 대하여 예외를 인정해야 하는지에 대하여 설득력 있는 논거를 제시하지 못하며, ③**견해**는 증거분석의 많은 과정이 인간의 감각기관이 아닌 디지털포렌식 도구를 통하여 이루어지는 현실에 적합하지 아니한 것이라는 비판이 있다.[114] 결국 플레인 뷰에 의한 영장주의

1148 (10th Cir. 2000); *United States v. Walser*, 275 F.3d 981 (10th Cir. 2001) (수사기관은 마약 거래 관련 증거수집을 위한 영장을 근거로 컴퓨터 하드디스크를 분석하던 중 아동음란물 파일을 발견하고 아동음란물 보유 혐의 수사를 위한 영장을 재 발부받아 아동음란물 관련 파일 수색을 완료하였는바, 법원은 위와 같은 일련의 절차는 수정헌법 제4조 합리적 수색에 해당한다고 판시하였다.)

109) *United States v. Kearns*, 2006 WL 2668538 (N.D. Ga. May 22, 2006).

110) 이와 같은 점을 지적하는 견해로는, Kerr, *Searches and Seizures* (주 14), 578면.

111) William J. Stunz, *Local Policing after Terror*, 111 **Yale L.J.** 2137, 2184 (2002).

112) David J.S. Ziff, Note, *Fourth Amendment Limitations on the Execution of Computer Searches Conducted Pursuant to a Warrant*, 105 **Colum. L. Rev.** 841, 869 (2005).

113) RayMing Chang, *Why the Plain View Doctrine Should not Apply to Digital Evidence*, 12 **Suffolk J. Trial & App. Adv.** 31, 65 (2007); Kerr, *Searches and Seizures* (주 14), 582면.

114) Kerr, *Searches and Seizures* (주 14), 582면 주 222.

예외를 전면 폐지하자는 ④**견해**가 가장 간명한 해결책이라 할 것이나,[115] 미국에서 위 이론이 오랜 생명력을 가져온 점을 고려할 때 현실적으로 받아들여질지 여부는 지켜보아야 할 것이다.

3. 2단계 집행 규제 (2): 증거분석과정 사전규제론

가. 의의

플레인 뷰라는 법리적 측면보다 디지털증거분석실에서의 분석과정 자체를 직접 규제함으로써 과도한 프라이버시 침해를 막을 수 있다는 주장이 있다. 즉, 영장에 증거분석과정에 준수해야 할 조건 등을 기재하는 등의 방법으로 광범위한 증거수집의 폐해를 막을 수 있다는 것이다. 이러한 취지의 사전규제로는 ① 증거분석 기간 규제,[116] ② 압수물반환 기간 규제[117] 등도 있으나, 가장 중요한 것은 증거분석방법 자체를 규제하는 것이다.

---

115) 주지하다시피 우리 판례에서는 원칙적으로 플레인 뷰와 같은 영장주의 예외가 인정되지 않는다. 대법원 2015. 7. 16.자 2011모1839 결정(종근당 사건).

116) 일부 치안판사들이 수사기관이 일정한 기간 내에 증거분석을 마칠 것을 조건으로 하여 영장을 발부한 사례가 있으며, 더 나아가 수사기관이 그 조건을 준수하지 아니한 경우 증거가 배척된 사례도 있다. ① *United States v. Brunette*, 76 F.Supp.2d 30 (D. Me. 1999), *aff'd*, 256 F.3d 14 (1st Cir. 2001) (치안판사는 압수물 분석이 영장이 집행된 날로부터 30일 이내에 수행될 것을 조건으로 영장을 발부하였고, 수사기관은 위 영장을 집행하여 2대의 컴퓨터를 압수하였는바, 이후 수사기관은 최초의 30일 제한기간이 경과하기 전 기간연장을 신청하였고, 이에 치안판사는 추가로 30일의 증거분석기간을 허가하였다. 한편 압수된 2대의 컴퓨터 중 1대는 추가 증거분석기간 내에 분석이 완료되었으나, 나머지 1대는 추가 증거분석기간 종료 후에야 그 분석이 완료되었다. 이에 메인주 연방지방법원은 제한기간을 준수하지 아니하였다는 이유로 60일 기간 경과 후에 분석이 완료된 컴퓨터에서 발견된 증거를 배척하였다.); ② *In the Matter of: the Search of the Premises Known as 1406 N. 2nd Avenue*, 2006 WL 709036 (W.D. Mich. Mar. 17, 2006) (영장을 집행한 후 90일 이내에 압수된 각종 정보저장매체를 다른 압수물과 함께 법원에 제출하도록 하고, 명시적 허가를 받기 전에는 압수된 정보저장매체에 대한 분석을 실시할 수 없도록 하는 명령을 부가한 사례).

117) ① *United States v. Maali*, 346 F.Supp.2d 1226 (M.D. Fla. 2004) (증거분석을 마친 후 10일 이내에 컴퓨터를 반환하는 조건을 부가함); ② *In re Searches and Seizures*, 2008 WL 5411772 (E.D. Cal. Dec. 19, 2008) (압수·수색일로부터 90일 이내에 압수된 컴퓨터를 반환하는 조건을 부가함).

증거분석방법 사전규제론은 연방제9항소법원의 1982년 타무라(*Tamura*) 판결[118]을 중요한 선례로 언급한다. 위 사건에서 법원은 범죄의 입증에 필요한 자료와 기타 자료가 혼합되어 있어 현장에서 이를 분리하기 어려운 경우, 전체 자료를 압수하여 봉인한 다음 법원의 추가 승인을 얻는 방법으로 수정헌법 제4조 위반을 방지할 수 있다고 판시하였다.[119] 위 판결은 전자정보 압수·수색이 아닌 전통적 문서자료에 대한 압수·수색의 위법성 여부를 판단한 것인바, 전체 자료 분석에 대한 승인을 요구한 것일 뿐 미리 작성된 '**증거분석계획**'(search protocol)에 따라 분석할 것을 요구하는 취지는 아니었다. 그러나 위 판결을 근거로 법원이 증거분석을 승인하면서 분석방법에 대한 조건과 제한을 부과해야 한다는 견해가 있고,[120] 일부 법원도 이러한 견지에서 영장 발부에 있어 구체적 증거분석방법을 제한하는 명령을 부가하여 논란을 불러일으켰다.

예컨대, *In the Matter of the Search of: 3817 W. West End* 판결[121]에서 일리노이주의 연방 치안판사는 미리 제출된 증거분석계획을 승인하기 전에는 압수된 저장매체를 분석할 수 없도록 하는 제한을 부과하고, 만약 증거분석계획을 기간 내에 제출하지 않으면 압수된 저장매체를 반환해야 한다는 취지로 판시하였고, 더 나아가 *United States v. Barbuto* 판결과 같이 증거분석계획이 제출되지 아니하였다는 이유로 증거능력을 배척한 사례도 있다.[122] 그러나 위와 같은 판례는 극히 예외적이고 대부분의 미국 법원은 증거분석계획의 제출 및 승인을 요구하지 않고 있다.[123]

---

118) *United States v. Tamura*, 694 F.2d 591 (9th Cir. 1982).

119) *Tamura*, 694 F.2d at 595.

120) Susan W. Brenner & Barbara A. Frederiksen, *Computer Searches and Seizures: Some Unresolved Issues*, 8 **Mich. Telecomm. & Tech. L. Rev.** 39, 82 (2002); Winick, 앞의 논문(주 93), 106면.

121) *In the Matter of the Search of: 3817 W. West End*, 321 F.Supp.2d 953 (N.D. Ill. 2004).

122) *United States v. Barbuto*, 2001 WL 670930 (D. Utah Apr. 12, 2001).

123) *United States v. Cartier*, 543 F.3d 442, 447 (8th Cir. 2008); *United States v. Hill*, 459 F.3d 966, 977−978 (9th Cir. 2006); *United States v. Giberson*, 527 F.3d 882, 889 (9th Cir. 2008); *United States v. Brooks*, 427 F.3d 1246, 1251 (10th Cir. 2005); *United States v. Khanani*, 502 F.3d 1281, 1290 (11th Cir. 2007).

나. U.S. v. Comprehensive Drug Testing 판결

한편 연방제9항소법원은 증거분석과정에 대한 전면적 규제를 옹호하는 취지의 판결을 하였는바, 그 내용을 상세히 살펴보기로 한다. 본 판결의 기본적 사실관계는 다음과 같다. 연방 수사당국은 사설검사기관이 보유하고 있는 프로야구선수들에 대한 스테로이드 검사결과 파일을 압수·수색할 수 있는 영장을 발부받았는바, 동 영장은 금지약물을 복용하였다고 의심할만한 상당한 이유가 있는 10명의 선수에 대한 정보를 대상으로 하되, 수사기관이 아닌 디지털 포렌식 전문가로 하여금 위 정보를 분리하도록 하는 조건이 부가되어 있었다. 압수·수색현장에서 디지털포렌식 요원은 대상 컴퓨터의 자료 중 관련 증거를 담고 있는 'Tracey'라는 이름의 폴더를 복사하였는바, 위 폴더에는 수사대상인 10명의 선수 외에 수백 명의 다른 프로야구선수들과 기타 일반인들에 대한 검사결과도 포함되어 있었다.

연방제9항소법원은 최초 수사대상이었던 10명의 선수 외에 다른 사람에 대한 증거가 대배심(grand jury) 절차에서 사용될 수 있을 것인지를 주된 쟁점으로 하여 위 사건을 3회에 걸쳐 심리하였다. 2008년 3인 재판부의 판결(이하 '*CDT I* 판결'이라 함),[124] 2009년 전원재판부에서 재심리한 판결(이하 '*CDT II* 판결'이라 함),[125] 2010년 전원재판부의 수정 판결(이하 '*CDT III* 판결'이라 함)이 그것이다.[126]

(1) *CDT I* 판결

2008년에 3인 재판부가 심리한 '*CDT I*' 판결[127]에서는, 다음과 같은 점을 들어 'Tracey' 폴더를 압수한 것이 수정헌법 제4조를 위반한 것이 아니라고 판시하였다. 즉, ① 수사기관이 영장신청진술서(affidavit)를 통하여 현장에서 자료를 검토하여 필요한 부분만을 분리해내는 것은 현실적 어려움이 있다는 점

---

124) *United States v. Comprehensive Drug Testing*, 513 F.3d 1085 (9th Cir. 2008) (***CDT I***).

125) *United States v. Comprehensive Drug Testing*, 579 F.3d 989 (9th Cir. 2009) (en banc) (***CDT II***).

126) *United States v. Comprehensive Drug Testing*, 621 F.3d 1162 (9th Cir. 2010) (en banc) (***CDT III***).

127) *CDT I*, 513 F.3d 1085 (9th Cir. 2008).

을 충분히 설명한 점, ② 영장을 신청하면서 범죄 입증에 필요한 자료와 기타 자료가 혼합된 대상물을 압수하는데 필요한 절차를 제시한 점, ③ 영장에 부가된 조건을 준수하여 압수·수색절차를 수행한 점, ④ 저장매체 자체를 압수하지 아니하고 특정한 폴더를 복사하는 방법으로 자료를 확보하는 등 압수범위를 최소화하기 위한 노력을 한 점 등에 비추어 위법한 압수로 볼 수 없다는 것이다. 이에 CDT 측은 전원재판부에 의한 재심리를 요청하였고, 전원재판부는 2009년 '*CDT II*' 판결을 통하여 자신의 견해를 밝히게 되었다.

(2) *CDT II* 판결

2009년에 전원재판부가 심리한 '*CDT II*' 판결[128]은, 최초 수사대상이었던 10명의 선수에 대한 증거만이 대배심 절차에서 증거로 사용될 수 있다고 판시하면서, 연방 치안판사가 디지털증거 관련 영장을 심사할 때 준수하여야 할 다음과 같은 가이드라인을 제시하였다.

① **플레인 뷰 이론 폐기**: 영장을 발부하면서 수사기관이 향후 재판과정에서 플레인 뷰에 의한 영장주의 예외 주장을 포기할 것을 요구해야 한다.[129] 즉, 디지털증거 영역에서 플레인 뷰에 의한 영장주의 예외를 인정하지 아니함으로써 수사기관이 광범위한 증거분석을 할 동기를 제거해야 한다는 것이다.

② **증거분석과정 사전규제**: 수사기관은 광범위한 증거분석의 위험을 제거할 수 있도록 설계된 '**증거분석계획**'(search protocol)을 제출하고, 승인된 계획에 따라 증거분석을 수행해야 한다.[130]

③ **수사기관과 디지털포렌식 담당자 분리**: 수사를 직접 담당하는 수사관은 증거분석과정에 일체 개입할 수 없고, 디지털포렌식 요원에 의하여 분리된 증거에만 접근할 수 있다는 조건을 부가하여야 한다.[131] 증거분석과정과 수사과정을 분리하여 그 사이에 정보의 유통을 막음으로써 수사기관의 무분별한 프라이버시 침해를 막아야 한다는 것이다.

④ **무관정보 삭제·폐기의무**: 필요한 증거를 분리한 후 다른 부분은 파기하거

---

128) *CDT II*, 579 F.3d 989 (9th Cir. 2009) (en banc).

129) *CDT II*, 579 F.3d at 998.

130) *CDT II*, 579 F.3d at 999.

131) *CDT II*, 579 F.3d at 1000.

나 당사자에게 하드웨어 등과 함께 반환하여야 한다.[132]

(3) *CDT III* 판결

살펴본 바와 같이 2009년 '*CDT II*' 판결은 기존 디지털증거 관련 영장 실무에 큰 변화를 가져올 수 있는 내용을 담고 있었다. 연방제9항소법원은 세계적 IT 기업의 본사와 서버가 소재하는 캘리포니아 등을 관할로 하므로 실효성 측면에서도 매우 중요한 변화를 예고하는 것이었다. 이에 연방 법무부는 전체 전원재판부(super en banc)에서 위 사건을 재심리할 것을 요청하였는바,[133] 연방제9항소법원은 (전체 전원재판부에서 심리해달라는 요청을 받아들이지는 아니하였으나) 2010년 전원재판부의 수정 판결을 통하여 *CDT II* 판결의 엄격한 규제를 다소 완화하였다.[134] 즉, *CDT II* 판결은 위와 같은 내용을 연방제9항소법원 산하의 연방치안판사가 준수해야 할 지침으로 제시하였으나, *CDT III* 판결에 의하여 광범위한 압수·수색의 폐해를 방지하기 위해 참고할 수 있는 기준의 의미만 가지게 된 것이다. 그러나 본 사건은 연방대법원을 제외한 가장 영향력 있는 법원에서 제시된 의견이라는 점에서, 비록 법적 구속력은 없다 할지라도 향후 디지털증거 영장 실무에 큰 영향을 미칠 것이라 예상된다.

다. 비판론

전자정보 압수·수색이 프라이버시 침해의 위험이 크다는 점은 일반적으로

---

132) *CDT II*, 579 F.3d at 1000-1001.

133) 본 문헌에서 '전원재판부'(en banc)'와 '전체 전원재판부'(super en banc)의 용어를 구별하여 사용하는 점을 주의하여야 한다. 위와 같이 전원재판부의 형식을 구분하는 것은 캘리포니아(California), 오리건(Oregon), 워싱턴(Washington), 아이다호(Idaho), 몬태나(Montana), 네바다(Nevada), 애리조나(Arizona), 알래스카(Alaska), 하와이(Hawaii)에 이르는 넓은 관할을 가지는 연방제9항소법원의 특성 때문이다. 일반적으로 '전원재판부'(en banc)라 함은 전체 판사로 구성된 합의체를 의미하나, 연방제9항소법원의 경우 전체 판사 중 임의적으로 선정된 11인으로 구성된 제한된 범위의 합의체를 의미한다. 여타 연방항소법원에 비하여 관할이 넓고 판사 정원이 많기 때문에 불가피하게 위와 같이 제한된 범위의 합의체를 구성하는 것인바, 따라서 '전원재판부'라 할지라도 진정한 전체 법원의 의견인지 여부는 불투명한 것이다. 이와 같은 문제점을 해결하기 위하여 연방제9항소법원은 매우 제한된 범위에서 '전체 전원재판부'(super en banc)의 재심리를 허용한다.

134) *CDT III*, 621 F.3d 1162 (9th Cir. 2010) (en banc).

인식되고 있으나, 그에 대한 해결책으로 영장에 어떠한 조건을 부가하여 집행방법, 특히 현장 외 증거분석과정을 통제하는 것이 반드시 정당하다고 단정할 수는 없다. 이에 대하여 비판적인 견해들은 성문법 규정에 반한다는 점, 연방대법원의 판례와 부합되지 아니한다는 점 등을 들어 영장을 발부할 때 사전조건을 부가하여 증거분석과정을 통제하는 방법의 문제점을 지적한다. 아래에서 각 비판점에 대하여 상세히 살펴보도록 한다.

(1) 성문법 규정과의 관계

먼저 영장 발부 및 집행 절차를 규정한 미연방 형사소송규칙 제41조가 '상당한 이유'가 인정되면 법관은 영장을 '발부하여야 한다'(must issue)고 규정하는 점을 들 수 있다.[135] 즉, 법관은 신청된 영장 및 부속서류를 기초로 '상당한 이유' 여부를 판단하여 영장 발부 여부를 결정할 수 있을 뿐 조건부로 영장을 발부할 수 있는 권한이 없다는 것이다.[136] 미연방 법무부 역시 이러한 점을 지적하며 증거분석과정을 규제하려는 일부 법원의 입장에 대하여 우려를 표시하고 있다.[137]

(2) 연방대법원 판례와의 관계

다음으로 영장 집행과 관련된 미국 연방대법원의 선례를 살펴본다. 연방대법원은 2006년 *U.S. v. Grubbs* 판결[138]에서, 수정헌법 제4조가 요구하는 압수·수색 대상의 특정 외에, 그 영장이 어떠한 방식으로 집행되어야 할 것인지에 대한 상세한 기술이 포함되어야 할 아무런 이유가 없다는 취지로 판시하였다.[139] 즉, 법관은 영장의 집행방법에 대한 조건을 부가하여 영장을 발부할 수 없다는 것이다.

---

135) Federal Rules of Criminal Procedure 41(d)(1): "After receiving an affidavit or other information a magistrate judge … must issue the warrant if there is probable cause to search for and seize a person or property or to install and use a tracking device."

136) 이러한 점을 지적하는 견해로는, Orin S. Kerr, *Ex Ante Regulation of Computer Search and Seizure*, 96 **Va. L. Rev.** 1241, 1271 (2010) [이하 '*Ex Ante Regulation*'이라 함].

137) U.S. Department of Justice, **Electronic Evidence** (주 86), 80면.

138) *United States v. Grubbs*, 547 U.S. 90 (2006).

139) *Grubbs*, 547 U.S. at 98.

위 사건은 주로 마약밀매사건을 수사할 때 사용되는 특수한 형태의 영장(anticipatory warrant)을 대상으로 한 것인바,[140] 마약밀매 피의자들이 특정 장소에서 회합한다는 정보를 입수한 경우, 비록 현재 그 장소에 압수대상물 등이 존재하지는 않지만 장차 압수대상물이 수색 장소에 나타날 때를 상정하여 미리 발부받는 영장에 어떠한 사항을 기재하여야 할 것인지가 쟁점이 되었다. 원심은 위와 같은 영장에는 영장 집행의 전제조건이 되는 사실(triggering condition)을 구체적으로 기술해야 하는데 대상 영장은 이를 기재하지 않았기 때문에 수정헌법 제4조에 위반되는 것이라 판시하였다.[141] 그러나 연방대법원은 수정헌법 제4조의 법문이 영장 집행의 전제조건 기재를 요구하지 않는다는 이유로 원심을 파기한 것이다. 나아가 연방대법원은 영장 집행의 전제조건을 구체적으로 기술하여야 수사기관의 자의적 법 집행을 막을 수 있다는 논증도 채택하지 아니하였다.[142]

1979년에 선고된 연방대법원의 *Dalia v. U.S.* 판결[143]도 유사한 취지로 판시한다. 위 사건에서 미연방 수사국(FBI)은 감청영장을 발부받아 용의자의 사무실에 도청장치를 부착하였는바, 위 영장은 감청행위 자체는 허용하고 있었지만 감청장치 설치 방법(영장의 집행방법)에 대하여는 어떠한 제한이나 요건을 부가하지 않고 있었다. 이에 피고인은 감청행위가 2단계 절차(도청장치의 설치와 도청의 실행)로 이루어지고 단계마다 별개의 프라이버시 침해가 있으므로 영장에는 도청장치의 설치 방법도 구체적으로 기재되어 있어야 하며,[144] 그러한 점이 결여된 해당 영장은 수정헌법 제4조를 위반한 것이라 주장하였다.[145] 그러나 연방대법원은 ① 압수·수색 대상의 특정 외에 영장의 집행방법을 기재할 필요가 없고, ② 영장의 집행은 우선 수사기관의 합리적 판단에 따라 이루어지되, 다만 수정헌법 제4조의 '합리성' 요건에 부합하는지를 사후에 판단할 수 있

140) 위와 같은 형식의 영장에 대한 상세한 법리에 대하여는, LaFave, Israel, King & Kerr, 앞의 책(주 81), 179면.
141) *Grubbs*, 547 U.S. at 93.
142) *Grubbs*, 547 U.S. at 98.
143) *Dalia v. United States*, 441 U.S. 238 (1979).
144) *Dalia*, 441 U.S. at 257.
145) *Dalia*, 441 U.S. at 245.

을 뿐이라는 취지로 판시하여 피고인의 주장을 배척하였다.[146]

즉, 위 *Grubbs* 판결과 *Dalia* 판결 모두 영장의 집행에 대한 구체적 사항은 수사기관의 판단에 따라 이루어지는 것이며, 다만 그 판단이 합리적인지 여부를 사후에 판단할 수 있을 뿐이라는 취지로 판시한 것이다. 미연방 법무부 역시 디지털증거분석과정에 대한 사전 조건을 부가하는 것은 위와 같은 연방대법원의 선례와 부합하지 않는 것이라는 입장에 있다.[147] 아직 디지털증거에 특유한 연방대법원의 판단은 존재하지 아니하는바, 본 분야의 발전에 있어 연방대법원이 어떠한 역할을 할 것인지는 향후 주의 깊게 지켜보아야 할 것이다.

Ⅲ. 전자정보 압수·수색의 사전통제: 집행방법규제를 중심으로

1. 1단계 집행 규제: 압수방법 제한

법체계와 구체적 법 원칙에 차이가 있다 하더라도 전자정보의 특성에 기한 문제점은 우리 형사실무에서도 그대로 나타나고 있다. 먼저 압수방법 제한의 법리는 우리 형사실무에도 도입되어 있다. 2011. 7. 18. 법률 제10864호로 신설된 형사소송법 제106조 제3항은 법원은 '압수의 목적물이 정보저장매체인 경우 기억된 정보의 범위를 정하여 출력하거나 복제'하여 제출받아야 하고 그러한 방법이 불가능하거나 압수의 목적을 달성하기에 현저히 곤란한 경우에 비로소 정보저장매체를 압수할 수 있다고 규정하며, 위 조항은 같은 법 제219조에 의하여 수사절차에도 준용된다. 즉, 형사소송법은 원칙적으로 범위를 특정하여 관련 정보를 취득하도록 하고, 저장매체의 일괄압수 및 현장 외 분석과정이 필요한 사정이 인정되어야 저장매체 자체를 압수할 수 있도록 한 것이다.

그러나 위 조항의 입법 과정에 큰 영향을 미친 것으로 받아들여지는 대법원 2011. 5. 26.자 2009모1190 결정(전교조 사건)도, ① 범죄사실 관련성에 관하여 명시적인 이의가 제기되지 아니한 점, ② 수사기관이 영장에 기재된 혐의사실의 일시로부터 소급하여 일정 시점 이후의 파일들만 복사하는 등 나름대로 혐

---

146) *Dalia*, 441 U.S. at 257.

147) U.S. Department of Justice, **Electronic Evidence** (주 86), 80면.

의사실과 관련 있는 부분으로 대상을 제한하려고 노력한 것으로 보이는 점, ③ 당사자 측도 그 조치의 적합성에 대하여 묵시적으로 동의한 것으로 보이는 점 등을 고려하여 영장집행의 적법성을 인정하였다. 즉, 형사소송법 제308조의2에 의하여 증거능력이 배제되는지 여부는 사안에 따라 개별적으로 살펴야 할 것인데, 대부분의 압수·수색현장에서 범위를 정하여 정보를 수집하는 것이 현실적으로 어려운 점 등을 고려하면 형사소송법 제106조 제3항이 전자정보 관련 강제처분은 필요 최소한도에 그칠 것을 선언하는 외에 실효성 있는 규정으로 작용할지는 의문이라 할 것이다.

2. 2단계 집행 규제: 집행방법(증거분석과정) 사전규제

가. 문제의 제기

우리 형사소송법과 형사소송규칙은 증거분석과정(압수·수색의 2단계 집행 = 현장 외에서 행하는 수사기관의 '탐색·출력·복제' 과정)에 대하여 특별히 규율하지 않는다. 앞서 본 바와 같이, 형사소송법과 형사소송규칙은 '**압수·수색 집행방법**'을 압수·수색영장 청구서와 영장의 기재사항으로 규정하고 있지 아니하며(법 제114조 제1항, 규칙 제58조, 제107조), 오히려 영장은 원칙적으로 검사의 지휘에 의하여 사법경찰관리가 집행하도록 하고 있다(법 제219조, 제115조 제1항 본문).

그러나 최근 압수·수색영장은 앞서 본 바와 같이 '**압수대상 및 방법의 제한**'을 기재한 별지를 첨부하여 발부되고 있다([표 3-1] 참고). 그 내용을 살펴보면 형사소송법 제106조 제3항, 대법원 2015. 7. 16.자 2011모1839 전원합의체 결정(종근당 사건), 대법원 2011. 5. 26.자 2009모1190 결정(전교조 사건) 등에서 제시된 압수·수색의 기본원칙을 정리한 것임을 알 수 있다. 그런데 위와 같이 기본원칙을 강조하는 것을 넘어 더욱 구체적인 '집행방법'을 기재하는 것이 영장에 의한 사법 통제의 방법으로 허용되는 것인지 문제 된다.

우리 형사실무에서도 '컴퓨터를 수색하거나 분석하는 도구(tool)와 사용할 기술' 등 압수·수색의 구체적인 방법을 압수·수색영장 청구서에 기재하도록 하자는 주장이 있다.[148] 집행방법에 대한 기재가 법원과 수사관 모두에게 압수·

수색영장을 집행함에 있어 하나의 가이드라인으로 작용하는 문서가 된다는 점, 위와 같은 기재가 피고인의 포괄적 압수를 이유로 한 증거능력 배제 주장에 대응할 수 있도록 한다는 점 등을 그 이유로 들고 있다. 아래에서는 위와 같은 견해의 타당성에 대하여 검토하고자 한다.

나. 형사소송법과 영장주의 예외이론

미국의 경우 증거분석과정 사전규제론은 '플레인 뷰 이론'에 의한 영장주의 예외를 제한해야 한다는 문제의식에서 출발하는 것이다. 위 이론은 수사기관이 적법한 수색 과정에서 범죄 관련성이 명백한 물건을 발견한 경우 영장주의 예외를 인정하는 것이다. 그런데 다양한 종류의 방대한 정보가 수록되는 디지털정보 저장매체의 특성은 정당한 공권력 행사라는 공익과 프라이버시 보호라는 사익의 조화라는 균형점을 근본적으로 무너뜨리고 있기 때문에 그에 대한 규제가 필요하다는 것이 증거분석과정 사전규제론의 핵심 내용이다.

이러한 문제의식은 진지하게 받아들여져야 할 것이나, 우리 형사실무에서는 또 다른 평면의 문제가 존재하고 있음을 지적하지 않을 수 없다. 헌법 제12조 제1항 후문은 "누구든지 法律에 의하지 아니하고는 逮捕·拘束·押收·搜索 …을 받지 아니한다"고 규정하고, 같은 조 제3항은 "逮捕·拘束·押收 또는 搜索을 할 때에는 適法한 節次에 따라 檢事의 申請에 의하여 法官이 발부한 令狀을 제시하여야" 하나, 다만 "現行犯人인 경우와 長期 3年 이상의 刑에 해당하는 罪를 범하고 逃避 또는 證據湮滅의 염려가 있을 때에는 事後에 令狀을 請求할 수 있다"고 규정한다. 이에 따라 형사소송법은 제216조, 제217조에서 한정된 범위의 영장주의 예외만을 인정하고 있다. 즉, 우리 헌법은 미연방 수정헌법 제4조와 그에 대한 법원의 해석과 비교할 때 상대적으로 영장주의 예외를 인정할 여지가 매우 좁다.

입법론으로 별도의 긴급 압수·수색 제도 도입 여부, 만약 도입된다면 어떠한 범위여야 할 것인지 등의 문제와 별개로, 현행 형사소송법의 해석상 플레인 뷰와 같은 광범위한 영장주의 예외를 인정하기 어렵다는 것이 대체적 견해이고,[149)]

148) 노명선, 전자적 증거의 실효적인 압수·수색, 증거조사 방안연구(대검찰청, 2007), 54면.
149) 일정한 경우 긴급 압수·수색 제도를 받아들일 필요성은 인정하면서도, 현행법의 해석

판례도 이와 같은 입장에 있다.[150] 대법원 2015. 7. 16.자 2011모1839 전원합의체 결정(종근당 사건)도, 전자정보에 대한 압수·수색이 종료되기 전에 유관정보를 적법하게 탐색하는 과정에서 무관정보를 우연히 발견한 경우라면 수사기관으로서는 더 이상의 추가 탐색을 중단하고 법원으로부터 별도의 범죄혐의에 대한 압수·수색영장을 발부받은 경우에 한하여 그러한 정보에 대하여 적법하게 압수·수색을 할 수 있다고 판시하여 플레인 뷰 이론을 채택하지 아니하며, 별건 증거를 확보하는 방법도 명확히 제시하고 있다.[151] 따라서 우리 형사실무에서는 영장주의 예외 범위를 제한하기 위해 증거분석과정에 대한 사전규제가 필요하다는 논거를 채용하기 어렵다는 점을 이해할 필요가 있다.

다. 형사소송법 제219조, 제115조 제1항과의 관계

다음으로 영장의 집행은 원칙적으로 검사의 지휘에 의하도록 한 형사소송법 제219조, 제115조 제1항의 의미를 살펴볼 필요가 있다. 먼저 미연방대법원의 1979년 *Lo-Ji Sales v. New York* 판결[152]이 주는 시사점을 살펴본다. 위 사건에서 음란물 배포 혐의를 수사 중이던 경찰관은 압수·수색영장을 발부받으려 하였으나, 어떠한 범위의 대상물이 '음란물'(obscene material)의 범위에 들어가는 것인지를 판단할 자신이 없었다. 이에 경찰관은 치안판사에게 도움을 청하였는바, 치안판사는 경찰관과 함께 현장에 임하여 직접 어떠한 대상물이 음란물에 해당할 것인지를 판단한 후 이를 압수하도록 지시하였고, 절차가 종료된 후 압수된 물품을 기재하여 영장을 발부하였다.[153] 연방대법원은 본 사안의 치안판사는 영장의 발부와 집행 절차를 결부시킴으로써 "사법관이 아닌 또 하나의 법집행공무원(adjunct law enforcement officer)의 역할을 한 것"이며, 따라서 해

으로 법률에 정하여져 있지 아니한 강제처분의 예외를 인정하기는 어렵다는 것이 일반적 견해이다. 손동권, 앞의 논문(주 103), 24면; 김기준, "독립적 긴급압수수색제도의 도입 필요성에 대한 고찰", 형사법의 신동향 제15호 (2008), 38면.

150) 대법원 2007. 11. 15. 선고 2007도3061 전원합의체 판결.

151) 대법원 2015. 7. 16.자 2011모1839 결정(종근당 사건).

152) *Lo-Ji Sales v. New York*, 442 U.S. 319 (1979).

153) *Lo-Ji Sales*, 442 U.S. at 321. 본 사안의 치안판사가 대륙법계 검사의 역할과 유사하게 영장 집행 절차의 주재자 역할을 한 점은 비교법적 관점에서도 흥미로운 사례를 제공하는 것이다.

당 영장은 중립적 법관이 상당한 이유와 대상의 특정 요건을 판단하도록 한 수정헌법 제4조를 위반한 것이라 판시하였다.[154]

외국의 학설 중에도, 영장을 발부하면서 집행방법에 대한 사전제한·조건을 부가하는 것은 사실상 치안판사가 그 제한·조건을 통하여 집행과정에 개입하는 것이며, 결론적으로 법관이 또 하나의 법집행공무원의 역할을 해서는 아니 된다는 위 *Lo-Ji Sales v. New York* 판결의 취지에 반하는 것이라고 주장하는 견해가 있다.[155]

私見으로는 영장에 집행방법에 대한 사전제한·조건을 부가하는 것은 우리 형사소송법의 해석에 있어서 또 다른 문제점을 야기한다고 생각한다. 형사소송법상 검사는 객관 의무를 부담하는 수사절차의 주재자 역할을 하며,[156] 형사소송법은 이러한 법적 지위를 갖는 검사가 영장의 집행을 지휘하도록 하고 있다.[157] 즉, 우리 법제는 더욱 명시적으로 법관에 의한 영장 집행 개입을 배제하고 있다고 해석할 여지가 있다. 따라서 영장을 발부하면서 집행과정에 대한 어떠한 조건·제한을 부가하는 것의 당부는, 강제처분 남용 통제라는 고려뿐만 아니라, 검사에 의한 영장 집행 지휘의 의미는 어떠한 것인지, 나아가 우리 형사소송법의 기본 구조는 무엇인가라는 또 하나의 근본적 물음과도 관련하여 판단되어야 한다. 그렇다면 영장의 집행과정을 사전적 조건·제한을 부가하여 통제하는 것은, 법관이 또 하나의 법집행공무원의 역할을 하는 것에 더하여, 검사가 수사절차를 주재하도록 한 우리 형사소송법의 기본 구조를 흔들 위험을 내포하게 된다는 점 또한 지적하지 않을 수 없다.

---

154) *Lo-Ji Sales*, 442 U.S. at 326.

155) Kerr, *Ex Ante Regulation* (주 136), 1263면.

156) 검사의 객관 의무와 준사법기관으로서의 지위에 대하여는, 이완규, "검사의 지위와 객관 의무", 형사소송법특강 (2006), 194, 204면.

157) 이완규, 앞의 논문(주 156), 204면은, 검찰 제도는 사법 내부에서의 권력분할을 의미하는 것이라고 주장한다. 즉, 수사, 공소, 재판, 형 집행의 담당자가 법원이라는 하나의 기관이었던 규문시대의 구조에서 사법의 또 하나의 기관으로 검찰을 도입하고 수사, 공소, 형 집행을 검찰에, 재판을 법원에 맡긴 것이라는 것이다. 위 견해에 의하면, 형사소송법이 영장의 발부는 법관에게, 영장의 청구 및 집행은 검사의 지휘에 의하도록 한 것 또한 형사사법절차 내에서의 권력분할을 반영하는 것이 된다.

라. 사전통제와 사후통제

마지막으로 이론적 차원에서의 문제를 살펴본다. 디지털증거의 분석과정은 관련된 하드웨어나 소프트웨어, 관련 정보의 특성 등에 따라 각기 다른 접근방법을 취하기 때문에 사전에 분석방법에 대한 제한을 설정하기가 대단히 어렵다.[158] 영장을 심사하는 법관이 충분한 전문지식을 가지고 있지 못하다는 점은 위와 같은 문제점을 더욱 심각하게 만든다.[159] 즉, 디지털증거의 분석과정은 구체적 사안별로 다른 접근방법을 취하여야 하고 분석기술의 발전 양상은 전문가들도 쉽게 예측하기 어렵기 때문에, 충분한 전문지식을 가지지 못하는 영장심사 법관이 사전에 집행방법(분석방법)에 대한 제한을 부가하는 것은 반드시 적절하다고 보기 어려운 것이다.

위와 같은 사정은 사전적 사법심사와 사후적 사법심사의 중요한 차이점을 시사한다. 즉, 양자 사이에는 그 판단의 기초가 되는 정보의 양과 질에 있어 현저한 차이가 있는 것이다. 압수·수색영장의 발부 단계는 대부분 수사의 초기 단계로서 향후 당해 사건의 수사가 어떠한 방향으로 진행될 것인지를 예측할 자료가 부족한 경우가 많다. 반면, 공판단계에서는 증거능력 여부가 문제가 된 물적 증거가 수집된 과정에 대하여 상세한 정보를 얻을 수 있으며, 나아가 본안 사건과의 관련성까지 고려하여 더욱 충실한 검토를 할 수 있다. 따라서 사전적 사법심사에서는 ① 죄를 범하였다고 의심할 정황, ② 필요성, ③ 관련성, ④ 비례성 등의 요건을 충족하는지 여부만을 판단하도록 하고, 공판단계의 사후적 판단에서 집행과정의 위법성을 판단하도록 하는 것이 합리적인 역할 배분일 수 있다.

마. 검토

지금까지 논의한 바를 종합한다면, ① 미국과 달리 우리 형사소송법의 해석상 광범위한 영장주의 예외가 인정되기 어려운 점, ② 형사소송법이 원칙적으로 검사가 영장 집행의 지휘를 담당하도록 한 점, ③ 사전에 영장 집행방법을

---

158) 이러한 점을 지적하는 견해로는, Kerr, *Searches and Seizures* (주 14), 575면.

159) 사전적 제한의 실무상 문제점에 대하여는, Kerr, *Ex Ante Regulation* (주 136), 1281면.

규제하는 것보다 사후적으로 강제처분이 적법절차를 준수하였는지 여부를 판단하는 것이 더욱 합리적 결과를 얻을 수 있는 점 등에 비추어, 압수·수색의 구체적인 집행방법을 영장 또는 영장청구서에 기재하도록 하는 것은 이론상 받아들이기 어렵고 디지털증거 관련 강제처분을 규율하는 실효적인 방안도 아닌 것으로 보인다. 따라서 압수·수색영장에 '집행방법'을 기재하는 것은 권고적 의미 외에 추가적 효력을 가질 수는 없다고 판단된다.

제3절 전자정보 압수 · 수색의 중간단계 통제[160)]

Ⅰ. 들어가며

앞서 살펴본 바와 같이, 압수방법 제한론 또는 집행방법(증거분석과정) 사전 규제론은 실효성에 의문이 있거나, 이론상 난점을 가지고 있었다. 그러한 상황에서 대법원 2015. 7. 16.자 2011모1839 전원합의체 결정(종근당 사건)[161)]은 종래 압수·수색에 대한 논의과정에서 그 중요성이 인식되지 아니하였던 형사소송법 제121조의 당사자 참여권에 주목하였고, 이를 전자정보에 대한 압수·수색 과정에서 적법절차 원칙과 영장주의를 관철할 수 있는 핵심 제도의 위치로 격상시켰다.

형사소송법 제219조는 수사기관의 압수·수색절차에도 법원의 압수·수색절차 규정인 제121조, 제122조를 준용한다고 규정하여 피의자 또는 변호인의 참여권을 보장하고 있다.[162)] 그러나 종래 압수·수색 관련 논의에서 참여권은 큰

---

160) 본 항목의 내용 중 일부는 拙稿, "디지털 미란다 원칙: 전자정보에 대한 압수·수색과 당사자의 참여권", 사법 제36호 (2016), 33면 이하의 내용을 수정·발전시킨 것이다.

161) 대법원 2015. 7. 16.자 2011모1839 전원합의체 결정, 판례공보 제473호(2015. 9. 1.), 1274면. 이하에서는 결정문을 상세히 분석하기 위해 '대법원 2011모1839 전원합의체 결정(공2015하, 해당 면수)'의 형식으로 각주를 표기하기로 한다.

162) 형사소송법 제121조(영장 집행과 당사자의 참여) 검사, 피고인 또는 변호인은 압수·수색영장의 집행에 참여할 수 있다.
형사소송법 제122조(영장 집행과 참여권자에의 통지) 압수·수색영장을 집행함에는 미리 집행의 일시와 장소를 전조에 규정한 자에게 통지하여야 한다. 단, 전조에 규정

주목을 받지 못하였고, 수사의 밀행성·신속성과 압수·수색의 실효성 등의 측면에서 많은 문제를 야기할 수 있다는 이유로 위 규정의 합리성에 의문을 제기하는 견해조차 있었다.[163] 미국, 독일, 일본 등에서는 수사단계에서 압수·수색영장 집행에 대한 참여권을 인정하지 않거나 제한적으로만 인정하고 있는 점 또한 이러한 주장의 논거가 되어 왔다.[164]

그런데 전자정보 압수·수색에 대한 논의에서 당사자 참여권의 중요성이 새롭게 부각된 이유를 이해하려면, 대법원이 이를 인정한 근거, 참여권 보장의 이론적 토대 등을 살펴볼 필요가 있다.

Ⅱ. 대법원 2015. 7. 16.자 2011모1839 전원합의체 결정

1. 사건 경위

가. 2011. 4. 25.자 압수·수색영장 관련 사실

결정문을 통하여 파악되는 이 사건의 사실관계는 다음과 같다. 수원지방검

한 자가 참여하지 아니한다는 의사를 명시한 때 또는 급속을 요하는 때에는 예외로 한다.

163) 수사단계에서 압수·수색 제도는 대상 사건의 증거물이나 몰수대상물을 당사자의 의사에 반하여 강제적으로 확보하는 것을 그 본질적 내용으로 하는바, 제도의 이면에는 사건 관련자가 자발적으로 증거를 제출하지 아니하고 인멸할 수 있을 것이라는 가능성을 전제하고 있음에도 불구하고, 아직 기소를 위한 증거가 확보되지 않은 단계에서 물적 증거확보를 위한 가장 중요한 강제처분인 압수·수색을 실행할 것임을 사전에 피의자에게 미리 통보하고 피의자로 하여금 압수·수색에 참여하도록 하는 것은 증거인멸의 가능성을 증대시켜 압수·수색의 실효성이라는 측면에서 이론적 합리성에 의문이 있다는 것이다. 김기준, "수사단계의 압수수색 절차 규정에 대한 몇 가지 고찰", 형사법의 신동향 제18호 (2009), 1면.

164) 이러한 견해는, ① 독일의 경우 수색에 있어 소유자의 참여권을 인정하나 서류와 전자저장매체의 열람(Durchsicht, 형사소송법 제110조)에서는 참여권을 인정하지 아니하며, 일본은 법원의 압수·수색 과정에 피고인의 참여권을 인정하나 수사기관의 압수·수색에서 피의자의 참여권은 인정하지 않는 점(이완규, 앞의 논문(주 103), 137－142, 146－149면), ② 미국의 경우도 수사기관의 압수수색에 대한 피의자나 변호인의 참여권을 보장하는 입법례를 발견하기 어렵다는 점(김기준, 앞의 논문(주 163), 6면) 등을 논거로 한다.

찰청 강력부 검사는 2011. 4. 25. A의 배임 혐의와 관련된 압수·수색영장(이하 '**제1영장**'[165]이라 한다)을 발부받아 당일 B 회사 빌딩 내 A의 사무실에 임하여 압수·수색을 개시하였는데, 그곳에서 압수 당시 저장매체에 혐의사실과 관련된 정보와 관련되지 않은 전자정보가 혼재된 것으로 판단하여 B의 동의를 받아 이 사건 저장매체 자체를 봉인하여 영장 기재 집행장소에서 자신의 사무실로 '반출' 하였다.

강력부 검사는 2011. 4. 26.경 이 사건 저장매체를 대검찰청 디지털포렌식센터에 인계하여 그곳에서 저장매체에 저장되어 있는 전자정보파일 전부를 '이미징'의 방법으로 다른 저장매체로 복제('**제1처분**')하도록 하였는데, A 측은 검사의 통보에 따라 2011. 4. 27. 위 저장매체의 봉인이 해제되고 위 전자정보 파일이 대검찰청 디지털포렌식센터의 원격디지털공조시스템에 복제되는 과정을 참관하다가 임의로 그곳에서 퇴거하였다.

강력부 검사는 제1처분이 완료된 후 저장매체를 B에게 반환한 다음, 위와 같이 이미징한 복제본을 2011. 5. 3.부터 같은 달 6일까지 자신이 소지한 외장 하드디스크에 재복제('**제2처분**')하고, 같은 달 9일부터 같은 달 20일까지 외장 하드디스크를 통하여 제1영장 기재 범죄혐의와 관련된 전자정보를 탐색하였는데, 그 과정에서 B의 약사법 위반·조세범처벌법 위반 혐의와 관련된 전자정보 등 제1영장에 기재된 혐의사실과 무관한 정보들도 함께 출력('**제3처분**')하였다. 제2·3처분 당시 A 측은 그 절차에 참여할 기회를 부여받지 못하였고, 실제로 참여하지도 않았다.

---

165) '제1영장'에는 압수의 방법으로 "컴퓨터 전자장치에 저장된 정보 중 범죄사실과 직접 관련된 전자정보와 직접 관련되지 않은 전자정보가 혼재된 전자정보장치는 피의자나 그 소유자, 소지자 또는 간수자가 동의하지 않는 한 그 전부를 사본하거나 이미징하여 압수할 수 없고, 이 경우 범죄사실과 관련된 전자정보는 피압수자 또는 형사소송법 제123조에 정한 참여인의 확인을 받아 수사기관이 휴대한 저장장치에 하드카피·이미징하거나, 문서로 출력할 수 있는 경우 그 출력물을 수집하는 방법으로 압수함. 다만, 해당 컴퓨터 저장장치가 몰수대상물이거나 하드카피·이미징 또는 문서의 출력을 할 수 없거나 상당히 곤란한 경우에는 컴퓨터 저장장치 자체를 압수할 수 있고, 이 경우에는 수사에 필요한 상당한 기간이 경과한 후 지체없이 반환하여야 함"이라고 기재되어 있었다. 대법원 2011모1839 전원합의체 결정(공2015하, 1282).

나. 2011. 5. 26.자 압수·수색영장 관련 사실

강력부 검사는 위와 같이 우연히 발견한 제1영장 범죄사실과 관련 없는 약사법위반·조세범처벌법위반 혐의에 관련된 전자정보(이하 '별건 정보'라 한다)를 문서로 출력하고, 수원지방검찰청 특별수사부에 통보하였다. 특별수사부 검사는 2011. 5. 26.경 별건 정보를 소명자료로 제출하면서 다시 압수·수색영장을 청구하여 수원지방법원으로부터 별도의 압수·수색영장(이하 '**제2영장**'이라 한다)을 발부받아 외장 하드디스크에서 별건 정보를 탐색·출력하는 방식으로 압수·수색을 하였다. 이때 특별수사부 검사는 A와 B 측에 압수·수색 과정에 참여할 수 있는 기회를 부여하지 않았을 뿐만 아니라 압수한 전자정보 목록을 교부하지도 않았다.

다. 절차 개요

A의 변호인은 위 각 압수·수색에 관한 처분의 취소를 구하는 준항고를 제기하였고, 원심법원은 이를 받아들여 (위와 같은 일련의 압수·수색 과정을 단계적으로 구별함을 전제로) A 측의 참여가 이루어지지 않은 가운데 제1영장의 혐의사실과 무관한 전자정보까지 무차별적으로 복제·출력하였다는 등의 이유로 2011. 4. 25.자 영장 관련 제1·2·3 처분과 2011. 5. 26.자 영장 관련 처분을 모두 취소하였다.[166] 이에 검사가 준항고법원의 결정의 취소를 구하는 재항고(특별항고)를 대법원에 제기하여 본건에 이른 것이다.

2. 다수의견의 요지

이 사건에는 다음과 같은 쟁점이 문제 되었다. 즉, ① 전자정보에 대한 압수·수색절차에서 당사자 참여권의 의미와 범위, ② 압수·수색 과정에서 나타난 위법이 중대한 경우 압수·수색 과정 전체를 하나의 절차로 파악하여 전체 압수·수색 처분을 취소하여야 하는지 여부, ③ 유관정보를 탐색하는 과정에서 우연히 별건의 무관정보가 발견된 때 수사기관이 그 무관정보를 적법하게

---

166) 수원지방법원 2011. 10. 31.자 2011보2 결정.

압수할 방법은 무엇인가이다. 아래에서는 먼저 다수의견을 중심으로 본 결정의 내용을 살펴본다.

가. 전자정보에 대한 압수·수색에서 참여권의 의미와 범위

다수의견에 의하면, 당사자 참여권은 혐의사실 관련성에 대한 구분 없이 이루어지는 전자정보에 대한 복제·탐색·출력을 막는 중요한 절차이다.[167)]

특히 저장매체에 대한 압수·수색 과정에서 예외적 사정이 인정되어 전자정보가 담긴 저장매체 자체 또는 복제본을 수사기관 사무실 등으로 옮겨 복제·탐색·출력하는 경우에도, 그 일련의 과정에서 참여권을 보장하고 혐의사실과 무관한 전자정보의 임의적 복제 등을 막기 위한 적절한 조치를 취하는 등 영장주의 원칙과 적법절차가 준수되어야 한다.[168)] 나아가 다수의견은, 당사자 참여권이 실질적으로 보장되지 아니한 경우 그 흠결은 압수·수색절차를 적법한 것으로 평가할 수 없도록 하는 중대한 흠결에 해당하며, 설사 수사기관이 저장

---

167) 대법원 2011모1839 전원합의체 결정(공2015하, 1281): "전자정보는 복제가 용이하여 전자정보가 수록된 저장매체 또는 복제본이 압수·수색 과정에서 외부로 반출되면 압수·수색이 종료한 후에도 복제본이 남아있을 가능성을 배제할 수 없고, 그 경우 혐의사실과 무관한 전자정보가 수사기관에 의해 다른 범죄의 수사 단서 내지 증거로 위법하게 사용되는 등 새로운 법익침해를 초래할 가능성이 있으므로, 혐의사실 관련성에 대한 구분 없이 이루어지는 복제·탐색·출력을 막는 절차적 조치가 중요성을 가지게 된다." (밑줄은 필자가 부기함)

168) 대법원 2011모1839 전원합의체 결정(공2015하, 1281): "저장매체에 대한 압수·수색 과정에서 범위를 정하여 출력 또는 복제하는 방법이 불가능하거나 압수의 목적을 달성하기에 현저히 곤란한 예외적인 사정이 인정되어 전자정보가 담긴 저장매체 또는 복제본을 수사기관 사무실 등으로 옮겨 이를 복제·탐색·출력하는 경우에도, 그와 같은 일련의 과정에서 형사소송법 제219조, 제121조에서 규정하는 피압수·수색 당사자(이하 '피압수자'라 한다)나 그 변호인에게 참여의 기회를 보장하고 혐의사실과 무관한 전자정보의 임의적인 복제 등을 막기 위한 적절한 조치를 취하는 등 영장주의 원칙과 적법절차를 준수하여야 한다. 만약 그러한 조치가 취해지지 않았다면 피압수자 측이 참여하지 아니한다는 의사를 명시적으로 표시하였거나 절차 위반행위가 이루어진 과정의 성질과 내용 등에 비추어 피압수자 측에 절차 참여를 보장한 취지가 실질적으로 침해되었다고 볼 수 없을 정도에 해당한다는 등의 특별한 사정이 없는 이상 압수·수색이 적법하다고 평가할 수 없고, 비록 수사기관이 저장매체 또는 복제본에서 혐의사실과 관련된 전자정보만을 복제·출력하였다 하더라도 달리 볼 것은 아니다." (밑줄은 필자가 부기함)

매체 또는 복제본에서 혐의사실과 관련된 전자정보만을 복제·출력하였다 하더라도 달리 볼 것은 아니라고 판시하여 참여권 보장이 영장주의 원칙의 핵심 내용임을 확인하고 있다.

나. 압수·수색 과정에서 나타난 위법이 중대한 경우 전체 압수·수색 처분을 취소하여야 하는지 여부

다수의견에 의하면, 압수·수색 과정 전체를 하나의 절차로 파악하여 그 과정에서 나타난 위법이 압수·수색절차 전체를 위법하게 할 정도로 중대한 경우 전체적으로 그 압수·수색 처분을 취소하여야 하고, 위법의 중대성은 위반한 절차조항의 취지, 전체과정 중에서 위반행위가 발생한 과정의 중요도, 그 위반사항에 의한 법익침해 가능성의 경중 등을 종합하여 판단한다고 한다.[169)]

다수의견은 그 이유를 다음과 같이 설명한다. 즉, 전자정보에 대한 압수·수색 과정에서 이루어지는 일련의 처분은 하나의 영장에 의한 압수·수색 과정에서 이루어지는바, 그러한 일련의 행위가 모두 진행되어 압수·수색이 종료된 이후에는 특정 단계의 처분만을 취소하더라도 그 이후의 압수·수색을 저지할 수는 없고 수사기관으로 하여금 압수·수색의 결과물을 보유하도록 할 것인지가 문제 될 뿐이라는 것이다. 달리 말하면, 수사기관이 위법하게 수집한 전자정보를 보유할 일체의 법적 근거를 제거한다는 취지에서 전체적으로 압수·수

---

169) 대법원 2011모1839 전원합의체 결정(공2015하, 1281): "전자정보에 대한 압수·수색 과정에서 이루어진 현장에서의 저장매체 압수·이미징·탐색·복제 및 출력행위 등 수사기관의 처분은 하나의 영장에 의한 압수·수색 과정에서 이루어지는 것이다. 그러한 일련의 행위가 모두 진행되어 압수·수색이 종료된 이후에는 특정 단계의 처분만을 취소하더라도 그 이후의 압수·수색을 저지한다는 것을 상정할 수 없고 수사기관으로 하여금 압수·수색의 결과물을 보유하도록 할 것인지가 문제 될 뿐이다. 그러므로 이 경우에는 준항고인이 전체 압수·수색 과정을 단계적·개별적으로 구분하여 각 단계의 개별 처분의 취소를 구하더라도 준항고법원으로서는 특별한 사정이 없는 한 그 구분된 개별 처분의 위법이나 취소 여부를 판단할 것이 아니라 당해 압수·수색 과정 전체를 하나의 절차로 파악하여 그 과정에서 나타난 위법이 압수·수색절차 전체를 위법하게 할 정도로 중대한지 여부에 따라 전체적으로 그 압수·수색 처분을 취소할 것인지를 가려야 할 것이다. 여기서 위법의 중대성은 위반한 절차조항의 취지, 전체과정 중에서 위반행위가 발생한 과정의 중요도, 그 위반사항에 의한 법익침해 가능성의 경중 등을 종합하여 판단하여야 한다." (밑줄은 필자가 부기함)

색 처분을 취소한다는 취지로 이해된다.

다. 유관정보를 탐색하는 과정에서 우연히 별건의 무관정보가 발견된 때 수사기관이 무관정보를 적법하게 압수할 수 있는 방법

다수의견에 의하면, 전자정보에 대한 압수·수색이 종료되기 전에 혐의사실과 관련된 전자정보(이하 '**유관정보**'라 함)를 적법하게 탐색하는 과정에서 별도의 범죄혐의와 관련된 전자정보(이하 '**무관정보**'라 함)를 우연히 발견한 경우라면, 수사기관으로서는 더 이상의 추가 탐색을 중단하고 법원으로부터 별도의 범죄혐의에 대한 압수·수색영장을 발부받은 경우에 한하여 그러한 정보에 대하여 적법하게 압수·수색을 할 수 있다.[170]

또한, 이러한 별도의 압수·수색절차에서도 피압수자의 참여권을 보장하고 압수한 전자정보 목록을 교부하는 등 피압수자의 이익을 보호하기 위한 적절한 조치가 이루어져야 한다.

3. 다수의견에 대한 보충의견

본 결정은 다수의견 외에도, ① '제1처분에 관한 대법관 김용덕 별개의견',[171] ② '제1·2·3처분에 관한 대법관 김창석, 대법관 박상옥의 반대의견',[172] ③

---

170) 대법원 2011모1839 전원합의체 결정(공2015하, 1284): "전자정보에 대한 압수·수색이 종료되기 전에 혐의사실과 관련된 전자정보를 적법하게 탐색하는 과정에서 별도의 범죄혐의와 관련된 전자정보를 우연히 발견한 경우라면, 수사기관으로서는 더 이상의 추가 탐색을 중단하고 법원으로부터 별도의 범죄혐의에 대한 압수·수색영장을 발부받은 경우에 한하여 그러한 정보에 대하여도 적법하게 압수·수색을 할 수 있다고 할 것이다. 나아가 이러한 경우에도 별도의 압수·수색절차는 최초의 압수·수색절차와 구별되는 별개의 절차이고, 별도 범죄혐의와 관련된 전자정보는 최초의 압수·수색영장에 의한 압수·수색의 대상이 아니어서 저장매체의 원래 소재지에서 별도의 압수·수색영장에 기해 압수·수색을 진행하는 경우와 마찬가지로 피압수자는 최초의 압수·수색 이전부터 해당 전자정보를 관리하고 있던 자라 할 것이므로, 특별한 사정이 없는 한 그 피압수자에게 형사소송법 제219조, 제121조, 제129조에 따라 참여권을 보장하고 압수한 전자정보 목록을 교부하는 등 피압수자의 이익을 보호하기 위한 적절한 조치가 이루어져야 할 것이다." (밑줄은 필자가 부기함)

171) 대법원 2011모1839 전원합의체 결정(공2015하, 1285-88) (제1처분에 관한 대법관 김용덕 별개의견).

'제1처분에 관한 대법관 권순일의 반대의견',[173] ④ '제1·2·3처분에 관한 다수의견에 대한 대법관 이인복, 대법관 이상훈, 대법관 김소영의 보충의견',[174] ⑤ '제1·2·3처분에 관한 반대의견에 대한 대법관 김창석의 보충의견'[175] 등에 걸쳐 전자정보 압수·수색이라는 새로운 영역에 대한 대법원의 깊은 고민을 드러내고 있다.

그중에서도 대법원 다수의견의 진정한 의미를 파악할 수 있는 것은 '제1·2·3처분에 관한 다수의견에 대한 대법관 이인복, 대법관 이상훈, 대법관 김소영의 보충의견'[176]인바, 본 항목에서는 위 보충의견의 논증을 쟁점별로 분석하기로 한다.

가. 논증(1): '전자정보의 특성'은 종래의 압수·수색 제한이론에 더하여 새로운 법리를 필요로 한다.

다수의견에 대한 보충의견은, '전자정보의 특성'을 고려할 때 종래의 일반적 물건에 대한 압수·수색 제한이론만으로는 영장주의 정신을 살리고 국민의 기본적 인권을 제대로 보호할 수 없다고 본다.[177] 이러한 시각은 다수의견 및 다수의견에 대한 보충의견의 기본적 토대를 이루는 것이다.

다수의견에 대한 보충의견은, 종래의 압수·수색 제한이론을 넘어선 새로운

---

172) 대법원 2011모1839 전원합의체 결정(공2015하, 1288-92) (제1·2·3처분에 관한 대법관 김창석, 대법관 박상옥의 반대의견).

173) 대법원 2011모1839 전원합의체 결정(공2015하, 1292-95) (제1처분에 관한 대법관 권순일의 반대의견).

174) 대법원 2011모1839 전원합의체 결정(공2015하, 1295-98) (제1·2·3처분에 관한 다수의견에 대한 대법관 이인복, 대법관 이상훈, 대법관 김소영의 보충의견).

175) 대법원 2011모1839 전원합의체 결정(공2015하, 1298-99) (제1·2·3처분에 관한 반대의견에 대한 대법관 김창석의 보충의견).

176) 이하 '**다수의견에 대한 보충의견**'이라 한다.

177) 대법원 2011모1839 전원합의체 결정(공2015하, 1295: "전자정보에 대한 압수·수색에 있어서 영장주의의 정신을 살리기 위해서는 전자정보의 이러한 특성에 비추어 보다 세심한 접근이 필요하고, 수사기관이 찾고자 하는 물건이 그 물건의 외적 특성을 통해 구별되거나 문서 사본의 존재가 유한한 종전의 일반적인 물건에 대한 압수·수색에 관한 제한이론만으로는 개인이나 기업의 정보 대부분을 담고 있는 전자정보에 대한 부당한 압수·수색으로부터 헌법이 보장하는 국민의 기본적 인권을 보호하고 제대로 지켜 낼 수 없다." (밑줄은 필자가 부기함)

법리를 요청하는 '전자정보의 특성'으로 ① 정보의 대량성과 다양성, ② 전자정보의 비가시성, ③ 전자정보의 무한 복제 가능성, ④ 디지털포렌식 기술의 발달 등을 들고 있다.

(1) 정보의 대량성과 다양성

압수의 목적물이 전자정보가 저장된 대용량 저장매체일 경우, "과학기술이 발전할수록 기존의 법률이 예상조차 할 수 없었던 엄청난 양의 정보가 담기게 될 가능성"이 있는바, 이러한 대량의 전자정보는 "개인의 행동을 시간, 장소적으로 재구성할 수 있게 할 뿐만 아니라 개인의 내밀한 생각까지 포함하고 있는 경우"가 많고,[178] "개인이나 기업의 일생 내지 영업비밀 등 사업 전체를 드러내는 일기장"과도 같아 수사기관 등 국가에 의한 법익침해의 위험은 종래의 일반적 물건에 대한 압수·수색과는 비교할 수 없을 정도로 높다.[179]

(2) 전자정보의 비가시성

전자정보는 대량성 및 다양성으로 인한 큰 위험성을 가지고 있음에도, 수사기관이 찾고자 하는 대상을 그 외적 특성을 통해 구별할 수 없는 특성 때문에 어느 것이 범죄혐의와 관련되지 않은 것인지를 확인하기 위해 일정 부분 정보의 내용을 살펴볼 수밖에 없다.[180] 즉, 비가시성이라는 특징 때문에 어쩌면 개인이나 기업의 모든 것이 담겨져 있을지 모를 정보 전체가 수사기관의 검열대

---

178) 대법원 2011모1839 전원합의체 결정(공2015하, 1295): "압수의 목적물이 컴퓨터용 하드디스크나 휴대전화기 등 전자정보가 저장된 대용량의 저장매체일 경우, 그 안에는 수많은 문서, 동영상, 사진 등이 파일 형태로 저장되고, 그 파일을 작성한 시간, 인터넷 접속기록 등이 세세하게 기록되어 있으며, 향후 과학기술이 발전할수록 기존의 법률이 예상조차 할 수 없었던 엄청난 양의 정보가 담기게 될 가능성이 있다. (…) 이러한 전자정보는 개인의 행동을 시간, 장소적으로 재구성할 수 있게 할 뿐만 아니라 개인의 내밀한 생각까지 포함하고 있는 경우가 많아 그 보유자가 대체로 타인과 공유하는 것을 원하지 않는 것인데도 그 정보의 무한 복제가 가능하다." (밑줄은 필자가 부기함)

179) 대법원 2011모1839 전원합의체 결정(공2015하, 1297): "저장매체에 저장되어 있는 일체의 전자정보는 개인이나 기업의 일생 내지 영업비밀 등 사업 전체를 드러내는 일기장과도 같다." (밑줄은 필자가 부기함)

180) 대법원 2011모1839 전원합의체 결정(공2015하, 1296): "대용량 저장매체는 저장된 정보의 양이 방대하고 어느 것이 범죄혐의와 관련된 것이고 어느 것이 범죄혐의와 관련되지 않은 것인지를 구별하기가 용이하지 아니하여 유관정보를 선별하기 위해서는 일정 부분 정보의 내용을 살펴볼 수밖에 없다." (밑줄은 필자가 부기함)

상이 될 가능성이 있는 것이다.[181)]

(3) 정보의 무한 복제 가능성, 디지털포렌식 기술의 발달

이에 더하여 다수의견에 대한 보충의견은, 위와 같은 위험이 '전자정보의 무한 복제'가 가능하다는 점과,[182)] 디지털포렌식 기술의 발달에 의하여 전자정보의 분석에 필요한 시간과 비용이 점점 줄어들고 있다는 사실에 의하여 더욱 가중된다는 점을 적절히 지적하고 있다.[183)]

나. 논증(2): 당사자 참여권은 전자정보에 대한 압수 · 수색 과정에서 적법절차 원칙을 관철하기 위한 핵심적 제도이다.

대량성, 다양성, 비가시성, 무한 복제 가능성과 같은 '전자정보의 특성'을 고려할 때, 어떠한 법적 수단에 의해 적법한 압수·수색 집행을 담보할 수 있을 것인가? 다수의견의 보충의견에 의하면, 당사자의 참여권은 전자정보 압수·수색에서 헌법상 적법절차와 영장주의 원칙을 관철하기 위한 중요한 제도적 수단의 위치를 가지게 된다.[184)]

대용량 저장매체에 저장된 정보는 양이 방대하고 어느 것이 범죄혐의와 관련된 것인지를 구별하기가 쉽지 아니하므로 유관정보를 선별하기 위해서는 일

---

181) 대법원 2011모1839 전원합의체 결정(공2015하, 1297): "국가가 피의자에 대하여 어느 하나의 범죄혐의만을 소명하면 그로부터 압수한 전자정보 전체를 사실상 탐색·복제할 수 있다고 함으로 인하여 발생할 법익의 침해 가능성은 피의자가 저지른 범죄로 인하여 침해된 이익보다 결코 작지 않다."

182) 대법원 2011모1839 전원합의체 결정(공2015하, 1295): "전자정보는 개인의 행동을 시간, 장소적으로 재구성할 수 있게 할 뿐만 아니라 개인의 내밀한 생각까지 포함하고 있는 경우가 많아 그 보유자가 대체로 타인과 공유하는 것을 원하지 않는 것인데도 그 정보의 무한 복제가 가능하다."

183) 대법원 2011모1839 전원합의체 결정(공2015하, 1298): "전자정보에 대한 개인 및 기업의 의존이 심화되고 그 분석기술 또한 발전하고 효율화될수록 수사기관은 영장주의나 다른 적법절차 규정을 잠탈하고서라도 범죄를 진압하고 사전에 예방하겠다는 강한 욕구를 느끼게 될 것이다."

184) 대법원 2011모1839 전원합의체 결정(공2015하, 1296): "이 국면에서 수사기관의 압수·수색에 피의자 또는 변호인, 책임자 등의 참여를 보장하는 형사소송법 제219조, 제121조, 제123조의 규정이 영장에 의한 적법한 압수·수색을 사전에 실효성 있게 확보하기 위한 제도적 수단으로 중요하게 작용할 수 있다."

정 부분 정보의 내용을 살펴볼 수밖에 없는데, 수사기관이 압수·수색 과정에서 피압수자 측에 참여의 기회를 부여하지 아니한다면 사실상 수사기관에 압수된 저장매체에 저장된 전자정보를 제한 없이 탐색하여 취득할 수 있는 권한을 부여하는 것과 마찬가지이며, 이는 법관이 헌법과 형사소송법의 규정에 의하여 유관정보에 한정하여 발부한 영장을 수사기관의 자의와 재량에 의하여 저장매체에 저장되어 있는 전자정보 전부를 압수·수색할 수 있는 영장으로 변질시키는 결과를 가져오기 때문이다.[185]

다. 논증(3): '참여권'은 '전자정보에 대한 자기결정권'라는 헌법적 가치를 보장하는 의미를 가진다.

압수·수색 과정에서 당사자의 참여권은 단순한 절차적 권리에 그치는 것이 아니다. 다수의견의 보충의견에 의하면, 정보화 사회에서 '**전자정보에 대한 자기결정권**'은 과거에 부당한 공권력 행사로부터 '**신체의 자유**'를 지키는 것에 버금가는 헌법적 가치를 가진다.[186] 과거 피의자의 진술이 가장 중요한 증거로 인식되던 시대에 피의자의 '**진술거부권**'이 고지되지 않은 경우 그 진술의 임의성이 인정되는 경우라도 위법하게 수집한 증거로서 증거능력이 부인되어야 한다고 한 판례의 정신은 디지털 시대에 전자정보를 대상을 한 압수·수색에 대하여도 그대로 관철될 필요가 있다.[187] 따라서 전자정보에 대한 압수·수색의 중요 과정에서 '**참여권**'을 전혀 보장하지 아니하는 것은 영장주의 원칙을 위반한 것과 동일한 정도의 중대한 위법이 되는 것이다.[188]

결국 다수의견의 보충의견은 위와 같은 논증을 통하여 '**참여권 보장**'을 '**진술거부권 고지**'와 거의 동등한 위치로 격상시키게 된다. 즉, 전자정보에 대한 압수·수색 과정에서 참여권을 보장하지 않은 것은 쉽게 치유 가능한 단순한 절차적 하자가 아니라, 진술거부권을 고지하지 않은 것과 같은 정도의 중대한 흠결이 되는 것이다. 이러한 점에서 다수의견에 대한 보충의견은 실로 '**디지털**

---

185) 대법원 2011모1839 전원합의체 결정(공2015하, 1296).
186) 대법원 2011모1839 전원합의체 결정(공2015하, 1297).
187) 대법원 2011모1839 전원합의체 결정(공2015하, 1298).
188) 대법원 2011모1839 전원합의체 결정(공2015하, 1296).

시대의 미란다 원칙'을 정립하는 것이라 평가할 수 있을 것이다.

Ⅲ. 당사자 참여권: 중간단계 통제수단

1. 당사자 참여권 보장의 이론적 근거

기존에 제시된 압수대상 제한론(1단계 집행 규제) 또는 증거분석과정 사전규제론(2단계 집행 규제)은 실효성에 의문이 있거나 이론상 난점을 가지고 있었다. 그러한 상황에서 대법원은 종래 그 중요성이 인식되지 아니하였던 당사자 참여권에 주목하였고, 이를 전자정보에 대한 압수·수색 과정에서 영장주의와 적법절차 원칙을 관철할 수 있는 핵심 제도의 위치로 격상시킨 것이다. 본 항목에서는 당사자 참여권의 중요성을 뒷받침할 수 있는 이론적 근거가 무엇인지를 살펴보고자 한다.

가. 전자정보 자기결정권

대법원은 참여권을 '**전자정보 자기결정권**'과 관련하여 논의하고 있음을 주목할 필요가 있다. 오늘날의 개인정보보호는 단순한 사생활의 소극적 보호라는 차원을 넘어 '개인정보자기결정권'이라는 헌법상 권리를 중심으로 전개된다. 헌법재판소는 십지지문날인제도에 대한 헌법소원 사건에서 개인정보자기결정권을 "자신에 대한 정보가 언제 누구에게 어느 범위까지 알려지고 또 이용되도록 할 것인지를 그 정보주체가 스스로 결정할 수 있는 권리" 또는 "정보주체가 개인정보의 공개와 이용에 관하여 스스로 결정할 권리"라고 정의한다.[189)]

대법원은 헌법 제10조, 제17조를 개인정보자기결정권의 헌법적 근거로 제시하였고,[190)] 헌법재판소는 헌법 제10조, 제17조를 근거로 하거나,[191)] 헌법에 열

---

189) 헌법재판소 2005. 5. 26. 선고 99헌마513 등 결정(주민등록법 제17조의8 등 위헌확인 등).

190) 대법원 1998. 7. 24. 선고 96다42789 판결: "헌법 제10조와 제17조는 개인의 사생활 활동이 타인으로부터 침해되거나 사생활이 함부로 공개되지 아니할 소극적 권리는 물론, 오늘날 고도로 정보화된 현대사회에서 자신에 대한 정보를 자율적으로 통제할 수 있는 적극적인 권리까지도 보장하려는 데에 그 취지가 있는 것으로 해석된다."

거되지 아니한 기본권으로서 독자적인 기본권이라 판시한 바 있다.[192)]

개인정보자기결정권은 ① 수집·이용·제공 등에 대한 동의권,[193)] ② 열람청구권,[194)] ③ 정정·삭제·차단청구권,[195)] ④ 처리정지요구권[196)] 등을 그 구체적 내용으로 하는바,[197)] 그 핵심은 역시 정보의 수집·이용·제공 등을 원칙적으로 정보 주체의 의사에 따르도록 하는 '**동의권**'이라 할 수 있다. 그러나 강제처분인 전자정보에 대한 압수·수색은 그 본질상 당사자의 의사에 반하는 정보의 수집 및 이용이다. 달리 말하면, 개인정보자기결정권이 질서유지 또는 공공복

---

191) 헌법재판소 1995. 12. 28. 선고 91헌바114 결정(형사소송규칙 제40조에 대한 헌법소원): "공판정에서 진술을 하는 피고인·증인 등도 인간으로서의 존엄과 가치를 가지며(헌법 제10조), 사생활의 비밀과 자유를 침해받지 아니할 권리를 가지고 있으므로(헌법 제17조), 본인이 비밀로 하고자 하는 사적인 사항이 일반에 공개되지 아니하고 자신의 인격적 징표가 타인에 의하여 일방적으로 이용당하지 아니할 권리가 있다. 따라서 모든 진술인은 원칙적으로 가기의 말을 누가 녹음할 것인지와 녹음된 기기의 음성이 재생될 것인지 여부 및 누가 재생할 것인지 여부에 관하여 스스로 결정할 권리가 있다."

192) 헌법재판소 2005. 5. 26. 선고 99헌마513 등 결정(주민등록법 제17조의8 등 위헌확인 등): "개인정보자기결정권의 헌법상 근거로는 <u>헌법 제17조</u>의 사생활의 비밀과 자유, <u>헌법 제10조 제1문</u>의 인간의 존엄과 가치 및 행복추구권에 근거를 둔 일반적 인격권 또는 위 조문들과 동시에 우리 헌법의 <u>자유민주적 기본질서</u> 규정 또는 <u>국민주권 원리</u>와 <u>민주주의 원리</u> 등을 고려할 수 있으나, 개인정보자기결정권으로 보호하려는 내용을 위 각 기본권들 및 헌법원리들 중 일부에 완전히 포섭시키는 것은 불가능하다고 할 것이므로, 그 헌법적 근거를 굳이 어느 한 두개에 국한시키는 것은 바람직하지 않은 것으로 보이고, 오히려 <u>개인정보자기결정권은 이들을 이념적 기초로 하는 독자적 기본권으로서 헌법에 명시되지 아니한 기본권이라고 보아야 할 것이다</u>." (밑줄은 필자가 부기함)

193) 개인정보보호법과 정보통신망 이용촉진 및 정보보호 등에 관한 법률(이하 '정보통신망법'이라 함)은 다음의 경우에 정보주체의 동의를 요구하고 있다. ① 개인정보의 수집·이용(개인정보보호법 제15조 제1항 제1호, 정보통신망법 제22조 제1항), ② 개인정보의 제3자 제공(개인정보보호법 제17조 제1항 제1호, 정보통신망법 제24조의2 제1항), ③ 개인정보의 목적 외 이용 및 제3자 제공(개인정보보호법 제18조 제2항 제1호), ④ 민감정보의 처리(개인정보보호법 제23조 제1항 제1호), ⑤ 고유식별정보의 처리(개인정보보호법 제24조 제1항 제1호), ⑥ 개인정보의 위탁(정보통신망법 제25조 제1항)이 바로 그것이다.

194) 개인정보보호법 제35조, 정보통신망법 제30조.

195) 개인정보보호법 제36조, 정보통신망법 제29조, 제30조, 제44조의2 제1항.

196) 개인정보보호법 제37조.

197) 권건보, 개인정보와 자기정보통제권 (2005), 116면.

리를 위하여 법률로써 제한되는 대표적인 경우이다(헌법 제37조 제2항).

하지만 이러한 경우에도 개인정보자기결정권은 일정한 범위에서 제한되는 것일 뿐 그 모든 요소가 제거되는 것이라 볼 수는 없다. 즉, “피의사건과 관계가 있다고 인정할 수 있는 것”에 한정하여 당사자의 의사에 반하는 수사기관의 정보수집 및 이용이 허용되는 것일 뿐이므로(법 제219조, 제106조 제1항, 제109조 제1항), 이를 넘어서는 범위에서는 개인정보자기결정권을 정당한 근거 없이 제한할 수 없다. 따라서 정보 주체는 ① 피의사건과 관계가 없는 정보의 수집 및 이용에 동의하지 않을 수 있고, ② 압수·수색의 목적을 달성한 후에는 정보를 삭제하거나 사용할 수 없도록 요청할 수 있으며, 나아가 ③ 정보가 압수수색의 정당한 목적에 그 정보가 이용되지 않을 경우 처리의 중지를 요구하는 등으로 정보에 대한 자기결정권을 행사할 수 있다.

형사소송법이 규정하는 당사자 참여권은 수사 과정에서 위와 같은 개인정보자기결정권을 실질적으로 보장받기 위한 출발점이 되는 것이며, 이러한 측면에서 전자정보의 자기결정권은 전자정보에 대한 압수·수색 과정에서 당사자 참여권 보장의 강력한 이론적 근거가 되는 것이다.[198]

나. 방어권 보장

필자는 전자정보 자기결정권에 더하여 피의자의 ‘**방어권 보장**’을 당사자 참여권의 또 하나의 이론적 근거로 제시하고자 한다.

과거 압수·수색의 대상으로 여겨지던 일반적 물건의 경우, 외적 특성을 통한 구별이 가능하기 때문에 압수·수색 집행에 대한 참여, 목록 교부 절차를 통하여 수사기관이 관련성 있는 물건을 압수하는 것인지 여부를 확인할 수 있고, 어떠한 물건이 압수되었는지를 확인하여 피의자의 방어권 보장에 사용할 수 있었다. 그러나 대량성·다양성을 특징으로 하는 전자정보의 경우, 구체적으로 어떠한 정보가 압수되는 것인지를 확인하기도 쉽지 아니하며, 방대한 정보가 무차별적으로 열람 및 사용되는 것에 대하여 어떠한 조치를 취하기도 어려

---

198) 전자정보의 자기결정권에 더하여 재산권 또한 전자정보에 대한 압수·수색 과정에서 당사자 참여권 보장의 이론적 근거가 된다. 전자정보에는 영업비밀, 지적재산권 등 재산적 가치를 가지는 것도 포함되기 때문이다.

워 방어권 보장에 큰 위협을 받게 된다. 달리 말하면, 정보의 범위 및 사용에 있어 수사기관과 당사자 사이에 일종의 '**정보 비대칭성**'(information asymmetry)이 존재하게 되며, 이는 피의자의 방어권 보장에 큰 장애가 된다. 이러한 측면에서 방어권 보장은 전자정보에 대한 압수·수색 과정에서 당사자 참여권 보장의 또 하나의 중요한 근거가 되는 것이다.

다. 참여권 보장에 대한 반론 검토

(1) 수사기관의 압수·수색 과정에서 참여권 보장이 전면적인 지지를 받는 것은 아니다. 먼저 수사기관의 압수·수색 과정에서 참여권을 보장하는 것은 수사의 밀행성, 신속성과 압수·수색의 실효성의 측면에서 많은 문제를 야기할 수 있다는 이유로 그 합리성에 의문을 제기하는 견해가 있다.[199]

① 그러나 비록 수사절차에서 공판절차와 동일한 정도의 정보공개를 요구할 수는 없다 하더라도 수사의 밀행성이 형사 절차상 절대적으로 지켜져야 하는 가치로 볼 형사소송법상 근거는 없다 할 것이다.

② 또한 사건 관련자가 증거인멸 가능성이 높을 것이라는 점도, 실제 집행의 현실을 충분히 고려하지 못한 것일 뿐만 아니라 충분한 경험적 근거를 가진 것이라 보기 어렵다. 먼저 수사의 진행을 저해하지 않으면서도 얼마든지 절차를 보장할 수 있다. 예컨대 서버 관리자를 통해 피의자의 이메일 중 혐의사실과 관련된 일정 시점 이후의 파일을 추려내는 작업을 하여 증거인멸의 가능성을 제거한 후, 바로 피의자 또는 변호인에게 참여 및 의견 진술의 기회를 부여하고 무관정보를 선별하는 절차를 충분히 보장할 수 있다.

나아가 실무적으로 전자정보에 대한 압수·수색은 경제범죄·기업범죄의 경우에 중요한 의미가 있는바, 경제범죄는 구성요건 및 증거관계의 복잡성 때문에 수사기관이 증거의 의미를 충분히 파악한다고 단정할 수 없다. 오히려 사건 관련자에게 사실관계에 대한 충분한 설명의 기회를 부여하는 것이 실체적 진실발견에 기여하는 경우도 많다. 즉, 공판절차뿐만 아니라 수사절차에서도 사

199) 김기준, 앞의 논문(주 163), 1면. 위 견해는 형사소송법의 또 하나의 중요한 목표이자 이념인 실체적 진실발견을 위해서 수사의 밀행성 또는 압수·수색의 실효성 확보가 필요하다는 취지이며, 사건 관련자의 증거인멸 가능성이 높다는 전제에 있다고 생각된다.

건 관련자에게 충분한 방어권 행사의 기회를 부여하여 실체진실의 조기 발견에 기여할 수 있고, 이를 위해서는 당사자 참여권의 보장이 필수적이라 할 것이다.

(2) 다음으로 압수·수색 대상은 전자정보 자체가 아니라 저장매체 등 유체물이라는 전제에서, 수사기관이 수색을 통해 저장매체를 발견한 후 피압수자의 점유를 배제하고 수사기관의 점유 하에 두었으므로 그 시점에서 압수·수색영장의 집행이 종료된 것이고, 따라서 이후의 참여권은 보장되지 않는다는 견해도 있다.[200)]

① 위 견해가 전제하는 '압수·수색 대상은 저장매체 등 유체물이고 전자정보 자체는 대상이 아니다'라는 논리는, '혐의사실과 관련된 전자정보만이 압수대상'이라는 전제 자체를 거부하는 결론이 될 위험이 있다. 만약 그러한 취지라면, '압수의 목적물이 정보저장매체인 경우 기억된 정보의 범위를 정하여 출력하거나 복제'하여 제출받아야 하며 그러한 방법이 불가능하거나 압수의 목적을 달성하기에 현저히 곤란한 경우에 비로소 정보저장매체를 압수할 수 있다고 규정하는 형사소송법 제106조 제3항, '해당 사건과 관계가 있다고 인정할 수 있는 것에 한정하여' 압수·수색·검증을 할 수 있다는 형사소송법 제215조, 헌법이 보장하는 전자정보 자기결정권 등의 취지에 정면으로 반하는 것임을 지적하지 않을 수 없다.

② 또한 저장매체 자체 또는 복제본의 반출을 허용하고 압수·수색현장 외에서의 집행의 적법성을 인정하는 것은 다양한 사정을 고려하여 현장압수 원칙에 대한 예외를 인정하여 준 것에 불과하다.[201)] 그러함에도 위 의견은 예외를 인정받은 것을 이용하여 오히려 당사자 참여권 제한의 논거로 제시하는 것으로 보이는바, 이는 본말이 전도된 것으로 받아들이기 어려운 논리로 생각된다.

---

200) 전승수, "디지털정보에 대한 압수수색영장의 집행", 법조 제61권 제7호 (2012), 237, 272면; 이완규, 앞의 논문(주 103), 144면.

201) 판례도 이러한 취지를 반영하여 저장매체 자체 또는 복제본에서 관련 정보를 탐색·출력·복제하는 과정이 전체적으로 압수·수색영장 집행에 포함된다는 '집행과정설'을 취하는 것으로 생각된다. 대법원 2011. 5. 26.자 2009모1190 결정(전교조 사건); 대법원 2015. 7. 16.자 2011모1839 전원합의체 결정(종근당 사건).

2. 당사자 참여권 보장의 법적 의미

가. 독자적 지위를 가지는 절차 규정인지 여부

참여권 보장 조항의 법적 성격은 어떠한 것인가? 구체적으로는 진술거부권과 같이 독자적 의미를 가지는 절차조항인지, 아니면 위법성 판단에 있어 고려요소 중 하나에 불과한 것인지가 문제 된다.

앞서 살핀 바와 같이, 대법원의 **다수의견, 다수의견의 보충의견**은 참여권 보장이 되지 않은 경우 원칙적으로 당해 압수·수색의 집행을 위법한 것으로 판단하며, 설사 수사기관이 결과적으로 혐의사실과 관련된 전자정보만을 복제·출력하였다 하더라도 그 하자가 치유되지 않는다고 본다.[202] 즉, 참여권을 진술거부권에 버금가는 독자적 효력 규정으로 파악하는 것이다.[203]

이와 관련하여 대법원 2015. 7. 16.자 2011모1839 전원합의체 결정(종근당 사건)의 '**제1·2·3처분에 관한 대법관 김창석, 대법관 박상옥의 반대의견**'과 같이 참여권의 의미를 축소하는 견해도 있다.[204] 최종적으로 유관정보만을 증거로 사용하였다면 설사 참여권이 보장되지 않은 위법이 있다 하더라도 압수·수색의 취소를 명할 수 없다고 하여 참여권 보장의 의미를 축소하는 것이다.[205] 반대의견은 이러한 맥락에서, 참여권에 '강력한 독자적인 적법절차의 지위를 부여하는' 다수의견은 이론적으로 근거가 없을 뿐만 아니라 실체적 진실 규명을 포기하는 균형을 잃은 해석이라 평가한다.[206]

---

202) 대법원 2011모1839 전원합의체 결정(공2015하, 1281).

203) 우리 판례에서 이러한 수준의 지위를 인정받는 것은 ① 피의자의 진술거부권(대법원 2014. 4. 10. 선고 2014도1779 판결; 대법원 2011. 11. 10. 선고 2010도8294 판결; 대법원 2010. 5. 27. 선고 2010도1755 판결; 대법원 2009. 8. 20. 선고 2008도8213 판결), ② 변호인의 접견교통권(대법원 1990. 9. 25. 선고 90도1586 판결; 대법원 1990. 8. 24. 선고 90도1285 판결), ③ 변호인의 피의자신문참여권(대법원 2013. 3. 28. 선고 2010도3359 판결) 정도이다.

204) 이하 '**반대의견**'이라 한다.

205) 대법원 2011모1839 전원합의체 결정(공2015하, 1290).

206) 대법원 2011모1839 전원합의체 결정(공2015하, 1291): "다수의견의 결론은, 압수·수색 과정에서 피의자나 변호인의 참여권 침해를 그 침해의 경위와 상황 및 내용 등에 관계없이 유관정보와 무관정보 전부에 대하여 무차별적으로 언제나 영장주의 원칙의 본질적 부분을 침해한 것으로 파악하거나 참여권 그 자체에 대하여 강력한 독자적인 적법

나. 비교법적 검토

본 문제를 검토하기에 앞서 미국, 독일의 관련 판례를 살펴보고자 한다. 앞서 살핀 바와 같이, 참여권에 부정적인 견해는 ① 미국에서 수사기관의 압수·수색에 대한 피의자나 변호인의 참여권을 보장하는 입법례를 발견하기 어렵다거나,[207] ② 독일의 경우 수색에 있어 소유자의 참여권을 인정하나 서류와 전자저장매체의 열람(독일 형사소송법 제110조)에서는 참여권을 인정하지 아니한다는 점 등도 논거로 들기 때문에,[208] 이를 살펴볼 필요가 있다.

(1) 미국

전자정보 압수·수색의 핵심 문제는 혐의사실과 무관한 정보('**무관정보**')에 대한 수사기관의 무분별한 검열을 통제하는 것이다.[209] 앞서 살펴본 미연방제9항소법원 전원재판부의 2009년 '*CDT II*' 판결[210]은 ① 플레인 뷰 이론의 폐기,[211] ② 증거분석과정 사전규제,[212] ③ 수사기관과 디지털포렌식 담당자 분리,[213] ④ 무관정보 삭제·폐기의무[214] 등을 제시하는바, 위 판결에서 제시된 모든 방안은 수사기관의 무관정보에 대한 무분별한 검열을 통제하는 것을 궁극적 목적으로 하는 것이다.

특히 무관정보 삭제·폐기의무는 미연방제2항소법원 3인 재판부의 2014년 가니아스(*Ganias*) 판결에서도 강력히 주장된 바 있고,[215] 미국 학설 중에는

절차로서의 지위를 부여하는 입장이라고 할 수 있다. 그러나 이는 이론적으로 근거가 없을 뿐만 아니라 실천적으로 타당하다고 할 수도 없다. (…) 이러한 이해는 적법절차의 원칙과 함께 추구되어야 하는 또 다른 형사소송의 이념인 실체적 진실 규명을 실질적으로 포기하는 결과에 이르게 된다. 이 점에서 다수의견은 균형과 조화를 잃은 해석이라고 볼 수밖에 없다." (밑줄은 필자가 부기함)

207) 김기준, 앞의 논문(주 163), 6면.

208) 이완규, 앞의 논문(주 103), 137면.

209) 영미권에서는 '무관정보'를 'non-responsive data'로 칭한다.

210) *United States v. Comprehensive Drug Testing*, 579 F.3d 989 (9th Cir. 2009) (en banc) (*CDT II*).

211) *CDT II*, 579 F.3d at 998.

212) *CDT II*, 579 F.3d at 999.

213) *CDT II*, 579 F.3d at 1000.

214) *CDT II*, 579 F.3d at 1000-1001.

CDT II 판결에서 제시된 방안 중 무관정보 삭제·폐기의무를 전자정보 압수·수색의 문제점에 대응할 가장 유력한 대안으로 보는 견해도 있다.[216] 즉, 미국에서도 수사기관이 혐의사실과 관련된 전자정보만을 선별·추출하도록 통제하는 것이 전자정보 압수·수색의 핵심 과제이며, 다만 법체계, 제반 환경 등의 차이점 때문에 검토되는 구체적 법적 수단에 차이가 있을 뿐이다.[217]

(2) 독일

수사기관의 무관정보에 대한 무분별한 검열을 통제하는 것이 전자정보 압수·수색의 핵심 과제임은 독일에서도 마찬가지인바, 이와 관련된 독일 연방헌법재판소의 대표적 판례들을 검토하고자 한다.

독일 연방헌법재판소는 청구인이 정보저장매체에 대한 압수·수색명령의 효력을 다툰 **2005년 결정**에서 참여권을 포함한 절차보장의 의미를 강조하였음을 유념할 필요가 있다.[218] 연방헌법재판소에 따르면, 압수·수색의 비례성 요건만으로는 전자정보 자기결정권에 대한 국가의 침해를 적절히 제한하기 어렵고, 기본권 보호는 압수·수색의 절차를 적절하게 형성함으로써 이루어질 수 있다는 것이다.[219] 연방헌법재판소는 이를 위한 절차법적 보호 규정으로 ① 사전 고지, ② 참여권 보장, ③ 정보수집 사실 통지, ④ 환부·삭제, ⑤ 증거사용 금지 등을 들고 있다.[220] 특히 구체적 강제처분의 비례성을 판단할 때 정보주체가 혐의사실과 관련된 전자정보('**유관정보**')를 선별하는 과정에 참여하였는지 여부에 중요한 의미를 부여한다. 정보주체의 절차 참여는 개별사례에서 협의의 비례성, 즉 균형성을 실현하기 위해 요청된다는 것이다.[221]

---

215) *United States v. Ganias*, 755 F.3d 125 (2d Cir. 2014). 다만 위 판결은 연방제2항소법원 전원재판부의 2016년 판결에 의하여 파기되어 *CDT II* 판결과 유사하게 법적 구속력을 인정받지는 못하고 있다. *United States v. Ganias*, 824 F.3d 199 (2d Cir. 2016) (en banc).

216) Orin S. Kerr, *Executing Warrants for Digital Evidence: The Case for Use Restrictions on Nonresponsive Data*, 48 **Tex. Tech L. Rev.** 1 (2015).

217) 이러한 관점에서 종근당 결정과 가니아스 판결을 비교한 것으로 다음의 문헌을 참고할 수 있다. 심희기, "종근당 결정과 가니어스 판결의 정밀비교", 형사판례연구 제25권 (2017), 607면.

218) BVerfG, Beschluss vom 12.4.2005 - 2 BvR 1027/02 = BVerfGE 113, 29.

219) BVerfG, Beschluss vom 12.4.2005 - 2 BvR 1027/02, Rn. 111-121.

220) BVerfG, Beschluss vom 12.4.2005 - 2 BvR 1027/02, Rn. 123.

또한 독일 연방헌법재판소는 인터넷서비스 제공자를 통한 이메일 압수의 근거 규정과 처분의 효력을 다툰 **2009년 결정**에서도 참여권 보장에 중요한 의미를 부여한 바 있다.[222] 연방헌법재판소도 2004. 8. 24. 개정으로 독일 형사소송법 제110조 제3항에 규정되어 있던 열람 과정의 소유자 참여권이 삭제된 점을 고려하여, 참여권을 반드시 보장해야 하는 것은 아니며 그 보장 여부는 개별 사안에서 효과적인 형사소추와 기본권침해의 강도를 고려하여 판단한다고 판시한다.[223] 그러나 강제처분의 목적에 반하는 경우가 아닌 한 정보주체의 참여가 비례성을 충족하기 위해 요구된다고 판시하여, 참여권 보장이 원칙임을 선언하고 있다.[224] 특히 제3자(인터넷서비스 제공자)가 보관하는 이메일에 대하여 감청 관련 규정이 아닌 압수·수색 규정에 따라 수집할 수 있도록 하는 근거가 바로 해당 '강제처분의 공개성'에 있다고 판시한 점을 주목할 필요가 있다.[225] 독일 연방헌법재판소에 의하면, 제3자가 보관하는 전자정보의 압수·수색은 참여권 보장에 의해 비로소 정당화되는 것이다.

위와 같은 독일 연방헌법재판소의 결정 내용에 의하면, 비록 2004년 독일 형사소송법의 개정에 의하여 전자저장매체의 열람에서 소유자 참여권이 삭제되기는 하였지만, 참여권 보장은 구체적 처분의 위헌 여부를 판단할 때뿐만 아니라 강제처분 근거조항의 합헌성을 유지하기 위해서도 필요한 것이다.

다. 검토: 중간단계 통제의 필요성

미국, 독일에서도 무관정보에 대한 수사기관의 무분별한 접근을 차단하는 것이 전자정보 압수·수색의 핵심 문제에 해당하며, 특히 독일에서는 참여권 보장이 구체적 처분의 비례성을 유지하기 위해서뿐만 아니라 강제처분 근거조항의 합헌성을 유지하기 위해서도 필요한 것임을 확인하였다. 필자는 이에 더하여 '**중간단계 통제의 필요성**'에 대한 논의를 통해 참여권 보장의 법적 성격을 검토하고자 한다.

---

221) BVerfG, Beschluss vom 12.4.2005 - 2 BvR 1027/02, Rn. 135.

222) BVerfG, Beschluss vom 16.6.2009 - 2 BvR 902/06 = BVerfGE 124, 43.

223) BVerfG, Beschluss vom 16.6.2009 - 2 BvR 902/06, Rn. 96.

224) BVerfG, Beschluss vom 16.6.2009 - 2 BvR 902/06, Rn. 94.

225) BVerfG, Beschluss vom 16.6.2009 - 2 BvR 902/06, Rn. 91-95.

대법원이 제시하는 '**전자정보 자기결정권**', 그리고 필자가 제시하는 '**정보 비대칭성 극복을 통한 방어권 보장**'은 법원에 의한 사후통제만으로는 충분히 보장되기 어렵다. 다수의견에 대한 보충의견이 적절히 지적하듯, 수사기관이 위법하게 취득한 무관정보를 별건 수사를 위한 '단서'로만 사용하고 별건 수사의 '증거'로 활용하지 않는 경우, 영장을 발부한 법관이나 공판을 담당하는 법원은 이러한 사실을 알아내거나 통제할 아무런 방법이 없다.[226] 특히 이메일과 같은 전자정보의 경우 일단 별건 수사를 위한 단서를 포착한 후 동일 또는 유사한 내용의 증거물을 다른 적법한 방법으로 확보하는 것이 상대적으로 용이하기 때문에 이러한 위험은 더욱 크다 할 것이다. 예컨대, 복수의 수신자에게 보낸 이메일은 수신자 중 1인에 대한 정보를 통하여 그 내용을 확인한 후 그러한 사정을 밝히지 않은 채 다른 수신자에 대한 압수·수색영장을 발부받는 방법으로 얼마든지 원하는 정보를 수집할 수 있다. 이러한 측면에서 유관정보의 압수에 대하여는 상대적으로 당사자 참여권 보장의 필요가 적다는 반대의견의 논증에는 동의하기 어렵다.

나아가 반대의견은 '결론적으로 유관정보만 증거로 사용하면 절차적 흠을 묻기 어렵다'는 취지인바, 이는 비진술증거에 대한 위법수집증거 배제법칙을 인정하기 전 판례의 태도인 소위 '**성질·형상 불변론**'을 연상케 하는 것이다.[227] 반대의견의 취지대로 한다면 수사기관이 굳이 피압수자 측을 참여시킬 이유가 사실상 없어지게 될 것이며,[228] 결국, 전자정보 자기결정권 및 방어권의 보장은 담보하기 어려울 것이다. 따라서 참여권 보장은 진술거부권에 준하는 수준의 효력 규정의 성격을 가지는 것으로 보아야 할 것이다.

중간단계 통제(당사자 참여권과 준항고)는 압수·수색 과정에서 법원에 의한 사전통제(영장심사)와 사후통제(공판절차)의 중간영역에 위치한다. 시간적 측면에서나 위법성 판단의 기초가 되는 정보의 양과 질의 측면에서 볼 때 준항고 단계는 영장심사와 공판절차의 중간지점에 위치하며, 수사기관이나 법원이 아닌 당사자가 일정 부분 절차에 대한 주도권을 쥐게 된다는 측면에서도 그러하

---

226) 대법원 2011모1839 전원합의체 결정(공2015하, 1296).

227) 대법원 1968. 9. 17. 선고 68도932 판결; 대법원 1987. 6. 23. 선고 87도705 판결; 대법원 1994. 2. 8. 선고 93도3318 판결.

228) 대법원 2011모1839 전원합의체 결정(공2015하, 1296).

다([표 3-2] 참고).

앞서 살핀 바와 같이, 영장에 구체적인 집행방법을 기재하는 '**사전통제**'는 이론상 받아들이기 어렵고 실효적인 방안이 되기도 어렵다. 위법수집증거 배제법칙을 매개로 한 공판절차의 '**사후통제**'도 시기적절한 대응이 되지 못하거나 위법한 수사 관행에 미흡한 대응이 될 우려가 있다. 이러한 이유로 법원의 사전통제(영장심사) 및 사후통제(공판절차)에 더하여 당사자 참여권(준항고)을 매개로 한 '**중간단계 통제**'의 필요성이 인정되는 것이다. 이러한 점에서도 당사자 참여권은 전자정보에 대한 압수·수색 과정에서 영장주의 및 적법절차 원칙을 실현하기 위해 필수적인 제도적 보장이라 할 것이다.

[표 3-2]

사전통제	**중간단계 통제**		사후통제
영장심사	**당사자 참여권, 준항고**		공판절차

3. 참여권 흠결의 효과

가. 견해의 대립

참여권 흠결의 위법이 있는 경우 어떠한 범위에서 압수처분을 취소할 수 있는지가 문제 되며, 이에 대하여는 위 대법원 2015. 7. 16.자 2011모1839 전원합의체 결정에서도 아래와 같이 다양한 논거와 결론이 제시된 바 있다. 본 쟁점은 검사의 '제1처분'[229)]에 의하여 생성된 이미징 복제본을 어떻게 처리할 것인지와 관련된 것이다. 아래에서 살피는 **전제처분취소설**(다수의견, 다수의견의 보충의견), **개별처분취소 제1설**('제1처분에 관한 대법관 김용덕 별개의견'), **개별처분취소 제2설**('제1처분에 관한 대법관 권순일의 반대의견') 모두 검사가 제1처분에 의하여 생성된 이미징 복제본을 보유할 수 없다는 결론은 동일하나, 다만 그

229) 본 사건의 '**제1처분**'은 '강력부 검사가 2011. 4. 26.경 이 사건 저장매체를 대검찰청 디지털포렌식센터에 인계하여 그곳에서 저장매체에 저장되어 있는 전자정보파일 전부를 이미징의 방법으로 다른 저장매체로 복제한 것'을 의미한다. 대법원 2011모1839 전원합의체 결정(공2015하, 1282).

논리 구성에 차이가 있다. 이러한 견해 차이는, 이후의 수사 경과는 별론으로 하되, '제1처분' 자체에는 별다른 위법이 없었다는 점에서도 비롯되는 것이다.

한편, 위 쟁점은 '무관정보의 삭제·폐기의무'와도 관련이 있으므로 본 문제도 함께 검토하기로 한다.

(1) 전체처분취소설

참여권 흠결의 위법이 있는 경우 처분 전체가 취소대상이라는 견해이다. 앞서 살펴본 바와 같이, **다수의견**은 압수·수색 과정 전체를 하나의 절차로 파악하여 그 과정에서 나타난 위법이 중대한 경우 전체적으로 그 압수·수색 처분을 취소하여야 한다고 판시하고,[230] **다수의견의 보충의견**도 당사자 참여권을 보장하지 않은 경우 유관정보에 대한 압수처분까지 취소하는 것은 참여권의 규범력을 확보하기 위한 불가피한 수단이라 설명하여,[231] 전체처분취소설을 취하고 있다.

전체처분취소설, 특히 **다수의견**은 하나의 영장에 의한 일련의 압수·수색 과정이 종료된 이후에는 그 압수·수색의 결과물을 보유하도록 할 것인지가 문제될 뿐이라는 점을 논거로 한다.[232] 달리 말하면, 이미징 복제본은 '일련의 처분'에 대응하는 '결과물'이므로 그 보유를 막기 위해서는 '일련의 처분' 전체를 취소해야 한다는 논리로 이해된다. 한편, 보전의 필요성이 없는 저장매체 자체 또는 복제본 등의 삭제·폐기의무에 대하여는 달리 언급하지 않고 있다.[233]

(2) 개별처분취소설

참여권 흠결의 위법이 있다 하여도 위법한 개별 처분만을 취소하면 충분하다는 견해이다. '제1처분에 관한 대법관 김용덕 별개의견'(이하 '**개별처분취소 제1설**'이라 함)과 '제1처분에 관한 대법관 권순일의 반대의견'(이하 '**개별처분취소 제2설**'이라 함)은, 전자정보 압수·수색절차를 이루는 각 단계의 개별 처분이 구별될 수 있고 개별 처분별로 위법 여부를 가릴 수 있는 이상 그에 관한 취소

---

230) 대법원 2011모1839 전원합의체 결정(공2015하, 1281).

231) 대법원 2011모1839 전원합의체 결정(공2015하, 1297).

232) 대법원 2011모1839 전원합의체 결정(공2015하, 1281).

233) '보전의 필요성이 없는 경우'는 혐의사실과 관련된 전자정보('유관정보')에 대한 탐색·출력·복제가 완료되고, 몰수 대상에도 해당하지 않는 경우를 의미한다.

여부도 개별적으로 판단할 수 있다고 하여,[234] 개별처분취소설을 취하고 있다.

다만 개별처분취소설도 다음과 같이 그 구체적인 논리는 차이가 있다. ① '**개별처분취소 제1설**'은 이미징 복제본을 압수할 필요가 없는 경우 그에 대한 삭제·폐기의무를 인정하나,[235] 그 근거가 무엇인지는 분명하지 않다.[236] 또한 이미징 복제본('결과물') 취득과 직접 관련된 '제1처분'의 취소도 적법하다고 하여 다수의견 및 다수의견의 보충의견과 결론을 같이한다. ② '**개별처분취소 제2설**'은 강제처분의 취소 여부와 관계없이 '보전의 필요성이 없는 경우'에 이미징 복제본에 대한 삭제·폐기의무가 인정되므로 굳이 적법한 제1처분을 별도로 취소할 필요가 없다는 입장이다.[237]

(3) 대상별 판단설

개별 처분이 아닌 압수·수색 대상별로 취소 여부를 판단한다는 견해이다. '제1·2·3처분에 관한 대법관 김창석, 대법관 박상옥의 반대의견'은 하나의 압

---

234) 대법원 2011모1839 전원합의체 결정(공2015하, 1285) (제1처분에 관한 대법관 김용덕 별개의견); 대법원 2011모1839 전원합의체 결정(공2015하, 1292) (제1처분에 관한 대법관 권순일의 반대의견).

235) 대법원 2011모1839 전원합의체 결정(공2015하, 1287): "<u>이 사건 저장매체를 압수할 필요가 없음이 밝혀진 이상, 수사기관은 더 이상 제1 처분으로 인하여 취득한 이 사건 저장매체에 관한 이미징 복제본을 보유할 수 없고 오히려 이를 삭제·폐기하는 등의 방법으로 피압수자에게 반환하여야 할 것이다</u>. 결국, 이 사건 저장매체에 관하여 이루어진 제1 처분은 제1 영장에서 정한 압수의 목적 내지 필요성의 범위를 벗어나 이루어진 것으로서 위법하다고 볼 수 있고, 더 이상 이를 유지시킬 필요가 없어 취소함이 타당하다." (밑줄은 필자가 부기함).

236) 위 사건 제1 영장의 기재 내용이 '범죄 수사에 필요 없는 저장장치 자체가 압수된 경우 지체없이 반환하라는 취지'라는 점을 근거 중 하나로 설시하는 것으로 보인다. 대법원 2011모1839 전원합의체 결정(공2015하, 1287).

237) 대법원 2011모1839 전원합의체 결정(공2015하, 1294): "<u>검사가 보유하고 있는 이미징 복제본은 그곳에 저장되어 있는 전자정보 중에서 영장 기재 범죄사실과 관련 있는 정보를 탐색하고 이를 출력 또는 복제하는 과정이 모두 종료됨으로써 보전의 필요성이 없어진 때, 즉 압수·수색이 전체로서 종료된 때에는 삭제·폐기되어야 한다</u>. 그런데 이 사건에서 제1 영장에 기한 압수·수색이 모두 종료되어 검사가 이미징 복제본을 보전할 필요성은 이미 상실되었으므로, <u>이 사건 저장매체를 이미징의 방법으로 복제한 단계의 처분이 별도로 취소되지 않더라도 이미징 복제본은 당연히 삭제·폐기되어야 하고</u>, 따라서 이미징 복제본을 삭제·폐기하도록 하기 위하여 다수의견과 같이 취소의 범위를 확대할 현실적인 이유는 없다." (밑줄은 필자가 부기함).

수·수색영장에 기한 압수·수색이 외형상으로는 1개만 존재한다고 하더라도 관념적으로는 대상별로 수 개의 압수·수색이 존재한다고 보아야 하고, 따라서 압수·수색의 적법성은 '대상별'로 판단되어야 한다고 설시한다.[238]

위와 같은 견해의 대립은 다음과 같이 정리할 수 있다.

[표 3-3]

	위법성 판단	취소대상	삭제·폐기의무
전체처분취소설	전체절차를 하나로 파악하여 위법성을 판단함	제1·2·3처분	언급 없음
개별처분취소 제1설	개별 처분별로 위법성을 판단함	제1·2·3처분	인정
개별처분취소 제2설	개별 처분별로 위법성을 판단함	제2·3처분	인정

나. 무관정보의 삭제·폐기의무와 처분취소의 범위

앞서 검토한 바와 같이, 참여권 흠결의 효과는 '무관정보의 삭제·폐기의무'와 일정한 관계가 있다. 개별처분취소 제2설처럼 처분의 취소 여부와 관계없이 무관정보의 삭제·폐기의무를 인정한다면, 참여권 흠결의 효과를 굳이 넓은 범위에서 인정할 필요가 없는 것이다.

전자정보 자기결정권 차원에서 무관정보의 삭제·폐기의무는 중요한 의미를 가진다. 비록 현재는 '무관정보'이지만 이를 수사기관이 보관하면서 다른 정보와 결합하여 언제든지 다른 수사의 단서 또는 증거로 전환할 가능성이 있다면, 전자정보 자기결정권의 취지는 퇴색될 것이기 때문이다. 독일 연방헌법재판소가 무관정보 삭제·폐기의무를 주요한 절차적 보장 중 하나로 제시하는 것도 이러한 점을 근거로 하는 것이다. 마찬가지 이유에서 미연방제9항소법원 전원재판부의 2009년 '*CDT II*' 판결이 수사기관의 무관정보에 대한 접근을 막는 방안 중 하나로 무관정보 삭제·폐기의무를 제시하였고,[239] 미연방제2항소법원 3

238) 대법원 2011모1839 전원합의체 결정(공2015하, 1291). 다만 참여권의 의미를 축소하며 사안의 결론을 달리하는 대상별 판단설('제1·2·3처분에 관한 대법관 김창석, 대법관 박상옥의 반대의견')은 본 항목의 논의목적 상 검토 과정에서는 따로 살피지 아니한다.

인 재판부의 2014년 가니아스(*Ganias*) 판결도 무관정보 삭제·폐기의무의 필요성을 논증하였음은 검토한 바 있다.240)

대법원 2015. 7. 16.자 2011모1839 전원합의체 결정(종근당 사건)에서 다수의견, 다수의견의 보충의견, '제1·2·3처분에 관한 대법관 김창석, 대법관 박상옥의 반대의견', '제1·2·3처분에 관한 반대의견에 대한 대법관 김창석의 보충의견'은 무관정보의 삭제·폐기의무에 대한 별다른 언급이 없다. 다만 '제1처분에 관한 대법관 김용덕 별개의견', '제1처분에 관한 대법관 권순일의 반대의견'에서만 이를 인정하고 있다. 그러나 최근 법원이 압수·수색영장을 발부할 때 첨부하는 별지에는 다음과 같이 삭제·폐기의무를 명시하고 있다. 또한 법원행정처 발간 실무서도 '복제본으로부터의 증거수집이 완료되고 복제본을 보전할 필요성도 소멸된 경우라면 이를 지체없이 삭제·폐기하여야 할 것이다'라고 기재하면서도, 근거가 되는 법령 또는 판례를 인용하고 있지는 않다.241)

[표 3-1] (축약)

별지
압수대상 및 방법의 제한
2. 컴퓨터용 디스크 등 정보저장매체에 저장된 전자정보에 대한 압수·수색·검증
(생략)
(3) 전자정보 압수 시 주의사항
(가) 위 (1), (2)항에 따라 협의사실과 관련된 전자정보의 탐색·복제·출력이 완료된 후에는 지체없이, 피압수자 등에게 ① 압수대상 전자정보의 상세목록을 교부하여야 하고, ② 그 목록에서 제외된 전자정보는 삭제·폐기 또는 반환하고 그 취지를 통지하여야 함 [위 상세목록에 삭제·폐기하였다는 취지를 명시함으로써 통지에 갈음할 수 있음]

239) *United States v. Comprehensive Drug Testing*, 579 F.3d 989 (9th Cir. 2009) (en banc) (*CDT II*).

240) *United States v. Ganias*, 755 F.3d 125 (2d Cir. 2014).

241) 법원행정처, 압수·수색영장 실무 (개정2판, 2016), 81면.

그러나 '**전자정보 자기결정권**'에 근거한 개인정보보호 관련 규정이나 형사소송법의 압수물환부 규정의 취지에 따라 '무관정보 삭제·폐기의무'는 당연히 인정된다고 보아야 할 것이다. 적법한 압수·수색 처분에 의하더라도 '사건과 관계가 있다고 인정할 수 있는 것'에 한정하여 당사자의 의사에 반하는 수사기관의 정보수집 및 이용이 허용되는 것일 뿐이며(법 제219조, 제106조 제1항, 제109조 제1항), 이를 넘어서는 범위에서는 전자정보 자기결정권을 정당한 근거 없이 제한할 수 없다. 즉, 전자정보 자기결정권은 일정한 범위에서 제한되는 것일 뿐 제한의 근거가 사라지면 다시 원래의 권리를 주장할 수 있는 것이다. 따라서 정보주체는 ① 압수·수색의 목적을 달성한 후에는 정보를 삭제하거나 사용할 수 없도록 요청할 수 있으며, ② 정보가 압수수색의 정당한 목적에 그 정보가 이용되지 않을 경우 처리의 중지를 요구하는 등으로 정보에 대한 자기결정권을 행사할 수 있다.

개별 처분의 취소 여부와 관계없이 무관정보의 삭제·폐기의무가 인정된다면, 압수·수색 과정 전체를 하나의 절차로 파악하여 위법 여부를 판단하여야 한다는 다수의견의 논증은 적절한 법적 근거를 찾기 어렵고 논리적 필연성도 없다. 위 대법원 2015. 7. 16.자 2011모1839 전원합의체 결정(종근당 사건)의 경우 제1 영장에 기한 각 처분은 개념적으로 구분될 수 있으며 적법성 여부도 개별적 판단이 가능하므로 굳이 전체를 하나의 절차로 파악하여야 할 필요가 없는 것이다. 또한 무관정보 삭제·폐기를 위해 굳이 적법한 압수처분을 취소할 필요도 없다. 따라서 법원은 압수·수색 과정에서 이루어진 제반 사정을 처분별로 위법성 및 취소 여부를 판단하면 족할 것으로 생각된다.

Ⅳ. 제3자에 대한 압수·수색과 참여권 보장

1. 압수·수색 집행 관련 형사소송법 규정

수사단계의 압수·수색 집행은, ① '처분을 받는 자'에 대한 영장 제시(법 제219조, 제118조), ② '피의자 또는 변호인'에 대한 통지(법 제219조, 제122조), ③ '피의자 또는 변호인'의 참여(법 제219조, 제121조),[242] ④ '소유자, 소지자, 보관자 기타 이에 준할 자'에 대한 압수목록 교부(법 제219조, 제129조)[243] 등의 순서로 진행된다.

또한 형사소송법과 통신비밀보호법은 다양한 형태의 통지의무를 규정하고 있다. 즉, ① 형사소송법 제219조, 제106조 제3항에 따라 압수한 경우 '**개인정보 보호법 제2조 제3호에 따른 정보주체**'에게 해당 사실을 지체없이 알려야 하며(법 제219조, 제106조 제3항), ② 우체물 또는 통신비밀보호법 제2조 제3호에 따른 전기통신을 압수한 경우 '**발신인이나 수신인**'에게 그 취지를 통지하여야 한다(법 제219조, 제107조 제3항 본문). 나아가 ③ 통신비밀보호법은 '**수사대상이 된 가입자**'에 대한 통지의무를 규정하고 있다(통신비밀보호법 제9조의3).

살펴본 바와 같이 형사소송법과 통신비밀보호법은 압수·수색 집행에서 절차적 보장을 받는 대상을 조항별로 다양하게 규정하고 있는바, 이는 다음과 같이 정리할 수 있다([**표** 3-4] 참고).

[표 3-4]

- '피고인(피의자)': 제109조 제1항[244]
- '피고인(피의자) 아닌 자': 제109조 제2항[245]
- '피고인(피의자) 또는 변호인': 제121조,[246] 제122조[247]

---

242) 형사소송법 제123조(영장의 집행과 책임자의 참여), 제124조(여자의 수색과 참여)도 책임자 등의 참여를 규정하고 있으나, 제219조, 제121조가 규정하는 검사, 피고인, 피의자, 변호인이 원칙적 참여자가 될 것이다.

243) 다만 수색한 경우에 증거물 또는 몰취할 물건이 없는 때에는 그 취지의 증명서를 교부한다(법 제219조, 제128조).

244) 형사소송법 제109조(수색) ① 법원은 필요한 때에는 피고사건과 관계가 있다고 인정할 수 있는 것에 한정하여 피고인의 신체, 물건 또는 주거 그 밖의 장소를 수색할 수 있다.

245) 형사소송법 제109조(수색) ② 피고인 아닌 자의 신체, 물건, 주거 기타 장소에 관하여는 압수할 물건이 있음을 인정할 수 있는 경우에 한하여 수색할 수 있다.

246) 형사소송법 제121조(영장집행과 당사자의 참여) 검사, 피고인 또는 변호인은 압수·수색영장의 집행에 참여할 수 있다.

247) 형사소송법 제122조(영장집행과 참여권자에의 통지) 압수·수색영장을 집행함에는 미리 집행의 일시와 장소를 전조에 규정한 자에게 통지하여야 한다. 단, 전조에 규정한 자가 참여하지 아니한다는 의사를 명시한 때 또는 급속을 요하는 때에는 예외로 한다.

- ‘정보주체’: 제106조 제4항[248)]
- ‘발신인, 수신인’ 제107조 제3항[249)]
- ‘수사대상이 된 가입자’: 통신비밀보호법 제9조의3[250)]
- ‘처분을 받는 자’: 법 제118조[251)]
- ‘소유자, 소지자 또는 보관자’: 제106조 제2항,[252)] 제108조,[253)] 제218조[254)]
- ‘소유자, 소지자, 보관자 기타 이에 준할 자’: 제129조[255)]
- ‘소유자 또는 적당한 자’: 법 제130조 제1항[256)]

---

248) 형사소송법 제106조(압수) ④ 법원은 제3항에 따라 정보를 제공받은 경우 개인정보 보호법 제2조 제3호에 따른 정보주체에게 해당 사실을 지체없이 알려야 한다.

249) 형사소송법 제107조(우체물의 압수) ① 법원은 필요한 때에는 피고사건과 관계가 있다고 인정할 수 있는 것에 한정하여 우체물 또는 통신비밀보호법 제2조 제3호에 따른 전기통신(이하 “전기통신”이라 한다)에 관한 것으로서 체신관서, 그 밖의 관련 기관 등이 소지 또는 보관하는 물건의 제출을 명하거나 압수를 할 수 있다.
③ 제1항에 따른 처분을 할 때에는 발신인이나 수신인에게 그 취지를 통지하여야 한다. 단, 심리에 방해될 염려가 있는 경우에는 예외로 한다.

250) 통신비밀보호법 제9조의3(압수·수색·검증의 집행에 관한 통지) ① 검사는 송·수신이 완료된 전기통신에 대하여 압수·수색·검증을 집행한 경우 그 사건에 관하여 공소를 제기하거나 공소의 제기 또는 입건을 하지 아니하는 처분(기소중지결정을 제외한다)을 한 때에는 그 처분을 한 날부터 30일 이내에 수사대상이 된 가입자에게 압수·수색·검증을 집행한 사실을 서면으로 통지하여야 한다.
② 사법경찰관은 송·수신이 완료된 전기통신에 대하여 압수·수색·검증을 집행한 경우 그 사건에 관하여 검사로부터 공소를 제기하거나 제기하지 아니하는 처분의 통보를 받거나 내사사건에 관하여 입건하지 아니하는 처분을 한 때에는 그날부터 30일 이내에 수사대상이 된 가입자에게 압수·수색·검증을 집행한 사실을 서면으로 통지하여야 한다.

251) 형사소송법 제118조(영장의 제시) 압수·수색영장은 처분을 받는 자에게 반드시 제시하여야 한다.

252) 형사소송법 제106조(압수) ② 법원은 압수할 물건을 지정하여 소유자, 소지자 또는 보관자에게 제출을 명할 수 있다.

253) 형사소송법 제108조(임의제출물 등의 압수) 소유자, 소지자 또는 보관자가 임의로 제출한 물건 또는 유류한 물건은 영장없이 압수할 수 있다.

254) 형사소송법 제218조(영장에 의하지 아니한 압수) 검사, 사법경찰관은 피의자 기타인의 유류한 물건이나 소유자, 소지자 또는 보관자가 임의로 제출한 물건을 영장없이 압수할 수 있다.

255) 형사소송법 제129조(압수목록의 교부) 압수한 경우에는 목록을 작성하여 소유자, 소지자, 보관자 기타 이에 준할 자에게 교부하여야 한다.

- ‘소유자 등 권한 있는 자’ 법 제130조 제3항[257)]
- ‘소유자, 소지자, 보관자 또는 제출인’: 제133조 제1항,[258)] 제218조의2 제1항[259)]
- ‘소유자 또는 소지자’: 제133조 제2항[260)]

형사소송법은 위와 같이 개별 조항의 목적에 따라 절차보장의 대상을 다양하게 규정하고 있다. 그러나 위 규정들은 제3자(인터넷서비스 제공자)의 서버에 저장된 전자정보와 같이 정보의 ‘소유자(정보주체)’와 ‘보관자’가 분리되는 상황을 예정한 것이 아니다. 즉, 형사소송법은 제109조(수색) 제2항에서 ‘피고인 아닌 자’를 따로 정하는 점을 제외하고, ‘제3자’의 개념을 따로 배려하지 않고 있다.[261)] 그러한 이유로 제3자(인터넷서비스 제공자)가 운영하는 서버에 저장된 전자정보가 압수·수색 대상인 경우, 다음과 같이 절차보장의 대상과 범위가 불명확한 문제가 발생하게 되며, 헌법재판소도 형사소송법 제122조 단서 위헌

---

256) 형사소송법 제130조(압수물의 보관과 폐기) ① 운반 또는 보관에 불편한 압수물에 관하여는 간수자를 두거나 소유자 또는 적당한 자의 승낙을 얻어 보관하게 할 수 있다.

257) 형사소송법 제130조(압수물의 보관과 폐기) ③ 법령상 생산·제조·소지·소유 또는 유통이 금지된 압수물로서 부패의 염려가 있거나 보관하기 어려운 압수물은 소유자 등 권한 있는 자의 동의를 받아 폐기할 수 있다.

258) 형사소송법 제133조(압수물의 환부, 가환부) ① 압수를 계속할 필요가 없다고 인정되는 압수물은 피고사건 종결 전이라도 결정으로 환부하여야 하고 증거에 공할 압수물은 소유자, 소지자, 보관자 또는 제출인의 청구에 의하여 가환부할 수 있다.

259) 형사소송법 제218조의2(압수물의 환부, 가환부) ① 검사는 사본을 확보한 경우 등 압수를 계속할 필요가 없다고 인정되는 압수물 및 증거에 사용할 압수물에 대하여 공소제기 전이라도 소유자, 소지자, 보관자 또는 제출인의 청구가 있는 때에는 환부 또는 가환부하여야 한다.

260) 형사소송법 제133조(압수물의 환부, 가환부) ② 증거에만 공할 목적으로 압수한 물건으로서 그 소유자 또는 소지자가 계속 사용하여야 할 물건은 사진촬영 기타 원형보존의 조치를 취하고 신속히 가환부하여야 한다.

261) 이러한 점은 형사소송법에만 해당하는 것이 아니다. 제3자로부터 정보를 취득하는 절차는 형사소송법뿐만 아니라 전기통신사업법 제83조(통신자료), 통신비밀보호법 등의 특별법에 산재하여 규정되어 있고, 대상, 요건, 기간, 승인절차, 집행방법, 통지 및 통지유예 절차, 긴급정보제공요청절차, 협조 의무, 증거능력 등의 사항이 일관성 있게 규율되지 못하고 있다. 이러한 점을 지적하는 견해로는 다음의 문헌을 참고할 수 있다. 김기범, 범죄수사에서 제3자 정보 취득법제 통합방안 연구 (고려대학교 박사학위 논문, 2016), 67면.

소원 사건에서 이러한 문제점을 적절히 지적하고 있다.[262)]

(1) 압수·수색영장 제시: 법 제118조에 의하면 압수·수색영장은 '**처분을 받는 자**'에게 반드시 제시하여야 하는바, 그에 따라 금융기관, 통신회사, 인터넷서비스 제공자 등의 제3자에게 전자우편·팩스로 영장을 집행하는 실무 관행에 위법성 논란이 제기되고 있다.[263)] 그런데 더욱 중요한 것은 '처분을 받는 자'가 누구인지의 문제이다. 피의자를 상대로 압수·수색 집행을 할 때는 정보주체에게 영장을 제시할 것임에도, 제3자를 상대로 하는 경우는 정보주체가 아닌 보관자에게 영장을 제시하여도 적법하다고 판단될 여지가 있는 점이 문제인 것이다.

(2) 압수목록 교부: 법 제129조에 의하면 압수목록은 '**소유자, 소지자, 보관자 기타 이에 준할 자**'에게 교부하여야 하는바, 피의자를 상대로 압수·수색 집행을 할 경우 정보주체에게 압수목록을 교부할 것이지만, 금융기관, 통신회사, 인터넷서비스 제공자 등을 상대로 집행하는 경우는 '소지자' 또는 '보관자'에 해당한다는 이유로 제3자에게만 압수목록을 교부하고 정작 정보주체는 압수목록을 받지 못한다고 해석될 여지가 있다.

(3) 영장 집행 참여: 법 제219조, 제121조, 제122조는 집행에 대한 통지를 받고 참여할 '당사자' 또는 '참여권자'로 '**피의자(피고인) 또는 변호인**'을 규정한다. 그러나 법 제122조 단서에서 '급속을 요하는 때'에는 통지를 생략할 수 있다고 규정하는 점은 문제이다. 현행법의 문언상으로는 제3자에 대한 집행에서 피의자가 절차에 참여할 드문 기회임에도, 단서조항에 의하여 그마저도 좌절

---

262) 헌법재판소 2012. 12. 27. 선고 2011헌바225 결정(형사소송법 제122조 단서 위헌소원): "전자우편의 내용은, 일반적으로 사용자가 계정을 개설한 인터넷서비스 제공자(ISP)의 서버에 저장되게 되는 방식으로 존재하게 되므로, 전자우편에 대한 압수수색의 경우에는 일반적인 유형물에 대한 압수수색과 달리 '**압수처분을 받는 자**'와 '**압수의 실질적인 대상인 정보의 소유자**'가 분리되게 된다. 그 결과 정보주체는 '현실적으로 압수수색을 당하고 있는 자로서 압수할 물건 또는 장소를 현실적으로 지배하는 자'가 아니어서 형사소송법 제118조에 정한 영장 제시의 상대방인 '처분을 받는 자'가 될 수 없어 영장 제시를 통하여 그 집행을 고지받을 수 없으므로, 형사소송법 제122조 본문의 규정에 의한 사전통지가 아니고서는 그 집행 사실을 사전에는 물론 사후적으로도 통지받을 수 없게 되는 문제가 있었다." (강조 및 밑줄은 필자)

263) 박석훈·이상진·임종인, "디지털증거의 압수·수색영장 사본 제시에 따른 문제점과 개선 방안에 대한 고찰", 법조 제716호 (2016), 98면.

될 수 있기 때문이다.

위 단서 규정에 대하여 헌법재판소는 명확성 원칙, 적법절차 원칙, 비례원칙에 위반되지 않는다고 판시하며,[264] 대법원 역시 유사한 취지로 판시한다.[265] 위 사안 모두 서버에 저장된 이메일을 압수한 사안인바, 특히 대법원은 이메일 압수·수색영장 집행 시 '급속을 요하는 때'에 해당한다고 보아 사전통지를 생

---

264) 헌법재판소 2012. 12. 27. 선고 2011헌바225 결정(형사소송법 제122조 단서 위헌소원): [결정 요지] (1) 이 사건 법률조항의 '급속을 요하는 때'라 함은 압수수색 집행 사실을 피의자에게 미리 통지하여 줄 경우 압수수색의 대상이 된 증거를 인멸하거나 훼손하여 압수수색의 목적을 달성할 수 없게 되는 때를 의미하는 것으로 합리적으로 해석할 수 있고, 그와 같이 압수수색의 목적을 달성할 수 없게 되는 예외 사유를 구체적으로 나열하거나 세부적으로 특정하는 것은 압수수색의 집행과 관련하여 다양하게 나타날 수 있는 사실관계에 비추어 바람직하다고 할 수 없으므로, 위 조항이 명확성 원칙에 위배된다고 할 수 없다. (2) 이 사건 법률조항에 의하여 피의자 등이 압수수색 사실을 사전 통지받을 권리 및 이를 전제로 한 참여권을 일정 정도 제한받게 되기는 하지만, ① 그 제한은 '사전통지에 의하여 압수수색의 목적을 달성할 수 없는 예외적인 경우'로 한정되어 있고, ② 전자우편의 경우에도 사용자가 그 계정에서 탈퇴하거나 메일 내용을 삭제·수정함으로써 증거를 은닉·멸실시킬 가능성을 배제할 수 없으며, ③ 준항고 제도나 위법수집증거의 증거능력 배제규정 등 조항 적용의 남용을 적절히 통제할 방법이 마련되어 있는 점, ④ 반면에 이와 같은 제한을 통해 압수수색 제도가 전자우편에 대하여도 실효적으로 기능하도록 함으로써 실체적 진실발견 및 범죄 수사의 목적을 달성할 수 있도록 하여야 할 공익은 매우 크다고 할 수 있는 점 등을 종합해 보면, 이 사건 법률조항에 의하여 형성된 절차의 내용이 적법절차 원칙에서 도출되는 절차적 요청을 무시하였다거나 비례의 원칙이나 과잉금지원칙을 위반하여 합리성과 정당성을 상실하였다고 볼 수 없다. (구분기호 ①, ②, ③, ④와 밑줄은 필자)

265) 대법원 2012. 10. 11. 선고 2012도7455 판결: "피의자 또는 변호인은 압수·수색영장의 집행에 참여할 수 있고(형사소송법 제219조, 제121조), 압수·수색영장을 집행함에는 원칙적으로 미리 집행의 일시와 장소를 피의자 등에게 통지하여야 하나(형사소송법 제122조 본문), '급속을 요하는 때'에는 위와 같은 통지를 생략할 수 있다(형사소송법 제122조 단서). 여기서 '급속을 요하는 때'라고 함은 압수·수색영장 집행 사실을 미리 알려주면 증거물을 은닉할 염려 등이 있어 압수·수색의 실효를 거두기 어려울 경우라고 해석함이 옳고, 그와 같이 합리적인 해석이 가능하므로 형사소송법 제122조 단서가 명확성의 원칙 등에 반하여 위헌이라고 볼 수 없다. 원심이 같은 취지에서 형사소송법 제122조 단서가 위헌이라거나, 수사기관이 이 사건 이메일 압수·수색영장 집행 시 급속을 요하는 때에 해당한다고 보아 사전통지를 생략한 것이 위법하다는 피고인들의 주장을 배척한 제1심판결을 그대로 유지한 조치는 정당한 것으로 수긍이 가고, 거기에 상고이유 주장과 같이 압수·수색영장 집행이나 위법수집증거배제법칙에 관한 법리를 오해하는 등의 위법이 있다고 할 수 없다." (밑줄은 필자)

략할 수 있다는 원심의 판단을 수긍하고 있다. 비록 대법원 2015. 7. 16.자 2011모1839 전원합의체 결정(종근당 사건)이 참여권의 중요성을 강조하였지만, 위와 같이 제122조 단서를 넓게 해석한다면 제3자가 보관하는 정보가 큰 비중을 차지하는 현실에서 참여권의 실질적 보장이 이루어지지 않을 우려가 있는 것이다.[266)]

그렇다면 제3자에 대한 집행에서 피의자 또는 정보주체는 어떠한 절차적 보장을 받아야 할 것인가? 이하에서는 본 문제를 검토에 참고할 수 있는 비교법적 사례를 먼저 살펴보기로 한다.

2. 비교법적 고찰: 서버에 저장된 이메일 압수·수색의 적법 요건

앞서 살핀 바와 같이, 독일 연방헌법재판소는 제3자(인터넷서비스 제공자)를 통한 이메일 압수의 근거 규정과 처분의 효력을 다툰 **2009년 결정**에서 참여권 보장의 의미를 밝힌 바 있다.[267)] 독일 연방헌법재판소는 제3자의 서버에 저장된 이메일의 압수·수색과 관련하여, ① 근거가 되는 독일 형사소송법 제94조 이하의 규정이 헌법적 요청을 충족하는지 여부를 판단하고, ② 위 규정에 근거한 구체적 처분의 합헌성 여부를 판단하였는바, 구체적으로 다음과 같은 논증을 전개한다.

가. 논증(1): 정보주체는 서버에 저장된 이메일에 대한 완전한 지배권을 가지지 못하며, 이러한 상황으로부터 통신비밀에 대한 특별한 위험이 발생한다.

독일 연방헌법재판소 역시 이메일에 대한 정보주체와 보관자가 분리되는 현

---

266) 한편, 대법원 2012. 10. 11. 선고 2012도7455 판결, 위 헌법재판소 2012. 12. 27. 선고 2011헌바225 결정(형사소송법 제122조 단서 위헌소원) 모두 대법원 2015. 7. 16.자 2011모1839 전원합의체 결정(종근당 사건) 전에 선고된 사건들이므로 과연 현재까지 위와 같은 입장이 유지될지는 지켜보아야 할 것이다.

267) BVerfG, Beschluss vom 16.6.2009 - 2 BvR 902/06 = BVerfGE 124, 43. 위 결정에 대한 평석으로 다음의 것을 참고할 수 있다. 김성룡, "이메일 압수·수색에 관한 독일 연방헌법재판소 결정의 주요 내용과 그 시사점", 법학논고 제32집 (2010), 181면; Krüger, *Anmerkung zu BVerfG, Beschluss vom 16.6.2009 - 2 BvR 902/06*, **MMR** 2009, 680.

상에 주목한다. 이메일이 제3자(인터넷서비스 제공자)의 서버에 저장된 경우, 정보주체 입장에서 서버 관리자나 수사기관의 접근을 막을 기술적 수단을 가지고 있지 않은데, 이러한 상황은 독일 기본법 제10조 제1항이 규정하는 통신비밀에 대한 특별한 위험상태를 초래한다는 것이다.[268)]

나. 논증(2): '강제처분의 공개성'이 보장된다면, 독일 형사소송법 제94조의 '압수'도 서버에 저장된 이메일 수집의 근거 규정이 될 수 있다.

연방헌법재판소는 형사소송법의 규정체계, 명확성 원칙, 비례원칙 등 다양한 관점을 검토하면서, 서버에 저장된 이메일을 확보하는 강제처분이 반드시 독일 형사소송법 제100의 a조가 규정하는 '통신감청'에 근거해야 하는 것은 아니며, 형사소송법 제94조 이하의 압수 관련 규정도 헌법적 요청을 충족한다고 판시한다.[269)] 이를 뒷받침하는 가장 중요한 논거는, 기본권침해의 정당화 요건을 정하는 기준은 강제처분이 '**공개**'된 것인지, 아니면 '**비밀**'리에 행하는 것인지 여부라는 것이다.[270)] 비공개적·지속적으로 행하는 감청과 달리 공개적·일회적으로 하는 강제처분은 상대적으로 덜 엄격한 요건에서도 허용될 수 있고, 따라서 형사소송법 제94조에 의해서도 정당화될 수 있다.

다. 논증(3): 압수·수색절차에 의하여 제3자의 서버에 저장된 이메일을 수집하는 경우 그 강제처분은 공개적으로 집행되어야 한다.

기본권침해의 정당화 요건의 수준을 정하는 중요한 기준이 해당 강제처분의 공개성 여부라면, '통신감청'보다 덜 엄격한 요건만으로 허용되는 '압수' 절차에 의하는 경우 이는 공개적으로 집행되어야 한다.[271)] 그렇지 아니하고 비공개로 집행된다면, 덜 엄격한 요건에서 허용되는 압수 절차를 이용하여 사실상 통신감청의 효과를 얻게 되고, 이는 정당하다고 볼 수 없다. 따라서 **원칙적**으로 집행 이전에 **고지**가 이루어져 정보주체가 집행에 참여할 수 있도록 하여야 하고,

---

268) BVerfG, Beschluss vom 16.6.2009 - 2 BvR 902/06, Rn. 42-48.
269) BVerfG, Beschluss vom 16.6.2009 - 2 BvR 902/06, Rn. 52-77.
270) BVerfG, Beschluss vom 16.6.2009 - 2 BvR 902/06, Rn. 68.
271) BVerfG, Beschluss vom 16.6.2009 - 2 BvR 902/06, Rn. 91-95.

예외적으로 강제처분의 목적 달성을 위해 사전통지를 하지 않는 경우에도 **수사의 효과적 수행에 방해되지 않는 최대한 이른 시간**에 정보주체에게 이를 알려야 한다. 이러한 취지는 독일 형사소송법에도 이미 반영되어 있다. 즉, 압수 등의 명령이 이루어지기 전에 관계자에게 사전 고지가 이루어지면 처분의 목적 달성이 위태로운 경우 형사소송법 제33조 제4항 제1문[272]에 의해 고지가 이루어지지 않을 수 있지만, 수색과 압수에 대한 법관의 명령은 여하튼 해당 처분의 집행 이전에 대상자에게 제35조[273]에 따라 고지되어야만 하는 것이다.

즉, 독일 연방헌법재판소에 의하면, 제3자인 인터넷서비스 제공자가 보관하는 이메일에 대하여 감청 관련 규정이 아닌 압수·수색 규정에 따라 수집할 수 있도록 하는 근거는 바로 해당 강제처분의 '공개성'이다. 달리 말하면, 제3자가 보관하는 전자정보에 대한 압수·수색은 정보주체에 대한 절차참여권 보장에 의해 비로소 정당화되는 것이다.

3. 검토

가. 강제처분의 공개성

2011. 7. 18. 법률 제10864호로 개정된 형사소송법 제107조 제1항이 '통신비밀보호법 제2조 제3호에 따른 전기통신'을 압수대상으로 명시함으로써 관련 논란은 입법적으로 정리되었으나,[274] 우리 형사실무에서도 송·수신이 완료되

---

272) 독일 형사소송법 제33조(재판 전 법적 청문의 보장) ① 공판에서 하는 재판은 관계인을 심문한 후에 한다.
② 공판 외에서 하는 재판은 검찰의 의견을 서면 또는 구술로 들은 후에 한다.
③ 제2항에 규정된 재판을 하면서 다른 관계인이 미처 의견을 진술하지 못한 사실 또는 증거조사결과를 그에게 불리하게 사용하기 위해서는 미리 그 관계인의 의견을 들어야 한다.
④ 심리구속, 압수, 또는 그 밖의 조치를 명하는 경우에 사전 심문이 그 명령의 목적을 위태롭게 할 때에는 제3항을 적용하지 않는다. 관계인의 심문을 특별히 규율하는 규정은 제3항에 의하여 영향을 받지 않는다.

273) 독일 형사소송법 제35조(고지) ① 재판에 관계된 사람이 출석한 상태에서 한 재판은 선고로써 그에게 고지된다. 요구가 있으면 그에게 사본을 교부해야 한다.
② 그 밖의 재판은 송달을 통해 고지한다. 재판의 고지에 의하여 기간이 진행되는 경우가 아니라면 특별한 형식 없는 통지로 충분한다.

어 서버에 저장된 이메일이 통신비밀보호법 제5조 통신제한조치(감청)의 대상인지, 아니면 압수·수색의 대상인지에 대한 치열한 논쟁이 있었다.[275] 이메일의 내용은 변함이 없음에도 송·수신 완료 여부라는 기술적 차이점을 이유로 법적 보호 요건을 달리하는 것이 정당한지가 주된 쟁점이라 할 것이다. 달리 말하면, '**정보의 존재형식**'을 중요시하는가, 아니면 '**정보의 실질적 내용**'에 초점을 맞출 것인가의 문제라 할 수 있다.[276]

독일 연방헌법재판소는 서버에 저장된 이메일은 독일 기본법 제2조 제1항을 기초로 인정되는 '개인정보자기결정권'이 아닌 독일 기본법 제10조 제1항의 '통신비밀'의 보호 대상이라 판시하였고, 그러한 판단의 주요한 논거는 정보주체가 서버 관리자나 수사기관의 접근을 막을 기술적 수단을 가지고 있지 않다는 '특별한 위험상태'이다. 즉, 이미 송·수신이 완료되었거나 당사자가 이미 열람까지 하여 **형식적**으로는 '통신비밀'의 보호 대상이 아닐 수 있지만, 일반적으로 이메일 내용의 프라이버시 이익이 높은 점, 그러함에도 정보주체가 그 이메일에 대하여 완전한 통제를 할 수 없는 점 등의 **실질적**인 측면을 고려하여 '통신비밀'의 보호 대상이라 한 것이다.

그러함에도 통신비밀과 관련된 강제처분의 근거조항인 '통신감청'이 아니라 일반 '압수' 절차에 의한 서버 이메일 취득이 가능하다고 판시하였는데, 그 주된

274) 통신비밀보호법 제2조 제3호는 "전기통신"을 "전화·전자우편·회원제정보서비스·모사전송·무선호출 등과 같이 유선·무선·광선 및 기타의 전자적 방식에 의하여 모든 종류의 음향·문언·부호 또는 영상을 송신하거나 수신하는 것"이라 정의하여 명시적으로 전자우편(이메일)을 열거하고 있다.

275) 관련 내용은 오기두, 전자증거법(2015), 230, 352면 참고.

276) 이와 유사한 쟁점은 최근 압수·수색 실무에서도 제기되고 있다. 통상 압수·수색영장에 이메일 압수대상자와 컴퓨터 압수대상자가 달리 기재되고, 이메일 압수대상자는 일반 컴퓨터 압수대상자보다 제한된 범위인 경우가 많다. 예컨대, 이메일 압수대상자는 피의자 A에 한정되나, 컴퓨터 압수대상자는 피의자 A에 더하여 참고인 B, C, D도 포함되는 경우이다. 그런데 이메일 서버가 아닌 일반 컴퓨터에 이메일이 파일 형태로 저장된 경우(위 사례에서 참고인 B의 컴퓨터에 이메일이 파일 형태로 저장된 경우), 그 이메일 파일이 압수대상에 포함되는지가 문제인 것이다. '**정보의 존재형식**'(이메일을 통한 통신을 그 내용으로 하지만 일반 파일과 동일하게 컴퓨터에 저장되어 있음)을 중요시한다면 관련성 등 압수·수색의 요건을 충족한다는 전제에서 B의 이메일 파일은 압수대상이라 할 것이고, '**정보의 실질적 내용**'(어디에 저장되어 있든 해당 정보는 이메일 통신을 내용으로 함)을 기준으로 하면 B의 이메일 파일은 압수대상에서 제외될 것이다.

이유가 바로 강제처분의 '**공개성**'인 것이다. 그렇다면 '공개성'의 구체적 의미는 무엇인가? 독일 연방헌법재판소는 압수·수색의 절차를 비례원칙에 부합하도록 형성하는 절차적 규정으로 ① 사전 고지, ② 참여권 보장, ③ 정보수집 사실 통지, ④ 환부·삭제, ⑤ 증거사용금지 등을 들고 있다.[277] 그리고 구체적 강제처분의 비례원칙 위반 여부를 판단할 때, 관련 이메일이 유관정보인지를 심사하는 과정에 정보주체가 참여하였는지 여부에 중요한 의미를 부여하고 있다. 즉, 서버에 저장된 이메일은 통신비밀의 보호 대상으로 볼 정도로 중요한 프라이버시 이익을 가지는 것임에도 압수·수색의 방법으로 취득할 수 있도록 하는 근거는 바로 고지, 의견진술 기회 등을 부여하는 집행 절차 규정인 것이다.

따라서 만연히 형사소송법 제122조 단서의 '급속을 요하는 때'에 해당한다는 이유로 사전통지를 생략하고 당사자 참여권을 보장하지 않는다면, 제도의 근거 자체를 부정하는 중대한 위법에 해당한다. 나아가 그러한 과정을 통해 취득한 증거는 위법수집증거 배제법칙에 따라 증거능력을 인정할 수 없다 할 것이다.

나. 증거인멸의 문제

실제 집행의 현실을 고려할 때, 서버에 저장된 이메일의 경우 사용자가 그 계정에서 탈퇴하거나 메일 내용을 삭제·수정함으로써 증거를 은닉·멸실시킬 가능성이 있으므로 사전통지의 예외가 인정된다는 주장도 받아들이기 어렵다. 참여권을 보장하는 이유 중 가장 중요한 것은 혐의사실과 무관한 정보가 무분별하게 압수대상에 포함되는 것을 막는 것이다. 그러한 취지를 살리려면, 예컨대 서버 관리자를 통해 피의자의 이메일 중 혐의사실과 관련된 일정 시점 이후의 파일을 추려내는 작업을 하여 증거인멸의 가능성을 제거한 후,[278] 바로 피의자 또는 변호인에게 참여 및 의견 진술의 기회를 부여하고 무관정보를 선별하는 절차를 충분히 보장할 수 있다. 즉, 수사의 진행을 저해하지 않으면서도 얼마든지 절차를 보장할 수 있는 것이다.

---

277) BVerfG, Beschluss vom 12.4.2005 - 2 BvR 1027/02, Rn. 123.

278) 대법원 2011. 5. 26.자 2009모1190 결정(전교조 사건)에서 수사기관은 이러한 방법으로 대상 이메일을 특정하였다.

다. 적법절차의 실질적 내용

같은 정보를 취득하면서 집행 대상 등 절차의 세부적인 내용에 차이가 있다는 이유로 정보주체의 보호 수준이 달라져서는 안 된다. 정보주체의 접근권한에 근거하여 압수·수색하는 경우이든, 아니면 서버를 대상으로 직접 압수·수색하는 경우이든 관계없이 정보주체 입장에서는 같은 수준의 절차적 보장을 받아야 한다. 그렇지 아니하다면 수사기관은 상대적으로 규제가 느슨한 증거수집방법을 선택하고 이를 수사의 밀행성, 증거인멸의 가능성 등의 명분으로 정당화할 우려가 있다.[279] 즉, 정보주체는 전자정보에 대한 압수·수색을 집행을 마친 후에도 상당 기간 그 사실조차 알지 못하고 혐의사실과 무관한 정보가 함부로 열람되는 것에도 무방비상태가 되어, 영장 제시, 참여권 보장, 압수목록 교부 등을 규정한 우리 형사소송법의 압수·수색 집행 관련 규정이 결국 사문화될 위험이 있는 것이다.[280]

물론 절차보장의 세부적인 면까지 완전히 동일할 수는 없다. 그러나 적어도 '**적법절차의 실질적 내용**'에 해당하는 사항에 대하여는 같은 수준의 절차적 보장을 받아야 할 것이다[281] 최근 대법원도 '시나닷컴' 사건에서, 인터넷서비스

---

279) 이를 일종의 '규제차익'(regulatory arbitrage)의 문제로 볼 수도 있다. 통상 규제차익이란 규제비용이 낮은 국가 또는 지역에 자원을 배분하여 이익을 얻는 행위를 말하는바, 수사기관과 같은 공공기관 입장에서도 같은 가치를 가지는 증거를 확보하면서도 규제에 따르는 노력·비용이 다르다면 효율적인 방법을 선택하는 경향을 보일 수밖에 없을 것이다. 따라서 일반적으로는 이러한 노력을 비난할 수 없겠으나, 노력·비용을 낮추기 위해 적법절차의 실질적 내용을 훼손하는 경우는 달리 보아야 할 것이다. 규제차익의 이론에 대하여는 다음의 문헌을 참고할 수 있다. Victor Fleischer, *Regulatory Arbitrage*. 89 **Tex. L. Rev.** 227 (2010).

280) 이러한 위험성 때문에 제3자 보관 전자정보의 경우는 원칙적으로 '원격 압수·수색', 즉 최초 압수·수색 장소에 있는 수색 대상 컴퓨터를 통하여 다른 컴퓨터에 접근하여 관련 정보를 압수하는 방법에 의해야 한다고 주장하며 그에 맞는 입법이 필요하다는 견해도 있다. 이러한 견해는 피의자 입장에서도 어떤 부분이 압수되고 있는지 확인가능하고, 서버 자체에 대한 압수·수색으로 인한 기업 또는 제3자의 피해를 방지하는 등의 장점 등이 있다는 점을 논거로 제시하고 있다. 손동권, "새로이 입법화된 디지털증거의 압수, 수색제도에 관한 연구 – 특히 추가적 보완입법의 문제", 형사정책 제23권 제2호 (2011), 325, 337면; 박석훈, 제3자 보관 디지털증거에 대한 원격지 압수수색 체계에 관한 연구 (고려대학교 박사학위 논문, 2016), 113면.

이용자는 ① ‘이메일 계정과 관련 서버에 대한 접속 권한’을 가지고, ② ‘전자정보에 관한 작성·수정·열람·관리 등의 처분 권한’을 가지며, ③ ‘전자정보의 내용에 관하여 사생활의 비밀과 자유 등의 권리 보호 이익’을 가지는 주체로서 ‘해당 전자정보의 소유자 내지 소지자’라고 판시하는바,[282] 이러한 취지에 따라 정보주체인 피의자에게 실질적인 권리를 보장해야 한다. 나아가 향후 형사소송법의 규정을 정비하여 영장 제시, 사전통지, 참여권 보장, 압수목록 교부 등의 절차를 보장받을 당사자의 범위를 명확히 할 필요가 있다.

Ⅴ. 영장 항고: 중간단계 통제수단

1. 들어가며

중간단계 통제의 방법으로 당사자 참여권에 대하여 검토하였다. 당사자 참여권을 뒷받침할 법적 수단으로 준항고 절차(형사소송법 제417조)가 있으나, 본 절차만으로는 권리의 실질적 보장에 충분하지 않다. 최근 압수의 범위 등의 측면에서 논란의 여지가 있는 내용의 영장을 발견할 수 있는바, 준항고만으로는 영장 자체의 효력을 다툴 수 없기 때문이다. 따라서 중간단계 통제의 방법으로 영장의 발부 또는 기각 재판에 대한 불복방법을 허용할 필요가 있다.

기존에 구속영장 또는 체포영장 청구의 맥락에서 이를 발부한 결정이나 기각한 결정에 대하여 항고(법 제402조, 제403조) 또는 준항고(법 제416조)의 방법으로 불복할 수 있는지가 문제 되었는바, 이하에서는 관련 논의를 먼저 살피기

---

281) 대법원은 수사기관의 절차 위반행위가 “**적법절차의 실질적 내용**”을 침해하는 경우에 유죄 인정의 증거로 사용할 수 없다고 판시한다. 대법원 2007. 11. 15. 선고 2007도3061 전원합의체 판결.

282) 대법원 2017. 11. 29. 선고 2017도9747 전원합의체 판결(역외 서버 압수·수색 사건 – 시나닷컴): “**인터넷서비스 이용자**는 ① 인터넷서비스 제공자와 체결한 서비스이용계약에 따라 인터넷서비스를 이용하여 개설한 이메일 계정과 관련 서버에 대한 접속 권한을 가지고, ② 해당 이메일 계정에서 생성한 이메일 등 전자정보에 관한 작성·수정·열람·관리 등의 처분 권한을 가지며, ③ 전자정보의 내용에 관하여 사생활의 비밀과 자유 등의 권리 보호 이익을 가지는 주체로서 해당 **전자정보의 소유자 내지 소지자**라고 할 수 있다.” (구분기호 ①, ②, ③과 밑줄은 필자)

로 한다.

2. 견해의 대립

가. 학설

① **긍정설**: 지방법원 판사의 영장기각 결정에 대해서 항고 또는 준항고로 불복할 수 있다는 견해이다.[283] 법원의 결정(법 제402조, 제403조)에는 '지방법원 판사'의 재판도 포함되므로 항고를 할 수 있고,[284] 또는 재판장 또는 수명법관의 구금에 관한 재판(법 제416조)에 '지방법원 판사'의 영장에 관한 재판도 포함되므로 준항고를 할 수 있다는 것이다.[285] 항고나 준항고가 가능하면 이에 따라 대법원에 재항고도 가능하게 되는데, 대법원 판례를 축적하여 일정한 구속기준을 만들 수가 있고 결과적으로 피의자의 인권보장에 기여할 수 있다는 점 등을 논거로 한다.

② **부정설**: 구속영장을 발부한 결정에 대해서는 피의자에게 구속적부심사청구권이 보장되어 있고, 구속영장을 기각한 결정에 대해서는 검사가 구속영장을 재청구할 수 있으므로 별도의 불복제도를 인정할 필요가 없다는 견해이다.[286] 항고나 준항고를 통한 불복을 허용하게 되면 재판의 효력이 장기간 유동적인

---

283) 노명선·이완규, 형사소송법(제5판, 2017), 204면; 정웅석·최창호, 형사소송법(2017), 146면.

284) 형사소송법 제402조(항고할 수 있는 재판) 법원의 결정에 대하여 불복이 있으면 항고를 할 수 있다. 단, 이 법률에 특별한 규정이 있는 경우에는 예외로 한다.
형사소송법 제403조(판결 전의 결정에 대한 항고) ① 법원의 관할 또는 판결 전의 소송절차에 관한 결정에 대하여는 특히 즉시항고를 할 수 있는 경우 외에는 항고하지 못한다.
② 전항의 규정은 구금, 보석, 압수나 압수물의 환부에 관한 결정 또는 감정하기 위한 피고인의 유치에 관한 결정에 적용하지 아니한다.

285) 형사소송법 제416조(준항고) ① 재판장 또는 수명법관이 다음 각호의 1에 해당한 재판을 고지한 경우에 불복이 있으면 그 법관 소속의 법원에 재판의 취소 또는 변경을 청구할 수 있다. 2. 구금, 보석, 압수 또는 압수물환부에 관한 재판

286) 배종대·이상돈·정승환·이주원, 형사소송법(제2판, 2016). 148면; 신동운, 앞의 책(주 1), 356면; 신양균, 형사소송법(신판, 2009), 182면; 이재상·조균석, 앞의 책(주 1), 270면; 이창현, (주 1), 353면; 임동규, 형사소송법(제12판, 2016), 197면.

상태에 놓여 피의자의 지위가 불안하게 될 우려가 있다는 점 등을 논거로 한다.

나. 판례

판례는 다음과 같은 이유를 들어 '검사의 체포영장 또는 구속영장 청구에 대한 지방법원 판사의 재판은 항고와 준항고의 대상이 되지 않는다'는 입장이다.[287)]

① **입법정책**: 심급제도는 사법에 의한 권리 보호에 관하여 한정된 법 발견자원의 합리적인 분배의 문제인 동시에 재판의 적정과 신속이라는 상반되는 두 가지 요청을 조화시키는 문제이므로, 어느 재판에 대하여 심급제도를 통한 불복을 허용할 것인지는 원칙적으로 입법정책에 달린 문제이다.

② **문리 해석**: 형사소송법이 '법원', '법원 합의부', '단독판사', '재판장', '수명법관', '수탁판사', '지방법원 판사', '법관' 등을 엄격히 구분하는 취지에 비추어, 검사의 체포영장 또는 구속영장 청구에 대한 지방법원 판사의 재판은 형사소송법 제402조의 '법원의 결정'에 해당하지 아니하고, 제416조 제1항의 '재판장 또는 수명법관의 구금 등에 관한 재판'에도 해당하지 아니한다.

③ **간접적 구제방법**: 체포영장 또는 구속영장이 발부된 경우에는 피의자에게 체포 또는 구속의 적부심사를 청구할 수 있도록 하고, 영장청구가 기각된 경우에는 검사가 재청구할 수 있도록 허용함으로써, 간접적인 방법으로 불복할 수 있는 길을 열어 놓고 있다.

3. 관련 판례

위 입장을 기본으로 하여 판례는 구속영장과 관련하여 다음과 같은 일련의 판단을 하고 있다.

- 검사가 압수·수색영장의 청구 등 강제처분을 위한 조치를 위하지 않은 것 자체는 '압수에 관한 처분'으로 볼 수 없기에 고소인·고발인이 준항고를 할 수 없는바,[288)] 위 판결 취지에 비추어 검사가 구속영장 청구를

---

287) 구속영장을 발부한 결정이나 영장의 발부를 기각한 결정에 대하여는, 항고나 준항고가 허용되지 않는다. 대법원 2006. 12. 18.자 2006모646 결정.

하지 않은 것에 대하여도 고소인·고발인이 준항고를 통하여 다툴 수는 없다.[289]

- 구속기간 연장을 허가하지 않는 지방법원 판사의 결정에 대하여는 항고 또는 준항고의 방법으로 불복할 수 없다.[290]
- 체포·구속적부심사에 관한 법원의 결정에 대하여는 기각결정과 석방결정을 불문하고 항고가 허용되지 않는다.[291] 그러나 보증금납입조건부 석방결정에 대하여는 항고할 수 있다.[292]
- 보석허가 결정에 대하여 검사는 즉시항고를 할 수 없다.[293] 그러나 검사가 형사소송법 제403조 제2항에 의한 보통항고의 방법으로 보석허가 결정에 대하여 불복하는 것은 허용된다.[294] 또한, 보석취소 결정에 대하여도 보통항고의 방법으로 항고할 수 있다.[295]
- 나아가 구속집행정지 결정에 대한 검사의 즉시항고도 허용되지 않는다.[296]

---

288) 대법원 2007. 5. 25.자 2007모82 결정.

289) 사법경찰관도 검사의 신청기각에 대하여 다툴 수 없다. 서울북부지방법원 2007. 1. 16.자 2006보1 결정.

290) 대법원 1997. 6. 16.자 97모1 결정; 이재상·조균석, 앞의 책(주 1), 272면; 이창현, 앞의 책(주 1), 356면.

291) 형사소송법 제214조의2 제8항.

292) 대법원 1997. 8. 27.자 97모21 결정; 이재상·조균석, 앞의 책(주 1), 294면; 이창현, 앞의 책(주 1), 380면.

293) 구 형사소송법(1995. 12. 29. 법률 제5054호로 개정되기 전의 것) 제97조 제3항은 '보석을 허가하는 결정 및 구속을 취소하는 결정에 대하여는 검사는 즉시항고를 할 수 있다'라고 규정하여 보석허가 결정에 대한 검사의 즉시항고를 허용하고 검사의 즉시항고가 있으면 보석의 집행이 정지되도록 하였으나, 헌법재판소는 영장주의, 적법절차 원칙 및 과잉금지 원칙에 반한다는 이유로 이를 위헌이라고 결정하였다(헌법재판소 1993. 12. 23. 선고 93헌가2 결정(형사소송법 제97조 제3항 위헌제청)). 법률 제5054호로 개정된 형사소송법(1995. 12. 29. 개정, 1997. 1. 1. 시행) 제97 제3항(현재 동법 제4항)은 '보석을 허가하는 결정 및' 부분을 삭제하고 '구속을 취소하는 결정에 대하여는 검사는 즉시항고를 할 수 있다'고 규정하였다.

294) 대법원 1997. 4. 18.자 97모26 결정; 이재상·조균석, 앞의 책(주 1), 305면; 이창현, 앞의 책(주 1), 402면.

295) 형사소송법 제403조 제2항; 이재상·조균석, 앞의 책(주 1), 307면; 이창현(주 1), 앞의 책, 406면.

296) 구 형사소송법(2015. 7. 31. 법률 제13454호로 개정되기 전의 것) 제101조 제3항은 '제

> 한편 형사소송법 제97조 제4항은 '구속을 취소하는 결정에 대하여는 검사는 즉시항고를 할 수 있다'라고 규정하나, 보석허가 결정에 대한 검사의 즉시항고권, 구속집행정지 결정에 대한 검사의 즉시항고권이 위헌이라고 판단된 것과 같이 위 조항도 영장주의, 적법절차 원칙, 과잉금지 원칙에 반하는 것으로 판단될 여지가 있다.[297]

또한, 이러한 입장은 압수·수색영장 재판에도 일관되게 유지되고 있다. 즉, 지방법원 판사가 한 압수·수색영장 발부 여부에 관한 재판에 대하여는 형사소송법 제402조, 제403조가 규정하는 항고의 방법으로 불복할 수 없고, 법 제416조가 규정한 준항고의 방법으로 불복할 수도 없다.[298] 또한, 검사가 압수·수색영장의 청구 등 강제처분을 위한 조치를 위하지 않은 것 자체는 '압수에 관한 처분'으로 볼 수 없기에 고소인이나 고발인이 준항고를 할 수 없는 것이다.[299]

4. 검토

그러나 다음과 같은 이유로 특히 압수·수색영장의 맥락에서 영장 재판에 대한 불복을 허용함이 필요하다고 생각된다.

가. 실질적인 구제방안 부재

기존 학설과 판례는 구속영장의 맥락에서 논의한 내용을 별다른 검토 없이 그대로 압수·수색영장에도 적용하고 있다. 그러나 구속영장 재판과 압수·수색영장 재판은 실질적인 구제방안의 측면에서 차이가 있다. 구속영장의 경우,

---

1항의 결정에 대하여는 검사는 즉시항고를 할 수 있다'로 규정하고 있었으나, 헌법재판소는 위 조항에 대하여도 영장주의, 적법절차 원칙 및 과잉금지 원칙에 반한다는 이유로 이를 위헌이라고 결정하였다(헌법재판소 2012. 8. 27. 선고 2011헌가36 결정(형사소송법 제101조 제3항 위헌제청). 법률 제13454호로 개정된 형사소송법(2015. 7. 31. 개정 및 시행)은 위 조항을 삭제하였다. 이재상·조균석, 앞의 책(주 1), 311면; 이창현, 앞의 책(주 1), 418면.

297) 이재상·조균석, 앞의 책(주 1), 312면; 이창현, 앞의 책(주 1), 421면.

298) 대법원 1997. 9. 29.자 97모66 결정.

299) 대법원 2007. 5. 25.자 2007모82 결정.

구속영장이 발부되기 전에는 피의자심문(법 제201조의2) 절차에서 의견을 진술할 수 있고, 영장이 발부된 경우에도 구속의 적부심사(법 제214조의2), 보석(법 제94조 이하) 등의 실질적인 구제방안이 인정되고 있다. 그러나 압수·수색영장에 대하여는 이러한 구제방안이 전혀 인정되지 않는 것이다.

구속영장은 피의자 1명에 대한 구금, 석방, 또는 조건부 석방이라는 비교적 단순한 결정임에 반하여, 최근 압수·수색영장은 다양하고 방대한 대상물에 대한 집행을 내용으로 한다. 따라서 오히려 압수·수색영장에 대한 불복수단을 마련함이 시급함에도 구속영장과 같은 간접적 불복방법도 전혀 허용되지 않아 피의자의 권리보장이라는 측면에서 극심한 불균형 상태에 있는 것이다. 이를 해소하기 위해서도 해석론 또는 입법을 통하여 압수·수색영장에 대한 불복수단을 허용해야 할 것이다.

헌법재판소는 2018년 '디엔에이 신원확인정보의 이용 및 보호에 관한 법률' 제8조에 대하여 의견진술·불복의 기회를 보장하지 아니한다는 이유로 헌법에 합치하지 아니한다고 판시한 바 있다.[300] DNA 신원확인정보 수집은 개별적·

---

300) 헌법재판소 2018. 8. 30. 선고 2016헌마344 등 결정(디엔에이감식시료채취영장 발부 위헌확인 등): [결정 요지] (1) 이 사건 영장절차 조항은 이와 같이 신체의 자유를 제한하는 디엔에이감식시료 채취 과정에서 중립적인 법관이 구체적 판단을 거쳐 발부한 영장에 의하도록 함으로써 법관의 사법적 통제가 가능하도록 한 것이므로, 그 목적의 정당성 및 수단의 적합성은 인정된다. (2) 디엔에이감식시료채취영장 발부 여부는 채취대상자에게 자신의 디엔에이감식시료가 강제로 채취당하고 그 정보가 영구히 보관·관리됨으로써 자신의 신체의 자유, 개인정보자기결정권 등의 기본권이 제한될 것인지 여부가 결정되는 중대한 문제이다. 그럼에도 불구하고 <u>이 사건 영장절차 조항은 채취대상자에게 디엔에이감식시료채취영장 발부 과정에서 **자신의 의견을 진술할 수 있는 기회**를 절차적으로 보장하고 있지 않을 뿐만 아니라, 발부 후 그 영장 발부에 대하여 **불복할 수 있는 기회**를 주거나 채취행위의 위법성 확인을 청구할 수 있도록 하는 구제절차마저 마련하고 있지 않다</u>. 위와 같은 입법상의 불비가 있는 <u>이 사건 영장절차 조항은 채취대상자인 청구인들의 재판청구권을 과도하게 제한하므로, **침해의 최소성 원칙**에 위반된다</u>. (3) 이 사건 영장절차 조항에 따라 발부된 영장에 의하여 디엔에이신원확인정보를 확보할 수 있고, 이로써 장래 범죄수사 및 범죄예방 등에 기여하는 공익적 측면이 있으나, <u>이 사건 영장절차 조항의 불완전·불충분한 입법으로 인하여 채취대상자의 재판청구권이 형해화되고 채취대상자가 범죄수사 및 범죄예방의 객체로만 취급받게 된다는 점에서</u>, 양자 사이에 <u>**법익의 균형성**</u>이 인정된다고 볼 수도 없다. (4) 따라서 이 사건 영장절차 조항은 과잉금지원칙을 위반하여 청구인들의 재판청구권을 침해한다. (강조와 밑줄은 필자)

구체적 혐의에 기초하지 아니하는 정보수집행위로서,[301] 도로에서 무차별적으로 행해지는 음주측정과 유사한 성격을 가진다.[302] 따라서 '죄를 범하였다고 의심할 정황'이 있는 경우에 발부되는 압수·수색영장과 완전히 같은 맥락에서 논의할 수는 없다. 그러나 대물적 강제처분이라는 측면에서는 성질을 같이 하므로 위 결정의 취지도 진지하게 반영해야 할 것이다.

나. 법치주의의 사각지대 해소

대물적 강제처분의 요건(죄를 범하였다고 의심할 정황, 필요성, 관련성, 비례성)을 충족하는지 의심이 있는 영장이 현실적으로 발부된 경우, 실질적으로 위법하다고 볼 수 있음에도 실제 집행현장에서는 적어도 사실상의 강제력을 발휘하게 된다. 본 문헌이 주장하는 바와 같이 권고적 효력 이상의 법적 강제력이 없는 '집행방법'이 기재된 경우도 마찬가지이다. 이는 피의자 등 압수대상자의 권리를 실질적으로 침해하게 되고, 사후통제(공판단계)를 통해 이를 바로잡는 것은 결코 쉬운 일이 아니다.

전자정보가 압수·수색의 주된 대상이 되면서, 최근 기업 수사 실무에서 압수·수색 집행에 수개월이 소요되는 경우도 발생하고 있다. 이에 따라 장기간에 걸친 영장 집행 단계가 사실상 법치주의의 사각지대에 놓이게 된다. 이러한 법적 불안정 상태의 해소를 위해서도 영장 자체에 대한 불복수단을 인정할 필요성이 크다 할 것이다.

지금까지 논의한 바를 정리하면 아래 [**표 3-5**]와 같이 정리할 수 있다. 즉,

---

301) ① DNA 신원확인정보를 과거에 발생한 특정 사건을 해결하기 위해 사용하는 경우, 과거의 특정 사건에 대한 개별적·구체적 혐의가 없는 상태에서 대상자로부터 DNA 정보를 수집하는 것이다. ② 또한 DNA 신원확인정보를 아직 발생하지 아니한 미래 사건의 해결에 사용하는 경우에도, 아직 발생하지도 않은 미래 사건에 대한 개별적·구체적 혐의를 갖는 것은 원천적으로 불가능하다. 즉, DNA 신원확인법은 우리 헌법과 형사소송법의 규정에 의한 제약 때문에 '영장'이라는 형식을 사용하고 있으나, 그 실질은 개별적·구체적 혐의에 기초한 일반적 수사 활동과는 구별되는 것이다. 拙稿, "수사기관 정보수집활동의 요건과 한계", 비교형사법연구 제18권 제3호 (2016), 153, 169면.

302) 음주측정의 경우에도 특정 운전자가 음주운전을 하였다는 개별적·구체적 혐의가 없는 상태에서 일반 시민을 상대로 정보수집행위를 하는 것이기 때문이다. Sandra J. Carnahan, *The Supreme's Primary Purpose Test: A Roadblock to the National Law Enforcement Database*, 83 **Neb. L. Rev.** 1 (2004).

참여권, 준항고, 영장 항고라는 3단계의 중간단계 통제장치를 통하여 압수·수색 등의 대물적 강제처분에서 적법절차의 실질적 내용을 보장할 수 있다는 것이 본 장의 핵심적인 주장 내용이다.[303]

[표 3-5]

사전통제	**중간단계 통제**		사후통제
영장심사	**당사자 참여권, 준항고**	**영장 항고**	공판절차

5. 관련 문제

(1) 영장의 열람·등사권

형사소송법 제118조는 "압수·수색영장은 처분을 받는 자에게 반드시 제시하여야 한다"고 규정하고 있다. 이에 따라 피처분자로 하여금 법관이 발부한 영장에 의한 압수·수색영장이라는 사실을 확인함과 동시에 영장에 필요적으로 기재하도록 한 사항이나 그와 일체를 이루는 사항을 충분히 알 수 있도록 영장을 제시하여야 한다.[304] 원본을 제시하지 않고 팩스로 영장사본을 송신하는 것은 인정되지 않고,[305] 현장에서 피처분자가 여러 명일 경우에는 그들 모두에게 개별적으로 영장을 제시하는 것이 원칙이다.[306]

그러나 구속영장 등과 달리(규칙 제101조),[307] 압수·수색영장 등본의 교부를

303) 최근 역외 전자정보 수집을 위해 새로운 차원의 국제적 협력이 시도되고 있다. 만약 미국과 같이 영장 불복제도를 도입한 국가와 양자 간 협력을 시도한다면 상호주의 원칙에 따라 우리 형사 법제에도 영장 불복제도를 도입해야 할 필요도 있다. 이에 대하여는 제6장에서 검토한다.

304) 대법원 2017. 9. 21. 선고 2015도12400 판결.

305) 대법원 2017. 9. 7. 선고 2015도10648 판결.

306) 대법원 2017. 9. 21. 선고 2015도12400 판결; 대법원 2009. 3. 12. 선고 2008도763 판결.

307) 형사소송규칙 제101조(체포·구속적부심청구권자의 체포·구속영장등본 교부청구등) 구속영장이 청구되거나 체포 또는 구속된 피의자, 그 변호인, 법정대리인, 배우자, 직계친족, 형제자매나 동거인 또는 고용주는 긴급체포서, 현행범인체포서, 체포영장, 구속영장 또는 그 청구서를 보관하고 있는 검사, 사법경찰관 또는 법원사무관등에게 그 등본의 교부를 청구할 수 있다.

청구할 권리는 인정되지 않고 있다. 그러나 앞서 설명한 바와 같이 압수·수색영장은 구속영장과 비교하여 훨씬 방대하고 다양한 대상에 대한 집행이 예정되어 있고, 그 내용이 훨씬 복잡하다. 중간단계 통제의 실효성을 확보하기 위해 압수·수색영장에 대한 등본교부청구권을 인정할 필요가 있다.

(2) 집행정지

즉시항고의 제기기간 내와 그 제기가 있는 때에는 재판의 집행은 정지된다(법 제410조). 반면, 보통항고의 경우 재판의 집행을 정지하는 효력이 없으나, 원심법원 또는 항고법원은 결정으로 항고에 대한 결정이 있을 때까지 집행을 정지할 수 있다(법 제409조). 이는 준항고의 경우도 마찬가지이다(법 제419조, 제409조).

중간단계 통제의 실효성을 확보하기 위해 집행정지를 적극적으로 인정할 필요가 있다. 집행정지를 인정할 경우 대상물의 처리 방법이 문제 된다. 아직 우리 형사소송법에 독일 형사소송법 제94조 제1항,[308] 일본 형사소송법 제197조 제3항[309]과 같은 보전 절차가 도입되어 있지 않으므로 다음과 같이 처리함이 적절하다고 생각된다. 즉, 압수·수색 집행과정에서 복제본 또는 저장매체 원본의 처리와 유사하게 참여권이 보장된 상태에서 봉인하도록 하고, 항고 또는 준항고에 대한 판단이 이루어진 후에 그 취지에 따라 '압수를 계속할 필요가 없다고 인정되는 압수물(법 제133조 제1항)'에 준하여 반환하든지, 또는 참여권이 보장된 상태에서 이를 개봉하여 집행을 계속하는 것이다.

* * * * *

308) 독일 형사소송법 제94조(증거의 보전과 압수) ① 심리에서 증거방법으로서 가치가 있을 수 있는 대상은 보관하거나 다른 방법으로 보전해야 한다.

309) 일본 형사소송법 제197조 ③ 검찰관, 검찰사무관, 또는 사법경찰직원은 압수 또는 기록명령부 압수를 할 필요가 있을 때에는 전기통신을 위한 설비를 타인의 통신용으로 제공하는 사업을 영위하는 자 또는 자기 업무를 위해 불특정 또는 다수인의 통신을 매개할 수 있는 전기통신을 위한 설비를 설치하고 있는 자에 대하여, 그 업무상 기록한 전기통신의 송신원, 송신지, 통신날짜, 기타 통신이력의 전자정보 중에 필요한 것을 특정하여 30일을 넘지 않는 기간을 정해 이를 삭제하지 않도록, 서면으로 요구할 수 있다. 이 경우에 해당 전자정보를 압수 또는 기록명령부 압수를 할 필요가 없다고 인정될 때에는, 해당 요구를 취소하여야 한다.

제4장

전자정보 접근방법의 법적 문제

제4장 전자정보 접근방법의 법적 문제

제1절 일반론

Ⅰ. 들어가며

1. 전자정보 수집과 '접근권한정보'

프라이버시에 대한 인식이 높아짐에 따라 컴퓨터, 휴대전화기와 같은 개인용 정보기기(personal device)에도 아이디, 패스워드 등으로 다른 사용자의 사용을 방지하는 경우가 빈번하다. 한편, 서버의 경우는 그 특성상 '**접근권한에 대한 정보**'(아이디, 패스워드 등)의 사용이 필수적이다.[1] 서버(server)란 컴퓨터네트워크에서 다른 컴퓨터에 서비스를 제공하기 위한 컴퓨터 또는 소프트웨어를 말하며, 반대로 서버에서 보내 주는 정보 서비스를 받는 측 또는 요구하는 측의 컴퓨터 또는 소프트웨어를 클라이언트(client)라고 한다.

서버는 일종의 공동사용 자원으로 볼 수 있다.[2] 공동으로 사용되는 자원은 ① 특정 사용자 집단(**주체**), ② 사용자들을 위한 컴퓨팅 자원(**객체**), ③ 컴퓨팅 자원을 사용하는 방법(**규칙**)을 필수적 구성요소로 한다. 개별 사용자들은 사용규칙에 따라 컴퓨팅 자원의 사용에 대하여 각자 다른 범위의 권한을 가지게

---

1) '접근권한정보'(access information)를 '계정정보'(account information)라 부르기도 한다.

2) 서버 자체는 서버 운영자(인터넷서비스 제공자)의 소유인 상태에서 사용자들이 서버 운영자와 일종의 임차계약을 체결하여 공동으로 사용할 수도 있고, 사용자들이 서버 자체를 공동소유(common property)하면서 법령, 계약, 관습 등에 의한 내부사용규칙을 설정하여 공동으로 사용할 수도 있다. 어느 경우든 ① 특정 사용자 집단(주체), ② 그 집단이 사용하는 대상(객체)을 식별하고, ③ 특정 사용자 집단이 대상을 사용하는 방법(사용규칙)이 설정되어야 할 것이다. 이러한 사용 관계의 법적 성격과 가상공간에 대한 응용에 대하여는 다음의 문헌을 참고할 수 있다. 拙稿, "정보통신망 침입에 대한 연구: 정보통신망 이용촉진 및 정보보호 등에 관한 법률 제48조를 중심으로", 법조 제62권 제12호 (2013), 117면; Henry E. Smith, *Semicommon Property Rights and Scattering in the Open Fields*, 29 **J. Legal Stud.** 131 (2000).

된다. 그런데 개별 사용자들에 대한 권한을 인증하고 이를 배분할 때 가장 많이 사용되는 수단은 사용자들에게 아이디와 패스워드와 같은 접근권한정보를 부여하는 방법이다. 따라서 서버에 대한 압수·수색은 원칙적으로 피압수자의 '접근권한에 대한 정보(아이디, 패스워드 등)' 획득을 전제로 하는 것이다.

2. 전자정보 수집과 '암호화 정보'

더 나아가 저장매체 자체 또는 개별 파일에 대하여 개인정보·영업비밀 등의 보호를 위해 암호화 방법을 사용할 수 있다. '**암호화**'(encryption)는 정보를 제3자가 알아볼 수 없도록 평문(plain text)을 재구성하여 암호문(cipher text)을 만드는 것이고, 이때 정보의 재구성방법을 암호화 알고리즘(encryption algorithm)이라 한다.[3] 암호시스템의 안전성은 암호화 키(encryption key)의 비밀성에 의존한다는 케르크호프스 원리(Kerckhoff's principle)에 따라 암호화 알고리즘은 일반적으로 공개되며, 암호에 의해 보호되는 정보의 보안은 키에 대한 보호에 의존하게 된다. 현대 암호 실무에서는 통상 128비트 또는 256비트 길이의 키를 사용한다. 그런데 일반적인 사용자는 이러한 길이의 암호화 키에 대한 정보를 기억하기 어렵기 때문에, 짧고 기억이 쉬운 패스워드(password)를 설정하는 방법으로 키에 대한 보안을 유지하게 된다. 보다 구체적으로 살펴보면 '**암호해제**'(복호화, decryption)는 다음과 같은 2단계 과정을 거치게 된다. 먼저 패스워드를 이용하여 키에 대한 암호화를 해제하고(**1단계**), 암호화 해제된 키를 이용하여 복호화 알고리즘(decryption algorithm)을 시동하게 된다(**2단계**). 결론적으로 대부분 사용자에게 패스워드는 실질적으로 키와 같은 기능을 하게 된다. 따라서 이하에서 암호화·복호화 알고리즘을 구동하는 '암호화 키', 그러한 키를 복호화하는 '패스워드'를 통칭하여 '**암호화 정보**'라는 용어를 사용하기로 한다.

서버에 대한 '접근권한정보'와 암호화된 정보에 접근할 수 있도록 하는 '암호화 정보'는 ① 특정 정보에 대한 접근권한을 부여하는 기능을 하고, ② 사용자의 정보결정권을 강화한다는 점에서 기술적·규범적으로 유사한 역할을 한다. 따라서 본 문헌에서는 위 두 개념을 모두 포괄하는 넓은 개념으로 '**접근권**

3) 정진욱·김현철·조강홍, 컴퓨터네트워크 (2003), 518면.

한정보 등'이라는 용어를 사용하며, 특히 구분할 필요가 있는 경우에 이를 명시하도록 할 것이다.[4)]

Ⅱ. 암호와 프라이버시

1. 암호 관련 규제의 역사

미연방 정부는 1990년대에 암호화 수단에 대한 규제를 시도한 바 있다. '암호전쟁'(crypto wars)이라 불리는 치열한 논쟁을 거쳐 클린턴 행정부는 1999년에 정책을 전환하여 암호화에 대한 규제를 포기하기에 이르렀다. 이후 암호문제는 주요한 정책적 주제로 다루어지지 아니하였으나 최근 중국, 인도 등의 국가에서 유사한 논쟁이 진행 중인바, 본 항목에서는 위와 같은 경위와 관련된 법적 쟁점에 대하여 간략히 살피기로 한다.

가. 키 위탁 방식과 클리퍼 칩

1990년 이전에는 국가안전국(National Security Agency, NSA)이 암호 관련 정책에서 주된 역할을 하였다. 국방부(department of defense) 소속기관으로서 국가안전국은 상호보완하는 두 가지 기능을 하였다. 즉, ① 감시 대상이 설정한 암호를 해제하고, ② 정부, 기업 등에서 사용하는 암호화 수단을 효과적으로 보호함이 바로 그것이다. 그러나 기술발전에 따라 공개키 방식의 암호화 방법이 개발됨에 따라, 암호화 관련 주도권은 민간으로 넘어가고 국가안전국의 역할은 자연스럽게 줄어들게 된 것이다.[5)]

1990년대 초반에 이르러서는 민간에서 발전한 암호화 기법에 여하히 대처할 것인지가 중요한 정책 과제로 대두되었다. 특히 '암호화 키 위탁'(encryption

---

4) 따라서 본 문헌에서 사용하는 개념들의 관계는 다음과 같이 정리할 수 있다. '**접근권한정보 등**' = '**접근권한정보**' + '**암호화 정보**'

5) 암호화 관련 정책의 역사에 대하여는 다음의 문헌을 참고할 수 있다. Electronic Privacy Information Center, *Cryptography Policy*, available at: http://epic.org/crypto; Peter Swire & Kenesa Ahmad, *Encryption and Globalization*, 13 Colum. Sci. & Tech. L. Rev. 416, 433 (2012).

key escrow)과 '클리퍼 칩'(Clipper chip)이 암호 관련 정책에서 핵심 쟁점이 되었다.[6] 암호화 수단에 대한 규제를 완화하여 민간에서 충분히 강력한 암호화 수단을 쓸 수 있게 하면서도, 키를 위탁하도록 하여 수사기관 등이 필요에 따라 접근할 수 있도록 한다는 것이 기본적 정책 구상이었다. 정부의 계획은 상호 독립적으로 운영되는 2개의 보관기구를 설치하고 각 기구가 키의 일부분씩을 보관하도록 하는 것이었다. 2개의 독립된 보관기구를 설치한 이유는 수사기관 등이 위탁된 키를 자의적으로 사용하는 것을 막기 위함이었고, 수사기관은 법원의 심사를 거쳐 필요성이 인정될 경우 2개의 보관기구로부터 키를 받아 대상 정보에 대한 암호화 해제를 할 수 있었다.

'클리퍼 칩'은 키 위탁 방식을 실현하려는 초기의 시도였다.[7] 그러나 클리퍼 칩에 대한 계획은 암호 관련 규제를 상징하는 것으로 받아들여졌고, 기술적 측면, 법리적 측면에서 광범위한 비판을 받게 되었다. 이후 클리퍼 칩 자체의 기술적 결함이 발견되고, 암호 관련 규제에 대한 격렬한 반대도 더하여져, 결국 '클리퍼 칩'은 성공적으로 보급되지 못하였다. 미연방 정부는 클리퍼 칩이 실패한 후에도 키 위탁 방식을 계속 진행하려 하였으나, 정보화 전문가들은 1997년에 키 위탁 방식에 대한 상세한 보고서를 발간하여 이를 비판하기도 하였다.[8] 위 보고서에서 언급하는 키 위탁 방식에 대한 비판의 요지는 다음과 같다. 먼저 ① 키 위탁은 인위적으로 암호시스템의 보안취약점(security vulnerability)을 만드는 결과가 된다. 키를 보관하는 기관은 해커나 범죄자들에게 주요 공격대

---

6) 키 위탁 정책과 클리퍼 칩의 헌법적 문제점을 분석한 것을 다음의 논문이 대표적이다. A. Michael Froomkin, *The Metaphor is the Key: Cryptography, the Clipper Chip and the Constitution*, 143 **U. Pa. L. Rev.** 709, 810 (1995);

7) 미연방 정부는 클리퍼를 암호기술의 표준으로 하여 암호화 기술의 활용을 통제하려고 시도하였다. 클리퍼 논쟁에 대하여는 앞서 언급한 프룸킨(Froomkin)의 방대한 논문 외에 다음의 문헌을 참고할 수 있다. Howard S. Dakoff, *The Clipper Chip Proposal: Deciphering the Unfounded Fears That Are Wrongfully Derailing Its Implementation*, 29 **J. Marshall L. Rev.** 475 (1996); A. Michael Froomkin, *It Came from Planet Clipper: The Battle Over Cryptographic Key "Escrow"*, 1996 **U. Chi. Legal F.** 15 (1996).

8) Hal Abelson, Ross Anderson, Steven M. Bellovin, Josh Benaloh, Matt Blaze, Whiteld Die, John Gilmore, Peter G. Neumann, Ronald L. Rivest, Jerey I. Schiller & Bruce Schneier, **The Risks of Key Recovery, Key Escrow, and Trusted Third-Party Encryption** (1997).

상이 될 것이며, 보관기구의 내부자들이 권한을 남용하여 보관된 키를 불법적 목적으로 사용할 가능성도 배제하기 어렵다. 다음으로 ② 집중화된 보관기구에서 요청하는 수사기관이 적법한 권한을 가지는 것인지를 검증·확인하고, 대상 정보를 정확히 추출하여 복호화 과정을 거친 후, 그 정보를 요청 기관에 전송하는 일련의 과정이 오류 없이 작동하도록 하는 것은 쉬운 일이 아니다. 이러한 복잡한 과정에서 작은 오류가 발생하는 것만으로도 보안에 심각한 위험이 발생할 수 있다. 또한 ③ 위와 같은 복잡한 일련의 과정을 유지하고 작동하도록 하는 것은 경제적 측면에서도 높은 비용이 요구된다는 것이다.

나. 암호화 수단의 수출규제

한편 클리퍼 칩의 실패 이후 암호 관련 규제의 초점은 ① 암호화 기구에 대한 수출규제와 ② 국내에서 암호화 수단 사용의 제약으로 옮겨졌다. 암호화 소프트웨어는 전통적으로 **군수품**(munition)으로 분류되었고, 전투기와 같은 고도의 기술에 적용되는 수출규제가 그대로 적용되었다. 1990년대에 국방부의 규제 대상에서 상무부(department of commerce)의 수출규제 대상으로 바뀌기는 하였으나, 여전히 강한 규제의 대상으로 취급된 것이다.[9] 나아가 1997년에는 하원 정보위원회(Intelligence Committee)가 수사기관 등이 사용할 수 있는 백도어(back door)를 설치하지 않은 암호화 제품의 제조·판매를 금지하고 이에 위반할 경우 형사처벌까지 할 수 있는 법안을 논의하기도 하였다. 다만 암호 규제 정책에 대한 논쟁이 가열되면서 결국 위 법안은 의회를 통과하지 못하였다.

다. 암호 관련 규제의 전환

암호 관련 정책논쟁에서 수정헌법 제4조와 프라이버시, 수정헌법 제1조와 표현의 자유는 중요한 이론적 도구 역할을 하였다. 암호 관련 규제를 반대하는 견해는 암호 관련 각종 규제, 특히 키를 위탁하도록 하는 것은 영장 없이 행하여지는 '수색·압수'와 다르지 않고, 나아가 법적 요건을 준수하지 않은 '감청'과 유사하다는 견해를 피력하였다.[10] 또한, 표현의 자유에 기초한 암호 규제

9) Encryption Items Transferred From the U.S. Munitions List to the Commerce Control List, 61 **Fed. Reg.** 68572 (Dec. 30, 1996).

반대 논리는 일부 법원에서 판결의 논거로 채용되기도 하였다.[11] 이러한 법률적·정책적 반대 논리에 더하여, 공개키 암호화 알고리즘 방식이 광범위하게 보급되자 기술적인 의미에서도 암호화를 규제하려는 노력은 큰 의미가 없게 되었다.[12]

이러한 변화를 반영하여 1999년 9월 미연방 정부는 암호 관련 정책의 방향을 크게 전향하면서 대부분의 수출규제를 폐지하기에 이르렀다.[13] 정책전환의 배경에 대하여 다양한 견해가 있지만, 대체로 1990년대 후반 인터넷과 암호화 기술의 발전을 배경으로 날로 증가하는 프라이버시에 대한 규범적 인식의 전환이 이루어진 것으로 평가되고 있다. 따라서 현재 미국의 암호 관련 법과 정책은, 정부도 민간에 대한 암호화 관련 규제를 하지 않지만, 다른 한편으로 기존에 정립된 형사 절차 관련 규제에 어긋나지 않는 한 수사기관의 암호해제 시도 그 자체를 따로 제한할 법적 근거도 없는 것이라 할 수 있다.

2. 암호 관련 규제의 문제점

암호 관련 정책논쟁이 완전히 종결된 것이라 말하기는 어렵다. 앞서 본 정책논쟁은 이후 다른 나라에서도 재연되고 있기 때문이다. 예컨대, 인도는 국가

---

10) Froomkin, 앞의 논문(주 6), 828면; Joel C. Mandelman, *Lest We Walk Into the Well: Guarding the Keys-Encrypting the Constitution: To Speak, Search, & Seize in Cyberspace*, 8 **Alb. L. J. Sci. & Tech.** 227, 268 (1998); Kirsten Scheurer, *The Clipper Chip: Cryptography Technology and the Constitution - The Government's Answer to Encryption "Chips" away at Constitutional Rights*, 21 **Rutgers Computer & Tech. L.J.** 263 (1995).

11) *Bernstein v. U.S. Department of Justice*, 945 F. Supp. 1279 (N.D. Cal. 1996) (암호화 알고리즘에 관한 책을 출판하려는 저자에게 출판 전에 수출규제 관련 허가를 취득하도록 한 것에 대하여, 법원은 표현의 자유에 의하여 금지되는 사전검열에 해당한다는 이유로 수정헌법 제1조에 위반된다고 판시하였다.)

12) 공개키 암호화 방식은 1970년 중반에 컴퓨터과학자들에 의해 개발되었다. 대표적인 공개키 암호화 알고리즘으로 'PGP'(Pretty Good Privacy)를 들 수 있다. Whitfield Diffie & Martin E. Hellman, *New Directions in Cryptography*, 22 **IEEE Transactions on Information Theory** 644 (1976).

13) Statement by Commerce Secretary William Daley Re: Administration encryption policy (Sept. 16, 1999).

안전보장을 이유로 약한 암호화 시스템을 선호하고, 중국은 국내에서 제조된 암호화 제품을 장려하는 등, 1990년대 이전의 미국과 마찬가지로 암호문제를 국가정책의 대상으로 보고 있다.[14] 또한, 영국의 경우 '수사 권한 규제법'(Regulation of Investigatory Powers Act 2000, RIPA)과 '암호화된 전자정보의 수사에 관한 규칙'(Code of practice for the investigation of protected electronic information)에 따라 수사기관이 암호화된 정보를 해독할 수 있는 패스워드 등의 제공을 명령할 수 있도록 규정한다. 즉, 국가정책의 차원이 아니라 직접 형사 절차에서 암호 관련 규정을 두고 있다. 또한 각국의 수사기관·정보기관은 자신들이 접근할 수 있는 백도어를 열어두도록 한다는 의심을 받고 있다.[15]

그러나 이러한 조치는 정보보호의 관점, 경제적 측면, 규범적 측면 등에서 문제점을 안고 있다. 먼저 ① 정부가 적절한 법적 통제 없이 개인의 정보에 접근하도록 할 위험이 있고, 정보보호에도 심각한 위험이 될 수 있다. 인위적으로 설정한 백도어가 수사기관에 의하여만 사용된다는 보장이 없기 때문이다.[16] 즉, 수사 목적을 위해 인위적으로 '결함'을 만들어 두는 경우, 오히려 해당 시스템을 손상하는 기회를 제공할 수 있는 것이다. 또한 ② 암호화 기술은 정보보호에 대한 사용자의 수요에 따라 발전하고 있는데, 경제적 측면에서 볼 때 주로 IT 기업인 서비스제공자가 그러한 사용자의 요청을 거부하고 정부의 요청에 순응하기는 쉽지 않다.[17] ③ 경제적 측면의 고려 외에도 암호 관련 조치는 불리한 진술을 강요당하지 아니할 권리(헌법 제12조 제2항), 자기부죄거부특권(privilege against self-incrimination)을 침해할 수 있으므로, 과도한 암호화

---

14) 인도, 중국의 암호 관련 정책논쟁은 다음의 문헌을 참고할 수 있다. Swire & Ahmad, 앞의 논문(주 5), 441면.

15) 미국 국가보안국(NSA)의 감시실태를 폭로한 스노든 사건에서도 이러한 위험을 충분히 감지할 수 있다. Ewen Macaskill & Gabriel Dance, *NSA Files: Decoded*, **Guardian** (2013. 11. 1.).

16) 예컨대 전자상거래 시스템의 경우 신용카드 정보 등 민감한 정보가 전송되는바, 이러한 정보를 수사기관이 아닌 자가 획득하여 남용할 경우 예상되는 해악은 상상하기 어렵다.

17) 최근 수사기관의 아이폰 암호해제 요청이 큰 논쟁을 불러온 사례가 있다. *In re Search of an Apple iPhone Seized During Execution of a Search Warrant on a Black Lexus IS300, Cal. License Plate 35KGD203, No. ED 15-0451M*, 2016 WL 618401, at *1 (C.D. Cal. Feb. 16, 2016).

금지는 규범적 차원에서도 논의의 여지가 있다.

3. 암호와 개인정보자기결정권

압수·수색과 감청 관련 법제는 수사기관으로 대표되는 국가의 정보통제권이라는 관점에서 바라보아야 한다. 달리 말하면, 정부와 민간 사이에 정보 통제에 대한 적절한 범위를 결정한다는 관점이 필요하다. 오늘날의 개인정보보호는 단순한 사생활의 소극적 보호라는 차원을 넘어 '개인정보자기결정권'이라는 헌법상 권리를 중심으로 전개된다. 암호는 정보 주체가 결정한 정보의 공개 대상과 범위를 보호하는 역할을 한다. 개인정보자기결정권의 보호는 법적 수단만으로는 불충분한 경우가 많은데, 암호는 사적 수단에 의해 보호의 사각지대를 보완하는 기능을 하는 것이다.[18)]

우리의 암호 관련 법 제도는, 앞서 논한 미국의 예와 유사하게, 정부도 민간에 대한 암호화 관련 규제를 하지 않지만,[19)] 다른 한편으로 형사소송법 등의 관련 절차에 어긋나지 않는 한 수사기관의 암호해제 시도 그 자체를 따로 제한할 법적 근거도 없는 것이라 할 수 있다. 현재의 법 상태는 암호를 통한 프라이버시 보호라는 사익과 수사를 통해 달성하는 공익이 나름의 균형을 이룬 상태라 평가할 수 있으며, 본 장에서 다루는 쟁점을 검토할 때에는 이러한 배경을 염두에 둘 필요가 있다. 즉, '접근권한정보 등'에 진술거부권에 의한 보호를 인정하려는 시도가 실체진실의 발견을 저해하는 결과가 된다는 반론이 가

---

18) 다만 본 문헌은 피의자가 피의사실 관련 증거를 암호화를 통해 보호하고 수사기관은 그에 대한 해제를 시도하는 국면을 중심으로 논의하나, 반면 정부 기관에서 각종 정보를 암호화하여 보호하고 범죄자는 그에 대한 해킹을 시도하는 국면도 있다는 점도 유념할 필요가 있다.

19) 개인정보보호 관련 법령이나 행정규칙에서 암호화 조치를 법률적으로 요구하는 경우도 있으므로 암호화가 전적으로 법적 규율을 벗어난 수단이라 보기는 어렵다. 그러한 예로 '개인정보의 기술적·관리적 보호조치 기준(방송통신위원회 고시 제2019-13호)'을 들 수 있다. 다만 위 기준은 '정보통신망 이용촉진 및 정보보호 등에 관한 법률'의 관련 규정에 따라 정보통신서비스 제공자 등이 이용자의 개인정보를 처리함에 있어 개인정보의 분실 등을 방지하고 개인정보의 안전성 확보를 위하여 필요한 기술적·관리적 보호조치의 기준을 정하는 것이므로, 개인의 암호화 수단 사용을 제약하려는 것은 아니다.

능하나, 접근권한정보 등의 보호는 피의자·피고인의 입장에서 다양한 방법으로 전자정보를 취득할 수 있는 수사기관의 권한에 대응할 수 있는 최소한의 방어 수단이 되는 것이다.

Ⅲ. 전자정보 접근의 유형

1. 접근권한정보 등을 이용한 전자정보 수집

접근권한정보 등이 필요한 전자정보에 접근할 때, 수사기관 입장에서 다양한 방법이 존재하며 그에 따라 살펴봐야 할 법적 쟁점에 차이가 있다. 따라서 접근방법을 일정한 기준에 따라 유형화할 필요가 있다. 가장 중요한 유형은 어떠한 방법으로든 수사기관이 접근권한정보 등을 이용하여 전자정보에 접근하는 것이다. 이 유형도 세부적으로 다음과 같이 나누어 볼 수 있다. 이에 대하여는 본 장의 제2절에서 그 쟁점을 상세히 검토한다.

① 피의자에게 접근권한정보 등을 직접 요청하는 방법
② 접근권한정보 등을 직접 요청하지 않고, 피의자에게 접근권한정보 등을 스스로 입력하여 수사기관이 해당 전자정보를 제한 없이 이용할 수 있는 상태에 두도록 요청하는 방법
③ 암호화를 해제한 전자정보의 제출을 요청하는 방법
④ 접근권한정보 등을 요청하는 특수유형으로, 접근권한정보 등으로 사용하는 생체인식수단을 제공받는 방법

2. 수사기관의 활동을 통한 전자정보 접근

다음으로 수사기관의 적극적 활동을 통해 전자정보에 접근하는 방법이 있다. 피의자로부터 접근권한정보 등을 취득하지 못할 경우, 수사기관이 수사 과정에서 발견한 다른 증거 등을 통해 알아낼 수밖에 없다. 달리 말하면 접근권한정보 등도 수사의 대상인 것이다. 이는 다양한 노력이 필요하고 성공이 반드시 보장되지도 않는 어려운 작업이다. 그리고 간단한 기준으로 유형화하기도

어렵고, 기존에 쟁점이 된 사례를 아래와 같이 열거하여 파악할 수밖에 없다. 또한 그 적법성을 판단할 때에도 수사 일반에 적용되는 기준으로 허용범위를 판단하되 개별 수사방법의 특수성을 함께 고려할 수밖에 없을 것이다. 본 유형에 대하여는 본 장의 제3절에서 관련 쟁점을 검토한다.

- 일반적 수사기법

① 다른 증거를 통해 접근권한정보 등을 취득하거나, 관련 정보를 바탕으로 추측하여 이를 알아내는 경우
② 이미 작동 중인 수색 대상 컴퓨터를 통하여 암호화 해제된 평문 또는 접속 중인 서버에 접근하는 경우
③ 제3자에 대하여 협력을 요구하는 경우

- 신종 수사기법

① 프로그램을 이용한 계속적·반복적인 접근
② 키로거 프로그램 등을 통하여 접근권한정보를 알아내는 경우
③ 시스템의 보안상 취약점을 이용하여 접근하는 경우

3. 인터넷서비스 제공자의 서버를 통한 전자정보 수집

수사를 통해 전자정보의 접근방법을 찾아내는 것은 다양한 노력이 필요하고 성공이 반드시 보장되지도 않는다. 이에 따라 컴퓨터 등 개인용 정보기기를 통하지 아니하고 제3자(인터넷서비스 제공자)의 서버를 통해 전자정보를 수집하려는 시도가 증가하고 있음은 설명한 바 있다. 그러나 본 문헌에서 논의하는 역외 전자정보 압수·수색의 상황에서는 서버 자체에 대한 증거수집이 현실적·법률적으로 불가능한 경우가 많다. 따라서 피의자의 접근권한정보 등을 중심으로 논하는 본 장에서는 제3자의 서버를 통한 전자정보 수집에 대한 논의는 생략하기로 한다.

제2절 접근권한정보 등을 이용한 전자정보 접근

Ⅰ. 들어가며

1. 쟁점 검토를 위한 기본 개념

가. 정보제공 주체 - 진술거부권 인정 여부에 따른 구분

구체적인 논의에 앞서 접근권한정보, 암호화 정보를 제공하는 주체에 대한 검토가 필요하다. 형사소송법에 의하면 수사단계의 압수·수색 집행은, ① '**처분을 받는 자**'에 대한 영장 제시(법 제219조, 제118조), ② '**피의자 또는 변호인**'에 대한 통지(법 제219조, 제122조), ③ '**피의자 또는 변호인**'의 참여(법 제219조, 제121조), ④ '**소유자, 소지자, 보관자 기타 이에 준할 자**'에 대한 압수목록 교부(법 제219조, 제129조) 등의 순서로 진행된다. 즉, 형사소송법은 개별 조항의 목적에 따라 절차보장의 대상을 다양하게 규정하며, 사안의 구체적 사정에 따라 '처분을 받는 자', '피의자', '소유자, 소지자, 보관자 기타 이에 준할 자'는 일치할 수도 있고 분리될 수도 있다. 그러나 진술거부권을 중심으로 논하는 본 문헌의 목적상 특별한 언급이 없는 한 '**피의자**'가 정보주체로서 정보의 '**소유자, 소지자, 보관자 기타 이에 준할 자**'에 해당하고, '**처분을 받는 자**'이기도 한 단순한 상황을 전제하고 논의를 전개하기로 한다.[20] 따라서 아래에서 단순히 '피의자'라 칭하는 경우에도 대물적 강제처분의 대상자이기도 하다는 점을 염두에 두어야 할 것이다.

전자정보에 접근하는 가장 원칙적 방법은, 검사나 수사관이 피의자 등에게 ① 서버에 대한 접근권한정보, ② 특정 전자정보나 저장매체에 대한 암호화 정보를 직접 요청하는 것이다. 물론 이러한 방법을 사용하려면, ① 수사기관이 접근권한정보 등을 알고 있는 사람을 파악하고, ② 그에 대하여 접근 가능하다는 전제가 충족되어야 한다.[21]

---

20) 즉, '**처분을 받는 자**'(법 제219조, 제118조) = '**피의자**'(법 제219조, 제121조, 122조) = '**소유자, 소지자, 보관자 기타 이에 준할 자**'(법 제219조, 제129조)인 상황이다. 단순한 설정이나 현실적으로 가장 많이 발생하는 유형이기도 하다.

21) 예컨대, 샌버너디노(*San Bernardino*) 테러 사건에서도 휴대전화기 사용자는 이미 사망

한편 접근권한정보 등을 제공하는 **주체**에 따라 ① 피의자가 제공하는 경우, ② 공범이 제공하는 경우,[22] ③ 피압수자와의 관계 또는 우연한 사정으로 접근권한정보 등을 알게 된 제3자가 이를 제공하는 경우로 나누어 볼 수 있다. 본 항목에서는 주로 피압수자, 공범 등 **진술거부권이 인정될 수 있는 주체**를 대상으로 쟁점을 검토하기로 한다.

나. 정보제공 경위

피의자 등이 접근권한정보 등을 자발적 제공한다면, 원칙적으로 수사기관은 권한 관련 정보 등을 적법하게 사용할 수 있다. 그러나 자발적 제공을 거부할 경우 이를 강제할 법적 수단이 인정되는지가 쟁점인 것이다.

이를 검토하려면 접근권한정보 등을 요청하는 **구체적 경위**를 세부적으로 살펴보는 것이 필요하다. 즉, ① 피의자에게 접근권한정보 등을 직접 요청하는 방법, ② 접근권한정보 등을 직접 요청하지 않고, 피의자가 이를 스스로 입력하여 수사기관이 해당 전자정보를 제한 없이 이용할 수 있는 상태에 두도록 요청하는 방법, ③ 암호화를 해제한 전자정보 제출을 요청하는 방법 등을 법적으로 강제할 수 있는지를 유형별로 나누어 살펴보아야 한다. 또한 ④ 접근권한정보 등을 요청하는 특수유형으로 접근권한정보 등으로 사용하는 생체인식수단(biometric means)을 제공받는 방법도 별도로 검토할 필요가 있다. 위 ①은 접근권한 관련 '정보'를 요청하는 것이고, ②, ③은 접근권한 관련 '행위'를 요청하는 것이다. 한편, ④는 생체인식수단이라는 '신체 정보'를 요청하는 것

한 상태였기 때문에, 수사기관은 애플에 대하여 휴대전화기의 패스워드를 무력화하는 조치를 요구할 수밖에 없었다. Ellen Nakashima, *Apple Vows to Resist FBI Demand to Crack iPhone Linked to San Bernardino Attacks*, **Washington Post** (2016. 2. 17.).

22) '공범의 진술'에 의하여 관련 정보를 취득할 수도 있다. 예컨대, 도난 스마트폰의 해외 유출사건에서 피의자들이 매입 장부를 작성할 때 공유하는 지메일(g-mail) 계정에 대하여 체포된 공범이 계정과 비밀번호를 진술한 경우, 이를 바탕으로 수사기관 사무실에서 해당 메일 계정에 접속하여 전자우편을 압수·수색한 사례도 있다. 이 경우 영장의 '압수대상'은 작성 기간을 한정한 전자우편으로 특정하고, '압수장소'는 수사기관의 사무실로 기재하였으며, '압수방법'은 이미 확보한 계정과 비밀번호를 이용하여 접근하는 방법으로 적시한다. 정대용·김기범·권헌영·이상진, "디지털증거의 역외 압수수색에 관한 쟁점과 입법론", 법조 제720호 (2016), 133, 146면.

이다.

위 각 유형에서 피의자가 협력을 거부하는 경우 수사기관이 어느 정도의 법적 강제력을 동원할 수 있는가라는 문제는 진술거부권(헌법 제12조 제2항), 적법절차(헌법 제12조 제3항)와 같은 헌법 원리나 형사소송법의 기본원리에 따라 판단할 수밖에 없다. 본 항목의 분석에서 유의할 점은, ① 암호해제가 필요한 전자정보 자체의 취득과, ② 접근권한정보 등의 취득을 분리하여 고려한다는 것이다. 암호해제 대상인 전자정보의 취득은 그 자체의 적법성을 따로 살펴보아야 할 것이며, 본 항목에서 다루는 것은 접근권한정보 등의 취득과정이다.

다. 진술거부권의 문제

'접근권한정보 등'을 이용한 전자정보 수집의 법적 문제를 검토할 때 가장 중요한 쟁점은 진술거부권 침해 문제이다.

진술거부권은 피의자나 피고인이 수사 및 공판절차에서 수사기관이나 법원의 신문에 대하여 진술을 거부할 수 있는 권리를 말하며, 묵비권(黙秘權, right to silence)이라 칭하기도 한다. 진술거부권은 영미의 자기부죄거부특권(privilege against self-incrimination)에서 유래하는 권리로서 피의자나 피고인의 인권을 보장할 뿐만 아니라 중요한 방어권의 하나가 되고 있다. 피고인 등에게 진실을 진술할 의무가 없게 됨에 따라 검사와 관계에서 당사자주의의 전제인 무기평등의 원칙을 실질적으로 실현하는 기능을 하는 것이다.

헌법은 '모든 국민은 형사상 자기에게 불리한 진술을 강요당하지 아니한다'고 규정하여 진술거부권을 국민의 기본적 권리로 보장하고 있고(헌법 제12조 제2항), 형사소송법도 피의자에 대한 진술거부권 등의 고지(법 제244조의3)와 피고인의 진술거부권(법 제283조의2)을 규정하고 있다.[23]

23) 형사소송법은 피고인의 진술거부권(제283조의2)과 달리 피의자에 대하여는 진술거부권의 고지의무만 규정하고 있으나(제244조의3), 진술거부권의 고지는 진술거부권을 당연한 전제로 하는 것이므로 피의자에 대해서도 진술거부권이 인정된다 할 것이다. 이재상·조균석, 형사소송법 (제11판, 2017), 120면; 이창현, 형사소송법 (제4판, 2018), 107면.

2. 해외 사례의 이해를 위한 기본 개념

가. 자기부죄거부특권

접근권한정보와 진술거부권의 관계에 대하여, 직접 관련된 우리 판례를 찾기는 쉽지 않다. 반면 미국에서는 2000년대부터 다양한 쟁점에 대한 선례가 축적되고 있다. 따라서 본 문헌에서는 쟁점과 관련된 해외 사례도 함께 검토하고자 한다. 그런데 해외 판례를 이해할 때에는, 해당 국가에 특유한 법 제도의 맥락에서 살펴보아야 한다. 미국의 경우, 접근권한정보의 법적 문제는 수정헌법 제4조의 강제처분의 합리성 문제,[24] 수정헌법 제5조의 자기부죄거부특권의 문제와 깊은 관련이 있다. 또한, 대부분의 미국 사례는 압수·수색이 아닌 '제출명령'(subpoena)에 대한 이의를 제기한 사례임도 유념하여야 한다.

자기부죄거부특권에 관한 미연방 수정헌법 제5조는 "누구도 자신의 형사사건에서 증인이 되도록 강요받지 아니한다"(no person … shall be compelled to be a witness against himself)고 규정한다. 문언상 '증인이 되도록' 강요받지 않을 권리로 규정되어 있으므로 '진술'을 강요받지 않을 권리인 우리 헌법의 진술거부권과 달리 해석될 여지도 있다. 그러나 현대적 해석에서 자기부죄거부특권은 형사 절차에서 증인의 권리에 국한하지 않고, 어떤 절차이든 강요된 증언이 향후 형사 절차에서 증거로 사용될 가능성이 있는 경우를 모두 포함하는 것이다.[25]

나. 제출명령

미국에서는 수사단계의 자료수집을 위해 '제출명령'(subpoena)이 적극적으로 활용된다. 제출명령이란 그 명령의 송달을 받은 사람에게 자신이 보관·소지하는 것으로서 현재 계속 중인 절차의 쟁점과 관련성을 가진 특정한 문서·물건을 제출하도록 하는 명령이다.[26] 제출명령에 불응하면 검사는 법원에 법정모

---

24) 수정헌법 제4조의 기본 문제는 제3장에서 이미 살펴보았으므로, 본 장에서는 관련 쟁점만 따로 살피기로 한다.

25) 박지현, 진술거부권에 대한 연구 (서울대학교 박사학위 논문, 2007), 49면.

26) 제출명령(subpoena)은 연방 형사소송규칙(Federal Rules of Criminal Procedure) 제17조, 연방 민사소송규칙(Federal Rules of Civil Procedure) 제45조가 이를 규율하고 있다. 민사절차에서 제출명령은 증거개시제도(discovery)의 구체적인 실현방법 중 하나로 인

욕에 의한 제재를 청구할 수 있다.[27] 즉, 제출명령에는 일정 수준의 법적 강제력이 인정되므로 검사 입장에서 사건의 혐의를 입증할 서류나 정보를 수집하는 유용한 도구가 된다. 이와 달리 우리 형사소송법의 해석상 수사단계에서 제출명령은 인정되지 않고,[28] 법원에 의한 제출명령도 그에 불응하였을 경우 별다른 제재수단이 없다.[29]

앞서 서술한 바와 같이, 본 장에서 살피는 미국 사례의 대부분은 압수·수색이 아닌 '제출명령'에 대한 이의를 제기한 사례이다. 즉, 우리 법제에서는 영장의 발부 또는 기각 재판에 대한 불복을 허용하지 않기 때문에, 일부 준항고로 다툴 수 있는 사안을 제외하고는 공판단계에서 위법수집증거 배제법칙의 적용 여부를 중심으로 본 문제를 검토하게 될 것이다. 그러나 미국 판례는 제출명령의 집행 단계에서 해당 명령의 적법성 여부를 직접 다투거나, 제출명령에 응하지 아니한 대상자에 대한 법정모욕(contempt) 성립 여부를 다투는 것이므로 맥락이 다르다는 점을 유의하여야 한다.

Ⅱ. 유형①: 접근권한정보 등의 직접 요청

1. 접근권한정보 등과 진술거부권

검사나 수사관의 요청에 따라 피의자가 자발적으로 접근권한정보 등을 알려

정된다.

27) 연방 형사소송규칙 제17조 (g).

28) 형사소송법 제219조는 제106조를 준용하고 있어 수사기관이 행하는 압수에도 제출명령의 형태가 인정된다고 해석될 여지가 있으나, 영장주의에 따라 수사기관의 압수에는 원칙적으로 법관의 영장이 필요하므로 독자적인 제출명령권을 가진다고 할 수 없고, 따라서 제106조 제2항은 준용되지 않는다고 보는 견해가 일반적이다. 신동운, 신형사소송법 (제5판, 2014), 400면; 이은모, 형사소송법 (제6판, 2018), 320면; 이재상·조균석, 앞의 책(주 23), 316면; 이창현, 앞의 책(주 23), 431면;

29) 형사소송법 제106조(압수) 제2항은 "법원은 압수할 물건을 지정하여 소유자, 소지자 또는 보관자에게 제출을 명할 수 있다"고 규정하고, 별다른 제재수단을 두고 있지 않다. 제출명령에 응하지 않을 경우 궁극적으로 압수·수색영장에 의해 강제력을 확보할 수 있다고 하나, 이러한 논리는 해외 소재 자료에 대한 제출명령에는 의미를 가지기 어려운 것이다.

줄 수 있다. 그러한 경우 수사기관은 이를 적법하게 사용하여 압수한 전자정보의 암호화를 해제할 수 있고, 전자정보의 압수·수색절차 자체에 위법성이 없는 한 암호를 해제한 전자정보를 증거로 사용할 수 있다.[30] 그런데 접근권한정보 등은 '**형사상 자기에게 불리한 진술**'에 해당할 수 있으므로(헌법 제12조 제2항), 진술거부권과 관계가 문제 된다. 보다 구체적으로 설명하면, ① 접근권한정보 등을 요청하면서 진술거부권을 고지해야 하는지, ② 진술거부권을 고지할 때 구체적 내용으로 접근권한정보 등의 제출을 거부할 수 있음을 특정하여 고지해야 하는지, ③ 진술거부권을 고지하지 않았을 때 법적 효과는 어떠한지 등의 문제가 제기되는 것이다. 위 ①은 '**진술거부권 고지의무**', ②는 '**고지의무의 내용**', ③은 '**위반의 효과**'의 문제라 할 수 있다.

헌법 제12조 제2항은 모든 국민에게 진술거부권을 보장하고 있으므로, 진술거부권의 주체에는 제한이 없다. 따라서 피의자, 피고인뿐만 아니라 아직 피의자의 지위가 되지 않은 피내사자나 참고인의 지위에 있는 자도 진술을 거부할 수 있다. 형사소송법 제244조의3 제1항의 진술거부권 고지 대상이 되는 피의자의 지위에 대하여, 판례는 수사기관이 조사대상자에 대하여 범죄혐의가 있다고 보아 실질적으로 수사를 개시하는 행위를 한 때에 인정된다고 판시한다.[31] 수색·압수를 시작한 시점이라면, 실질적으로 수사를 개시한 이후임을 충분히 인정할 수 있으므로 진술거부권 고지의 대상이 될 것이다.

---

30) *United States v. Felders*, No. 16-CR-117 (E.D. Wis. Mar. 15, 2017).

31) 대법원 2015. 10. 29. 선고 2014도5939 판결: "피의자의 진술을 기재한 서류 또는 문서가 수사기관에서의 조사 과정에서 작성된 것이라면, 그것이 '진술조서, 진술서, 자술서'라는 형식을 취하였다고 하더라도 피의자신문조서와 달리 볼 수 없고, 수사기관에 의한 진술거부권 고지의 대상이 되는 피의자의 지위는 수사기관이 범죄인지서를 작성하는 등의 형식적인 사건수리 절차를 거치기 전이라도 조사대상자에 대하여 범죄의 혐의가 있다고 보아 실질적으로 수사를 개시하는 행위를 한 때에 인정된다. 특히 조사대상자의 진술 내용이 단순히 제3자의 범죄에 관한 경우가 아니라 자신과 제3자에게 공동으로 관련된 범죄에 관한 것이거나 제3자의 피의사실뿐만 아니라 자신의 피의사실에 관한 것이기도 하여 실질이 피의자신문조서의 성격을 가지는 경우에 수사기관은 진술을 듣기 전에 미리 진술거부권을 고지하여야 한다."

2. '진술'에 해당하는지 여부

먼저 문제 되는 것은 접근권한정보 등에 대한 진술이 '**형사상 불리한 진술**'에 해당하는지 여부이다. 피의자 등이 거부할 수 있는 것은 '진술'이다. 진술이란 언어를 통하여 생각이나 지식, 경험 사실을 표출하는 것을 의미하며,[32] 구두에 의한 진술뿐만 아니라 서면에 의한 진술도 포함된다. 또한, 진술거부권은 형사책임에 관한 진술에 인정되는 것이며, 민사책임이나 행정책임 관련 사항에 대하여는 진술을 거부할 수 없다. 그렇지만 형사책임과 관련된다면 범죄사실 자체뿐만 아니라 간접사실이나 범죄사실의 발견에 단서가 되는 사실도 포함되고, 형사 절차에서 진술뿐만 아니라 행정절차나 국회에서 조사절차 등에서 행한 진술도 포함된다.[33] 그렇다면 '패스워드 등'에 대한 정보를 제공하는 것은 '**진술**'에 해당하는가?

가. '진술'에 해당하지 않는다는 견해

형사 절차에서 증명의 대상이 되는 사실은 구성요건 해당 사실, 위법성과 책임의 기초 사실, 간접사실, 소송법적 사실 등이 있다.[34] 패스워드 등의 정보는 그 자체로는 요증사실의 입증과 직접 관련이 없는 것이 일반적이고, 오직 형사책임과 관련된 증거에 대한 접근을 가능하도록 할 뿐이다. 달리 말하면, '형사책임과 직접 또는 간접적으로 관련'되지 않았다고 볼 여지가 있다.

이러한 점에 주목하여 패스워드 관련 정보를 제공하는 것은 '진술'에 해당하

---

32) 헌법재판소 1997. 3. 27. 선고 96헌가11 결정(도로교통법 제41조 제2항 등 위헌제청): "헌법 제12조 제2항은 진술거부권을 보장하고 있으나, 여기서 '진술'이라 함은 생각이나 지식, 경험 사실을 정신작용의 일환인 언어를 통하여 표출하는 것을 의미하는데 반해, 도로교통법 제41조 제2항에 규정된 음주측정은 호흡측정기에 입을 대고 호흡을 불어넣음으로써 신체의 물리적, 사실적 상태를 그대로 드러내는 행위에 불과하므로 이를 두고 '진술'이라 할 수 없고, 따라서 주취운전의 혐의자에게 호흡측정기에 의한 주취 여부의 측정에 응할 것을 요구하고 이에 불응할 경우 처벌한다고 하여도 이는 형사상 불리한 '진술'을 강요하는 것에 해당한다고 할 수 없으므로 헌법 제12조 제2항의 진술거부권 조항에 위배되지 아니한다." (밑줄은 필자가 부기함)

33) 헌법재판소 1997. 3. 27. 선고 96헌가11 결정(도로교통법 제41조 제2항 등 위헌제청).

34) 이재상 · 조균석, 앞의 책(주 23), 538면.

지 않는다는 견해가 있다.[35] 이 견해는 '그 자체로는 증거로서 가치를 가지지 아니하고, 오직 증거에 대한 연결을 제공하는 의미만을 가지는 정보'는 수정헌법 제5조의 '진술'(testimony)에 해당하지 않는다고 주장한다. 달리 말하면, 수정헌법 제5조의 보호 대상인 진술은 '그 자체로도 전체 증거 중 일부로 기능하면서, 나머지 증거에 대한 연결점을 제공하는 정보'에 한정된다는 것이다.

나. '진술'에 해당한다는 견해

반면 패스워드 등의 정보가 피의자 등에게 불리한 증거로 연결해 주는 점은 분명하고, 피의자 등의 정신작용 범주에 있는 사항을 언어를 통하여 외부에 표출하는 것이므로 '형사상 불리한 진술'에 해당한다는 견해가 가능하다. 해외에서도 수정헌법 제5조의 '진술'에 해당한다는 견해가 다수라 할 수 있다.[36]

다. 관련 사례

본 문제를 직접 다룬 우리 판례는 없다. 미국의 하급심 판례들은 접근권한 정보 등을 직접 요청하는 제출명령은 수정헌법 제5조의 자기부죄거부특권을 침해한다는 사례와,[37] 이를 부정하는 사례가 나뉘어 있으나,[38] 자기부죄거부

---

35) Orin Kerr, *A Revised Approach to the Fifth Amendment and Obtaining Passcodes*, **Washington Post: Volokh Conspiracy** (2015. 9. 25.).

36) Laurent Sacharoff, *Unlocking the Fifth Amendment: Passwords and Encrypted Devices*, 87 **Fordham L. Rev.** 203 (2018) [이하 '*Unlocking the Fifth Amendment*'이라 함]; Bryan H. Choi, *The Privilege Against Cellphone Incrimination*, 97 **Texas L. Rev. Online** 73 (2019). [이하 '*Cellphone Incrimination*'이라 함]

37) 자기부죄거부특권 침해를 인정하는 판례: ① *In re Grand Jury Subpoena to Sebastien Boucher (Boucher I)*, No. 2:06-mj-91, 2007 WL 4246473, at *6 (D. Vt. **2007**), *reversed on other grounds by In re Grand Jury Subpoena to Sebastien Boucher (Boucher II)*, No. 2:06-mj-91, 2009 WL 424718 (D. Vt. **2009**); ② *United States v. Kirschner*, 823 F. Supp. 2d 665, 669 (E.D. Mich. **2010**); ③ *Commonwealth v. Baust*, 89 Va. Cir. 267, 271 (**2014**) ("Unlike a document or tangible thing, such as an unencrypted copy of the footage itself, if the password was a foregone conclusion, the Commonwealth would not need to compel Defendant to produce it because they would already know it."); ④ *SEC v. Huang*, No. 15-269, 2015 WL 5611644, at *2 (E.D. Pa. **2015**) ("Here, the SEC seeks to compel production of the passcodes which require intrusion into the knowledge of Defendants and no one else.").

특권을 인정하는 것이 다수라 할 수 있다.[39]

자기부죄거부특권 침해를 인정하는 판례들은 자신에게 불리한 증거로 연결되는 진술을 강제하는 것도 수정헌법 제5조에 의해 허용되지 않는다고 판시한다. 한편, 자기부죄거부특권 침해를 부정한 판결 중 특이한 논리를 취한 것이 있다.[40] 즉, 접근권한정보 등은 진술로서 중요성(testimonial significance)을 갖지 않기 때문에 수정헌법 제5조의 자기부죄거부특권을 침해하지 않았다고 판시한 것이다. 그러나 이는 수정헌법 제5조 관련 중요 선례들[41]에서는 볼 수 없는 주장으로 일반적인 견해는 아니다.

라. 검토

헌법재판소는 '**형사책임 관련성**'이 인정되면 헌법 제12조 제2항의 '**진술**'에 해당한다고 판시하면서 '**범죄사실의 발견에 단서가 되는 사실**'을 관련성의 예시로 제시하고 있다.[42] 그러나 헌법재판소의 판시 내용만으로는 '그 자체로는 증거로서 의미가 없고, 오직 증거에 대한 연결의 의미만을 가지는 정보'가 범죄사실의 발견에 '단서'가 되는지 분명하지 않다.

본 문제에 대하여는 인정신문과 진술거부권에 대한 기존 논의가 일정한 기준을 제시한다고 본다. 성명·연령·직업·주거·본적 등에 대한 정보는 그 자체로는 범죄사실의 입증과 관련이 없는 것이 일반적이기 때문이다. 주지하다시피 인정신문에 진술거부권이 인정되는지에 대하여 견해가 대립하고 있다. ① **긍정설**은 진술거부권의 범위에 제한이 없으므로 인정신문에 대하여도 진술거부권이 인정된다고 본다.[43] 이에 반하여 ② **부정설**은 성명·연령·직업·주

---

38) 자기부죄거부특권 침해를 부정한 판례: ① *United States v. Pearson*, 2006 U.S. Dist. LEXIS 32982 (N.D.N.Y 2006); ② *State v. Stahl*, 206 So. 3d 124, 136 (Fla. Dist. Ct. App. 2016); ③ *Commonwealth v. Davis*, 176 A.3d 869 (Pa. Super. Ct. 2017).

39) Aloni Cohen & Sunoo Park, *Compelled Decryption and the Fifth Amendment: Exploring the Technical Boundaries*, 32 **Harv. J.L. & Tech.** 169, 185 (2018).

40) *State v. Stahl*, 206 So. 3d 124, 136 (Fla. Dist. Ct. App. 2016).

41) *Fisher v. United States*, 425 U.S. 391, 409 (1976); *United States v. Hubbell*, 530 U.S. 27 (2000).

42) 헌법재판소 1997. 3. 27. 선고 96헌가11 결정(도로교통법 제41조 제2항 등 위헌제청).

43) 김재환, 형사소송법 (2013), 485면; 배종대·이상돈·정승환·이주원, 형사소송법 (제2판,

거·본적 등에 대한 인정신문은 피고인이나 피의자에게 불이익한 진술이 아니므로 진술거부권이 인정되지 않는다고 한다.[44] 한편 ③ 성명이나 직업 등의 진술에 의해 범인임이 확인되거나 증거수집의 계기를 만들어주는 경우에는 진술거부권이 인정된다는 **절충설**도 있다.[45]

위 견해들을 살펴보면, 먼저 부정설은 인정신문으로 얻을 수 있는 정보가 불이익한 진술에 해당하지 않는다는 점을 기본 전제로 하면서 진술거부권을 부정한다. 만약 해당 정보가 피의자 또는 피고인에게 어떤 면에서든 불리하게 작용할 여지가 있다면 위 학설의 기본 전제는 깨어지게 되며, 따라서 접근권한정보와 진술거부권의 관계에 대해 유의미한 견해가 되기는 어렵다.[46] 한편 절충설은 이러한 부정설의 약점을 보완하는 시도로 '신원확인을 통해 범인 여부를 확인하거나 증거수집의 계기가 제공되는 경우'에 예외적으로 진술거부권을 인정하고 있다. 그런데 성명·연령·직업·주거·본적 등 인정신문을 통해 확인할 수 있는 정보는, 접근권한정보와 같이 그 자체로는 범죄사실 입증에 직접 관련이 없지만, 관련성 있는 증거에 대한 연결점을 제공하는 특징을 가지고 있다. 따라서 인정신문과 진술거부권의 관계에 대한 긍정설, 절충설의 어느 견해에 의하더라도 접근권한정보 등도 '진술'에 해당함을 인정할 수 있다고 판단된다.

또한, 앞서 살펴본 진술거부권의 대상이 아니라는 견해는 다음의 점에서 문제가 있다. 먼저 ① '그 자체로는 증거로서 가치를 가지지 아니하고 오직 증거에 대한 연결을 제공하는 의미만을 가지는 정보'와 '그 자체로도 전체 증거 중 일부로 기능하면서 나머지 증거에 대한 연결점을 제공하는 정보'를 달리 취급해야 할 논리적 근거가 빈약하다. 실체적 내용의 일부라도 형사책임 관련성이 있어야 진술거부권의 대상이 된다는 견해는 진술거부권의 인정 범위를 부당하게 축소하는 것이다. ② 어떠한 형태로든 피의자 또는 피고인에게 결과적으로 불리한 결과를 가져오는 정보라면 진술거부권의 대상이 되어야 할 것이다.[47]

2016), 333면; 이재상·조균석, 앞의 책(주 23), 122면; 임동규, 형사소송법 (제12판, 2016), 399면.

44) 권오걸, 형사소송법 (2010), 99면.

45) 신양균, 형사소송법 (2009), 582면.

46) 이러한 점을 지적하는 견해로는 박지현, 앞의 논문(주 25), 157면.

47) Joseph R. Ashby, *Declining to State a Name in Consideration of the Fifth Amendment's*

진술의 내용에 따라 인정 여부가 달라진다면 진술거부권은 매우 불안정한 근거를 가지는 권리가 될 것이기 때문이다. 독일 형사소송법은 진술거부권을 '본안에 관하여' 진술하는 경우로 제한하는 반면,[48] 우리 헌법은 단지 '형사상 불리한 진술'을 강요당하지 않는다고 규정하며, 형사소송법 제244조의3, 제283조의2는 진술 내용의 유·불리도 구분하지 않는 점을 유의해야 할 것이다.

따라서 접근권한정보 등을 요청하는 경우 진술거부권을 고지해야 하고, 대상자는 진술거부권을 주장하며 위 정보제공을 거부할 수 있다. 실제 압수·수색현장에서 진술거부권을 고지하지 않고 '수사협조' 차원에서 관련 정보를 요구하는 경우가 많다. 그러나 이러한 요청에 따라 취득한 접근권한정보 등은 진술거부권을 침해한 위법한 증거에 해당하는 것이다.

3. 진술거부권의 구체적 내용

가. 문제 되는 상황

수색현장에서 접근권한정보 등을 요구하면서 단지 피의사실 자체에 대한 진술거부권을 고지하는 것으로 충분한지, 아니면 접근권한정보 등의 제공을 거부할 권리가 있다는 점까지 구체적으로 고지해야 하는지가 문제된다. 형사소송법 제244조의3 제1항은 피의자를 신문할 때에 알려주어야 할 사항을 규정하는바,[49] 위 규정만으로는 접근권한정보 등에 대한 진술거부권 행사가 가능하

Self-Incrimination Clause and Law Enforcement Databases after Hiibel, 104 **Mich. L. Rev.** 779 (2006).

48) 독일 형사소송법 제136조(최초의 신문) ① 최초의 신문을 시작할 때 피범행혐의자가 혐의를 받고 있는 범행이 무엇이고, 어떤 형벌 규정이 고려되고 있는지 밝혀야 한다. 또한, 피범행혐의자에게는 그가 혐의를 받고 있는 것에 관하여 의견을 진술하거나 본안에 관하여 진술하지 않을 자유와 그리고 언제든지, 신문 전이라도 그가 선임하려는 변호인에게 물어볼 자유가 법률에 따라 있음을 알려주어야 한다. (이하 생략)

49) 형사소송법 제244조의3(진술거부권 등의 고지) ① 검사 또는 사법경찰관은 피의자를 신문하기 전에 다음 각 호의 사항을 알려주어야 한다.

1. 일체의 진술을 하지 아니하거나 개개의 질문에 대하여 진술을 하지 아니할 수 있다는 것
2. 진술을 하지 아니하더라도 불이익을 받지 아니한다는 것
3. 진술을 거부할 권리를 포기하고 행한 진술은 법정에서 유죄의 증거로 사용될 수 있

다는 점도 고지 대상인지 구체적으로 판단하기 어렵다. 이는 수색 과정에서 형사소송법 제244조의3 제1항이 정하는 사항은 고지하였으나, 접근권한정보 등의 제공을 거부할 권리가 있다는 점은 구체적으로 알리지 아니하고 그 제공을 요청하였을 때 문제 될 것이다. 예컨대, 다음과 같은 상황이다.

> **수사기관:** (압수·수색에 필요한 절차적 사항을 이행하고, 형사소송법 제244조의3 제1항의 사항을 알려준 후) 수색 현장에 있는 서류의 내용과 관련하여 몇 가지 질문을 하고, 필요한 경우 동의를 전제로 진술서를 받도록 하겠습니다.
>
> (중략: 서류를 살펴보며 압수대상 여부를 검토하고, 관련된 문답을 함)
>
> **수사기관:** 서류를 살펴보고 관련 문답을 한 결과, 출력물이 아닌 디지털 파일 형태로 보관 중인 관련 문서도 있는 것으로 보입니다. 영장 기재에 의하면, 범죄사실 관련 문서가 디지털 파일 형태로 저장된 경우도 압수대상에 포함되니, 피압수자의 컴퓨터에 저장된 파일을 살펴보도록 하겠습니다. 그런데 대상 컴퓨터가 잠김 상태입니다. 패스워드가 무엇이지요? (또는 '컴퓨터를 살펴보니 특정 폴더에 저장된 문서 파일들에 암호가 걸려 있습니다. 암호가 무엇이지요?')

나. 견해대립의 가능성과 개선 방향

위와 같은 상황에서 피압수자가 패스워드 또는 암호를 알려주었다면, 진술거부권을 침해하였다고 볼 것인가? 먼저 ① 하드카피 형태의 문서를 살펴보면서 진술거부권 등 형사소송법 제244조의3 제1항의 사항을 알려주었고, 절차의 연속성도 유지되고 있으므로 진술거부권을 침해하지 않았다는 견해가 가능하다(**침해 부정설**). 다음으로 ② 진술거부권의 존재를 추상적으로 알리는 것만으로는 부족하고, 진술거부권을 실질적으로 보장하는 취지에서 패스워드 등에 대한 제출을 거부할 수 있다는 점도 구체적으로 알려야 한다는 견해도 가능할 것이다(**침해 인정설**).

본 문제에 대한 국내외 선례는 발견하기 어렵다. 앞서 설명한 바와 같이, 미

다는 것

4. 신문을 받을 때에는 변호인을 참여하게 하는 등 변호인의 조력을 받을 수 있다는 것

국 사례의 대부분은 압수·수색이 아닌 '제출명령'에 대한 이의를 제기한 사례이므로 압수·수색현장에서 발생할 수 있는 위와 같은 상황을 상정하기 어렵기 때문이다. 또한, 진술거부권을 고지할 때 알려주어야 할 사항의 범위에 대하여도 활발한 논의를 찾기도 어렵다. 형사소송법 제244조의3, 제283조의2에 알려주어야 할 사항을 어느 정도 구체화하여 규정해 놓았고, 실무에서는 형사소송법의 규정을 반영한 서식을 마련하여 운영 중인 점도 관련 논의가 부족한 이유 중 하나라 생각된다.[50]

먼저 ① 위 사례에서 피압수자가 '패스워드 제출을 거부할 수 있는지?'를 문의한 경우와 같이 수색의 전 과정에서 진술거부권의 내용을 구체화하여 알려주어야 할 상황임에도 이를 명확히 고지하지 않았다면 진술거부권 침해를 인정하여야 한다. 私見으로는 ② 위와 같은 예외적 상황이 아니라 하더라도 진술거부권의 실질적 보장을 위해 패스워드 관련 정보가 진술 거부 대상임을 구체적으로 알려주어야 한다고 생각한다. 피압수자들이 패스워드 관련 정보가 진술거부권 대상임을 알지 못하는 경우가 많은바, 이를 구체적으로 알려주는 절차를 통해 권리를 실질적으로 보장하고 수사기관의 잠탈 가능성을 배제할 수 있기 때문이다. 수사기관은 수색 과정에서 패스워드 관련 정보제출이 피압수자가 준수해야 할 의무인 것처럼 하거나, 패스워드 관련 정보를 제공하지 않으면 어떠한 불이익이 있을 듯한 태도를 보이는 경우도 있다. 이러한 관행은 진술거부권을 실질적으로 잠탈하는 것이므로, 이러한 폐해를 방지하기 위해서도 진술거부권 침해를 인정해야 한다고 생각된다.

개선책으로 ① 형사소송법 또는 형사소송규칙에 패스워드 등의 제공을 거부할 권리가 있음을 알려주도록 규정하거나, ② 법원이 압수·수색영장을 발부할 때 별지로 첨부하는 '**압수대상 및 방법의 제한**'에 패스워드 등의 정보제출을 거부할 수 있음을 알려주도록 기재하는 방법을 생각할 수 있을 것이다.

50) 형사소송법 제244조의3(진술거부권 등의 고지) ② 검사 또는 사법경찰관은 제1항에 따라 알려 준 때에는 피의자가 진술을 거부할 권리와 변호인의 조력을 받을 권리를 행사할 것인지의 여부를 질문하고, 이에 대한 피의자의 답변을 조서에 기재하여야 한다. 이 경우 피의자의 답변은 피의자로 하여금 자필로 기재하게 하거나 검사 또는 사법경찰관이 피의자의 답변을 기재한 부분에 기명날인 또는 서명하게 하여야 한다.

별지

압수대상 및 방법의 제한 (예시)

2. 컴퓨터용 디스크 등 정보저장매체에 저장된 전자정보에 대한 압수 · 수색 · 검증

(생략)

(3) 전자정보 압수시 주의사항

(라) 저장매체 또는 저장매체에 저장된 혐의사실과 관련될 개연성이 있는 전자정보가 패스워드 등으로 보호되어 있고, 이를 해제하기 위해 피압수자 등에게 패스워드 등에 대한 정보를 요청할 경우, 그 제출을 거부할 권리가 있음을 미리 알려주어야 한다.

4. 진술거부권 침해의 효력

가. '접근권한정보 등 자체'의 증거능력

진술거부권을 침해하고 접근권한정보 등에 대한 정보를 제공받은 경우, 법적 효과가 문제 된다. 먼저 진술거부권을 침해하고 제출받은 '**접근권한정보 등 자체**'는 위법수집증거로 증거능력을 부정하여야 할 것이다.

나. '암호화를 해제한 전자정보'의 증거능력

(1) 견해대립의 가능성

다음으로 위법수집증거인 접근권한정보 등을 이용하여 '**암호화 해제한 전자정보**'의 증거능력이 문제 된다. 우리 判例에 따르면, 위법수집증거는 물론 이를 기초로 획득한 2차적 증거 역시 원칙적으로 유죄 인정의 증거로 삼을 수 없으나, 절차에 따르지 아니한 증거수집과 2차적 증거수집 사이 인과관계의 희석 또는 단절 여부를 중심으로 2차적 증거수집과 관련된 모든 사정을 전체적·종합적으로 고려하여 예외적인 경우 유죄 인정의 증거로 사용할 수 있다.[51] 이러

51) 대법원 2009. 12. 24. 선고 2009도11401 판결: ① "헌법과 형사소송법이 정한 절차에 따르지 아니하고 수집한 증거는 물론 이를 기초로 하여 획득한 2차적 증거 역시 기본적 인권보장을 위해 마련된 적법한 절차에 따르지 않은 것으로서 원칙적으로 유죄 인정의

한 판례의 입장을 고려하면 다음과 같은 견해의 대립이 가능하다.

먼저 ① 수사기관이 다른 경로로 접근권한정보 등을 알아내고 이를 이용하여 대상 증거를 복호화하였다는 등의 사정이 없는 한, 암호를 해제한 전자정보는 위법수집증거를 기초로 획득한 2차적 증거로 역시 유죄 인정의 증거로 삼을 수 없다는 견해이다(**증거능력 부정설**). 한편 ② 위법하게 수집한 접근권한정보 등을 이용하여 대상 파일을 복호화한 경우라도, '파일 자체'의 압수·수색 과정에서 위법 사항이 없는 한 그 증거능력을 부정할 수 없다는 견해도 가능하다(**증거능력 인정설**). 비록 위법하게 수집한 정보를 이용하여 복호화한 경우라도, 이는 '증거의 인식 과정' 또는 '증거가치'에 변화를 준 것일 뿐, 적법하게 획득한 '파일 자체'의 증거능력을 부정할 사정은 아니라는 점을 근거로 들 수 있다.

(2) 관련 판례

미국의 경우, 위법하게 수집한 접근권한정보와 이를 사용하여 암호화를 해제한 전자증거(2차적 증거)의 증거능력이 원칙적으로 모두 부정된다는 전제에서, '독립 증거원의 예외'(independent source exception)에 해당한다는 이유로 암호 해제한 전자정보(2차적 증거)의 증거능력을 인정한 사례가 있다.[52] 그러

증거로 삼을 수 없다." ② 다만 "수사기관의 절차 위반행위가 적법절차의 실질적인 내용을 침해하는 경우에 해당하지 아니하고, 오히려 그 증거의 증거능력을 배제하는 것이 … 형사사법정의를 실현하려고 한 취지에 반하는 결과를 초래하는 것으로 평가되는 예외적인 경우라면, 법원은 그 증거를 유죄 인정의 증거로 사용할 수 있다." ③ "이는 적법한 절차에 따르지 아니하고 수집한 증거를 기초로 하여 획득한 2차적 증거의 경우에도 마찬가지여서, 절차에 따르지 아니한 증거수집과 2차적 증거수집 사이 인과관계의 희석 또는 단절 여부를 중심으로 2차적 증거수집과 관련된 모든 사정을 전체적·종합적으로 고려하여 예외적인 경우에는 유죄 인정의 증거로 사용할 수 있다." (구분기호 ①, ②, ③과 밑줄은 필자가 부기함)

52) *United States v. Ashmore*, No. 2:16－CR－20016 (W.D. Ark. December 7, 2016). 한편 '일심회' 사건에서 국가정보원이 피고인들에게 진술거부권을 고지하지 않은 상태에서 강압적으로 디지털 저장매체의 암호를 위법하게 획득하였으므로 해당 디지털 저장매체로부터 출력된 문건은 증거능력이 없다는 주장에 대하여, 항소심 재판부는 피고인들이 국가정보원이 자신의 진술 없이 암호를 알아내었다고 진술하였던 점과 수사관이 암호를 묻기에 능력이 있으면 풀어보라고 말했더니 15분 만에 암호를 알아내 왔다는 점 등을 들어 피고인들의 주장을 배척하였다. 서울고등법원 2007. 8. 16. 선고 2007노929 판결.

나 미연방대법원이 '미란다 원칙 침해'의 경우 독수과실이론(毒樹果實理論)의 적용을 거부한 것을 논거로 하여,[53] 비록 접근권한정보의 수집과정에서 미란다 원칙을 침해하였다 하더라도 암호 해제한 전자정보(2차적 증거)의 증거능력에는 원칙적으로 영향이 없다는 견해도 있다.[54]

(3) 검토

私見으로는 다음과 같은 이유로 '암호 해제된 전자정보'의 증거능력을 부정해야 한다고 생각한다. ① '**접근권한정보 등 자체**'의 정보는 범죄사실의 입증과 관련이 없고, 오직 증거에 대한 연결점을 제공하는 의미를 가질 뿐이다. 따라서 '접근권한정보 등 자체'의 정보만 증거능력을 부정한다면 실제 사건에 미치는 아무런 영향이 없고, 위법수집증거 배제법칙이 실질적으로 무력화되는 결과가 된다. ② 위법하게 취득한 정보를 사용하여 '**암호 해제된 전자정보**'는 이미 그 파일의 속성이 변경되어, 원래 압수되었던 '파일 자체'와 다른 파일이 된다. 달리 말하면, '암호 해제된 전자정보'는 이미 압수된 '파일 자체'와 별개의 것으로 위법하게 수집한 접근권한정보 등을 기초로 새롭게 획득한 2차적 증거에 해당하는 것이므로, 암호 해제되기 전의 파일을 적법하게 압수하였다는 사정은 '암호 해제된 전자정보'의 증거능력을 판단함에 유의미한 사항은 아니다.

Ⅲ. 유형②, ③: 접근권한 관련 '행위' 요청

1. 최근 압수·수색 동향

최근 압수·수색 실무에서 피의자에게 접근권한 관련 '행위'를 요청하는 내용이 기재된 영장이 발부되는 사례가 있다. 즉, 접근권한정보 등을 직접 요청하지 않고, 피의자가 접근권한정보 등을 스스로 입력하여 수사기관이 해당 전자정보를 제한 없이 이용할 수 있는 상태에 두도록 요청하는 방법(**유형②**), 암

53) *United States v. Patane*, 542 U.S. 630 (2004).

54) Orin S. Kerr, *Encryption Workarounds*, 106 **Geo. L. J.** 989, 1000 (2018); Orin Kerr, *When 'Miranda' Violations Lead to Passwords*, **Washington Post: Volokh Conspiracy** (2016. 12. 12.).

호화를 해제한 전자정보를 제출할 것을 요청하는 방법(**유형③**)을 내용으로 하는 영장들이다. 이러한 점은 후술하는 해외의 제출명령 사례에서도 유사하게 나타난다.

가. 유형②: 피의자가 접근권한정보 등을 스스로 입력하여 수사기관이 해당 전자정보를 제한 없이 이용할 수 있는 상태에 두도록 요청하는 방법

예컨대, 다음과 같은 '압수·수색 집행방법'을 기재한 사례이다(**유형②**).

압수·수색 집행방법: "피압수자에게 압수·수색영장을 제시하고 피압수자가 접근하는 통상적인 방법으로 이메일 및 전사적자원관리 시스템[55] 아이디와 비밀번호를 입력하여 외국 서버에 저장되어 있는 이메일 등의 전자정보에 접근토록 요청하여 포렌식 기법으로 관련 자료를 발췌하는 방법 (밑줄은 필자가 부기)

즉, '**피압수자 등이 접근하는 통상적인 방법으로 (…) 아이디와 비밀번호를 입력하여 (…) 전자정보에 접근토록 요청**'하는 것을 '압수·수색 집행방법'으로 기재한 것이다. 이는 대법원 2017. 11. 29. 선고 2017도9747 판결(시나닷컴 사건)에서 "적법하게 취득한 피의자의 이메일 계정 아이디와 비밀번호를 입력하는 등 피의자가 접근하는 통상적인 방법에 따라 원격지의 저장매체에 접속하고 그곳에 저장되어 있는 피의자의 이메일 관련 전자정보를 수색장소의 정보처리장치로 내려받거나 그 화면에 현출시키는 것 역시 피의자의 소유에 속하거나 소지하는 전자정보를 대상으로 이루어지는 것"이라고 판시한 것을 원용하여 압수·수색 집행방법을 기재한 것으로 보인다.[56]

---

55) '전사적자원관리'(Enterprise Resource Planning, ERP) 시스템이란 기업 내 생산, 물류, 재무, 회계, 영업과 구매, 재고 등 경영 활동 프로세스들을 통합적으로 연계해 관리해 주며, 기업에서 발생하는 정보들을 공유하고 새로운 정보의 생성과 빠른 의사결정을 도와주는 시스템을 말한다.

56) 그러나 대법원 2017. 11. 29. 선고 2017도9747 판결은 수사기관이 다른 경로로 피의자의 계정정보를 적법하게 획득한 경우이므로, 위 판결을 피압수자에게 패스워드 등 계정정보를 요청할 수 있다는 근거로 원용할 수는 없는 것이다.

나. 유형③: 암호화를 해제한 전자정보의 제출을 요청하는 방법

또한, 수사기관이 압수·수색영장에 '**암호 해제한 전자정보**'를 압수대상으로 기재하여 영장을 발부받는 경우도 상정할 수 있다(**유형③**). 이러한 사례는 비록 '압수·수색 대상'의 기재이지만, 그 대상은 피압수자의 일정한 행위를 전제해야만 존재하는 것이므로 순수한 '압수·수색 대상'의 기재라 볼 수 없고, 앞서 본 '압수·수색 집행방법'의 기재와 실질적으로 유사한 것이다.

압수·수색 대상: 제3항 기재 전자정보가 암호화되어 있는 경우, 암호 해제된 상태의 전자정보

다. 관련 쟁점

위에 예시한 사례들은, 압수·수색영장에 의하여 피의자에게 '암호해제에 필요한 정보의 입력', 또는 '암호화되어 있는 파일을 복호화'하는 적극적 행위 의무를 부과할 수 있는가라는 문제를 제기한다. 보다 구체적으로 ① 위와 같은 '집행방법' 또는 '대상'을 압수·수색영장에 기재하는 것이 형사소송법상 허용되는 것인지, ② 만약 적법하지 않다면 이를 다툴 방법이 있는지가 문제 된다.

2. 영장에 기재된 '집행방법'의 법적 의미

가. 영장에 기재된 '집행방법': 권고적 효력

먼저 위와 같이 영장의 집행방법을 기재하는 것이 적법한지 여부가 쟁점이 된다. 앞서 논한 바와 같이, 형사소송법과 형사소송규칙은 '압수·수색 집행방법'을 영장의 기재사항으로 규정하고 있지 않다. 한편, 최근 압수·수색영장은 형사소송법 제106조 제3항, 대법원 2015. 7. 16.자 2011모1839 전원합의체 결정(종근당 사건), 대법원 2011. 5. 26.자 2009모1190 결정(전교조 사건) 등에서 확인된 기본원칙을 정리한 '**압수대상 및 대상의 제한**'을 첨부하여 발부되고 있다. 그런데 법률과 판례에 의해 확립된 원칙을 강조하는 것을 넘어 더욱 구체적인 '집행방법'을 기재함이 영장에 의한 사법 통제의 방법으로 허용되는 것인지 문제 되며, 이에 대하여는 제3장에서 이미 상세히 검토한 바 있다. 또한, 그에 대한 결론으로 압수·수색영장에 '집행방법'을 기재하는 것은 권고적 의미 외에 추가적 효력을 가질 수 없다는 견해를 제시한 바 있다.

나. 피압수자 등의 적극적 행위 의무

(1) 피압수자의 수인의무

압수·수색영장에 기재된 '집행방법'은 권고적 의미, 또는 압수·수색의 기본원칙을 강조하는 이상의 효력을 가질 수는 없다. 다만 일정한 법적 효력을 인정하는 견해를 취할 경우에도 그 범위가 어디까지인지를 살펴보는 것은 의미가 있다고 판단된다. 압수·수색영장의 효력에 따른 피압수자 등의 수인의무의 범위에 대하여 기존에 활발한 논의는 없었다. 오히려 후술하는 '압수·수색영장의 집행에 필요한 처분(법 제120조 제1항)'의 범위를 논하는 일부 판례가 있을 뿐이다. 따라서 본 문제의 검토를 위해 피의자신문과 조사수인의무에 대한 논의를 참고하기로 한다.

(2) 學說

'체포 또는 구속되어 있는 경우를 제외'하고는 출석을 거부할 수 있다는 취지로 규정하는 일본 형사소송법과 달리,[57] 우리 형사소송법은 피의자의 조사수인의무에 대한 별다른 규정을 두지 않기 때문에 과연 피의자에게 조사수인의무가 인정되는지에 대한 견해대립이 있었다. ① 체포·구속된 피의자의 경우에 조사수인의무가 인정된다는 **긍정설**은,[58] 체포와 구속이 수사상의 강제처분이기 때문에 그 자체에 어느 정도는 강제적인 출석과 체류가 예정되어 있고, 현실적으로 체포 또는 구속 중의 피의자신문의 필요성과 중요성을 인정하지

---

57) 일본 형사소송법 제198조(피의자의 출석요구·조사) ① 검찰관, 검찰사무관 또는 사법경찰직원은 범죄수사를 함에 있어서 필요가 있을 때에는 피의자의 출석을 요구하고 이를 조사할 수 있다. 단, 체포 또는 구속되어 있는 경우를 제외하고는 출석을 거부하거나 출석 후 언제라도 퇴거할 수 있다.

58) 노명선·이완규, 형사소송법 (제5판, 2017), 162면 (적어도 체포·구속 중의 피의자에게는 일본과 같이 조사수인의무를 인정하는 취지의 입법적 해결이 필요하다는 견해); 신동운, 앞의 책(주 28), 265면 (체포·구속된 피의자의 경우 조사수인의무가 인정되나, 그 내용은 출석과 체류에 한정되며 수사기관의 신문에 적극적으로 응해야 한다는 의미까지 포함하는 것은 아니라고 함).

않을 수 없으며, 피의자에게는 변호인과 접견교통권이 인정되고 진술거부권이 보장되므로 출석과 체류를 강제하더라도 반드시 진술의 강제로 볼 수 없다는 점 등을 논거로 한다. 한편 ② 체포·구속된 피의자에게도 조사수인의무를 인정할 수 없다는 **부정설**은,[59] 피의자의 체포 또는 구속은 절차를 확보하기 위한 것이지 피의자신문을 위한 것은 아니고, 체포 또는 구속된 피의자에게 출석 및 체류 의무를 인정하면 실질적으로 피의자에게 진술을 강요하는 결과를 초래하며, 진술거부권은 수사기관의 조사에 단순히 침묵할 수 있다는 것에 그치지 않고 조사 자체를 거부하는 것도 포함된다는 점을 논거로 한다.

(3) 判例

판례는 '구속영장 발부에 의하여 적법하게 구금된 피의자가 피의자신문을 위한 출석요구에 응하지 아니하면서 수사기관 조사실에 출석을 거부한다면 수사기관은 구속영장의 효력에 의하여 피의자를 조사실로 구인할 수 있고, 다만 이러한 경우에도 피의자신문절차는 어디까지나 임의수사의 한 방법으로 진행되어야 하므로 피의자는 진술을 거부할 수 있고, 수사기관은 피의자를 신문하기 전에 그와 같은 권리를 알려주어야 한다'고 판시한다.[60] 즉, 판례는 구속영장의 효력에 의하여 출석요구에 응하지 않는 피의자를 피의자신문을 위해 조사실까지 구인하여 질문하는 것까지만 인정하고, 피의자는 여전히 진술거부권을 행사하여 진술을 거부할 수 있다는 취지이다.

(4) 檢討

수색은 압수할 물건이나 피의자 또는 피고인을 발견할 목적으로 주거, 물건, 사람의 신체 또는 기타 장소에 대하여 행하는 강제처분을 말하고, 압수는 물건의 점유를 취득하는 강제처분을 말하는바, 위와 같은 판례의 취지에 비추어 피압수자는 수사기관의 수색·압수를 소극적으로 수인하는 외에 어떠한 적극적 행위 의무를 부담한다고 보기는 어렵다. 민사상 채무의 경우에도 '채무자의 일신에 전속하지 아니하는 작위'(代替的 作爲)를 목적으로 한 경우에 대체집행을 허용할 뿐이고 직접강제를 할 수 없다.[61] 패스워드 등의 정보를 제공하는 것은

59) 신양균, 앞의 책(주 45), 142면; 임동규, 앞의 책(주 43), 169면.

60) 대법원 2013. 7. 1.자 2013모160 결정.

61) 민법 제389조(강제이행) ② 전항의 채무가 법률행위를 목적으로 한 때에는 채무자의

不代替的 作爲의 성격을 가지므로 법률의 근거가 있는 경우에 간접강제가 가능할 뿐,[62] 달리 이를 강제할 방법도 없다. 형사소송법은 不代替的 作爲를 강제할 어떠한 법적 수단도 규정하지 아니하므로 이러한 점에 비추어 보아도 압수·수색영장에 의하여 어떠한 작위의무를 부과할 수는 없다고 할 것이다.

다. 압수·수색영장의 집행에 필요한 처분

마지막으로 위와 같은 집행방법의 기재가 '압수·수색영장의 집행에 필요한 처분(법 제120조 제1항)'에 해당하는지 살펴본다. '압수·수색영장의 집행에 필요한 처분'이란 집행 그 자체보다 넓은 개념으로, 집행 그 자체에 한하지 않고 원활하고 적정한 집행을 위해 필요 불가결한 사전행위를 포함하는 개념으로 볼 수 있다.

'압수·수색영장의 집행에 필요한 처분'으로 형사소송법은 '건정(鍵錠, 자물쇠)을 열거나 개봉 기타 필요한 처분'을 규정하고,[63] 判例는 '검사와 수사관 등이 건물 고층에 위치한 경영기획실 등에 대한 압수·수색영장을 집행할 목적으로 건물 1층 로비에서 집행장소로 이동하기 위하여 경비원들의 방해를 제지하고 엘리베이터에 탑승하는 과정에서 발생한 일련의 행위'를 이에 해당하는 것으로 판시한다.[64] 그러나 위에 열거한 '압수·수색영장의 집행에 필요한 처분'

의사표시에 갈음할 재판을 청구할 수 있고 채무자의 일신에 전속하지 아니한 작위를 목적으로 한 때에는 채무자의 비용으로 제삼자에게 이를 하게 할 것을 법원에 청구할 수 있다.

62) 민사소송법 제261조(간접강제) ① 채무의 성질이 간접강제를 할 수 있는 경우에 제1심 법원은 채권자의 신청에 따라 간접강제를 명하는 결정을 한다. 그 결정에는 채무의 이행의무 및 상당한 이행기간을 밝히고, 채무자가 그 기간 이내에 이행을 하지 아니하는 때에는 늦어진 기간에 따라 일정한 배상을 하도록 명하거나 즉시 손해배상을 하도록 명할 수 있다.

63) 형사소송법 제120조(집행과 필요한 처분) ① 압수·수색영장의 집행에 있어서는 건정을 열거나 개봉 기타 필요한 처분을 할 수 있다.

64) 대법원 2013. 9. 26. 선고 2013도5214 판결: "검사, 수사관 등이 원심 판시 건물 고층에 위치한 경영기획실 등에 대한 압수·수색영장을 집행할 목적으로 위 건물 1층 로비에서 위 집행장소로 이동하기 위하여 경비원들의 방해를 제지하고 엘리베이터에 탑승하는 과정에서 발생한 일련의 행위는 형사소송법 제120조 제1항의 압수·수색영장의 집행에 필요한 처분으로서 집행의 목적을 달성하기 위한 필요 최소한도의 범위 내에서 그 수단과 목적에 비추어 사회통념상 상당하다고 인정되고, 이 사건 압수·수색영장의 집행과정을

은 수사기관이 압수·수색영장의 집행과정에서 한 적극적 행위를 의미하고, 피압수자 등은 그에 대한 수인의무가 있을 뿐이다. 이를 넘어서 피압수자 등에 대하여 아이디와 비밀번호를 입력하는 적극적 행위를 요구할 수는 없다고 판단된다.

3. 진술거부권과 접근권한 관련 '행위'

가. 쟁점의 정리

'피의자에게 접근권한정보 등을 스스로 입력하여 수사기관이 해당 전자정보를 제한 없이 이용할 수 있는 상태에 두도록 요청'하거나(**유형**②), '암호화를 해제한 전자정보의 제출을 요청'하는 것(**유형**③)은, 피의자에게 적극적 행위 의무를 부과하는 것이다. 그런데 앞서 살핀 바와 같이, ① 압수·수색영장에 의하여 피압수자에게 적극적 행위 의무를 부과할 수 없고, ② '압수·수색영장의 집행방법'으로 그러한 내용을 기재하여도 권고적 효력 외에 법적 강제력을 인정할 수 없다. 즉, 우리 형사소송법에서는 위 **유형**②, ③에 대하여 진술거부권을 적용하지 않더라도 적극적 행위 의무를 부과하는 압수·수색영장의 집행을 거부할 수 있다.

그런데 '제출명령'(subpoena)은 행위 의무를 부과하고 법정모욕 등으로 이를 간접강제하는 형식을 취하므로 우리 형사소송법과 논의의 평면이 다르다. 해외 사례에서 본 유형을 논할 때 자기부죄거부특권과 관련하여 논의하는 데에는 이러한 배경이 있다. 그러나 우리 형사소송법에서도 법원에 의한 제출명령

보면 위 건물 1층 로비에서 위 건물의 경비원들에게 영장이 제시된 후 그 영장에 기재된 실제 압수·수색 장소에 도달하기도 전에 경비원들의 방해로 압수·수색영장의 집행이 중단된 이상 실제 압수·수색 장소인 경영기획실 등의 직원이 영장 제시 당시 참여하지 아니하였다고 하여 이를 가리켜 간수자의 참여권이 침해된 것으로 볼 수 없으며, 설령 위 건물 1층 로비에서 이 사건 압수·수색영장의 집행이 이루어진 것으로 볼 수 있다 하더라도 이 사건 압수·수색영장의 집행 당시 위 건물의 간수자인 경비원들에게 영장의 제시가 이루어진 이상 영장의 집행에 간수자의 참여가 이루어졌다고 보아야 할 것이므로, 결국 위 압수·수색영장의 집행에 관한 공무집행이 적법함을 전제로 이 부분 공소사실을 모두 유죄로 인정한 원심의 판단은 정당하고, 거기에 위 피고인들의 상고이유 주장과 같이 공무집행방해나 정당행위에 관한 법리를 오해하는 등의 위법이 없다."

(법 제106조 제2항)을 인정하고 있으며, 향후 수사단계의 제출명령 제도가 도입될 가능성도 있으므로 이를 살펴볼 필요가 있다고 생각된다.[65]

나. 비교법적 고찰

(1) 진술 또는 의사 표현의 성질을 가지는 '행위'

앞서 진술거부권의 '진술'에 의미와 관련하여, ① '그 자체로도 전체 증거 중 일부로 기능하면서, 나머지 증거에 대한 연결점을 제공하는 정보'만이 진술에 해당하는지, 아니면 ② '그 자체로는 증거로서 가치를 가지지 아니하고, 오직 증거에 대한 연결을 제공하는 의미만을 가지는 정보'도 진술에 포함되는지를 살펴본 바 있다. 본 항목에서 '진술'의 의미와 관련하여 살펴볼 것은, 진술은 반드시 말이나 글이어야 하는 것인지, 아니면 의사전달을 위한 행동을 포함하는 것인지 여부이다.

미연방대법원은 수정헌법 제5조 자기부죄거부특권의 범위와 관련하여 ① 1966년 *Schmerber v. California* 판결에서, 진술거부권은 '진술 또는 의사 표현의 성질을 가지는 증거'(testimonial or communicative nature)의 제출을 강제하는 경우에 적용되며,[66] ② 1988년 *Doe v. United States* 판결에서, 피고인의 행위가 진술의 성격을 가지려면, 사실에 관한 주장이든지 또는 특정한 정보를 공개하는 것이어야 한다고 판시하였다.[67] 즉, 자기부죄거부특권은 '**진술 또는 의사**

---

65) 형사소송법 제106조 제2항의 제출명령에 응하지 않을 경우 궁극적으로 압수·수색영장에 의해 강제력을 확보할 수 있을 뿐 이를 직접 강제할 수단을 두지 않으므로 여전히 논의의 실익은 크지 않다는 견해도 가능할 것이다. 그러나 진술거부권의 본질을 명확히 하고, 향후 입법론 차원의 논의를 위해서도 검토의 필요가 있다고 판단된다.

66) *Schmerber v. California*, 384 U.S. 757, 761 (1966): "자기부죄거부특권은 자신에 반하는 진술을 강제하거나, '증언 또는 의사 표현의 성질을 가지는 증거'의 제출을 강제하는 경우에만 적용된다." (We hold that the privilege protects an accused only from being compelled to testify against himself, or otherwise provide the State with evidence of a testimonial or communicative nature.)

67) *Doe v. United States*, 487 U.S. 201, 210 (1988): "피고인의 구술 또는 서면에 의한 의사표현이나 피고인의 행위가 진술의 성격을 가지려면, 그 자체로 명시적·묵시적으로 사실에 관한 주장이든지 또는 특정한 정보를 공개하는 것이어야 한다." (In order to be "testimonial," an accused's oral or written communication, or act, must itself, explicitly or implicitly, relate a factual assertion or disclose information.)

표현의 성격을 가지는 행위'(testimonial or communicative act)의 강요를 금지하는 것이며, 물적 증거제출을 거부할 수 있는 권리는 아니다.[68] 수정헌법 제5조는 모든 종류의 증거가 아니라 자신에게 불리한 진술을 강제하는 것으로 평가할 수 있는 제출명령에만 적용되므로, 피의자의 의복, 혈액, 음성, 필적 표본 등을 제공하는 경우는 수정헌법 제5조의 보호를 받을 수 없는 것이다.[69]

(2) 자기부죄거부특권과 정보제공 '행위'

제출명령에 따라 문서 등을 제출하는 '행위'(act)가 그 자체로 특정한 사실에 대한 진술 또는 주장으로 평가할 수 있는 경우 수정헌법 제5조의 보호 대상이 될 수 있다. 일반적으로 제출명령에 따라 자료를 제공하게 되면, ① 증거가 존재한다는 사실, ② 제출명령을 받은 자가 이를 가지고 있다는 사실, ③ 제공된 증거가 소환장에서 주장하는 그 증거라는 사실을 인정하게 되는 경우, 증거의 제공 행위는 진술로 평가된다.[70] 다만, 정부가 상대방이 그러한 증거를 특정 장소에 가지고 있다는 것을 이미 알고 있는 경우에는 위와 같은 사항들은 '정부가 이미 알고 있는 결론'(foregone conclusion)'에 불과하므로 증거제공 행위는 진술로 평가되지 않는다.

그런데 '정부가 이미 알고 있는 결론'의 범위를 어떻게 해석하느냐에 따라 제출명령으로 접근권한정보 등의 입력을 강제할 수 있는지에 대한 결론이 달라진다. 이에 대하여 學說이 치열하게 대립하고 있고,[71] 하급심의 입장도 통일되어 있지 않다.

---

68) 이러한 점을 명확히 한 미연방대법원의 1976년 피셔(*Fisher*) 판결 이후 문제제출 강제는 원칙적으로 수정헌법 제5조의 보호를 받을 수 없게 되었다. *Fisher v. United States*, 425 U.S. 391 (1976).

69) ① *Holt v. United States*, 218 U.S. 245 (1910) (의복); ② *Schmerber v. California*, 384 U.S. 757 (1966) (혈액); ③ *United States v. Wade*, 388 U.S. 218 (1967) (음성); ④ *Gilbert v. California*, 388 U.S. 263 (1967) (필적).

70) *United States v. Hubbell*, 530 U.S. 27 (2000); Nita A. Farahany, *Incriminating Thoughts*, 64 **Stan. L. Rev.** 351, 404 (2012),

71) ① 제출명령에 의하여 접근권한정보 등의 입력을 강제할 수 없다는 견해. Sacharoff, *Unlocking the Fifth Amendment* (주 36), 234면; ② 제출명령에 의하여 접근권한정보 등의 입력을 강제할 수 있다는 견해. Orin S. Kerr, *Compelled Decryption and the Privilege Against Self-Incrimination*, 97 **Tex. L. Rev.** 767 (2019). [이하 '*Compelled Decryption*'이라 함]

하급심의 입장을 상세히 살펴보면, **유형**②의 경우 제출의무를 부정한 사례,[72] 이를 인정한 사례가 나누어져 있고,[73] **유형**③의 경우도 마찬가지로 제출의무를 부정한 사례,[74] 제출의무를 인정한 사례가 나누어져 있다.[75] 대체로 제출의무를 인정하는 사례가 다수이나, 지방법원이 아닌 연방제11항소법원이 제출의무를 부정하는 강력한 논증을 제시한 점은 주목할 만하다.[76] 미연방 형사소송규칙 제17조는 제출명령이 비합리적이거나 억압적일 경우 이를 취소 또는 수정할 수 있다고 규정하는바,[77] 미국 법원은 대체로 다음과 같은 세부 요건을 요구하여 왔다.[78] 즉, ① 수사와 관련성(relevance), ② 대상의 특정성(particularity), ③ 적절한 시간적 범위(temporal scope) 내에 있을 것, ④ 대상자에게 과도한 부담(undue burden)이 되지 않을 것 등이다. 연방제11항소법원은 위 요건 중 '특정성' 요건을 엄격하게 적용함으로써 결과적으로 접근권한정보 등의 제출의무를 부정하고 있다.

---

72) **유형**②에서 제출의무를 부정한 사례: *Seo v. State*, 109 N.E.3d 418, 425 (Ind. Ct. App. 2018).

73) **유형**②에서 제출의무를 인정한 사례: *Commonwealth v. Gelfgatt*, 11 N.E.3d 605 (Mass. 2014).

74) **유형**③에서 제출의무를 부정한 사례: *In re Grand Jury Subpoena Duces Tecum Dated March 25, 2011 (**Doe II**)*, 670 F.3d 1335, 1349 (11th Cir. 2012).

75) **유형**③에서 제출의무를 인정한 사례: ① *In re* Grand Jury Subpoena to Sebastien Boucher (***Boucher II***), No. 2:06-mj-91, 2009 WL 424718, at *3 (D. Vt. Feb. 19, 2009); ② *United States v. Fricosu*, 841 F. Supp. 2d 1232, 1237 (D. Colo. 2012); ③ *In re* The Decryption of a Seized Data Storage System (**Feldman**), No. 13-M-449, 2013 U.S. Dist. LEXIS 202353, at *1 (E.D. Wis. Apr. 19, 2013); ④ *United States v. Apple Mac Pro Computer*, 851 F.3d 238, 248 & n.7 (3d Cir. 2017), *cert. denied*, 138 S. Ct. 1988 (2018) (mem.).

76) 본 쟁점 관련 판례들에 대한 상세한 분석은 다음의 문헌을 참고할 수 있다. Cohen & Park, 앞의 논문(주 39), 187면.

77) 연방 형사소송규칙 제17조 (c)(2): "법원은 제출명령이 비합리적이거나 억압적인 경우 이를 취소하거나 수정할 수 있다." (The court may quash or modify the subpoena if compliance would be unreasonable or oppressive.)

78) *United States v. Gurule*, 437 F.2d 239, 241 (10th Cir. 1970); *United States v. Alewelt*, 532 F.2d 1165, 1168 (7th Cir. 1976); *In re Grand Jury Matters*, 751 F.2d 13, 18 (1st Cir. 1984); *In re Special, Sept. 1983, Grand Jury*, 608 F. Supp. 538, 542 (S.D. Ind. 1985).

다. 우리 헌법, 형사소송법의 관점에서의 검토

앞서 살핀 바와 같이 수정헌법 제5조의 해석상 제출명령에 따라 자료를 제공하게 되면 ① 증거가 존재한다는 사실, ② 제출명령을 받은 자가 이를 가지고 있다는 사실, ③ 제공된 증거가 소환장에서 주장하는 그 증거라는 사실을 인정하게 되는 경우, 증거의 제공 행위는 진술로 평가된다. 다만, 위와 같은 사항이 '정부가 이미 알고 있는 결론'인 경우는 그렇지 않다고 한다. 그러나 우리 헌법 제12조 제2항은 그러한 제한을 알지 못한다. 따라서 ① 특정 행위가 언어적 표현과 같은 가치를 가지는지는 여부,[79] ② 진술의 성격을 갖는 행위가 '형사상 불리한' 것인지를 살펴 적용 여부를 결정해야 할 것이다.

형사 증거법의 맥락에서도 진술적 행위(assertive conduct)는 진술증거로 취급된다.[80] 어떠한 행위가 진술증거와 동일한 가치를 가질 때에 진술적 행위로 인정될 것이다.[81] 예컨대, 재연 행위는 자백과 동등한 가치를 가지므로 진술적 행위로 취급되는 것이다. 그렇다면 접근권한정보 등을 입력하는 '행위'는 해당 정보를 '진술'하는 것과 동일한 가치를 가진다. 또한 접근권한정보 자체의 제공은 허용하지 않으면서도 해당 정보의 입력행위는 강제할 수 있도록 한다면, 이는 실질적으로 진술거부권을 형해화하는 것이다. 이러한 점들에 비추어 접근권한정보 등의 입력을 강제하는 것도 진술거부권을 침해하는 것으로 판단되어야 할 것이다.

---

79) 헌법재판소 2005. 12. 22. 선고 2004헌바25 결정(정치자금에관한법률 제31조 제1호 등 위헌소원): "(구) 정치자금법 제31조 제6호에 의하면, 정당의 회계책임자는 정치자금의 수입·지출에 관한 명세서 및 영수증을 정치자금법이 정하는 회계 보고를 마친 후 3년간 보존하여야 하는데, 이 조항이 규정하고 있는 회계장부·명세서·영수증을 보존하는 행위는 진술거부권의 보호 대상이 되는 '진술' 즉 언어적 표출의 등가물로 볼 수 없으므로, 위 조항은 헌법 제12조 제2항의 진술거부권을 침해하지 않는다."

80) 미연방 증거규칙 제801조 (a) 항: "진술이란 어떤 사람의 구두의 주장, 서면의 주장, 또는 주장의 의도로 행해진 비언어적 행위를 의미한다." ("Statement" means a person's oral assertion, written assertion, or nonverbal conduct, if the person intended it as an assertion.)

81) 예컨대 대법원 1998. 3. 13. 선고 98도159 판결은 사법경찰관이 작성한 검증조서 중 피고인의 범행 재연 영상 부분은 피고인에 의하여 재연의 진정함이 인정될 뿐만 아니라 내용이 인정될 때에만 증거능력이 인정된다고 판시한다.

Ⅳ. 유형④: 접근권한정보 등으로 사용하는 생체정보[82)]

1. 들어가며

다음으로 피압수자 등에게 접근권한정보 등을 요청하는 특수유형으로 접근권한정보 등으로 사용하는 생체인식수단(biometric means)을 제공받는 경우를 살펴본다.[83)] 지문과 같은 생체인식수단을 접근권한정보 등으로 사용하는 경우로, 현재까지는 주로 휴대전화기 등의 개인기기에서 주로 사용되고 있다. 만약 영장에 '지문 등의 제공을 강제'하는 내용이 기재된 경우, 당해 영장의 효력을 어떻게 볼 것이며, 과연 집행 가능한지가 문제 된다.

'디엔에이 신원확인정보의 이용 및 보호에 관한 법률'(이하 '**DNA 신원확인법**'이라 함) 제5조 등은 영장에 의해 '디엔에이 감식자료'를 채취할 수 있도록 하고, 마약 사건에서 피의자의 모발·뇨 등을 압수대상으로 하는 영장을 발부받는 경우가 있으므로 '지문 제공을 강제'하는 내용의 영장이 불가능하다고 할 수는 없다. 우리 형사 실무에서도 최근 그러한 영장이 발부된 사례가 있으나,[84)] 아직 그 적법성 여부가 다투어진 판례는 없다. 이하에서는 참고를 위해 관련 해외 사례를 살펴본 후 우리 형사소송법의 해석과 관련하여 그 적법성을 검토하기로 한다.

---

82) 본 항목의 내용 중 일부는 拙稿, "수사기관 정보수집활동의 요건과 한계", 비교형사법연구 제18권 제3호 (2016), 153면 이하의 내용을 수정·발전시킨 것이다.

83) 본 항목의 논의에 앞서 '생체정보'와 관련 개념들에 대하여 정리할 필요가 있다. 먼저 ① '**생체정보**'(biometric data, bio-information)는 생체에서 비롯되는 모든 정보를 의미하므로 가장 넓은 개념이다. 기존에 논의되어 온 '생체정보'는 ② 지문, DNA 정보와 같은 '**신원확인용 생체정보**(=신원확인정보)'이거나, ③ 음주측정용 호흡과 같이 '**증거**'의 의미를 가지는 것이었다. 한편 ④ 새롭게 등장한 '접근권한정보 등으로 사용되는 생체정보'를 의미하는 'biometric means'는 '**생체인식수단**'으로 번역되는 경우가 많다. 그러나 '생체인식수단'도 접근권한정보의 기능을 한다는 점이 번역어 선택에 작용한 것일 뿐 넓게 보아 '생체정보'의 일종이다. 본 문헌에서는 '생체인식수단' '접근권한정보 등으로 사용하는 생체인식수단', '접근권한정보 등으로 사용하는 생체정보' 등의 용어를 혼용하여 사용한다.

84) 스마트폰 잠금 해제 위한 '지문 검증' 영장 논란, 법률신문(2019. 12. 9.).

2. 비교법적 검토

가. 생체정보와 수정헌법 제4조

신원확인 등에 필요한 생체정보와 관련하여 기존에 논의된 것은 대표적으로 미연방 수정헌법 제4조의 문제였다.[85] 미연방대법원의 1967년 카츠(*Katz*) 판결 이래 수정헌법 제4조는 '프라이버시에 대한 합리적 기대'(reasonable expectation of privacy)를 보호하는 것으로 이해된다.[86] 위 기준에 따르면, 미 연방헌법 상 '수색'(search)은 프라이버시에 대한 합리적 기대에 반하는 공권력 행사를 의미하게 된다.[87] 보다 구체적으로 살펴본다면, 일반적으로 외부에 공개된 물품, 장소(objects held out to the public) 등에 대하여는 프라이버시 이익을 인정할 수 없다.

따라서 미국 연방대법원은 개인은 ① 자신의 목소리,[88] ② 필적[89] 등에 대하여 프라이버시를 가지지 않고, ③ 은행이 보유하는 계좌기록,[90] ④ 전자장치

85) 수정헌법 제4조는 다음과 같이 규정한다. "① (**합리성조항**) 비합리적인 체포, 수색, 압수로부터 신체, 주거, 서류 및 물건의 안전을 보장받을 인민의 권리는 이를 침해할 수 없다. ② (**영장조항**) 영장은 상당한 이유가 있고, 선서 또는 확약에 의하여 뒷받침되며, 수색될 장소, 체포될 사람, 또는 압수될 물건을 특정하여 기재하지 아니하면 발부되지 아니한다." ("① The right of the people to be secure in their persons, houses, papers, and effects, against unreasonable searches and seizures, shall not violated, and ② no Warrants shall issue, but upon probable cause, supported by Oath or affirmation, and particularly describing the place to be searched, and the persons or things seized.") (문장구분기호 ①, ②는 필자가 부기)

86) 미연방대법원의 1967년 카츠(*Katz*) 판결은 **수사기관이 피의자가 이용하는 공중전화 부스 내부에 침입하지 않고 외부에 도청장치를 부착하여 통화 내용을 녹음**한 사안에 대하여, 수정헌법 제4조는 '장소가 아니라 사람'을 보호하는 것이며 위 도청은 '프라이버시에 대한 합리적 기대'를 침해한 것으로 위헌이라고 판시함으로써 위 조항의 해석론에 새로운 장을 열게 된 것으로 평가받고 있다. *Katz v. United States*, 389 U.S. 347 (1967).

87) *Katz v. United States*, 389 U.S. 347 (1967); *Smith v. Maryland*, 442 U.S. 735, 740 (1979). 유의할 점은 수정헌법 제4조는 반드시 수사 활동에만 한정되는 것이 아니라 프라이버시에 대한 합리적 기대에 반하는 모든 공권력 행사에 적용된다는 점이다. 한편 헌법상 '압수'(seizure)는 '점유이익'(possessory interest)을 방해하는 공권력 행사를 의미한다. *United States v. Jacobson*, 466 U.S. 109, 113 (1984).

88) *United States v. Dionisio*, 410 U.S. 1 (1973) (목소리).

89) *United States v. Mara*, 410 U.S. 19 (1973) (필적).

에 의한 차량의 운행궤적 추적,[91] ⑤ 가방에서 흘러나오는 냄새를 마약견이 탐지하는 경우[92] 등에 대하여도 프라이버시 이익을 인정할 수 없다고 하였다. 위 논리의 연장선에서 각급 법원은 ⑥ 피의자의 신원확인에 사용되는 지문채취는 헌법상 수색에 해당하지 않는다고 판시하였다.[93]

반면 ⑦ 혈액채취,[94] ⑧ 손톱에서 감식자료를 긁어낸 경우,[95] ⑨ 호흡측정기로 폐 속에 있는 공기를 분석한 경우[96] 등에는 프라이버시 기대가 있다. 즉, 아무리 경미하더라도 외부에 드러나지 아니한 사적 정보를 취득하는 경우 프라이버시에 대한 합리적 기대 기준에 따른다면 헌법상 수색에 해당하는 것이다. 한편 ⑩ DNA 정보의 경우 혈액채취, 구강점막채취 등의 방법을 사용하는바, 미국의 각급 법원은 과거 혈액채취 방법으로 DNA 정보를 취득한 경우 헌법상 수색에 해당한다고 판단하였고,[97] 미국 연방대법원은 구강점막에서 DNA 샘플을 채취하는 것 역시 수색에 해당한다고 판시한다.[98]

---

90) *United States v. Miller*, 425 U.S. 435 (1976) (은행이 보유하는 계좌기록).

91) *United States v. Knotts*, 460 U.S. 276 (1983) (전자장치에 의한 차량의 운행궤적 추적).

92) *United States v. Place*, 462 U.S. 696 (1983) (가방에서 흘러나오는 냄새).

93) *United States v, Iacullo*, 226 F.2d 788, 792 (7th Cir. 1955); *Napolitano v. United States*, 340 F.2d 313, 314 (1st Cir. 1965); *State v. Inman*, 301 A.2d 348, 355 (Me. 1973).

94) *Schmerber v. California*, 384 U.S. 757 (1966) (혈액채취).

95) *Cupp v. Murphy*, 412 U.S. 291 (1973) (손톱에서 감식자료를 긁어낸 경우).

96) *Skinner v. Railway Labor Executives' Association*, 489 U.S. 602 (1989) (호흡측정).

97) *Roe v. Marcotte*, 193 F.3d 72 (2nd Cir. 1999); *Jones v. Murray*, 962 F.2d 302 (4th Cir. 1992); *United States v. Kincade*, 379 F.3d 813 (9th Cir. 2004).

98) *Maryland v. King*, 133 S.Ct. 1958, 1968 (2013).

[표 4-1]

사건	대상	프라이버시
United States v. Dionisio (1973)	목소리	인정되지 않음
United States v. Mara (1973)	필적	인정되지 않음
United States v. Miller (1976)	은행이 보유하는 계좌기록	인정되지 않음
United States v. Knotts (1983)	차량의 운행궤적	인정되지 않음
United States v. Place (1983)	가방에서 흘러나오는 냄새	인정되지 않음
Napolitano v. United States (1st Cir. 1965)	지문	인정되지 않음
Schmerber v. California (1966)	혈액	**인정**
Cupp v. Murphy (1973)	손톱에서 긁어낸 감식자료	**인정**
Skinner v. Railway Labor Executives' Association (1989)	호흡측정	**인정**
Kyllo v. United States (2001)	적외선 장치를 이용한 온도 측정	**인정**
Maryland v. King (2013).	DNA 정보	**인정**

나. 생체정보와 수정헌법 제5조

(1) 견해의 대립

그러나 지문 등의 생체인식수단이 접근권한정보 등으로 사용될 때에는 오히려 수정헌법 제5조가 핵심적 쟁점으로 떠오르게 된다. 즉, 신원확인수단에 그치는 생체정보나 그 자체로 증거로 기능하는 생체정보(마약 사건에서 모발·뇨)와 달리 패스워드 등으로 사용되는 지문, 홍채 등의 생체인식수단은 자기부죄거부특권에 의한 보호 대상인가라는 문제가 새롭게 등장한 것이다.

본 문제에 대하여 學說은 치열하게 대립하고 있고,[99] 하급심의 입장도 통일되어 있지 않다. 해외 사례를 보면 영장 또는 제출명령의 적법성을 부정한 사례,[100] 이를 인정한 사례가 나뉘어 있다.[101]

(2) 생체인식수단 제출 강제의 적법성을 인정하는 견해

생체인식수단 제출 강제의 적법성을 인정하는 견해는 대체로 다음과 같은 논리를 바탕으로 한다. 즉, ① 대상자의 생체인식수단을 강제로 사용하는 것은 금고를 열 수 있는 열쇠의 압수와 유사하다. 또한 ② 이를 강제하는 경우 대상자의 사고과정을 밝힐 필요가 없으므로 생체인식수단의 강제 사용은 필적 표본이나 지문의 취득과 다르지 않다. 따라서 생체인식수단의 제출행위는 수정헌법 제5조의 보호 범위에 포함되지 않는다는 것이다.

(3) 생체인식수단 제출 강제의 적법성을 부정하는 견해

최근 캘리포니아주 북부 연방지방법원은, 현장에서 발견된 디지털기기를 잠금 해제하기 위해 해당 장소에 있는 모든 사람에게 생체인식수단 제공을 강제할 수 있는 영장을 기각하였다.[102] 위 판결에서 법원은 생체인식수단의 강제 사용과 관련된 주목할 논리를 전개하였다.

---

99) ① 적법성을 부정하는 견해: Sacharoff, *Unlocking the Fifth Amendment* (주 36), 203면; Choi, *The Privilege Against Cellphone Incrimination* (주 36), 73면. ② 적법성을 인정하는 견해: Kerr, *Compelled Decryption* (주 71), 767면.

100) **유형④**에서 적법성을 부정한 사례; ① *In re Application for a Search Warrant*, 236 F. Supp. 3d 1066, 1073 (N.D. Ill. **2017**) (지문을 사용하여 누군가의 가장 사적인 정보의 데이터베이스에 접근하는 것은 누군가가 어떤 장소에 있었는지 확인하기 위해 지문을 사용하는 것과 확연히 다른 것이라 판시함); ② *In re Search of Residence in Oakland, California*, 354 F. Supp. 3d 1010, 1016 (N.D. Cal. **2019**); ③ *In re A White Google Pixel 3XI*, 2019 U.S. Dist. LEXIS 83300 (D. Idaho, June 6, **2019**) (휴대전화 잠금 해제를 위해 지문을 강제로 사용하는 것은 수정헌법 제5조에 위반된다고 판시함).

101) **유형④**에서 적법성을 인정한 사례; ① *Commonwealth v. Baust*, 89 Va. Cir. 267, 271 (**2014**); ② *In re Search Warrant Application for [Redacted]*, 279 F. Supp. 3d 800, 805 (N.D. Ill. **2017**); ③ *State v. Diamond*, 905 N.W. 2d 870, 875 (Minn. **2018**); ④ *In re Search of [Redacted] Washington, District of Columbia*, 317 F. Supp. 3d 523, 535 (D.D.C. **2018**).

102) *In re Search of a Residence in Oakland, California*, 354 F. Supp. 3d 1010 (N.D. Calif. 2019).

먼저 ① 개인용 정보기기의 잠금 해제에 사용되는 생체인식수단은 비밀번호(passcode)와 같은 접근권한정보의 기능을 수행하며, 신원확인을 위한 지문채취와 근본적으로 다르다고 판단하였다. 따라서 접근권한정보 등의 진술을 강제하는 것이나 그 정보의 입력을 강제하는 것이 수정헌법 제5조를 위반하는 것이라면, 접근권한정보로 사용되는 생체인식수단을 강제하는 것도 마찬가지로 수정헌법 제5조에 위반한다는 것이다. 다음으로 ② 생체인식수단의 강제 사용은 용의자의 유·무죄 판단에 사용된다는 점에서 '거짓말 탐지기 검사 중에 도출된 비언어적이고 생리적인 반응'(nonverbal, physiological responses elicited during a polygraph test)과 유사한 성격을 가진다고 판단하였다. 따라서 수정헌법 제5조에 의한 보호가 필요하다는 것이다.

3. 접근권한정보 등으로 사용하는 생체정보의 법적 문제

가. 강제처분의 의미

먼저 수사기관의 생체정보 수집과 관련하여 기존에 고려되어 온 법 원칙을 간략히 살펴본다. 수사기관의 생체정보 수집과 관련된 가장 기본적인 법적 쟁점은 헌법 제12조 제1항, 제3항이 보장하는 신체의 자유, 적법절차와 영장주의이다. 영장주의는 법관이 발부한 영장에 의하지 아니하고는 수사에 필요한 강제처분을 하지 못한다는 원칙이다. 따라서 문제 되는 생체정보 수집이 강제처분에 해당하는지를 먼저 따져보아야 한다.

강제처분의 의의에 대하여는, ① 물리력 강제력을 행사하는 경우뿐만 아니라 상대방에게 의무를 부담하게 하는 경우를 포함한다는 견해,[103] ② 상대방의 의사에 반하여 실질적으로 법익을 침해하는 처분을 의미한다는 견해,[104] ③ 강제수사와 임의수사의 한계는 적법절차의 요청과 관련하여 구해야 한다는 전제에서, 수사기관의 처분이 헌법상 개별적으로 명시된 기본권을 침해하거나 명시되지 아니하였더라도 법 공동체가 공유하는 최저한도의 기본적 인권을 침해할 우려가 있는 때에는 강제처분에 해당한다는 견해가 제시되고 있다.[105] 이에

103) 차용석·최용성, 형사소송법 (제4판, 2013), 190면.
104) 이재상·조균석, 앞의 책(주 23), 222면.

대하여 헌법재판소는 영장주의가 적용되는 강제처분을 물리적 강제력을 행사하는 경우로 제한하고 있다.[106] 본 문헌에서는 일단 헌법재판소의 견해를 중심으로 정보수집 활동의 강제처분 여부를 살펴본다.

(1) 음주측정, 지문채취

도로교통법 제44조 제2항은 경찰공무원은 ① 교통의 안전과 위험방지를 위하여 필요하다고 인정하거나 ② 술에 취한 상태에서 자동차 등을 운전하였다고 인정할 만한 상당한 이유가 있는 경우에는 음주측정을 할 수 있다고 규정한다. 위 ①의 경우는 위험 예방을 위한 행정경찰 작용의 성격을 가지나, ②의 경우는 초동수사의 일종이라고 할 수 있음에도 경찰관에게 검증영장 없이 음주측정을 할 수 있는 권한을 부여하여 영장주의를 위반한 것인지가 문제 되었다. 이에 대하여 헌법재판소는 "음주측정은 호흡측정기에 의한 측정의 성질상 강제될 수 있는 것이 아니며 당사자의 자발적 협조가 필수적인 것이므로 법관의 영장을 필요로 하는 강제처분이라고 할 수 없다"고 판시한다.[107]

또한, 범죄의 피의자로 입건된 사람의 신원을 지문조사 외의 다른 방법으로 그 신원을 확인할 수 없어 지문을 채취하려고 할 때 정당한 이유 없이 이를 거부한 자를 10만 원 이하의 벌금형 등으로 처벌할 수 있도록 규정한 경범죄처벌법 제1조 제42호에 대하여, "수사기관이 직접 물리적 강제력을 행사하여 피의자에게 강제로 지문을 찍도록 하는 것을 허용하는 규정이 아니며 형벌에 의한 불이익을 부과함으로써 심리적·간접적으로 지문채취를 강요하고 있을 뿐"

105) 신동운, 앞의 책(주 28), 224면.

106) 헌법재판소 2004. 9. 23. 선고 2002헌가17 등 결정(경범죄처벌법 제1조 제42호 위헌제청): "물리적 강제력을 행사하는 경우뿐 아니라, '상대방에게 의무를 부담하게 하는 경우'가 강제처분에 포함된다고 하거나 '상대방의 의사에 반하여 실질적으로 법익 또는 기본권을 침해하는 처분'이면 강제처분에 해당된다고 보기도 하며, 이에 따르면 이 사건 법률조항에 의한 지문채취의 간접적인 강요 역시 강제처분으로 볼 수도 있다. 그러나 수사절차에서 발생하는 의무부담 또는 기본권 제한의 경우 그 범위가 광범위하여 명확한 기준을 제시해준다고 볼 수 없고, 모든 의무부담 또는 기본권 제한을 법관이 발부한 영장에 의하도록 하는 것이 가능하지도 않다. (…) 이러한 이유로 우리 재판소는 (…) 영장주의가 적용되는 강제처분을 물리적 강제력을 행사하는 경우로 제한하고 있다. 따라서 이 사건 법률조항에 의한 지문채취의 강요는 영장주의에 의하여야 할 강제처분이라 할 수 없다." (밑줄은 필자가 부기함)

107) 헌법재판소 1997. 3. 27. 선고 96헌가11 결정(도로교통법 제41조 제2항 등 위헌제청).

이므로 "궁극적으로 당사자의 자발적 협조가 필수적"인 것이어서 법관의 영장을 필요로 하는 강제처분이 될 수 없다고 판시하였다.[108)]

두 경우 모두 직접 물리적 강제력을 행사하지 않고 음주측정이나 지문채취를 거부하는 경우 형사처벌함으로써 간접적으로 강제하는바, 헌법재판소는 그러한 점을 근거로 강제처분에 해당하지 않는다고 판단한 것이다.[109)]

(2) DNA 신원확인정보

한편 'DNA 신원확인법'은 음주측정·지문채취와 다른 방법을 택하고 있다. 즉, 감식시료채취에 거부하는 경우 형사처벌하는 간접적 방법 대신, 강제적으로 감식시료를 채취하는 방법을 채택한 것이다. 따라서 헌법재판소의 견해에 따르면 DNA 감식시료채취행위는 법관의 영장을 필요로 하는 강제처분에 해당하게 된다.

나. 적법절차 원칙

(1) 간접강제의 경우: 음주측정, 지문채취

적법절차 원칙은 절차상의 적법성을 갖추어야 할 뿐 아니라 공권력 행사의 근거가 되는 법률의 실체적 내용도 합리성과 정당성을 갖출 것을 요구한다.[110)] 헌법재판소는 정보제공거부행위를 처벌하는 방법으로 간접강제방식을 채택한 입법자의 선택에 대하여 과잉금지원칙 또는 비례의 원칙에 따라 그 합리성 여부를 판단하여 왔다.

먼저 헌법재판소는 도로교통법 제41조 제2항 등 위헌제청 사건에서, "음주

---

108) 헌법재판소 2004. 9. 23. 선고 2002헌가17 등 결정(경범죄처벌법 제1조 제42호 위헌제청).

109) 음주측정·지문채취의 경우 헌법재판소의 논리와 미연방대법원의 프라이버시에 대한 합리적 기대 기준이 구체적 판단 과정에 있어 차이가 있음을 알 수 있다. 미연방대법원의 프라이버시 기준에 따를 경우 ① 호흡측정기로 폐 속에 있는 공기를 분석하는 것은 '외부에 드러나 있지 아니한 정보'를 취득하는 것이기 때문에 수정헌법 제4조의 적용대상이 되고, ② 지문은 이미 '외부에 공개되어 있는 정보'이기 때문에 수정헌법 제4조의 보호범위에서 벗어나게 된다. 반면 헌법재판소는 본문의 서술과 같이 물리적 강제력 행사 여부를 기준으로 영장주의 적용 여부를 판단한다.

110) 헌법재판소 1992. 12. 24. 선고 92헌가8 결정(형사소송법 제331조 단서규정에 대한 위헌심판).

문화, 음주측정에 필요한 의료시설·법집행장치의 구비 정도, 측정방법의 편의성 및 정확성, 측정방법에 관한 국민의 정서 등 여러 가지 요소들을 고려하여 합리적으로 결정"하여야 한다고 설시하면서, ① 목적의 중대성(음주운전 규제의 절실성), ② 음주측정의 불가피성(주취운전에 대한 증거확보의 유일한 방법), ③ 국민에게 부과되는 부담의 정도(경미한 부담, 간편한 실시), ④ 처벌의 요건과 처벌의 정도에 비추어 헌법 제12조 제1항 후문의 적법절차가 요청하는 합리성과 정당성을 갖추고 있다고 판단한 바 있다.[111]

또한, 지문채취에 불응하는 경우 형사처벌을 받도록 한 경범죄처벌법 제1조 제42호에 대한 위헌제청 사건에서, ① "수사상 피의자의 신원확인은 피의자를 특정하고 범죄경력을 조회함으로써 타인의 인적사항 도용과 범죄 및 전과사실의 은폐 등을 차단하고 형사사법제도를 적정하게 운영하기 위해 필수적이라는 점에서 그 목적은 정당"하고(**목적의 정당성**), ② "지문채취는 신원확인을 위한 경제적이고 간편하면서도 확실성이 높은 적절한 방법"이며(**수단의 적합성**), ③ "지문채취 그 자체가 피의자에게 주는 피해는 그리 크지 않은 반면, 일단 채취된 지문은 피의자의 신원을 확인하는 효과적인 수단이 될 뿐 아니라 수사절차에서 범인을 검거하는 데에 중요한 역할"을 하는 점(**침해의 최소성 및 법익의 균형성**)을 종합적으로 고려하여 대상 조항이 적법절차 원칙에 위배되지 아니하였다고 판단하였다.[112]

(2) 직접강제의 경우: DNA 신원확인정보

간접강제방식의 경우 제반 요소를 고려하는 과잉금지원칙 또는 비례의 원칙에 따라 그 합리성 여부를 판단한 것과 마찬가지로, 직접강제방식으로 정보를 취득하기로 한 입법자의 선택에 대하여도 같은 기준을 적용하여 그 합리성 여부를 판단할 수 있다.

DNA 신원확인정보와 관련하여 미연방대법원의 2013년 킹(*King*) 판결도 이익형량 분석을 통하여 DNA 신원확인법령의 합헌성 여부를 판단하였고,[113] 우리 헌법재판소도 'DNA 신원확인법에 대한 위헌확인 사건'에서, 과잉금지원칙

---

111) 헌법재판소 1997. 3. 27. 선고 96헌가11 결정(도로교통법 제41조 제2항 등 위헌제청).
112) 헌법재판소 2004. 9. 23. 선고 2002헌가17 등 결정(경범죄처벌법 제1조 제42호 위헌제청).
113) *Maryland v. King*, 133 S.Ct. 1958, 1968 (2013).

또는 비례의 원칙에 따라 합헌성 여부를 판단하였다.[114] 대표적으로 동법 제5조 제1항 제1호, 제4호, 제6호, 제8호(채취조항)의 신체의 자유 침해 여부를 판단함에 있어, ① 범죄 수사 및 예방을 위하여 특정범죄의 수형자로부터 DNA 감식시료를 채취하는 입법 목적이 정당한 점(**목적의 정당성**), ② 재범의 위험성이 높은 범죄를 범한 자들의 DNA 신원확인정보를 데이터베이스에 수록하고 관리하기 위하여 DNA 감식시료를 채취하는 것은 입법 목적을 달성하기 위한 적절한 수단인 점(**수단의 적합성**), ③ 시료를 서면 동의 또는 영장에 의하여 채취하되, 채취 이유, 채취할 시료의 종류 및 방법을 고지하도록 하고 있고, 우선적으로 구강점막, 모발에서 채취하되 부득이한 경우만 그 외의 신체 부분, 분비물, 체액을 채취하게 하는 등 채취대상자의 신체나 명예에 대한 침해를 최소화하도록 규정하는 점(**침해의 최소성**), ④ 제한되는 신체의 자유의 정도는 일상생활 중에서도 경험할 수 있는 정도의 미약한 것으로서 외상이나 생리적 기능의 저하를 수반하지 아니한다는 점에서, 범죄수사 및 범죄예방 등에 기여하고자 하는 공익에 비하여 크다고 할 수 없는 점(**법익의 균형성**) 등을 고려하여 그 합헌성을 인정한 것이다.

또한 2018년 DNA 신원확인법 제8조에 대하여 의견진술·불복의 기회를 보장하지 아니한다는 이유로 재판청구권을 침해한다고 판단하면서도 마찬가지로 과잉금지원칙을 기준으로 채용하였다.[115]

---

114) 헌법재판소 2014. 8. 28. 선고 2011헌마29 등 결정(디엔에이신원확인정보의 이용 및 보호에 관한 법률 부칙 제2조 제1항 위헌확인). 위 사건에서 헌법재판소는 ① DNA신원확인법 제5조 제1항 제1호, 제4호, 제6호, 제8호(채취조항)의 신체의 자유 및 평등권 침해 여부, ② 같은 법 제8조 제3호(채취동의조항)의 영장주의 및 적법절차원칙 위배 여부, ③ 같은 법 제13조 제3항 (삭제조항)의 개인정보자기결정권 침해 여부, ④ 같은 법 제11조 제1항(검색·회보조항)이 개인정보자기결정권을 침해하는지 여부, ⑤ 부칙조항의 소급입법금지원칙, 신체의 자유, 개인정보자기결정권, 평등권의 침해 여부 등을 판단하였다.

115) ① 영장절차 조항은 채취대상자에게 DNA 감식시료채취영장 발부 과정에서 자신의 의견을 진술할 기회를 절차적으로 보장하지 않을 뿐만 아니라, 발부 후 그 영장 발부에 대하여 불복할 기회를 주거나 채취행위의 위법성 확인을 청구할 수 있도록 하는 구제절차마저 마련하고 있지 않아 청구인들의 재판청구권을 과도하게 제한하고(**침해의 최소성**), ② DNA 신원확인정보를 확보함으로써 장래 범죄수사 및 범죄예방 등에 기여하는 공익적 측면이 있으나, 이 사건 영장절차 조항의 불완전·불충분한 입법으로 인하여 채취대상자의 재판청구권이 형해화되고 채취대상자가 범죄수사 및 범죄예방의 객

다. 헌법 제12조와 미연방 수정헌법 제4조

지금까지 살펴본 내용은 아래 [**표** 4-2]와 같이 정리할 수 있다. 즉, 우리 헌법에서는 ① 물리적 강제력을 행사하는 것을 기준으로 영장주의 적용 여부가 달라지나, ② 영장주의 적용 여부와 관계없이 기본권 제한의 합리성 여부를 판단하는 과잉금지원칙 또는 비례의 원칙을 중심으로 합헌성 또는 적법성 여부를 판단하게 된다. 이는 ① '프라이버시에 대한 합리적 기대'가 인정되면 수정헌법 제4조의 보호 대상이 되고, ② 강제처분의 '합리성'이 인정되면 영장주의 예외도 인정받는 미연방대법원의 해석과는 다소 구조를 달리한다. 그러나 합리성 여부 판단에 있어 목적의 정당성, 수단의 적합성, 침해의 최소성, 법익의 균형성 등 제반 요소를 고려함이 핵심이라는 점에서 본질적 차이는 없다고 판단된다.

[표 4-2]

	영장주의	분석방법
직접강제 (DNA 신원확인정보 취득)	적용	과잉금지원칙 비례의 원칙
간접강제 (음주측정, 지문채취)	적용되지 않음	과잉금지원칙 비례의 원칙
정식 체포·수색·압수에 이르지 아니하는 유형력 행사 (정지질문 등)	적용되지 않음	과잉금지원칙 비례의 원칙

라. 생체인식수단 강제 사용의 적법성

(1) 문제의 제기

앞서 살핀 바와 같이, 수사기관의 생체정보 수집과 관련하여 논의되어 온주된 쟁점은 헌법 제12조 제1항, 제3항이 보장하는 적법절차와 영장주의이다.

체로만 취급받게 된다는 점에서, 양자 사이에 법익의 균형성이 인정된다고 볼 수도 없다(**법익의 균형성**)는 점을 이유로 하였다. 헌법재판소 2018. 8. 30. 선고 2016헌마344 등 결정(디엔에이감식시료채취영장 발부 위헌확인 등).

기존에 검토되어온 신원확인정보로 사용된 지문, DNA 정보와 접근권한정보로 사용되는 생체정보 사이에 차이를 둘 수 있는 것인가? 차이를 둔다면 그 이유는 무엇인가? 등의 문제가 검토되어야 할 것이다.

접근권한정보 등으로 사용되는 생체정보에 대한 강제처분은 '생체정보, 즉 접근권한정보 등의 제출행위'를 강제하는 것으로 본다면, 앞서 살펴본 접근권한정보 등을 입력하는 '행위'에 대한 논의를 그대로 적용할 수 있다. 즉, '생체정보(=접근권한정보 등)를 제출하는 행위'는 해당 정보를 '진술'하는 것과 동일한 가치를 가지므로 진술거부권의 보호 대상이 된다는 주장이 가능하다. 앞서 살펴본 캘리포니아주 북부 연방지방법원의 2019년 결정도 '접근권한정보 등의 진술을 강제하는 것, 또는 그 정보의 입력을 강제하는 것이 수정헌법 제5조를 위반하는 것이라면, 접근권한정보로 사용되는 생체인식수단을 강제하는 것도 마찬가지로 수정헌법 제5조에 위반한다'는 취지로 판시하여 이러한 입장에 있다.[116]

그러나 이러한 논리에도 약점은 있다. 기존에 신원확인용으로 사용되는 생체정보, 즉 지문, DNA 정보에 대하여도 '신원정보에 대한 진술을 강요하는 것'이라는 구성이 가능함에도, 각국의 판례들은 이러한 논리를 적용하지 않고 비례원칙에 따라 그 합헌성을 인정해 왔다. 따라서 신원확인용 생체정보와 접근권한정보로 사용되는 생체정보 사이에 어떠한 차이점이 있는지가 충분히 규명될 필요가 있다. 필자는 다음과 같은 세 가지 논리가 가능하다고 생각한다.

(2) 논증 1: **기술적 접근방법**

먼저, 생체정보와 그와 연결·상응하는 정보 사이에 직접성에 차이가 있다는 논리가 가능할 것이다.[117] ① 신원확인용 생체정보(지문, DNA 정보)와 신원정보는 직접 연결성이 부족하다. 지문이나 DNA 정보를 안다고 하여 특정인의 신원정보를 바로 알 수 있는 것이 아니다. 신원정보를 파악하려면, 국가의 행정체계에 의하여 개별 시민의 존재를 확인하고 특정인의 지문 또는 DNA 정보

---

116) *In re Search of a Residence in Oakland, California*, 354 F. Supp. 3d 1010 (N.D. Calif. 2019).

117) 정보기술의 관점을 논증의 기초로 하고 있으므로, 필자는 이를 '**기술적 접근방법**'이라 칭하고자 한다.

를 미리 파악하여 거대한 데이터베이스를 구축하는 것이 필요하다.[118] 이러한 데이터베이스를 전제하지 않는다면, 지문이나 DNA 정보는 그야말로 '無'에 불과하다.[119] ② 반면, 접근권한정보로 사용되는 생체정보는 특정한 변환 알고리즘에 의하여 바로 암호화 키의 정보로 변환된다. 생체정보는 접근권한정보의 다른 표현형식에 불과할 정도의 기술적 연관성을 가지고 있다.

이러한 차이점을 고려하면, 신원정보로 사용되는 생체정보는 어떤 정보에 대한 직접 '진술'로서의 가치가 없고 단지 다른 정보(데이터베이스)와 결합하여 의미를 가지는 것에 불과하나, 접근권한정보로 사용되는 생체정보는 어떠한 정보를 직접 '진술'하는 것이라 평가할 수 있을 것이다.

(3) 논증 2: 규범적 접근방법

다음으로 신원정보로 사용되는 생체정보와 접근권한정보로 사용되는 생체정보는 규범적 측면에서 전혀 다른 의미와 기능을 가진다는 논리가 가능하다. ① 신원정보로 사용되는 생체정보는 단순히 특정인이 신원에 대한 정보와 연결될 뿐이다. ② 반면, 접근권한정보로 사용되는 생체정보는 그와는 비교할 수 없을 정도의 다양하고 방대한 정보로 연결되게 한다.

제3장에서 논한 바와 같이, 당사자 참여권을 보장한 대법원 2015. 7. 16.자 2011모1839 전원합의체 결정(종근당 사건)은 '전자정보의 특성'을 바탕으로 종래 일반적 물건에 대한 압수·수색 제한이론만으로는 적법절차의 실질적 내용을 보장할 수 없고, 새로운 법리가 필요하다는 논증을 전개하였다.[120] 또한 그

---

118) 특정 사건의 수사와 관련하여 현장에 유류된 지문 또는 DNA 정보의 흔적과 용의자의 그것을 대비하여 동일성 여부를 확인하는 경우도 있다. 그러나 이러한 경우는, 우리 'DNA 신원확인법'이 전제하는 상황이 아니며, '형사소송법'에 의한 수사의 영역이므로 본문의 논의와는 평면을 달리함을 유의하여야 한다. 즉, DNA 신원확인정보 수집은 개별적·구체적 혐의에 기초하지 아니하는 정보수집행위로서, 도로에서 무차별적으로 행해지는 음주측정과 유사한 성격을 가지는 것이다. 이에 대한 상세한 내용은, 拙稿, 앞의 논문(주 82), 169면 이하를 참고.

119) DNA 정보가 특정인의 신체적 상태에 대한 제한된 범위의 정보를 제공한다는 의미는 있겠으나, 특별한 맥락이 없는 한 형사 절차의 관점에서 유의미한 정보가 되기는 어렵다고 판단된다.

120) 대법원 2015. 7. 16.자 2011모1839 전원합의체 결정, 판례공보 제473호(2015. 9. 1.), 1274면. 이하에서는 '**대법원 2011모1839 전원합의체 결정**(**공2015하, 해당 면수**)'의 형식으로 각주를 표기하기로 한다.

러한 '전자정보의 특성'으로 '**정보의 대량성과 다양성**',[121] '**전자정보의 비가시성**'[122] 등을 들고 있다.

위와 같은 '전자정보의 특성'을 고려할 때, 접근권한정보로 사용되는 생체정보는 신원확인을 위한 생체정보와 본질적으로 그 기능을 달리한다고 볼 수밖에 없다.[123] 따라서 접근권한정보 등을 진술하도록 강제함이 진술거부권을 침해하는 것이라면, 접근권한정보로 사용되는 생체인식수단을 강제하는 것도 마찬가지로 진술거부권을 침해한다고 보아야 할 것이다.

(4) 논증 3: **이익형량적 접근방법**

마지막으로 신원정보로 사용되는 생체정보와 접근권한정보로 사용되는 생체정보 사이에 기술적·규범적 차이점을 구체적으로 밝히는 방법을 피하고, 기존에 고려해 온 적법절차 원칙, 또는 그 핵심적 판단기준인 비례원칙에 따른 논증도 가능하다. 이러한 방법에도 위 '논증 2: 규범적 접근방법'에서 검토한 '전자정보의 특성'이 중요한 역할을 한다.

즉, 국가가 기존에 확보한 정보와 단순한 대조를 위해 사용되는 신원정보 확인용 생체정보와 달리, 접근권한정보로 사용되는 생체정보는 다양하고 방대

---

121) 이에 대한 위 결정의 요지는, 압수의 목적물이 전자정보가 저장된 대용량 저장매체일 경우 "과학기술이 발전할수록 기존의 법률이 예상조차 할 수 없었던 엄청난 양의 정보가 담기게 될 가능성"이 있는바, 이러한 대량의 전자정보는 "개인의 행동을 시간, 장소적으로 재구성할 수 있게 할 뿐만 아니라 개인의 내밀한 생각까지 포함하고 있는 경우"가 많고, "개인이나 기업의 일생 내지 영업비밀 등 사업 전체를 드러내는 일기장"과도 같아 수사기관에 의한 법익침해의 위험이 종래의 일반적 물건에 대한 압수·수색과는 비교할 수 없을 정도로 높다는 것이다. 대법원 2011모1839 전원합의체 결정(공2015하, 1295-1297).

122) 이에 대한 위 결정의 요지는, 전자정보는 수사기관이 찾고자 하는 대상을 그 외적 특성을 통해 구별할 수 없는 특성 때문에 어느 것이 범죄혐의와 관련되지 않은 것인지를 확인하기 위해 일정 부분 정보의 내용을 살펴볼 수밖에 없고, 그에 따라 어쩌면 개인이나 기업의 모든 것이 담겨져 있을지 모를 정보 전체가 수사기관의 검열대상이 될 가능성이 있다는 것이다. 대법원 2011모1839 전원합의체 결정(공2015하, 1295-1296).

123) 앞서 살펴본 캘리포니아주 북부 연방지방법원도 이러한 견해를 기초로 한다. 즉, 개인용 정보기기의 잠금 해제에 사용되는 생체인식수단은 비밀번호(passcode)와 같은 접근권한정보의 기능을 수행하며, 신원확인을 위한 지문채취와 근본적으로 다르다는 것이다. *In re Search of a Residence in Oakland, California*, 354 F. Supp. 3d 1010 (N.D. Calif. 2019).

한 정보에 대한 수사기관의 접근을 허용하게 된다. 이는 이익형량에서 어느 한 쪽의 균형을 심각하게 변화시키는 요소가 되는 것이다. 따라서 비례원칙에 의하더라도 접근권한정보로 사용되는 생체정보를 강제로 취득하는 것은 적법성을 인정할 수 없다는 결론을 도출할 수 있다.

(5) 검토

접근권한정보로 사용하는 생체정보의 취득과 관련하여, 기술적 접근방법, 규범적 접근방법, 이익형량적 접근방법을 살펴보았다. 이러한 다양한 측면을 고려하는 이유는, 신원확인용 생체정보와 관련한 기존 논의들도 나름의 법리에 기초하여 다양한 사례 군을 축적해 왔기 때문이다. 본 쟁점에 대하여는 더욱 치밀한 논리 구성이 필요하나, 현재로서는 위에 제시한 세 가지 논리를 중첩하여 주장함으로써 논증의 설득력을 더할 수 있다고 본다.

제3절 수사기관의 활동을 통한 전자정보 접근

Ⅰ. 일반적인 수사기법

1. 접근권한정보 등에 대한 수사

제2절에서는 피의자를 대상으로 접근권한정보 등을 취득하는 경우의 법적 문제점을 살펴보았다. 본 항목에서는 수사를 통해 접근권한정보를 확보하는 경우의 법적 문제점을 살펴본다. 피의자로부터 접근권한정보 등을 취득하지 못할 경우, 수사기관이 수사 과정에서 발견한 다른 증거 등을 통해 알아낼 수밖에 없다. 달리 말하면 패스워드 등도 수사의 대상인 것이다. 또한, 관련 정보를 바탕으로 추측을 통하여 접근권한정보 등을 취득하는 것도 가능하다. 이는 다양한 노력이 필요하고 성공이 반드시 보장되지도 않는 어려운 작업이다. 그리고 간단한 기준으로 유형화하기도 어렵고, 기존에 쟁점이 된 사례를 아래와 같이 열거하여 파악할 수밖에 없다. 결국, 수사 일반에 적용되는 기준으로 허용범위를 판단하되 개별 특수방법의 특수성을 함께 고려해야 할 것이다.

가. 피압수자의 메모 등을 통하여 접근권한 정보 등을 알아내는 경우

예컨대 압수·수색 과정에서 발견된 피압수자의 메모, 또는 그와 유사한 성격의 파일 기재 내용을 통해 정보를 취득할 수 있다.[124] 이러한 방법으로 관련 정보를 취득하려면 다음과 같은 전제가 충족되어야 할 것이다.

먼저 ① 접근권한 정보 등은 인지할 수 있는 형태로 어디엔가 존재하여야 한다. 이러한 정보는 피압수자가 노트에 기재해 두었을 수도 있고, 파일의 형태로 컴퓨터에 저장해 두었을 수도 있다. 최근에는 웹 브라우저 자체에서 아이디와 패스워드를 저장하는 기능을 제공하는바, 이러한 기능을 사용하여 관련 정보를 확보할 수도 있다. 다음으로 ② 수사기관이 위와 같이 존재하는 접근권한정보 등을 찾을 수 있어야 하고, ③ 찾아낸 정보를 이용할 수 있는 적법한 권한이 있어야 할 것이다. 접근권한정보 등이 저장된 매체에 대한 압수·수색 과정에서 위법성이 없는 한 수사기관은 이를 적법하게 사용할 수 있다. 다만, 알아낸 정보를 이용하여 암호화를 해제하고 관련성 있는 증거를 수색할 때에는 당사자에게 절차참여권을 보장해야 할 것이다.

나. 소스 코드 분석을 통한 접근권한 정보 등의 취득

악성 프로그램의 소스 코드 분석을 통하여 수사에 필요한 접근권한정보 등을 확보할 수도 있다.[125] 예컨대, 스카이프(Skype)나 카카오톡 대화창에 관련 링크를 전송·설치하도록 하고 피해자의 스마트폰 내에 있는 전화번호 목록을 용의자의 구글 계정으로 자동 전송시키도록 설계된 악성 프로그램이 범행에 사용된 사례가 있다. 이러한 경우에 피해자의 휴대전화기에 저장된 악성 프로그램의 소스 코드를 분석하면 용의자의 이메일 계정, 비밀번호를 확보할 수 있다.

---

124) 역외 압수수색의 적법성이 쟁점이 되었던 대법원 2017. 11. 29. 선고 2017도9747 전원합의체 판결(역외 서버 압수·수색 사건 – 시나닷컴)의 사실관계가 이에 해당한다.

125) 섹스토션(sextortion, 일명 '몸캠피싱'), 스미싱 등 악성코드를 사용하는 범죄유형에서 이러한 방법이 사용된다. 정대용·김기범·권헌영·이상진, 앞의 논문(주 22), 147면.

2. 이미 작동 중인 수색 대상 컴퓨터를 이용하는 경우

가. 수색 대상 컴퓨터를 통하여 암호화 해제된 평문에 접근하는 경우

고도의 기술을 사용하여 암호화한 정보라 하더라도 정보 주체가 사용하는 동안에는 평문의 형태로 존재할 수밖에 없다. 수색현장에서 피압수자 등이 평문 형태로 사용 중인 전자정보에 접근할 수 있는 경우, 기술적 복잡성을 쉽게 극복하고 원하는 정보에 접근할 수 있다. 대표적으로 불법 서비스나 밀수품 등이 거래되는 온라인 시장인 '실크로드'(Silk Road)의 운영자(Ross Ulbricht)가 수사기관에 체포되었을 때, 체포현장에서 사용 중인 노트북 컴퓨터를 함께 취득할 수 있었다고 한다.[126]

나. 수색 대상 컴퓨터를 통하여 접속 중인 서버에 접근하는 경우

수색현장에서 피압수자의 컴퓨터를 통해 이미 접속 중인 서버의 데이터에 접근하는 사례도 많다. 유사한 상황으로 자동접속기능을 통해 원격 서버에 접근할 수도 있다. 이러한 경우를 '**원격 압수 · 수색**'이라 칭하기도 한다.[127] 실무상 수사기관이 '압수 · 수색 장소에 존재하는 컴퓨터로 해당 웹사이트에 접속하여 전자정보를 다운로드한 후 이를 출력 또는 복사하거나 화면을 촬영하는 방법으로 압수한다'는 취지를 영장청구서에 기재하여 압수 · 수색영장을 발부받고

126) *United States v. Ulbricht*, No. 14 Cr. 68 (KBF) (S.D.N.Y. Jan. 28, 2015); Press Release, U.S. Attorney's Office for the Southern District of N.Y., U.S. Department of Justice, Ross Ulbricht, A/K/A "Dread Pirate Roberts," Sentenced in Manhattan Federal Court to Life in Prison (May 29, 2015).

127) 제2장에서 살핀 바와 같이, 사이버범죄방지조약 제19조 제2항, 독일 형사소송법 제110조 제3항, 일본 형사소송법 제218조 제2항, 제99조 제2항은 원격 압수 · 수색을 규정하고 있다. 반면 우리 형사소송법은 '원격 압수 · 수색'의 근거 규정을 따로 두고 있지 않다. 다만 디지털증거의 수집 · 분석 및 관리 규정(대검찰청 예규 제991호, 2019. 5. 20. 전부개정) 제18조(디지털증거의 압수 · 수색 · 검증) 제6항은 "압수 · 수색 · 검증의 대상인 정보저장매체와 정보통신망으로 연결되어 있고 압수 · 수색 · 검증의 대상이 되는 디지털증거를 저장하고 있다고 인정되는 다른 정보저장매체에 대하여 압수 · 수색 · 검증 대상인 정보저장매체의 시스템을 통하여 접속한 후 수색을 할 수 있다. 이 경우 압수 · 수색 · 검증 대상 정보저장매체가 정보통신망에 연결되어 있고, 압수 · 수색 · 검증 대상자가 정보통신망으로 접속하여 기억된 정보를 임의로 삭제할 우려가 있을 경우에는 정보통신망 연결 케이블을 차단할 수 있다"고 규정하고 있다.

있다.128)

형사소송법 제114조 제1항에 의하면, 압수·수색영장에는 압수·수색 장소가 기재되어야 하고, 영장의 집행은 기재된 장소로 제한된다.129) 따라서 압수 대상 저장매체 자체가 아니라 그와 네트워크로 연결된 특정한 매체에 저장된 정보를 적법하게 압수·수색할 수 있는가라는 의문이 제기될 수 있다. 그러나 네트워크 기술의 발전에 따라 다양한 저장매체에 산재하여 저장되며 미리 그 저장장소를 특정하기 어려운 전자정보의 특수성을 고려하여 일정한 범위에서 적법성을 인정하는 견해가 다수이고,130) 앞서 본 바와 같이 실무에서도 인정되고 있다.

생각건대, '원격 압수·수색'은 수색 대상 컴퓨터와 기능적으로 일체성을 가지는 경우, 즉 수색 대상 컴퓨터가 입력장치로 기능하고 원격으로 접속하는 저장매체 등은 저장장치로 기능하여 일체성을 가지는 경우로 한정해야 할 것이다.131)

3. 제3자에 대한 협력 요구

가. 제3자에게 대한 암호해제 요구

(1) 적극적 행위 의무

수사기관이 피의자가 아닌 제3자, 대표적으로 인터넷서비스 제공자에게 접

---

128) 법원행정처, 압수·수색영장 실무 (개정2판, 2016), 76면.

129) 그에 따라 다음과 같이 '압수할 물건'을 특정하기 위해 기재한 문언을 엄격하게 해석한 사례도 있다. 대법원 2009. 3. 12. 선고 2008도763 판결: "헌법과 형사소송법이 구현하고자 하는 적법절차와 영장주의의 정신에 비추어 볼 때, 법관이 압수·수색영장을 발부하면서 '압수할 물건'을 특정하기 위하여 기재한 문언은 엄격하게 해석하여야 하고, 함부로 피압수자 등에게 불리한 내용으로 확장 또는 유추 해석하여서는 안 된다. 따라서 압수·수색영장에서 압수할 물건을 '압수장소에 보관 중인 물건'이라고 기재하고 있는 것을 '압수장소에 현존하는 물건'으로 해석할 수는 없다." (밑줄은 필자)

130) 긍정설, 부정설, 제한적 긍정설 등이 제시되나, 적법성을 부정하는 견해도 원격 압수·수색의 필요성을 인정하는 전제에서 입법을 통한 제도화를 주장한다. 관련 논의는 다음의 문헌을 참고할 수 있다. 정대용·김기범·이상진, "수색 대상 컴퓨터를 이용한 원격 압수수색의 쟁점과 입법론", 법조 제714호 (2016), 40, 54면.

131) 유사한 취지의 견해로 정대용·김기범·이상진, 앞의 논문(주 130), 68면 이하를 참고.

근권한정보 등을 요구하거나, 암호화 해제된 전자정보의 제출을 요구할 수 있다. 최근 해외에서도 최근 수사기관의 아이폰 암호해제 요청이 큰 논쟁을 불러온 사례가 있다.[132] 앞서 살펴본 영국의 예와 같이 접근권한정보 등의 제출을 명할 수 있도록 한 입법례도 있으나 일반적인 것은 아니다.[133] 우리의 경우도 그러한 의무를 부과하는 규정은 존재하지 않으며, 만약 그러한 규제의 도입을 시도할 경우 전자정보 자기결정권 등의 헌법적 가치와 관계를 분명히 할 필요가 있을 것이다. 위 쟁점에 대하여 제1절에서 검토한 내용을 넘어선 상세한 검토는 본 문헌의 범위를 넘는다고 생각되며, 이하에서는 현재의 법 상태를 전제로 제3자에 대한 협력 요구 관련 쟁점을 검토하기로 한다.

피의자 아닌 순수한 제3자는 진술거부권의 주체가 아닌 점에서 제2절에서 논의한 진술거부권의 내용을 적용할 수는 없다. 따라서 압수·수색영장은 강제처분에 대한 소극적 수인의무를 부과할 뿐 어떠한 적극적 행위 의무를 부과하지 않는다는 점이 논의의 기준이 된다. 즉, 제3자도 접근권한정보 등의 '진술', 암호 해제된 전자정보의 제출을 위한 사전행위로서 접근권한정보 등의 '입력행위' 등을 할 의무는 인정되지 아니한다.

(2) 자발적 협력과 당사자 참여권

그렇다면 '자발적 협력'은 가능할 것인지가 문제 된다. 본 문제를 논하기에 앞서 제3장에서 논의한 '제3자에 대한 압수·수색 집행과 당사자 참여권'의 문제를 고려해야 한다. 제3장에서는 적법절차의 실질적 내용을 보장하려면 제3자에 대한 집행의 경우에도 피의자(정보주체)의 유관정보 선별 과정 참여가 필수적이라는 점을 주장하였다. 따라서 제3자인 인터넷서비스 제공자에 대한 집행에서도 피의자(정보주체)가 참여 중인 상황을 전제로 논의가 필요하다.

정보주체가 접근권한정보 등의 제출을 거부하였음에도 제3자인 인터넷서비

---

132) *In re Search of an Apple iPhone Seized During Execution of a Search Warrant on a Black Lexus IS300, Cal. License Plate 35KGD203, No. ED 15-0451M*, 2016 WL 618401, at *1 (C.D. Cal. Feb. 16, 2016).

133) 영국의 경우 '수사 권한 규제법'(Regulation of Investigatory Powers Act 2000, RIPA), '암호화된 전자정보의 수사에 관한 규칙'(Code of practice for the investigation of protected electronic information)에 따라 수사기관이 암호화된 정보를 해독할 수 있는 패스워드 등의 제공을 명령할 수 있도록 규정한다.

스 제공자가 정보주체의 의사에 반하여 수사기관의 접근권한정보 등의 제출 요청에 응하였을 경우, 그 법적 효과가 문제 된다.[134)]

먼저 ① 불법행위·계약위반에 따른 책임이나 개인정보보호 법령에 의한 형사책임을 부담하는지가 문제 된다. 개별 법령의 해석 여하에 달려 있겠으나, 가능성은 충분히 있다고 판단된다. 예컨대 대법원은 전기통신사업법 제83조에 따른 통신자료 제공과 관련하여, '전기통신사업자가 전기통신사업법에 정한 형식적·절차적 요건을 심사하여 수사기관에 통신자료를 제공하였다면, 수사기관이 통신자료의 제공 요청 권한을 남용하여 정보주체 또는 제3자의 이익을 부당하게 침해하는 것임이 객관적으로 명백한 경우와 같은 특별한 사정이 없는 한, 이로 인하여 이용자의 개인정보자기결정권이나 익명표현의 자유 등이 위법하게 침해된 것으로 볼 수 없다'고 판시한 사례가 있다.[135)] 위 판결이 법률에 근거한 비교적 단순한 절차의 정보제공임에도 불구하고 전기통신사업자에게 일정한 심사의무를 부과하였다는 점에서 구체적 사안에 따라 불법행위·계약위반에 따른 책임이 인정될 여지가 있다고 생각된다.

다음으로 형법 제316조 제2항의 구성요건에 해당하거나,[136)] 개인정보 보호법의 처벌 규정에 해당할 가능성도 있다.[137)] 다만 형법 제316조 제2항의 경우

---

134) 제3자가 유관정보 선별 과정에 참여하지 않았다 하더라도, 정보주체의 추정적 의사가 접근권한정보 등의 제출을 거부할 가능성이 있음에도 이를 무시하고 자의적으로 수사기관의 요청에 응한 경우에도 마찬가지이다.

135) 대법원 2016. 3. 10. 선고 2012다105482 판결: "검사 또는 수사관서의 장이 수사를 위하여 구 전기통신사업법(2010. 3. 22. 법률 제10166호로 전부 개정되기 전의 것) 제54조 제3항, 제4항에 의하여 전기통신사업자에게 통신자료의 제공을 요청하고, 이에 전기통신사업자가 위 규정에서 정한 형식적·절차적 요건을 심사하여 검사 또는 수사관서의 장에게 이용자의 통신자료를 제공하였다면, 검사 또는 수사관서의 장이 통신자료의 제공 요청 권한을 남용하여 정보주체 또는 제3자의 이익을 부당하게 침해하는 것임이 객관적으로 명백한 경우와 같은 특별한 사정이 없는 한, 이로 인하여 이용자의 개인정보자기결정권이나 익명표현의 자유 등이 위법하게 침해된 것이라고 볼 수 없다."

136) 형법 제316조(비밀침해) ② 봉함 기타 비밀장치한 사람의 편지, 문서, 도화 또는 전자기록 등 특수매체기록을 기술적 수단을 이용하여 알아낸 자도 제1항의 형과 같다.

137) 개인정보 보호법은 '정당한 권한 없이 또는 허용된 권한을 초과하여 다른 사람의 개인정보를 훼손, 멸실, 변경, 위조 또는 유출하는 행위'(개인정보 보호법 제71조 제6호, 제59조 제3호), '제17조 제1항 제2호에 해당하지 아니함에도 같은 항 제1호를 위반하여 정보주체의 동의를 받지 아니하고 개인정보를 제3자에게 제공한 자'(개인정보 보호법

'기술적 수단'을 사용한 것인지 여부, '그 내용을 알아낸' 것인지 여부가 분명하지 않을 수 있으며, 개인정보 보호법의 경우는 접근권한정보 등이 과연 '개인정보'에 해당할 것인지의 검토가 필요하다.[138]

다음으로 ② 위와 같이 수집한 접근권한정보와 이를 이용하여 암호 해제한 전자정보가 위법수집증거에 해당하는지가 문제 된다. 본 문제 역시 현재까지 활발히 논의된 쟁점은 아니지만, 개인정보보호를 중시하는 관점에서는 이를 긍정할 수 있다고 판단된다.

나. 암호해제에 필요한 도구를 압수대상으로 하는 경우

(1) 압수의 적법성

관련 쟁점으로 최근 압수·수색 실무에서 다음과 같이 '**잠금 해제 장치 및 관련 정보**', 또는 '**암호해제에 필요한 하드웨어, 소프트웨어 등**'을 압수대상으로 기재한 영장이 발부된 사례도 있다.

• **압수 · 수색 대상:** 저장장치에 잠금장치가 된 경우 비밀번호 등 잠금 해제 장치 및 관련 정보 포함

이는 제3자(인터넷서비스 제공자)가 보관하는 전자정보에 대한 집행의 경우에도 문제 될 수 있으나, 피의자(정보주체)가 소속된 기업 등 조직체를 대상으로 집행하는 경우가 일반적일 것이다. 기업은 기술자료 등의 중요 정보를 서버에 저장하거나 외부로 반출될 때 자동으로 암호화되는 솔루션을 기본으로 채택하는 경우가 많다.[139] 그에 사용되는 하드웨어 또는 소프트웨어를 압수대상으로 기재한 경우, 그 압수·수색 과정의 위법성을 기준으로 판단할 수밖에 없

제71조 제1호) 등을 형사처벌의 대상으로 하고 있다.

138) 개인정보 보호법 제2조(정의) 제1호. '개인정보'란 살아 있는 개인에 관한 정보로서 성명, 주민등록번호 및 영상 등을 통하여 개인을 알아볼 수 있는 정보(해당 정보만으로는 특정 개인을 알아볼 수 없더라도 다른 정보와 쉽게 결합하여 알아볼 수 있는 것을 포함한다)를 말한다.

139) 이러한 시스템을 '디지털 권리(저작권) 관리 시스템'(digital rights management system, DRM)이라 한다.

다. 즉, 범죄사실과 관련될 개연성이 있는 전자정보의 암호해제에 사용될 수 있다면 적법한 압수대상에 해당할 것이다. 다만 '암호해제에 필요한 하드웨어, 소프트웨어 등'이 압수수색 범죄사실과 관련이 없는 제3자 소유인 경우, 압수수색의 필요성과 비례성을 판단할 때 영업비밀, 재산권 등의 제반 이익을 면밀히 검토해야 한다.

(2) 암호화 해제 관련 협력행위

압수한 하드웨어, 소프트웨어를 구동하려면 참고인의 진술 또는 행위가 필요한 경우가 있다. 저장된 정보, 접근권한 등의 관리 상태에 따라 달라지겠지만, 주로 ① 기업 내의 전산 담당 임직원, ② 전산 관리를 맡은 외주회사 임직원, ③ 하드웨어·소프트웨어의 제작회사 임직원 등이 이에 해당할 것이다. 그러한 참고인의 진술 또는 행위가 필요한 경우 이를 법적으로 강제할 수는 없을 것이다. 앞서 논한 바와 같이, 형사소송법에 피의자 또는 참고인의 적극적 행위를 강제할 법적 근거가 없기 때문이다. 나아가 위와 같은 참고인의 진술 또는 행위를 강제함이 진술거부권을 실질적으로 침해할 경우도 있다. 예컨대 대상 범죄가 기업 활동과 관련이 있는 것이라면, 회사의 임직원을 피의사실과 전혀 관계없는 제3자로 보기 어려운 경우도 있기 때문이다.

(3) 정보주체에 대한 참여권 보장

암호해제에 필요한 하드웨어·소프트웨어를 이용하여 복호화하는 경우에도, 정보주체인 피의자에 대한 참여권 보장이 필요하며, 단순히 회사의 전산 담당 직원의 협조를 받아 암호화를 해제하고 대상 전자정보를 수색·압수하여서는 아니 된다. 기업의 전산 담당 임직원 등은 서버와 같은 정보관리시스템에 대한 관리 업무를 담당함에 불과한데, 전산 담당자를 참여시켰다는 점을 구실로 절차의 합법성을 주장한다면 참여권 보장의 취지를 실질적으로 무력화하는 결과가 된다. 대법원이 인터넷서비스 이용자는 '전자정보의 소유자 내지 소지자'라고 판시하는 취지에 따라,[140] 정보주체인 피의자에게 절차참여권을 보장해야

---

140) 대법원 2017. 11. 29. 선고 2017도9747 전원합의체 판결(역외 서버 압수·수색 사건 – 시나닷컴): "인터넷서비스 이용자는 인터넷서비스 제공자와 체결한 서비스이용계약에 따라 인터넷서비스를 이용하여 개설한 이메일 계정과 관련 서버에 대한 접속 권한을 가지고, 해당 이메일 계정에서 생성한 이메일 등 전자정보에 관한 작성·수정·열람·

할 것이다.

정보주체가 절차에 참여하는 중에 정보시스템을 관리하는 전산 담당 임직원 등의 협력을 받는 경우, 정보주체가 접근권한정보 등의 제출을 거부하여 전산 담당 임직원에게 접근권한정보 등, 암호 해제된 정보 등의 제출을 요청할 수도 있다. 이러한 경우에 전산 담당 임직원 등이 정보주체의 의사에 반하여 수사기관의 요청에 응하였을 경우, 법적 효과가 문제 된다.

이는 앞서 살펴본, 제3자인 인터넷서비스 제공자가 정보주체의 의사에 반하여 수사기관의 접근권한정보 등의 제출 요청에 응하였을 경우의 법적 효과와 유사하다고 생각된다. 즉 구체적 사실관계에 따라, 불법행위·계약위반에 따른 책임, 형법·개인정보보호 법령에 의한 형사책임을 부담할 가능성이 있고, 위법수집증거 배제법칙이 적용될 수도 있다.

Ⅱ. 신종 수사기법

1. 프로그램을 이용한 계속적·반복적인 접근

프로그램을 이용한 계속적·반복적인 접근을 시도하여 접근권한 정보 등의 정보를 취득할 수 있다.[141] 이를 '무작위 대입 공격'(brute force attack)이라고도 한다.

이러한 기법의 적법성에 대한 논의가 활발하지는 않으나, 일반적인 수사 과정의 적법성 기준에 따라 판단할 수밖에 없다고 생각된다. 포렌식 분석실에서 이미 저장된 전자정보를 대상으로 암호해제를 시도하는 경우는 적법성이 인정되는 범위가 상대적으로 넓을 것이다. 그러나 서버 자체에 대하여 프로그램을 이용한 계속적·반복적인 접근을 시도할 경우, 구체적 사안에 따라서는 정보통

관리 등의 처분 권한을 가지며, 전자정보의 내용에 관하여 사생활의 비밀과 자유 등의 권리 보호 이익을 가지는 주체로서 해당 전자정보의 소유자 내지 소지자라고 할 수 있다."

141) 최근 발전된 컴퓨팅 기술에 의하여 1초에 100만 개 정도의 패스워드를 시도할 수 있다고 한다. Hackers Writer, *Bruteforce Password Cracking Software Tries 8 Million Times Per Second*, **Hackers News Bulletin** (2013. 9. 4.).

신망법 제48조에 의하여 금지되는 정보통신망 침해행위에 해당할 수 있다.[142] 또한 해당 서버 소재지가 해외일 때, 일정한 경우 영토주권 침해에 해당할 수 있다.

2. 키로거 프로그램 등을 통하여 접근권한정보를 알아내는 경우

앞서 살펴본 악성 프로그램의 소스 코드 분석방법은 이미 저장된 과거의 정보를 분석하여 접근권한정보 등을 알아내는 것이다. 그러나 이와 달리 피의자가 사용하는 컴퓨터에 키로거 프로그램[143] 등을 설치하고 이를 통해 일정 시간 피의자가 입력한 내용을 확보한 후 패스워드 등의 정보를 알아내는 경우는 별도의 검토가 필요하다.

해외 사례를 보면, 뉴저지주 연방지방법원의 2001년 스카르포(*Scarfo*) 판결은, 수사기관이 수색영장을 발부받아 피의자의 집에 들어가 동인이 사용하는 컴퓨터에 키로거 프로그램을 설치하는 방법으로 패스워드를 알아낸 사안에 대하여, 키로거 프로그램을 설치하고 사용할 때 통상적인 수색영장만으로 충분하며 연방 감청법(Federal Wiretap Act)에 따른 명령을 추가로 받을 필요는 없다고 판단하였다.[144] 또한, 워싱턴주 연방지방법원의 2001년 고르시코프(*Gorshkov*) 판결은 키로거를 이용하여 계정정보를 확보한 후 영장 없이 러시아 서버에 접근하여 증거를 확보한 사안에 대하여 다음과 같은 이유를 들어 그 적법성을 인정하였다.[145] 즉, ① 수정헌법 제4조는 미연방 수사기관의 외국인

142) 유사한 취지로 다음과 같은 견해가 있다. 정대용·김기범·이상진, 앞의 논문(주 130), 74면 (접속 수단·방법의 상당성, 정보 압수의 긴급성, 피해법익의 중대성을 고려하여 판단하여야 하나, 정보통신 시스템에 대한 침해행위에 해당할 경우 허용되기 어렵다고 설명함).

143) 키로거(key logger) 프로그램이란, 컴퓨터 사용자의 키보드 움직임을 탐지해 아이디, 패스워드, 계좌번호, 카드 번호 등과 같은 개인의 중요한 정보를 몰래 빼 가는 해킹 프로그램을 말한다. 키로거 프로그램은 공격대상의 컴퓨터에 몰래 설치되어 입력되는 중요한 데이터를 공격자에게 전송한다.

144) *United States v. Scarfo*, 180 F. Supp. 2d 572, 574 (D.N.J. 2001).

145) *United States v. Gorshkov*, No. CR00-550C, 2001 WL 1024026 (W.D. Wash. May 23, 2001): [**사실관계**] 위 사건에서 미연방 수사국(Federal Bureau of Investigation, FBI)은 미국의 인터넷서비스 제공자(ISP), 전자상거래, 은행 등에 대한 해킹에 대하여 수사를

에 대한 역외 압수·수색에 적용되지 않고, ② 설사 수정헌법 제4조가 적용된다 하더라도 러시아 현지의 공범들이 증거를 인멸할 우려 등이 있기 때문에 영장주의 예외인 '긴급 상황'(exigent circumstances)에 해당한다는 것이다.

미국의 경우, 예컨대 마약밀매 피의자들이 특정 장소에서 회합한다는 정보를 입수하고 현재 그 장소에 압수대상물이 존재하지 않으나 장차 압수대상물이 해당 장소에 나타날 때를 상정하여 미리 발부받는 특수한 형태의 영장(anticipatory warrant)이 인정되고 있다.[146] 위 사건은 이러한 법리에 따라 그 적법성이 인정된 것으로 보인다.

그러나 우리 압수·수색 실무에서 이미 존재하는 대상물 외에 아직 존재하지는 않으나 특정한 상황에서 존재가 예상되는 물건을 압수의 대상으로 하는 경우는 발견하기 어렵다. 형사소송법에서 이를 정당화할 규정도 없다. 또한, 키로거 프로그램을 통해 얻을 수 있는 정보는 통신비밀보호법이 규율하는 '우편물의 검열, 전기통신의 감청, 통신사실확인자료, 공개되지 아니한 타인 간의 대화' 어느 것에도 해당하지 않는다. 즉, 통신비밀보호법에 근거하여 취득할 수 있는 정보도 아니다. 따라서 개별 법적 근거를 가지기 전에는 위와 같은 수단으로 패스워드 등의 정보를 취득하는 것은 적법성이 인정되기 어렵다고 판단된다.

3. 시스템의 보안상 취약점을 이용하는 경우

가. 네트워크 수사기법

(1) 개요

시스템의 보안상 취약점(vulnerability)을 이용하여 침입하는 방법은 '네트워

착수하였는데, 러시아 출신 용의자를 특정한 다음 채용 제안을 통해 미국으로 유인하였고, 해킹기술 테스트를 하는 척하며 용의자가 자신의 아이디, 패스워드를 넣어 러시아 내 서버에 접속하도록 하였다. 그 과정에서 '키로거'(key logger)를 이용하여 아이디, 패스워드 등의 계정정보를 확보하였고, 이를 이용하여 해당 서버에 접속해 해킹 툴, 공격용 파일 등을 다운로드 받은 다음, 압수·수색영장을 발부받아 증거로 사용하였다.

146) 위와 같은 형식의 영장에 대한 상세한 법리에 대하여는 Wayne R. LaFave, Jerold H. Israel, Nancy J. King & Orin S. Kerr, **Criminal Procedure** 179 (5th ed. 2009); *Dalia v. United States*, 441 U.S. 238 (1979); *United States v. Grubbs*, 547 U.S. 90 (2006).

크 수사기법'(network investigative techniques, NIT)[147] 또는 '온라인수색'(Online Durchsuchung)[148]이라고도 불리는 수사기관에 의한 해킹으로 그 적법성 여부가 가장 문제 되는 유형이라 할 수 있다.

네트워크 수사기법(NIT)은 '다크 웹'(The Dark Web)으로 인한 문제를 해결하기 위해 대상 컴퓨터에 감시 소프트웨어(surveillance software)를 침투시키는 수사방법이다. '다크 웹'은 기존의 웹 브라우저로는 접근 불가능하고 특정 프로그램에서만 접속할 수 있는 정보통신망의 일종인바, 수사기관의 트래픽 분석(traffic analysis), 속성정보 분석(meta data analysis) 등을 차단하여 범죄자의 신원과 위치를 파악할 수 없도록 한다. 대표적인 사례가 아동 포르노 사이트를 수사한 '플레이펜'(Playpen) 사건이다.

이러한 유형에서 구체적으로 문제 되는 법적 쟁점은 다음과 같다. 먼저 ① IP 주소를 알아내기 위해 감시 소프트웨어를 이용하여 용의자의 컴퓨터에 접근하는 것이 '수색'에 해당하는지 여부이다.[149] 다음으로 영장과 관련하여, 하나의 영장으로 수백 개의 컴퓨터를 수색하도록 하는 것이 ② 수정헌법 제4조의 '특정 요건'과 '상당한 이유'를 충족하는지, ③ 법관이 자신의 관할구역에서만 영장을 발부할 수 있도록 한 연방 형사소송규칙 제41조를 위반하는지가 문제 된다.[150] 또한 ④ 수사기관은 수집한 전자정보를 재판에서 사용하기 위해 네트워크 수사기법에서 사용한 감시 소프트웨어의 소스 코드, 대상 웹사이트의 취약점 등의 정보를 공개해야 하는지도 쟁점이 되었다.[151]

---

147) '네트워크 수사기법'(network investigative techniques, NIT)은 영어권에서 수사기관의 해킹을 칭할 때 사용하는 용어이다. 위 기법은 형사법적 관점에서 위법성조각사유, 국가관할권 한계 등 다양한 논점을 제시하는바, 그 기초적 논의는 다음의 문헌을 참고할 수 있다. Ahmed Ghappour, *Searching Places Unknown: Law Enforcement Jurisdiction on the Dark Web*, 69 **Stan. L. Rev.** 1075 (2017).

148) '온라인수색'(Online Durchsuchung)은 독일어권에서 수사기관의 해킹을 칭할 때 사용하는 용어이며, 독일 형사소송법 제100의 b조에 입법화된 법률용어이기도 하다.

149) Orin Kerr, *Remotely Accessing an IP Address Inside a Target Computer Is a Search*, **Washington Post: Volokh Conspiracy** (2016. 10. 7.).

150) *United States v. Allain*, 213 F. Supp. 3d 236, 247 (D. Mass. 2016); *United States v. Levin*, No. 16-1567 (1st Cir. 2017).

151) *United States v. Michaud*, No. 3:15-cr-05351, 2016 WL 337263 (W.D. Wash. Jan. 28, 2016); *United States v. Matish*, 193 F. Supp. 3d 585, 596 (E.D. Va. 2016).

법적 쟁점이 모두 해결되지는 않았지만, 미국의 형사실무는 법원이 관련 쟁점의 예외 법리를 적절히 적용한 판례에 따라 네트워크 수사기법의 적법성이 인정되는 추세이다.[152)]

(2) 영장의 적법성 문제

네트워크 수사기법을 통해 전 세계에 분포된 다수 용의자가 사용하는 컴퓨터에 접근하게 되는데, 이렇게 하나의 영장으로 다수의 컴퓨터에 접근할 수 있도록 함은 과도한 포괄 영장이라는 주장이 제기되었다. 또한, 네트워크 수사기법을 통해 수사기관의 관할구역 외, 심지어 국가관할권을 벗어난 대상에 대한 수색이 이루어지게 되는데, 이는 한정된 예외에 해당하는 경우만 관할구역 밖에서 수색할 수 있도록 규정한 연방 형사소송규칙 제41조를 위반한 것이라는 주장도 제기된 것이다.[153)] 이러한 주장을 받아들여 위와 같은 영장은 수정헌법 제4조에 위반하였다고 판단하고, 증거능력을 부인한 사례도 있다.[154)]

그러나 위 사건의 항소심에서 연방제1항소법원은 선의의 예외이론(good faith exception)[155)]을 적용하여 연방지방법원의 판단을 뒤집었다.[156)] 이후 2016년 4월 연방 형사소송규칙이 개정되었다. 즉, 개정된 형사소송규칙(Rule 41. (b)(6)(A))은 '범죄 관련 행위가 발생하였을지 모르는 지역 법원의 치안판사는, 매체 또는 정보가 기술적 수단(technological means)을 통해 은닉된 경우, 관할구역 내외를 불문하고 정보저장매체 수색과 전자정보 압수·복제를 위한 원격접속을 할 수 있도록 허가하는 영장을 발부할 수 있다'고 규정하게 되었다.[157)]

---

152) 네트워크 수사기법을 옹호하는 견해는 다음의 문헌을 참고할 수 있다. Orin S. Kerr & Sean D. Murphy, *Government Hacking to Light the Dark Web: What Risks to International Relations and International Law*, 70 **Stan. L. Rev. Online** 58 (2017).

153) 연방 형사소송규칙 제41조는 영장 집행 전에 수색의 대상이 제거된 경우, 영장이 이동하는 추적장치를 대상으로 한 경우, 영장이 국제 테러리즘 수사에 사용되는 경우 등에만, 관할구역 밖에서 수색할 수 있도록 규정하고 있었다.

154) *United States v. Levin*, 186 F. Supp. 3d 26, 44 (D. Mass. 2016).

155) *United States v. Leon*, 468 U.S. 897 (1984).

156) *United States v. Levin*, No. 16-1567 (1st Cir. 2017).

157) 연방 형사소송규칙 제41조 (b)(6)(A): "범죄 관련 행위가 발생하였을지 모르는 지역 법원의 치안판사는, 매체 또는 정보가 기술적 수단을 통해 은닉된 경우, 관할구역 내외를 불문하고 정보저장매체 수색과 전자정보 압수·복제를 위한 원격접속을 허가하는

그러나 영장 관련 쟁점이 완전히 해결되었다고 볼 수는 없다. 이후 사건에서도 '특정 요건'이 충족되었는지와 '상당한 이유'가 인정되는지는 개별 사건의 구체적 사정을 살펴 판단할 것이므로 포괄 영장의 문제가 완전히 해결된 것이 아니다. 또한, 개정된 연방 형사소송규칙이 국가관할권 외에 있는 증거에 대한 접근을 허용한다고 볼 수는 없다.[158] 다만, 실제 수사에서 결과적으로 역외 정보에 대한 수색으로 이어지는 경우는 빈번하게 발생하고 있고, 그에 대한 적법성이 인정된 사례도 있음은 이미 언급한 바 있다.[159]

(3) 증거개시 문제

수사기관이 수집한 전자정보를 재판에서 사용하기 위해 네트워크 수사기법에서 사용한 감시 소프트웨어의 소스 코드, 대상 웹사이트의 취약점 등을 공개해야 하는지도 쟁점이 되었다. 위와 같은 정보를 알아야 수사의 적법성(증거능력 문제), 피고인을 식별하게 된 경위가 사실과 일치하는 것인지 등을 판단할 수 있다는 것이다(증명력 문제). 그러나 수사기관 입장에서 위와 같은 정보를 밝히는 것은 주저하지 않을 수 없다. 수사기법에 대한 민감한 정보를 밝히면, 이를 회피할 수 있는 고도의 범행 수법이 발전할 것이 우려되고, 나아가 모방

영장을 발부할 수 있다." (Federal Rule of Criminal Procedure 41. Search and Seizure. (b) Venue for a Warrant Application. At the request of a federal law enforcement officer or an attorney for the government: (…) (6) a magistrate judge with authority in any district where activities related to a crime may have occurred has authority to issue a warrant to use remote access to search electronic storage media and to seize or copy electronically stored information located within or outside that district if: (A) the district where the media or information is located has been concealed through technological means.) (밑줄은 필자가 부기함)

158) 미연방 법무부도 개정된 형사소송규칙이 역외 전자정보에 대한 수색을 허용하는 것은 아니라는 취지로 설명하고 있다. Letter from Mythili Raman, Acting Assistant Attorney General, Criminal Division, U.S. Department of Justice, to Judge Reena Raggi, Chair, Advisory Committee on Rules of Criminal Procedure 4 (Sept. 18, 2013), *in* **Advisory Comm. on Criminal Rules, Advisory Committee on Rules of Criminal Procedure: April 2014**, at 171, 174 (2014).

159) 앞서 언급한 고르시코프(*Gorshkov*) 판결과 같이, 키로거를 이용하여 계정정보를 확보한 후 영장 없이 러시아 서버에 접근하여 증거를 확보한 경우, ① 수정헌법 제4조의 적용대상에 역외 수색이 포함되지 않고, ② 설사 수정헌법 제4조가 적용되더라도 긴급한 사유의 예외에 해당한다고 판시한 사례가 있다.

범죄 발생도 가능하기 때문이다.

미연방 형사소송규칙 제16조 (a) 항은 피고인의 신청에 따라 수사기관이 공개할 증거의 종류와 그 절차를 규정하고 있다.[160) 수사기관이 이를 따르지 않는 경우, 법원은 증거공개나 조사에 응하도록 명하거나, 기일을 연장하거나, 공개하지 않은 증거를 제출하지 못하게 하는 등의 적절한 명령을 할 수 있다. 그에 따라 수사기관에 소스 코드의 개시를 명한 사례도 있다.[161) 그러나 다수의 사례는 피고인의 방어권 보장에 중요하지 않다는 등의 이유를 들어, 소스 코드 개시신청을 기각하고 있다.[162)

나. 온라인수색

독일 형사소송법은 종래 일반통신감청(제100의 a조), 주거공간 감청(제100의 c조)을 규정하고 있었다. 그런데 2017년의 독일 형사소송법 개정으로 일반통신감청에 더하여 암호통신감청, 온라인수색이 도입되었다. 이에 따라 독일 형사소송법은 감청 관련 강제처분으로 ① 일반통신감청(제100의 a조 제1항 1문), ② 암호통신감청(제100의 a조 제1항 2, 3문), ③ 온라인수색(제100의 b조), ④ 주거공간 감청(제100의 c조)을 규정하게 된 것이다.

---

160) 대표적으로 연방 형사소송규칙 제16조 (a)(1)(E) 는 다음과 같이 규정한다. "수사기관은 피고인의 신청에 따라 자신이 소유, 소지, 또는 보관 중인 책, 서류, 문서, 데이터, 사진, 유체물, 건물 또는 장소(열거한 대상의 일부분 또는 복사본을 포함)에 대한 열람·등사·촬영을 허용해야 한다. 위 대상물은 (i) 피고인의 방어권 보장에 중요하거나, (ii) 수사기관이 재판에서 사용할 의도를 가지고 있거나, (iii) 대상물이 피고인으로부터 취득하였거나 또는 피고인에게 속하는 것이어야 한다. (Federal Rules of Criminal Procedure § 16. (a)(1)(E) *Documents and Objects*. Upon a defendant's request, the government must permit the defendant to inspect and to copy or photograph books, papers, documents, data, photographs, tangible objects, buildings or places, or copies or portions of any of these items, if the item is within the government's possession, custody, or control and: (i) the item is material to preparing the defense; (ii) the government intends to use the item in its case-in-chief at trial; or (iii) the item was obtained from or belongs to the defendant.) (밑줄은 필자가 부기함)

161) *United States v. Michaud*, No. 3:15-cr-05351, 2016 WL 337263 (W.D. Wash. Jan. 28, 2016).

162) *United States v. Matish*, 193 F. Supp. 3d 585, 596 (E.D. Va. 2016).

(1) 암호통신감청

'통신감청'(Telekommunikationsüberwachung)은 송신자와 수신자 사이에 '현재 진행 중인 통신'(laufende Telekomunikation)을 통신망에서 가로채는 것을 말한다(제100의 a조 제1항 1문). 현재 진행 중인 통신은 통신 내용이 당사자의 지배영역을 벗어나 '전기통신사업자의 지배영역'에 있고, 따라서 수사기관이 직접 수행하거나 전기통신사업자에게 집행을 위탁하여 수행한다.

한편 '**암호통신감청**'(Quellen TKÜ)[163]은 통신 내용이 송신자의 통신기기에서 암호화되기 전, 또는 수신자의 통신기기에 복호화된 후에, 감시 소프트웨어 등의 기술적 수단에 의해 감시 또는 기록하는 것을 말한다(제100의 a조 제1항 2, 3문).[164] 암호통신감청은 법조문의 구조에서도 알 수 있듯이 일반통신감청을

---

163) 암호통신감청을 소개하는 국내 문헌으로 다음의 것을 참고할 수 있다. 박희영, "수사목적의 암호통신감청의 허용과 한계", 형사정책연구 제29권 제2호 (2018), 25면.

164) 독일 형사소송법 제100의 a조(통신감청) ① 다음 각호의 사항을 모두 충족하는 경우에는 대상자 모르게 통신의 감청과 녹음을 할 수 있다. (1) 제2항에 규정된 중대한 범죄를 정범 또는 공범으로서 저질렀거나, 그 미수를 처벌하는 경우에는 실행에 착수했다거나, 또는 어떤 범행을 통해 이를 예비했다는 혐의가 일정한 사실에 의하여 인정되고, (2) 범행이 개별 사안에서도 중대하게 평가되며, (3) 사실관계의 조사나 피의자 소재의 파악이 다른 방법으로는 현저히 곤란하거나 성공할 가망이 없어 보이는 경우.
통신감청과 녹음은 대상자가 사용하는 정보기술시스템에 기술적 수단으로 침입하는 방법으로 가능하고, 이는 통신감청과 녹음을 특히 암호화되지 않은 형태로 가능케 하기 위해 필요한 범위에서 그러하다. 대상자의 정보기술시스템에 저장된 통신 내용과 상황은 그것이 공공 정보통신망에서 송신이 진행되는 동안에 암호화된 형태로 감청되거나 녹음될 수 있었을 경우에 허용된다.
(StPO § 100a *Telekommunikationsüberwachung* ① Auch ohne Wissen der Betroffenen darf die Telekommunikation überwacht und aufgezeichnet werden, wenn (1) bestimmte Tatsachen den Verdacht begründen, dass jemand als Täter oder Teilnehmer eine in Absatz 2 bezeichnete schwere Straftat begangen, in Fällen, in denen der Versuch strafbar ist, zu begehen versucht, oder durch eine Straftat vorbereitet hat, (2) die Tat auch im Einzelfall schwer wiegt und (3) die Erforschung des Sachverhalts oder die Ermittlung des Aufenthaltsortes des Beschuldigten auf andere Weise wesentlich erschwert oder aussichtslos wäre.
Die Überwachung und Aufzeichnung der Telekommunikation darf auch in der Weise erfolgen, dass mit technischen Mitteln in von dem Betroffenen genutzte informationstechnische Systeme eingegriffen wird, wenn dies notwendig ist, um die Überwachung und Aufzeichnung insbesondere in unverschlüsselter Form zu ermöglichen. Auf dem informationstechnischen System des Betroffenen gespeicherte

전제로 하면서 그 약점을 보완하기 위해 허용되는 것이다. 통신은 [**그림** 4-1]와 같은 단계로 이루어지는바, '송신자의 지배영역'에서 아직 암호화되기 전, 또는 '수신자의 지배영역'에서 복호화된 후의 통신은 암호를 해제할 필요 없이 그 내용을 파악할 수 있다. 즉, 암호통신감청은 암호화 수단 사용에 의한 어려움을 극복하기 위해 도입된 것이다.

암호통신감청은 통신 내용이 '**당사자의 지배영역**'에 있고, 따라서 전기통신사업자의 협력 없이 수사기관이 직접 수행하게 된다. 그런데 수사기관이 직접 수행하며 사용하는 방법이 바로 감시 소프트웨어 등의 '기술적 수단', 즉 해킹인 것이다. 이러한 점에서 비록 일반통신감청을 보완하는 것이기는 하지만, 수사기법의 자체의 성격은 아래에서 논하는 온라인수색과 동일한 것이며, 다만 그 대상과 조건에 있어 차이가 있을 뿐이다.

[그림 4-1]

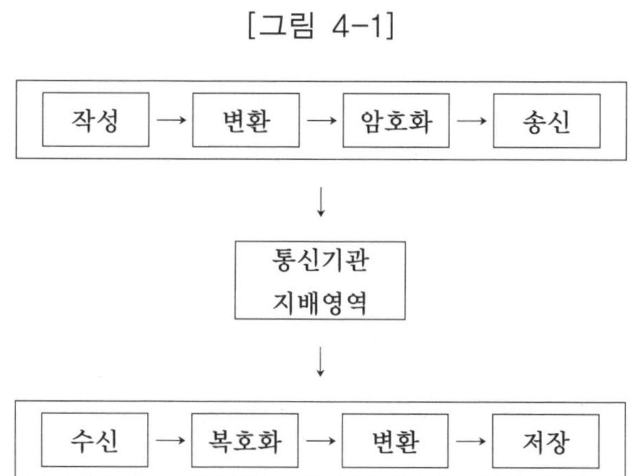

(2) 온라인수색

'**온라인수색**'(Online Durchsuchung)이란,[165] 수사기관이 '기술적 수단'을 이용

Inhalte und Umstände der Kommunikation dürfen überwacht und aufgezeichnet werden, wenn sie auch während des laufenden Übertragungsvorgangs im öffentlichen Telekommunikationsnetz in verschlüsselter Form hätten überwacht und aufgezeichnet werden können.) (밑줄은 필자가 부기함)

165) 온라인수색을 소개하는 국내 문헌으로 다음의 것을 참고할 수 있다. 박희영·이상학,

하여 이용자의 정보기술시스템에 비밀리에 접근하여 이용자의 시스템 이용을 감시하고 시스템에 저장된 내용을 기록하는 것을 말한다(제100의 b조).[166] 일반적인 **압수·수색**은 공개성, 일회성, 대상의 한정성을 특징으로 하나, 온라인수색은 비밀성, 지속성, 대상의 무제한성이라는 특징을 가지는 점에서 구별된다.[167] 또한 **통신감청**은 '현재 진행 중인 통신'을 대상으로 함에 반하여, 온라인수색은 '현재 진행 중인 통신'뿐 아니라 정보기술시스템에 저장된 전체 데이터를 열람하는 것이다. 즉, 앞서 살펴본 네트워크 수사기법과 유사한 수사기관의 전방위적 해킹으로 대상자의 기본권침해 가능성이 현저히 높은 수사기법이라 할 수 있다. 따라서 온라인수색의 적법성을 인정할 수 있는지, 인정한다면 어떤 요건 아래 가능할 것인지는 논란의 대상일 수밖에 없었다.[168]

"암호통신감청 및 온라인수색에서 부수처분의 허용과 한계", 형사정책연구 제30권 제2호 (2019), 1면.

166) 독일 형사소송법 제100의 b조(온라인수색) ① 다음 각호의 사항을 충족하는 경우에는 대상자 모르게 기술적 수단으로 대상자가 사용하는 정보기술시스템에 침입하여 그로부터 데이터를 수집할 수 있다(온라인수색). (1) 제2항에 규정된 특히 중대한 범죄를 정범 또는 공범으로서 저질렀다거나, 그 미수를 처벌하는 경우에는 실행에 착수했다는 혐의가 일정한 사실에 근거하고, (2) 그 범행이 개별 사안에서도 중대하게 평가되며, (3) 사실관계의 조사나 피범행혐의자 소재의 파악이 다른 방법으로는 본질적으로 어렵거나 가망 없어 보일 것.
(StPO § 100b *Online-Durchsuchung* ① Auch ohne Wissen des Betroffenen darf mit technischen Mitteln in ein von dem Betroffenen genutztes informationstechnisches System eingegriffen und dürfen Daten daraus erhoben werden (Online-Durchsuchung), wenn (1) bestimmte Tatsachen den Verdacht begründen, dass jemand als Täter oder Teilnehmer eine in Absatz 2 bezeichnete besonders schwere Straftat begangen oder in Fällen, in denen der Versuch strafbar ist, zu begehen versucht hat, (2) die Tat auch im Einzelfall besonders schwer wiegt und (3) die Erforschung des Sachverhalts oder die Ermittlung des Aufenthaltsortes des Beschuldigten auf andere Weise wesentlich erschwert oder aussichtslos wäre.)

167) 박희영, 앞의 논문(주 163), 30면.

168) 온라인수색에 대한 기존 논의는 다음의 문헌을 참고할 수 있다. 전현욱·윤지영, 디지털증거 확보를 위한 수사상 온라인수색 제도 도입방안에 대한 연구 (한국형사정책연구원, 2012); 김성룡 역, "온라인수색 – 국가의 해킹인가 허용된 수사방법인가", 법학논고 제23집 (2005), 92면. 앞의 번역 문헌의 원논문은 다음의 것이다. Hofmann, *Die Online-Durchsuchung - staatliches "Hacken" oder zulässige Ermittlungsmaßnahme*, **NStZ** 2005, 121.

그에 따라 독일 연방헌법재판소는 2008년 '노르트라인 붸스트팔렌주 헌법보호청법의 온라인수색에 관한 헌법소원심판 사건',[169] 2016년 '연방범죄수사청법(BKAG, Bundeskriminalamtgesetz)의 국제테러범죄 관련 규정에 대한 위헌심판사건'[170] 등에서 온라인수색의 법적 문제와 입법에 필요한 기준을 제시하였다. 현재 독일 형사소송법의 규정은 위와 같은 논의 사항을 반영하여 온라인수색의 요건과 한계를 명확히 하였다는 의미가 있다. 다만 위 입법에도 불구하고 과연 온라인수색 기법으로 해외에 있는 서버 등을 비밀감시할 수 있는지라는 문제는 여전히 해결되지 않은 것임은 유의할 필요가 있다.

다. 형사소송법과 신종수사기법

네트워크 수사기법과 온라인수색에 대한 논의는 우리 형사소송법의 해석 및 입법론에서 신종 수사기법에 어떻게 대응할 것인가에 대한 참고사항을 제공하는 의미가 있다. 미국의 경우, 법원이 개별 사건의 구체적 사정에 따라 강제처분의 합리성(reasonableness)을 판단하여 판례법 체계를 형성하고, 필요한 경우 입법을 통해 보완하는 사안별 해결방안을 취한다. 반면 독일의 경우, 헌법 이론에 따라 체계화된 요건의 법제화를 우선시하는 방향이라 생각된다. 신종수사기법에 대한 대응방법의 차이는 개별 법역의 법체계와 고유의 법문화를 반영하며, 각자의 장단점이 있는 것이다.

---

169) BVerfG, Urteil vom 27.2.2008 - 1 BvR 370/07 = BVerfGE 120, 274. 본 판결을 소개하는 국내 문헌으로 다음의 것이 있다. 박희영, "독일 연방헌법재판소의 정보기술시스템의 기밀성 및 무결성 보장에 관한 기본권", 인터넷법률 제45호 (2009), 92면. 한편 독일 연방헌법재판소가 위 판결에서 소위 'IT 기본권'의 개념을 창설한 점도 주목할 필요가 있다. 'IT 기본권(정보기술시스템의 기밀성 및 무결성 보호에 관한 기본권)'이란, 국가기관이나 제3자로부터 자신의 정보기술시스템의 이용을 감시당하거나 정보기술시스템에 저장되어 있는 데이터를 기록당하지 않을 권리를 말한다.

170) BVerfG, Urteil vom 20.4.2016 - 1 BvR 966/09 = BVerfGE 141, 220. 본 판결에 대하여는 다음의 문헌을 참고할 수 있다. 이상학, "테러방지 수권 규정과 기본권침해의 한계 – 독일연방수사청법의 테러방지권한에 대한 연방헌법재판소의 판결(2016.4.20.) 검토를 중심으로", 공법학연구 제17권 제3호 (2016), 109면; 홍선기 · 강문찬, "테러방지법상 국정원 정보수집 권한에 대한 개정논의 – 최근 독일 연방헌법재판소의 판결과의 비교검토", 법과 정책연구 제17권 제3호 (2017), 439면; 정문식, "테러방지 감시조치에 대한 위헌심사기준 – 독일연방헌법재판소 연방사법경찰청법(BKAG) 결정을 중심으로", 법과 정책연구 제18권 제2호 (2018), 3면.

그렇다면 우리 형사소송법에서 해킹에 의한 수사기법에 어떻게 대응할 것인지가 문제 된다. 대상자 몰래 감시 소프트웨어를 설치하는 등의 기술적 수단을 사용하는 수사기법은 학설상 논의되는 어떠한 기준에 의하더라도 강제처분에 해당할 수밖에 없다.[171] 그렇다면 형사소송법 제199조 제1항 단서가 규정하는 '강제처분 법정주의'에 따라 법적인 근거가 있어야 적법성을 인정할 수 있다. 그런데 형사소송법에 이를 직접 규율하는 규정이 없고, 통신비밀보호법의 규율 대상이라고 보기도 어렵다.[172] 필자는 미국과 같이 법원이 개별 사건의 구체적 사정에 따라 강제처분의 합리성을 판단하여 판례법 체계를 형성하는 방법도 장점이 있다고 생각한다. 그러나 현재 우리 헌법과 형사소송법의 원칙을 따르면 개별 법적 근거를 가지기 전에는 감시 소프트웨어 설치 등을 통한 수사기법은 적법성이 인정되기 어렵다고 판단되며, 향후 이에 대한 입법 등의 보완이 필요하다고 생각된다.

* * * * *

171) 앞서 논한 바와 같이, 강제처분의 개념에 대하여는 ① 물리력 강제력을 행사하는 경우뿐만 아니라 상대방에게 의무를 부담하게 하는 경우를 포함한다는 견해(차용석·최용성, 앞의 책(주 103), 190면), ② 상대방의 의사에 반하여 실질적으로 법익을 침해하는 처분을 의미한다는 견해(이재상·조균석, 앞의 책(주 23), 222면), ③ 강제수사와 임의수사의 한계는 적법절차의 요청과 관련하여 구해야 한다는 전제에서 수사기관의 처분이 헌법상 개별적으로 명시된 기본권을 침해하거나 명시되지 아니하였더라도 법 공동체가 공유하는 최저한도의 기본적 인권을 침해할 우려가 있는 때에는 강제처분에 해당한다는 견해(신동운, 앞의 책(주 28), 224면)가 제시된다.

172) 감시 소프트웨어가 '감정 장비'에 해당한다고 보기도 어렵고, 감시 소프트웨어를 이용하여 얻는 정보가 통신비밀보호법의 규율 대상에 한정되지 않을 것이기 때문이다. 같은 취지의 견해로는, 박희영, 앞의 논문(주 163), 46면 이하 참고.

제5장

역외 전자정보 수집의 범위와 한계

제5장 역외 전자정보 수집의 범위와 한계

제1절 일반론

Ⅰ. 국가관할권의 기본이론

1. 들어가며

해외 전자정보에 대한 압수·수색의 경우 다음과 같은 문제가 발생한다. 즉, ① 실행 국가의 국내법 위반 문제, ② 국제규범 위반 문제, ③ 대상 국가의 국내법 위반 문제가 바로 그것이다. ① 실행 국가의 국내법 문제는 제3장, 제4장에서 논의된 내용에 따라 위법성 여부를 판단할 수 있을 것이다. 본 장에서는 ② 국제규범과 ③ 대상 국가의 국내법 문제를 살펴보기로 한다.

국제법 위반 문제를 살피기 위해 국가관할권의 기본 개념을 살펴볼 필요가 있다. **국가관할권**(state jurisdiction)은 한 국가가 사람, 물건, 행동 등에 행사할 수 있는 권한의 총체를 의미한다.[1] 국가관할권은 주권의 구체적 발현형태이며,[2] 그 핵심요소에 해당하는 것이다.[3] 국가관할권의 세부적 분류에 대하여는 다양한 견해가 제시되는바,[4] 대체로 '입법관할권', '집행관할권'으로 나누는 견해(二分說)[5]와 '입법관할권', '(협의의) 집행관할권', '재판관할권'으로 나누는 견해(三分說)[6]로 나눌 수 있다. 본 문헌에서는 개념 분석의 편의상 삼분설에 따

---

1) 김대순, 국제법론 (제20판, 2019), 451면; 정인섭, 신국제법강의 (제5판, 2014), 194면.

2) 주권(sovereignty)은 '대내적으로 최고이고 대외적으로 독립된 국가권력'을 말한다. 이한기, 국제법강의 (신정판, 1997), 252면.

3) Malcolm N. Shaw, **International Law** 645 (6th ed. 2008) ("Jurisdiction is a vital and indeed central feature of state sovereignty").

4) 국가관할권의 세부 분류에 대한 다양한 견해에 대하여는 다음의 문헌을 참고할 수 있다. 석광현, 국제재판관할에 관한 연구 (2001), 41면. [이하 '**국제재판관할**'이라 함]

5) 김대순, 앞의 책(주 1), 451면; 정인섭, 앞의 책(주 1), 195면. 그러나 이분설을 취하는 경우에도 효과적 분석을 위하여 입법관할권, (협의의) 집행관할권, 재판관할권으로 나누어 검토할 수 있음을 부정하지 않는다.

라 국가관할권의 개념을 설명하기로 한다.

위에 언급한 국가관할권은 국제법상 논해지는 개념인바, 우리 형사소송법의 개념들과 관계를 정리할 필요가 있다. 형사소송법[7]은 제15조 제1호,[8] 제16조의2,[9] 제63조 제2항,[10] 제256조의2,[11] 제327조 제1호[12]에서 '**재판권**'의 개념을 사용한다. 이는 구체적 사건에 대하여 법원이 심리와 재판을 할 수 있는 일반적·추상적 권한을 의미한다.[13] 따라서 위에 언급한 국가관할권 중 '재판관할권' 개념과 대체로 일치한다고 할 수 있다.[14] 재판권 흠결의 경우 법원은 공소

---

6) 미국법률협회(American Law Institute, ALI)의 'Restatement (Third) of the Foreign Relations Law of the United States (1987)'가 대표적이다. [이하 '**대외관계법 리스테이트먼트**'라 함]

7) 이하 본 장에서 형사소송법은 '**법**'으로, 형사소송규칙은 '**규칙**'으로 약칭한다.

8) 형사소송법 제15조(관할이전의 신청) 검사는 다음 경우에는 직근 상급법원에 관할이전을 신청하여야 한다. 피고인도 이 신청을 할 수 있다. 1. 관할법원이 법률상의 이유 또는 특별한 사정으로 재판권을 행할 수 없는 때

9) 형사소송법 제16조의2(사건의 군사법원 이송) 법원은 공소가 제기된 사건에 대하여 군사법원이 재판권을 가지게 되었거나 재판권을 가졌음이 판명된 때에는 결정으로 사건을 재판권이 있는 같은 심급의 군사법원으로 이송한다. 이 경우에 이송 전에 행한 소송행위는 이송 후에도 그 효력에 영향이 없다.

10) 형사소송법 제63조(공시송달의 원인) ① 피고인의 주거, 사무소와 현재지를 알 수 없는 때에는 공시송달을 할 수 있다.
② 피고인이 재판권이 미치지 아니하는 장소에 있는 경우에 다른 방법으로 송달할 수 없는 때에도 전항과 같다.

11) 형사소송법 제256조의2(군검사에의 사건송치) 검사는 사건이 군사법원의 재판권에 속하는 때에는 사건을 서류와 증거물과 함께 재판권을 가진 관할 군검찰부 군검사에게 송치하여야 한다. 이 경우에 송치 전에 행한 소송행위는 송치 후에도 그 효력에 영향이 없다.

12) 형사소송법 제327조(공소기각의 판결) 다음 경우에는 판결로써 공소기각의 선고를 하여야 한다. 1. 피고인에 대하여 재판권이 없는 때

13) 신동운, 신형사소송법 (제5판, 2014), 755면.

14) 민사재판관할권의 맥락에서, 우리나라, 독일 등의 대륙법계 민사소송법에서는 법원의 '**재판권**'(Gerichtsbarkeit)'과 '**국제재판관할**'(internationale Zuständigkeit) 또는 '**재판관할권**'(jurisdiction to adjudicate)이 구별되어 독립적인 소송요건으로 파악된다는 견해가 있다. 주로 주권면제 문제와 관련이 있는 '재판권'은 국제법적으로 결정될 문제이나(외재적·국제법적 제약), '재판관할권'은 국내법상 문제로 구별된다고 한다(내재적·국제민사법적 제약). 위 견해는 주권면제론을 다룬 대법원 1998. 12. 17. 선고 97다39216 전원합의체판결은 "국제관습법에 의하면 국가의 주권적 행위는 다른 국가의 재판권으로부터 면제되는 것이 원칙"이라 하여 '재판권'이라는 용어를 사용하는 반면, 국제사법 제2조는

기각의 판결을 하나(법 제327조 제1호), 다만 공소가 제기된 사건에 대하여 군사법원이 재판권을 가지게 되었거나 재판권을 가졌음이 판명된 때에는 결정으로 사건을 재판권이 있는 같은 심급의 군사법원으로 이송한다(법 제16조의2).

한편 형사소송법의 '**관할**'은 다수의 법원 사이에 재판업무의 분담기준을 의미하는 것으로,[15] 피고사건이 법원의 관할에 속하지 아니한 때에는 판결로써 관할위반의 선고를 하여야 한다(법 제319조).

2. 입법관할권

가. 입법관할권 결정준칙

입법관할권(prescriptive jurisdiction)은 국가가 자국법을 설정하는 권한을 말한다.[16] 입법관할권을 결정하는 준칙으로 ① 속지주의, ② 속인주의, ③ 보호주의, ④ 수동적 속인주의, ⑤ 보편주의를 들 수 있고, 이는 주로 형사관할권을 중심으로 발전한 것이다.[17] 그러나 위 원칙들이 반드시 형사 문제에만 한정되어 적용되는 것은 아니므로 본 항목에서는 일반적인 관점의 용어 및 표현을

명시적으로 "국제재판관할" 또는 "국제재판관할권"의 개념을 사용하는 점 등을 근거로 한다. 석광현, 국제민사소송법: 국제사법(절차편) (2012), 31, 75면. [이하 '**국제민사소송법**'이라 함] 그러나 ① 형사소송법에는 국제사법과 같은 규정이 존재하지 아니하는 점, ② 형사재판관할권은 원칙적으로 입법관할권을 기준으로 결정되고 국제재판관할권 배분 기준을 추가로 논의할 필요성이 적은 점 등에 비추어, 형사재판관할권에서는 위와 같은 구별을 할 이론적 또는 실무상의 필요성이 없다고 판단된다. 따라서 위와 같은 논의가 있는 점을 각주에서 지적하고 본문 서술에 따로 반영하지는 않기로 한다.

15) 신동운, 앞의 책(주 13), 759면.

16) 김대순, 앞의 책(주 1), 451면; 정인섭, 앞의 책(주 1), 196면. 대외관계법 리스테이트먼트 제401조(관할권의 분류) (a) 항은 입법관할권을 "입법, 행정행위·명령, 행정규칙·규제, 사법부의 결정을 통해 사람의 활동·관계·지위, 물건에 대한 이해관계에 적용되는 법을 만드는 권한"으로 정의한다. (§ 401. *Categories of Jurisdiction.* (a) jurisdiction to prescribe, *i.e.*, to make its law applicable to the activities, relations or status of persons, or the interests of persons in things, whether by legislation, by executive act or order, by administrative rule or regulation, or by determination of a court.)

17) 김대순, 앞의 책(주 1), 456면; 정인섭, 앞의 책(주 1), 456면; Ian Brownlie, **Principles of Public International Law** 300 (4th ed. 1990). 본문에서 살피는 바와 같이, 속지주의, 속인주의, 보호주의, 수동적 속인주의 원칙은 우리 형법에도 반영되어 있다.

사용하기로 한다.[18]

(1) 속지주의

속지주의(territoriality principle)란 국가는 자국 영역 내에서 발생한 사실 및 자국 영역 내에 소재하는 물건에 대하여 당해 국가가 관할권을 행사할 수 있다는 원칙이며, 가장 고전적인 관할권 성립의 기초이다.[19] 형법 제2조는 동 법을 "대한민국 영역 내에서 죄를 범한 내국인과 외국인"에게 적용한다고 규정하여 속지주의를 명시하며,[20] 같은 법 제4조는 "대한민국 영역 외에 있는 대한민국의 선박 또는 항공기 내에서 죄를 범한 외국인"에게도 적용하도록 하여 속지주의를 확장하고 있다(旗國主義).[21]

어떤 행위를 구성하는 행위지와 행위의 결과 발생지가 다른 경우(소위 '격지범'(隔地犯)) 형법 제2조의 "대한민국 영역 내"에 해당하는지를 논하기 위해 주관적 속지주의[22]와 객관적 속지주의[23]의 개념이 제시되나, 우리 형법의 해석

---

18) 형법 교재에서는 본 주제를 '형법의 장소적 적용 범위', 또는 '국제형법'의 주제로 설명한다. 김성돈, 형법총론 (제5판, 2017), 91면; 배종대, 형법총론(제12판, 2016), 128면; 신동운, 형법총론(제9판, 2015), 64면.

19) 대외관계법 리스테이트먼트 제402조(입법관할권의 기초) 제1항 (a), (b) 호도 다음과 같이 속지주의를 규정하고 있다. "국가는 다음 사항에 대하여 입법관할권을 가진다. (a) 전부 또는 실질적인 일부가 그 영역 내에서 발생한 행위, (b) 그 영역 내에 현존하는 사람의 지위 또는 물건에 대한 이해관계." (§ 402. *Bases of Jurisdiction to Prescribe.* [A] state has jurisdiction to prescribe law with respect to (1) (a) conduct that, wholly or in substantial part, takes place within its territory; (b) the status of persons, or interests in things, present within its territory.)

20) 형법 제2조(국내범) 본법은 대한민국 영역 내에서 죄를 범한 내국인과 외국인에게 적용한다.

21) 형법 제4조(국외에 있는 내국선박 등에서 외국인이 범한 죄) 본법은 대한민국 영역 외에 있는 대한민국의 선박 또는 항공기 내에서 죄를 범한 외국인에게 적용한다.

22) '주관적 속지주의'는 행위가 외국에서 완성되거나 행위의 결과가 외국에서 발생하더라도 자국 내에서 행위의 착수가 있었다면 당해 국가는 그 행위 전체에 대하여 관할권을 행사할 수 있다는 것으로, 행위의 '착수'에 착안하여 속지주의에 기초한 관할권의 범위를 확대하는 것이다. 김대순, 앞의 책(주 1), 457면; 석광현, "클라우드 컴퓨팅의 규제 및 관할권과 준거법", Law & Technology 제7권 제5호 (2011), 3, 17면.

23) '객관적 속지주의'는 행위가 외국에서 개시되었거나 행해졌더라도 행위의 결과가 발생한 국가는 그 행위 전체에 대하여 관할권을 행사할 수 있다는 것으로, 행위의 '결과' 측면에 착안하여 속지주의에 기초한 관할권의 범위를 확대하는 것이다. 김대순, 앞의 책

에서는 행위지와 결과 발생지를 모두 범죄지로 보는 것이 일반적 견해이다.[24)]

(2) 속인주의

속인주의(nationality principle)란 국가는 자신의 국적을 보유하는 자에 대하여 그의 행위가 행해진 장소와 관계없이 관할권을 행사할 수 있다는 원칙이다.[25)] 속인주의는 '국적주의'라고도 하며, 형법 제3조는 동 법을 "대한민국 영역 외에서 죄를 범한 내국인"에게 적용한다고 규정하여 속인주의를 명시하고 있다.[26)]

(3) 수동적 속인주의(피해자 국적주의)와 보호주의[27)]

보호주의(protective principle)는 외국인이 외국에서 한 행위이더라도 그로 인하여 국가의 중요한 이익이 침해된 경우 국가는 관할권을 행사할 수 있다는 원칙을 말한다.[28)] 형법 제5조는 "본법은 대한민국 영역 외에서 다음에 기재한

(주 1), 457면; 석광현, 앞의 논문(주 22), 17면.

24) 신동운, 앞의 책(주 18), 66면; 대법원 2000. 4. 21. 선고 99도3403 판결: "외국인이 대한민국 공무원에게 알선한다는 명목으로 금품을 수수하는 행위가 대한민국 영역 내에서 이루어진 이상, 비록 금품수수의 명목이 된 알선행위를 하는 장소가 대한민국 영역 외라 하더라도 대한민국 영역 내에서 죄를 범한 것이라 할 것이다."

25) 대외관계법 리스테이트먼트 제402조(입법관할권의 기초) 제2항도 다음과 같이 속지주의를 규정하고 있다. "국가는 다음 사항에 대하여 입법관할권을 가진다. (2) 그 영역 내뿐만 아니라 해외에 있는 자국민의 활동, 이해관계, 지위 또는 관계." (§ 402. *Bases of Jurisdiction to Prescribe.* [A] state has jurisdiction to prescribe law with respect to (2) the activities, interests, status, or relations of its nationals outside as well as within its territory.)

26) 대법원 2004. 4. 23. 선고 2002도2518 판결: "형법 제3조는 '본법은 대한민국 영역 외에서 죄를 범한 내국인에게 적용한다.'고 하여 형법의 적용 범위에 관한 속인주의를 규정하고 있고, 또한 국가 정책적 견지에서 도박죄의 보호법익보다 좀 더 높은 국가이익을 위하여 예외적으로 내국인의 출입을 허용하는 폐광지역개발지원에관한특별법 등에 따라 카지노에 출입하는 것은 법령에 의한 행위로 위법성이 조각된다고 할 것이나, 도박죄를 처벌하지 않는 외국 카지노에서의 도박이라는 사정만으로 그 위법성이 조각된다고 할 수 없다."

27) 국제법 문헌에서는 통상 '수동적 속인주의(또는 피해자 속인주의)'와 '보호주의'를 나누어 설명하나(김대순, 앞의 책(주 1), 464면; 정인섭, 앞의 책(주 1), 204면), 형법에서는 '보호주의'로 묶어 함께 논함이 일반적이다(김성돈, 앞의 책(주 18), 98면; 배종대, 앞의 책(주 18), 131면; 신동운, 앞의 책(주 18), 68면).

28) 대외관계법 리스테이트먼트 제402조(입법관할권의 기초) 제3항도 다음과 같이 보호주

죄를 범한 외국인에게 적용한다"고 규정하여 보호주의를 명시하고 있다.[29)]

수동적 속인주의(passive personality principle)는 행위 주체가 아닌 피해자의 국적을 국가관할권 행사의 기초로 파악한다. 즉, 국가는 자국민을 대상으로 한 외국인의 외국에서의 행위에 대하여 관할권을 행사할 수 있다는 원칙을 말하며, '피해자 국적주의'라고도 한다.[30)] 형법 제6조는 "본법은 대한민국 영역 외에서 대한민국 또는 대한민국 국민에 대하여 전조에 기재한 이외의 죄를 범한 외국인에게 적용한다"고 규정하여 수동적 속인주의를 명시하고 있다.[31)]

(4) 보편주의[32)]

보편주의(universality principle)는 일정한 유형의 행위에 대하여는 행위자의 국적과 행위지를 불문하고 모든 국가가 관할권을 행사할 수 있다는 원칙이다.[33)] 형법은 총칙 규정에서 이를 직접 명시하지는 않으나, 형법 각칙[34)]과 특

의를 규정하고 있다. "국가는 다음 사항에 대하여 입법관할권을 가진다. (3) 자국민이 아닌 자가 행한 그 영역 밖에서의 일정한 행위로서, 그 국가의 안보 또는 한정된 부류의 다른 국가의 이익을 해치는 것." (§ 402. *Bases of Jurisdiction to Prescribe.* [A] state has jurisdiction to prescribe law with respect to (3) certain conduct outside its territory by persons not its nationals that is directed against the security of the state or against a limited class of other state interests.)

29) 형법 제5조(외국인의 국외범) 본법은 대한민국 영역 외에서 다음에 기재한 죄를 범한 외국인에게 적용한다. 1. 내란의 죄, 2. 외환의 죄, 3. 국기에 관한 죄, 4. 통화에 관한 죄, 5. 유가증권, 우표와 인지에 관한 죄, 6. 문서에 관한 죄 중 제225조 내지 제230조, 7. 인장에 관한 죄 중 제238조

30) 김대순, 앞의 책(주 1), 464면; 정인섭, 앞의 책(주 1), 207면.

31) 형법 제6조(대한민국과 대한민국국민에 대한 국외범) 본법은 대한민국 영역 외에서 대한민국 또는 대한민국국민에 대하여 전조에 기재한 이외의 죄를 범한 외국인에게 적용한다. 단 행위지의 법률에 의하여 범죄를 구성하지 아니하거나 소추 또는 형의 집행을 면제할 경우에는 예외로 한다.

32) 형법 문헌에서는 '세계주의'라는 표현을 사용함이 일반적이다. 김성돈, 앞의 책(주 18), 99면); 배종대, 앞의 책(주 18), 132면; 신동운, 앞의 책(주 18), 70면.

33) 김대순, 앞의 책(주 1), 466면; 정인섭, 앞의 책(주 1), 210면.

34) 형법 제296조의2(세계주의)는 '형법 제287조(미성년자의 약취, 유인), 제288조(추행 등 목적 약취, 유인 등), 제289조(인신매매), 제290조(약취, 유인, 매매, 이송 등 상해·치상), 제291조(약취, 유인, 매매, 이송 등 살인·치사), 제292조(약취, 유인, 매매, 이송된 사람의 수수·은닉 등), 제294조(미수범)는 대한민국 영역 밖에서 죄를 범한 외국인에게도 적용한다'고 규정한다.

별법 조항[35]이 간접적으로 보편주의를 규정하고 있다.[36]

나. 효과이론과 관할권 행사의 합리성 이론

(1) 효과이론

앞서 설명한 바와 같이, ① 속지주의, ② 속인주의, ③ 보호주의, ④ 수동적 속인주의, ⑤ 보편주의 등의 원칙은 주로 형사관할권을 중심으로 발전한 것이다. 위와 같은 전통적 원칙에 더하여 주로 독점금지법 등의 영역에서 발전한 효과이론을 살펴볼 필요가 있다.

효과이론(effect doctrine)은 외국인이 영역 외에서 한 행위라 할지라도 내국의 질서에 '직접적·실질적 효과'(immediate and substantial effect)를 미치는 때에는 자국법을 영역 외로 적용할 수 있다는 이론이다. 이를 객관적 속지주의 또는 보호주의의 일종으로 볼 수도 있으나, 일반적으로 별도의 원리로 분류하여 검토하고 있다.[37] 효과이론은 앞서 본 원칙들과 달리 과거에는 국제법적으로 인정되지 않았고, 미국 판례가 미국 외에서 외국인이 한 행위에 대해 효과이론을 도입하여 미국 독점금지법과 증권거래법을 적용함으로써 발전된 것이다.[38] 이에 대해 미국 이외의 국가들은 심하게 반발하였으나, 점차 받아들여지

---

35) 국제형사재판소 관할 범죄의 처벌 등에 관한 법률 제3조(적용범위) ⑤ 이 법은 대한민국 영역 밖에서 집단살해죄 등을 범하고 대한민국 영역 안에 있는 외국인에게 적용한다.

36) 예컨대, 다음의 판례는 조약을 매개로 세계주의적 요청에 대응한 것으로 평가되고 있다(김성돈, 앞의 책(주 18), 100면; 신동운, 앞의 책(주 18), 71면). 대법원 1984. 5. 22. 선고 84도39 판결: "항공기운항안전법 제3조, '항공기 내에서 범한 범죄 및 기타 행위에 관한 협약' (도쿄협약) 제1조, 제3조, 제4조, '항공기의 불법납치억제를 위한 협약' (헤이그협약) 제1조, 제3조, 제4조, 제7조의 각 규정들을 종합하여 보면 민간항공기 납치사건에 대하여는 항공기등록지국에 원칙적인 재판관할권이 있는 외에 항공기착륙국인 우리나라에도 경합적으로 재판관할권이 생기어 우리나라 항공기운항안전법은 외국인의 국외범까지도 적용대상이 된다고 할 것이다."

37) 대외관계법 리스테이트먼트 제402조(입법관할권의 기초) 제1항 (c) 호도 다음과 같이 효과이론을 별도로 규정하고 있다. "국가는 다음 사항에 대하여 입법관할권을 가진다. (c) 그 영역 내에 실질적인 효과(영향)를 미치거나 미칠 의도로 그 영역 밖에서 행한 행위." (§ 402. *Bases of Jurisdiction to Prescribe.* [A] state has jurisdiction to prescribe law with respect to (1) (c) extraterritorial conduct that has or is intended to have substantial effects within its territory.)

38) 효과이론은 미연방제2항소법원의 1945년 알코아(*Alcoa*) 판결에서 유래된 것으로 알려

는 추세라고 한다.[39] 다만 효과이론은 위에서 살펴본 속지주의 등의 관할권 기초와 대등한 위치를 가지는 것이 아니며, 과도한 확대를 경계하는 다양한 견해가 제시되고 있음을 유의하여야 한다.[40]

우리 법제에서도 독점규제 및 공정거래에 관한 법률(이하 '독점규제법'이라 함),[41] 자본시장과 금융투자업에 관한 법률(이하 '자본시장법'이라 함)[42]은 효과이론의 영향을 받은 조문을 두고 있다. 우리 형법은 효과이론을 언급하지 않지만, 독점규제법과 자본시장법의 벌칙규정에 의하여 효과이론에 기초한 특별형법의 적용 가능성은 열려 있으며,[43] 그에 기초한 입법의 가능성도 배제할 수는 없다 할 것이다.[44]

져 있다. *United States v. Aluminum Co. of America*, 148 F.2d 416, 443 (2d Cir. 1945) ("[A]ny state may impose liabilities, even upon persons not within its allegiance, for conduct outside its borders that has consequences within its borders which the state reprehends (…)").

39) 대표적으로 독일 경쟁제한금지법(Gesetz gegen Wettbewerbsbeschränkungen, GWB) 제98조 제2항은 '이 법은 이 법률의 적용 범위 밖에서 행해지더라도 행위의 효과가 이 법의 적용 범위 내에서 발생하는 모든 경쟁제한행위에 적용된다'고 규정한다. 독점규제법의 맥락에서 경제적 단일체 이론(single economic entity doctrine)도 주장된다. 유럽법원은 기본적으로 속지주의 입장을 견지하면서도 경제적 단일체 이론 등을 매개로 하여 유럽경쟁법의 역외적용을 인정하는데, 이에 따르면 해외 소재 회사의 경쟁법위반 행위도 경제적 단일체로 인정될 수 있는 자회사가 유럽 내에 위치하는 등의 사정이 있으면 유럽경쟁법을 적용할 수 있다. 권오승, "한국 독점규제법의 역외적용", 경쟁법연구 제24권 (2011), 149, 151면; Case 48/69, *ICI v. Commission (Dyestuffs)*, 1972 E.C.R. 619.

40) 김대순, 앞의 책(주 1), 458면. Shaw, 앞의 책(주 3), 499.

41) 2004. 12. 31. 법률 제7315호로 개정되고 2005. 4. 1. 시행된 독점규제법 제2조의 2(국외행위에 대한 적용)는 "이 법은 국외에서 이루어진 행위라도 국내시장에 영향을 미치는 경우에는 적용한다"고 규정한다.

42) 2007. 8. 3. 법률 제8635호로 제정되고 2009. 2. 4. 시행된 자본시장법 제2조(국외행위에 대한 적용)는 "이 법은 국외에서 이루어진 행위로서 그 효과가 국내에 미치는 경우에도 적용한다"고 규정한다.

43) 독점규제법 제66조, 제67조, 제68조, 제69조와 자본시장법 제443조, 제444조, 제445조, 제446조는 각 벌칙규정을 두고 있다.

44) 그러나 형사사건에서도 효과이론에 근거한 법 적용이 가능할지 여부는 검토가 필요하다. 이와 관련하여 대법원 2008. 5. 29. 선고 2006도6625 판결(용인동백지구 아파트 분양가 담합사건, 원심판결은 수원지방법원 2006. 8. 20. 선고 2005노4635 판결임)이 형사사건에서 공동행위 합의 추정 규정(2007. 8. 3. 법률 제8631호로 개정되기 전의 독점규제법 제19조 제5항)의 적용을 배제한 취지를 고려할 필요가 있다고 생각된다. 다만 본

(2) 입법관할권의 합리적 행사

입법관할권의 기초가 되는 요소들 사이에는 우선순위가 존재하지 않으므로 어떤 사안에 대하여 복수 국가의 관할권이 경합할 수 있다.[45] 그러나 복수 국가가 관할권을 행사하는 것은 바람직하지 않으므로 합리적 관할권 행사를 위한 기준이 필요하다. 대표적인 것이 미연방제9항소법원이 1977년 팀벌레인(*Timberlane*) 판결에서 제시한 이익형량이론(interest balancing theory)이다.[46] 이는 위에서 살펴본 1945년 알코아(*Alcoa*) 판결의 일방적 효과이론을 제약하기 위해 타국의 이익을 포함한 제반 요소를 고려하여 관할권 행사의 범위를 정해야 한다는 견해이며, **국제예양**(comity)을 중요한 이론적 근거로 제시한다.

위 판결이 제시한 기준을 '합리적 관할권 원칙'(jurisdictional rule of reason)이라고도 하는데, 대외관계법 리스테이트먼트 제403조는 위 판결의 취지를 받아들여 관할권 결정준칙에 의하여 당해 사람이나 활동에 대하여 관할권을 행사할 수 있다고 하더라도 관련 요소를 고려할 때 당해 관할권 행사가 불합리한 경우에는 그 관할권 행사를 자제할 수 있다는 규정을 두고 있다.[47]

문헌의 목적상 위와 같은 쟁점이 있음을 각주에서 지적하고 본문 서술에 따로 반영하지는 않기로 한다.

45) 김대순, 앞의 책(주 1), 471면; 석광현, 앞의 논문(주 22), 19면.

46) *Timberlane Lumber Co. v. Bank of America National Trust & Savings Association*, 549 F.2d 597 (9th Cir. 1977).

47) 대외관계법 리스테이트먼트 제403조(입법관할권의 제한) 제1항: "제402조에 따른 관할권의 근거가 존재하더라도, 다른 국가와 연관성이 있는 사람이나 행위에 대하여 관할권을 행사함이 합리적이지 않은 경우, 국가는 입법관할권을 행사하지 않을 수 있다." (§ 403. *Limitations on Jurisdiction to Prescribe.* (1) Even when one of the bases for jurisdiction under § 402 is present, a state may not exercise jurisdiction to prescribe law with respect to a person or activity having connections with another state when the exercise of such jurisdiction is unreasonable); 같은 조 제3항: "두 국가가 각각 개인이나 활동에 대해 관할권을 행사하는 것이 불합리하지 않지만 두 국가의 규율이 상충하는 경우, 각 국가는 관할권을 행사함에 있어 제2항에 제시된 모든 관련 요소, 다른 국가의 이익과 자신의 이익을 적절히 평가하여야 한다. 다른 국가의 이익이 명백하게 더 큰 경우 이를 존중하여야 한다." (§ 403. (3) When it would not be unreasonable for each of two states to exercise jurisdiction over a person or activity, but the prescription by the two states are in conflict, each state has an obligation to evaluate its own as well as the other state's interest in exercising jurisdiction, in light of all the relevant factors, Subsection (2); a state should defer to the other state if that state's

최근 입법관할권 제한의 다른 유형으로 '역외적용 추정금지 원칙'(presumption against extraterritoriality)도 제시되고 있다.[48] 위 원칙은 역외적용에 대한 입법자의 의사가 명시적으로 나타나 있지 않다면 해당 법률의 역외적용은 원칙적으로 허용되지 않는다는 것으로, 이익형량이론과 마찬가지로 국제예양을 주요한 이론적 배경으로 하고 있다.

3. 재판관할권

가. 형사사건의 경우

재판관할권(adjudicative jurisdiction)은 사법기관이 그의 재판관할의 범위를 정하고 국내법령을 적용하여 구체적인 사안을 심리하고 재판을 선고하는 권한을 말한다.[49]

형사사건의 경우 재판관할권과 입법관할권의 범위는 일치한다는 것이 일반적 견해이다.[50] 민사사건과 달리 형사사건에서 다른 나라의 형법을 적용하여 형벌을 부과하는 경우는 없기 때문에, 우리 형법이 적용되는 때에는 재판관할권을 가지지만 외국법이 적용되는 경우는 재판관할권을 가지지 않는 것이다.[51]

---

interest is clearly greater.)

48) 미국 증권거래법(Securities Exchange Act)의 역외적용 여부를 판단한 미연방대법원의 2010년 모리슨(*Morrison*) 판결이 위 원칙을 명시한 대표적 선례이며(*Morrison v. National Australia Bank Ltd.*, 561 U.S. 247 (2010)), '외국인 불법행위 배상법'(Alien Tort Claims Act)의 역외적용을 부인한 2013년 키오벨(*Kiobel*) 판결에서 위 원칙이 재확인되었다(*Kiobel v. Royal Dutch Petroleum Co.*, 133 S. Ct. 1659 (2013)).

49) 대외관계법 리스테이트먼트 제401조(관할권의 분류) (b) 호는 재판관할권을 "민사 또는 형사 절차이든, 국가가 해당 절차의 당사자인지 여부와 관계없이, 사람이나 물건을 법원이나 행정심판소의 절차에 따르도록 하는 권한"으로 정의한다. (§ 401. *Categories of Jurisdiction.* (b) jurisdiction to adjudicate, *i.e.*, to subject persons or things to the process of its courts or administrative tribunals, whether in civil or in criminal proceedings, whether or not the state is a party to the proceedings.)

50) 석광현, 앞의 논문(주 22), 24면; 신동운, 앞의 책(주 18), 65면.

51) 대외관계법 리스테이트먼트 제422조(형사사건의 재판관할권) 제1항도 다음과 같이 규정하고 있다. "미국 법원은 외국 국가의 형법이 아니라 미국법을 위반한 경우에만 재판권을 행사할 수 있다." (§ 422. *Jurisdiction to Adjudicate in Criminal Cases: Law of the United States.* (1) A court in the United States may try a person only for violation of

따라서 형사사건의 경우 재판관할권의 문제는 앞서 살펴본 입법관할권 관련 논의를 따르면 된다.

나. 민사사건의 경우

(1) 국제재판관할권: 실질적 관련성

그러나 민사사건의 재판관할권은 입법관할권의 범위와 일치하지 않는다.[52] 우리나라의 입법관할권이 미치지 않는 경우에도 재판관할권이 있으면 우리 법원은 외국법을 적용하여 재판할 수 있기 때문이다.[53]

그렇다면 재판관할권의 범위가 문제될 것인바, 우리 국제사법 제2조 제1항은 ① 법원은 당사자 또는 분쟁이 된 사안이 대한민국과 "실질적 관련"이 있는 경우 국제재판관할권을 가지며, ② 실질적 관련 여부는 "국제재판관할 배분의 이념에 부합하는 합리적인 원칙"에 따라 판단한다고 규정한다.[54] 또한 ③ 동조 제2항은 "국내법의 관할 규정"을 참작하되, "국제재판관할의 특수성"을 고려한다고 규정한다.[55]

위 제2조 제1항과 관련하여 대법원은 개별 사건에서 당사자·분쟁이 된 사안과 법정지의 "실질적 관련성"을 기준으로 "당사자들의 공평, 편의, 그리고 예측 가능성과 같은 개인적인 이익"과 "재판의 적정, 신속, 효율 및 판결의 실효성 등과 같은 국가의 이익"을 함께 고려한다고 판시하고 있다.[56] 즉, '**구체**

United States law, not for violation of the penal law of a foreign state.)

52) 석광현, 앞의 논문(주 22), 25면.

53) 위 (주 14)에서 설명한 바와 같이, 우리나라, 독일 등의 대륙법계 민사소송법에서는 법원의 '**재판권**'(Gerichtsbarkeit)'과 '**국제재판관할**'(internationale Zuständigkeit) 또는 '**재판관할권**'(jurisdiction to adjudicate)이 구별되어 독립적인 소송요건으로 파악된다는 견해가 있다. 본 문헌의 목적상 위와 같은 논의가 있는 점을 각주에서 지적하고 본문 서술에 따로 반영하지는 않는다.

54) 국제사법 제2조(국제재판관할) ① 법원은 당사자 또는 분쟁이 된 사안이 대한민국과 실질적 관련이 있는 경우에 국제재판관할권을 가진다. 이 경우 법원은 실질적 관련의 유무를 판단함에 있어 국제재판관할 배분의 이념에 부합하는 합리적인 원칙에 따라야 한다.

55) 국제사법 제2조(국제재판관할) ② 법원은 국내법의 관할 규정을 참작하여 국제재판관할권의 유무를 판단하되, 제1항의 규정의 취지에 비추어 국제재판관할의 특수성을 충분히 고려하여야 한다.

56) 대법원 2005. 1. 27. 선고 2002다59788 판결: "국제재판관할을 결정함에 있어서는 ① 당

화·개별화된 사안별 이익형량' 방법을 재판관할권 획정의 원칙으로 제시하는 것이다. 또한 위 제2조 제2항은 더욱 구체적인 방법을 제시한 것인바, 민사소송법의 토지관할 규정을 기초로 하되 섭외적 요소를 고려한 수정·보완을 통해 국제재판관할권의 범위를 결정한다는 취지로 이해되고 있다.[57]

(2) 적법절차와 최소한의 접촉

국제민사소송이 빈번한 현실에서 국제재판관할권의 문제는 날로 중요해지고 있다. 그에 따라 관련 조약 체결 등을 통하여 국제적 차원에서 정합성을 확보하려는 노력이 계속되고 있고, 합리적인 규칙을 발견하기 위한 비교법적 검토도 중요한 의미를 가진다.[58] 예컨대, 미연방대법원은 재판관할권 인정의 기준으로 연방헌법의 적법절차 조항을 제시한다. 즉, 피고가 법정지 주의 영토 내에 현존하지 않는 경우 재판관할권을 인정하려면, 적법절차 원칙에 따라 ① 피고와 법정지 사이에 '**최소한의 접촉**'(minimum contact)이 있어야 하고, ② 법정지의 재판관할권 행사가 '**공평과 실질적 정의**'(fair play and substantial justice) 관념에 부합해야 한다는 것이다.[59]

이러한 재판관할권 행사의 합리성 원칙은 대표적으로 대외관계법 리스테이

사자의 공평, 재판의 적정, 신속 및 경제를 기한다는 기본이념에 따라야 할 것이고, ② 구체적으로는 소송당사자들의 공평, 편의, 그리고 예측 가능성과 같은 개인적인 이익뿐만 아니라 재판의 적정, 신속, 효율 및 판결의 실효성 등과 같은 법원 내지 국가의 이익도 함께 고려하여야 할 것이며, ③ 이러한 다양한 이익 중 어떠한 이익을 보호할 필요가 있을지 여부는 개별 사건에서 법정지와 당사자와의 실질적 관련성 및 법정지와 분쟁이 된 사안과의 실질적 관련성을 객관적인 기준으로 삼아 합리적으로 판단하여야 할 것이다." (구분기호 ①, ②, ③과 밑줄은 필자가 부기함). 유사한 취지로는, 대법원 2008. 5. 29. 선고 2006다71908, 71915 판결; 대법원 2010. 7. 15. 선고 2010다18355 판결.

57) 석광현, 국제민사소송법(주 14), 89면 이하는 위와 같은 원칙을 바탕으로 국제재판관할권 결정기준을 상세히 검토하고 있다.

58) 국제재판관할권에 대한 비교법적 검토는 다음의 문헌을 참고할 수 있다. 석광현, 국제재판관할(주 4), 61-146면.

59) 미연방대법원은 ① *International Shoe Co. v. Washington*, 326 U.S. 310 (1945) 판결에서 위와 같은 기준을 처음으로 제시하였고, ② *Hanson v. Denckla*, 357 U.S. 235 (1958) 판결 ('의도적 이용 이론'(purposeful availment theory)), ③ *World-Wide Volkswagen Corp. v. Woodson*, 444 U.S. 286 (1980) 판결 ('유통과정이론'(stream of commerce theory)), ④ *Asahi Metal Industry Co., Ltd. v. Superior Court*, 480 U.S. 102 (1987) 판결 등을 통하여 '최소한의 접촉' 요건의 세부적 내용을 정립하였다.

트먼트 제421조에서도 인정되고 있다. 즉, 동조 제1항은 '관할권 행사를 합리적으로 만들 정도의 관계'가 있는 경우에 재판관할권을 행사할 수 있다고 규정하고,[60] 제2항은 합리적 재판관할권 행사로 판단할 수 있는 관계의 예를 제시하고 있다. 한편 최근에는 재판관할권의 범위를 판단함에 있어서도 국제예양 또는 국제관계의 존중을 논거로 삼는 경향이 있고, 그에 따라 '최소한의 접촉' 요건을 강화하여 해석하고 있다.[61]

4. 집행관할권

가. 영토적 제약성

집행관할권은 법원 또는 행정기관이 체포, 강제조사 등의 물리적인 강제조치에 따라 국내법을 집행하는 권한을 말한다.[62] 국제법적 관점에서는 동의를 받지 않고 다른 국가의 영토 내에서 집행관할권을 행사하는 것은 영토주권을 직접 침해하는 행위가 된다는 것이 일반적인 결론이다.[63] 따라서 집행관할권은 입법관할권과 달리 기본적으로 영토적 제약성을 가진다고 설명된다.[64]

---

60) 대외관계법 리스테이트먼트 제421조(재판관할권) 제1항: "국가가 어느 사람 또는 물건에 대하여 관할권 행사를 합리적인 것으로 만들 정도의 관계를 갖는 경우에는 그 사람 또는 물건에 대한 재판관할권을 행사할 수 있다." (§ 421. *Jurisdiction to Adjudicate.* (1) A state may exercise jurisdiction through its courts to adjudicate with respect to a person or thing if the relationship of the state to the person or thing is such as to make the exercise of jurisdiction reasonable.)

61) *Daimler AG v. Bauman*, 134 S. Ct. 746 (2014). 미연방대법원은 위 판결에서 법인에 대한 재판관할권을 행사하려면 법정지를 '설립준거법 소속지' 또는 '주된 영업소 소재지'로 볼 수 있을 정도의 '지속적·조직적 활동'이 필요하다고 판시하여, 지나치게 포괄적인 '지속적·조직적 활동' 기준의 적용을 제한하였다.

62) 대외관계법 리스테이트먼트 제401조(관할권의 분류) (c) 호는 집행관할권을 "법원을 통하거나 행정, 경찰 또는 기타 비사법적 행위를 통해 법령 또는 규제의 준수를 유도·강제하거나 불이행을 처벌하는 권한"으로 정의한다. (§ 401. *Categories of Jurisdiction.* (c) jurisdiction to enforce, *i.e.*, to induce or compel compliance or to punish noncompliance with its law or regulations, whether through the courts or by use of executive, administrative, police, or other nonjudicial action.)

63) 김대순, 앞의 책(주 1), 454, 476면; 석광현, 앞의 논문(주 22), 36면; 정인섭, 앞의 책(주 1), 196면.

나. 역외 전자증거 수집과 집행관할권

국가관할권 이론의 역사를 보면, 입법관할권은 주로 형사사건을 기초로, 재판관할권은 민사사건을 바탕으로 발전해 왔다.[65] 국가관할권에 대하여는 기존에 법학의 다양한 분야에서 검토되어 왔는데, 명확한 구분은 아니지만 대체로 다음과 같이 나누어 볼 수 있다.[66] 먼저 **국제법**의 영역에서는 강학상 ① 국가관할권 일반, ② 주권면제, ③ 외교면제·특권, ④ 국가행위이론 등의 주제가 주로 논의되어 왔다.[67] 또한 **국제민사소송법**에서는 ① 국제재판관할권, ② 송달·증거조사 등의 민사사법공조, ③ 외국 재판 승인·집행 등의 주제가 논하여졌고,[68] 구체적으로는 독점규제법·증권법 등의 역외적용과 그와 결합한 일방적 증거조사가 쟁점이 되어 왔다. 마지막으로 **국제형사법**에서는 ① 범죄인 인도, ② 형사사법공조 등을 중심으로,[69] 범죄인 인도 제도를 회피하는 피의자·피고인의 불법 납치, 공식 형사사법공조 절차 외에 합동수사·수사공조의 문제도 중요한 주제로 다루어졌다.[70]

---

64) 대외관계법 리스테이트먼트 제432조(형사법 집행수단) 제2항: "특정 국가의 수사기관은 다른 국가의 권한 있는 공무원에 의한 동의가 있는 경우에만 다른 국가의 영토 내에서 그 권한을 행사할 수 있다." (§ 432. *Measures in Aid of Enforcement of Criminal Law.* (2) A state's law enforcement officers may exercise their functions in the territory of another state only with the consent of the other state, given by duly authorized officials of that state.)

65) 석광현, 앞의 논문(주 22), 15면; 정인섭, 앞의 책(주 1), 197면.

66) 본문에 정리한 내용은 각 분야의 강학상 전통에 따른 현황을 정리한 것이며, 어떤 논리적인 기준을 따른 것이 아니다. 예컨대, 범죄인 인도는 표준적인 국제법 교과서에서도 빠짐없이 언급되며(김대순, 앞의 책(주 1), 480면; 정인섭, 앞의 책(주 1), 875면), 주권면제는 국제민사소송법에서도 중요한 주제이다(석광현, 국제민사소송법(주 14), 31면). 반면 국제민사소송법의 주제들은 국제법 분야에서 잘 다루어지지 않는 것으로 보인다.

67) ① 국가관할권: 김대순, 앞의 책(주 1) 450면; 정인섭, 앞의 책(주 1), 193면; ② 주권면제: 김대순, 앞의 책(주 1) 500면; 정인섭, 앞의 책(주 1), 225면; ③ 외교면제·특권: 김대순, 앞의 책(주 1) 585, 628면; 정인섭, 앞의 책(주 1), 433면; ④ 국가행위이론: 김대순, 앞의 책(주 1), 564면.

68) 석광현, 국제민사소송법(주 14), 67(국제재판관할), 217(국제민사사법공조), 343면(외국재판의 승인 및 집행).

69) 사법연수원, 국제형사법 (2013), 105(국제형사사법공조), 143면(범죄인 인도).

70) 외국 재판 승인·집행을 민사관할권의 영토적 한계를 보충하기 위한 제도로, 범죄인 인

위 주제들을 살펴보면, 국가관할권 이론의 역사에서 집행관할권의 문제는 증거개시제도(discovery)로 대표되는 일방적 증거조사, 공식 형사사법공조 절차의 틀에서 벗어난 합동수사의 문제 정도가 논하여졌을 뿐 큰 주목을 받지 못하였음을 알 수 있다. 역외 집행관할권을 행사하려면 다른 국가의 영역 내에 물리적으로 현존하거나 유형력 행사를 수반해야 하므로, 현실적으로도 광범위하게 제약받아 왔기 때문일 것이다. 그러나 이러한 상황은 가상공간의 맥락에서는 달라질 수밖에 없다. 가상공간에서 국가관할권 행사는 영토적 제약의 굴레를 벗어날 여지가 많기 때문이다.[71] 본 문헌에서 다루는 '역외 전자정보 압수·수색'의 문제가 대표적인 예라고 할 수 있다. 역외 전자정보 수집의 문제는 이러한 배경을 염두에 두고 논의할 필요가 있다.

Ⅱ. 국제법과 국내법의 관계: 국제형사법적 쟁점을 중심으로

1. 들어가며

가. 국제법과 국내법의 관계: 일반론

본 항목에서는 국제규범 위반 여부를 판단하는 구체적 방법을 검토하기 위해, '국제법과 국내법의 관계'를 살펴본다. 국제법과 국내법은 원칙적으로 서로 독립적인 별개의 법체계이다. 국제법을 국내법 질서 내로 받아들일 것인지 여부와 그 구체적 방법을 결정하는 문제는 각 국가의 주권 사항이다.[72] 즉, 국내법에 적용할 국제법의 존재와 그 적용의 결과를 확인하는 것은 자국의 헌법규정과 법 전통에 따라 해당 국가의 법원이 담당할 작업인 것이다.

한편, 국제법의 시각에서 보면 국제법만이 구속력 있는 법규범으로 인정되

도를 형사관할권의 영토적 한계를 보충하기 위한 제도로 파악하기도 한다. 김대순, 앞의 책(주 1), 480면.

71) 가상공간에서 국가관할권 행사의 문제점은 널리 인식되고 있다. 김대순, 앞의 책(주 1), 450면; 정인섭, 앞의 책(주 1), 223면.

72) 이는 강학상 '국제법과 국내법의 관계'로 다루어지는 주제 중 '국내법의 국제법에 대한 태도' 또는 '국내법 질서 속에서의 국제법'의 문제이다. 김대순, 앞의 책(주 1), 253면; 정인섭, 앞의 책(주 1), 93면.

며, 국내법은 규범이 아닌 단지 사실(fact)에 불과하다.[73] 그렇다고 하여 국내법이 국제법적 관점에서 아무런 의미가 없는 것은 아니다. 예컨대, ① 국내법은 국제관습법과 법의 일반원칙의 증거로 사용될 수 있고, ② 국내법 관행을 추상화, 일반화하여 추출한 논리를 국제법 문제에 적용할 수도 있다. 나아가 ③ 특정 사항의 국제법상 판단기준을 국내법에서 구하는 경우도 있다(예컨대, 특정 개인의 국적).

나. 국제질서에서 국내법의 의미

(1) 국제관습법의 인식 근거 또는 그 증거

국제규범이 성숙하지 않은 분야에서 개별 국가의 실행 또는 국내법은 중요한 의미를 가진다. 이는 단순히 국내법에 머무르는 것이 아니라 다음과 같은 단계를 거쳐 국제법 질서와 타국의 국내법에도 영향을 미치기 때문이다. 즉, '① 국가실행(국내법) → ② 국제관습법 → ③ 수용·변형 과정을 통해 국내법 일부를 구성'이라는 일련의 단계를 거치게 된다. 이는 개별 국가의 국내법이 국제법 질서를 매개로 타국의 국내법에 영향을 주는 것이라 말할 수 있다.

(2) 타국의 국내법 해석에서 판단기준 또는 고려요소

개별 국가의 국내법은 다른 측면에서도 타국의 국내법에 영향을 미친다. 역외 증거수집의 실행 국가(또는 사법공조요청 국가)와 대상 국가(또는 사법공조요청을 받은 국가)의 관계에 있어, 관련 증거의 증거능력 판단은 궁극적으로 실제 공판이 진행되는 실행 국가(또는 사법공조요청 국가)의 증거법에 의하게 될 것이다. 그런데 그 증거능력 판단 과정에서 대상 국가(또는 사법공조요청을 받은 국가)의 국내법은 ① 일부 요소에 대한 **직접 판단기준**으로 기능하거나, ② **이익형량 판단의 고려요소**로 기능하기도 한다. 이 경우는 개별 국가의 국내법이 국제법 질서를 매개로 하지 않고 직접 타국의 국내법에 영향을 주는 것이다.

아래에서 ① '불법체포와 재판관할권' 주제를 통해 개별 국가실행이 **국제관습법의 존재를 인식하는 근거 또는 그 증거**로 기능하는 모습을, ② '해외 증거

---

73) 이는 강학상 '국제법과 국내법의 관계'로 다루어지는 주제 중 '국제법의 국내법에 대한 태도' 또는 '국제법 질서 속에서의 국내법'의 문제이다. 김대순, 앞의 책(주 1), 246면; 정인섭, 앞의 책(주 1), 89면.

수집의 법적 평가' 주제를 통해 개별 국가의 국내법이 **타국의 국내법 해석에서 고려요소**로 기능하는 모습을 각각 살펴보고자 한다. 또한 위 주제들은 실체적 측면에서도 본 문헌의 주요 쟁점에 대한 시사점을 제공해 줄 수 있을 것이다.

2. 불법체포와 재판관할권

국제규범의 문제가 국내 형사법에 미치는 영향을 검토하는 대표적인 사례가 불법체포와 재판관할권의 문제이다. 예컨대, 외국에 있던 피고인이 납치 등의 수단에 의하여 신병이 확보되고 특정 국가 법원에서 재판을 받게 된 경우, ① 피고인의 신병을 확보한 수단의 국제법적 평가와 ② 그러한 평가가 재판관할권 행사에 어떠한 영향을 미치는지는 각국 법원에서 첨예하게 다루어진 주제이다.

가. 미국

(1) 국내법 질서 내에서 국제법의 지위

미국에서 국제관습법은 별도의 입법적 조치 없이 미국 법의 일부를 구성하게 된다. 이러한 입장을 '수용이론'(doctrine of incorporation)이라 하며,[74] 미연방대법원의 1900년 *Paquete Habana* 판결이 대표적인 선례이다.[75] 그러나 국제관습법은 '관련 조약, 행정부 · 입법부의 행위, 사법부의 판단이 없는 경우'에 적용되는 것이므로, 예컨대 연방의회의 제정법은 국제관습법보다 우월한 효력을 지닌다.

한편 연방헌법 제6조 제2항은 "이 헌법, 이 헌법에 준거하여 제정되는 연방법률, 그리고 미연방의 권한에 의하여 체결되었거나 체결될 모든 조약은 '국가

---

74) 김대순, 앞의 책(주 1), 254면.

75) *The Paquete Habana*, 175 U.S. 677, 700 (1900): "국제법은 우리 법의 일부이다. 따라서 국제법상 권리의 문제가 제기되고 결정이 필요한 경우, 적절한 관할권을 가진 법원이 이를 확인하고 시행하여야 한다. 국제법 문제의 해결을 위해 필요한 조약, 행정부 · 입법부의 행위, 사법부의 판단이 없는 경우(where there is no treaty and no controlling executive or legislative act or judicial decision), 문명국가들의 관습과 관행(customs and usages of civilized nations)에 문의하여야 한다." (밑줄은 필자가 부기함)

의 최고법'이다. 각 주의 법관은 그 주의 헌법이나 법률 중에 배치되는 규정이 있을지라도 이에 구속된다."고 규정하는바,[76] 이에 따라 조약은 연방헌법보다 하위이나 연방 법률과 동일한 효력을 가지는 것으로 해석된다. 이러한 입장을 '변형이론'(doctrine of transformation)이라고도 하는데,[77] 미국의 법원은 의회의 입법이 필요 없는 '자기집행적 조약'(self-executing treaty)과 의회의 이행입법이 있어야 적용이 가능한 '비자기집행적 조약'(non-self-executing treaty)을 구분하므로,[78] 정확하게는 자기집행적 조약에는 수용이론이, 비자기집행적 조약에는 변형이론이 적용된다고 할 것이다.[79]

(2) 커-프리스비 원칙

미국의 판례는 대체로 외국에 있던 피고인이 납치되어 국내 법정에 서게 되었다 하더라도 국내 법원의 재판관할권 행사에 영향이 없다는 결론을 취한다. 미연방대법원은 1886년 커(*Ker*) 판결에서,[80] 미국 시민이 미국과 페루 간 범죄인 인도 절차를 무시하고 페루에서 일리노이주로 납치되어 온 경우 미국 법원의 재판관할권 행사를 인정하였다. ① 범죄인 인도조약의 존재가 피고인에게 그 절차에 의하지 않으면 해당 국가에서 퇴거당하지 않을 적극적 권리를 인정하는 것은 아닌 점, ② 적절한 절차에 의한 기소와 공정한 재판이 이루어진다면 수정헌법 제14조의 '적법절차'에 위반되지 않는다는 점 등을 논거로 한다. 또한 연방대법원은 1952년 프리스비(*Frisbie*) 판결에서도 유사한 판단을 내렸다.[81] 위 사안은 일리노이주에 있는 피고인을 미시간주로 납치한 미국 내 납치

---

76) U.S. Constitution Article VI, Clause 2: "This Constitution, and the Laws of the United States which shall be made in Pursuance thereof; and all Treaties made, or which shall be made, under the Authority of the United States, shall be <u>the supreme Law of the Land</u>; and the Judges in every State shall be bound thereby, any Thing in the Constitution or Laws of any State to the Contrary notwithstanding." (밑줄은 필자가 부기함)

77) 김대순, 앞의 책(주 1), 257면.

78) 이에 대한 대표적 선례로 다음의 것을 들 수 있다. *Foster & Elam v. Neilson*, 27 U.S. 253 (1829); *Sei Fujii v. State of California*, 242 P.2d 617 (Cal. 1952).

79) 미국에서 조약의 국내법적 지위에 대하여는, 김대순, 앞의 책(주 1), 296면 참고.

80) *Ker v. Illinois*, 119 U.S. 436 (1886).

81) *Frisbie v. Collins*, 342 U.S. 519 (1952).

사건인바, ① 납치를 금지하는 연방 법률(Federal Kidnapping Act)이 납치 관련자 처벌의 근거조항이 될 수는 있어도 피고인에게 어떠한 절차상 구제를 인정하는 근거가 될 수 없고, ② 위 커 판결과 마찬가지 이유로 적법절차를 위반한 것으로 볼 수 없다는 것이다.

위 판결들로 인하여 피고인이 강제납치되어 법정에 세워졌다는 사실만으로는 법원의 형사관할권을 부정할 수 없다는 원칙이 성립하였으며, 앞서 본 판결들의 이름을 따서 동 원칙을 '커-프리스비 원칙'(*Ker-Frisbie* Doctrine)이라 부르기도 한다.

(3) 국제법과 재판관할권의 관계

국제법과 재판관할권의 관계를 본격적으로 다룬 것은 연방대법원의 1992년 알바레즈(*Albarez-Machain*) 판결이다.[82] 위 사건에서 멕시코 국적의 피고인은 범죄인 인도 절차에 의하지 아니하고 멕시코에서 미국으로 강제납치되어 마약수사관 살해, 납치 등의 혐의로 기소되었는데, 미연방 마약 수사당국은 피고인의 납치 계획에 일정 부분 관여한 것으로 확인되었다.[83] 커(*Ker*) 판결은 납치과정에 국가기관이 직접 관여하지 않은 '사인(私人)'에 의한 납치였고, 프리스비(*Frisbie*) 판결은 외국이 아닌 '국내'에서의 납치사건인 점에서 위 사건과 구별된다. 따라서 알바레즈 판결을 분석하여야 미국 법원의 본 문제에 대한 입장을 명확히 확인할 수 있는 것이다.

다수의견은 먼저 '피상고인[84]의 납치가 미국과 멕시코 간 범죄인 인도조약

---

82) *United States v. Albarez-Machain*, 504 U.S. 655 (1992).

83) 동 판결의 사실관계는 다음과 같다. 1985년 미국 정부의 마약수사요원이 멕시코에 납치되어 살해되었는데, 이후 위 사건에 가담한 것으로 의심받은 멕시코 국적의 피고인(*Albarez-Machain*)이 미연방 마약 수사당국의 사주를 받은 자들에 의해 멕시코에서 미국으로 납치되었다. 멕시코 정부는 미국의 영토주권 침해에 항의하고 피고인의 석방을 요구하였고, 미국의 1, 2심 재판부는 위와 같은 납치행위가 미국과 멕시코 간 범죄인 인도조약 위반이라는 점 등을 이유로 피고인에 대한 재판관할권을 행사할 수 없다고 판시하였다. 납치 경위에 대한 상세한 사실관계는 알바레즈 사건의 하급심 판결문에 잘 나타나 있다. *United States v. Alvarez-Machain*, 946 F.2d 1466 (9th Cir. 1991); *United States v. Caro-Quintero*, 745 F. Supp. 599, 602-604, 609 (CD Cal. 1990).

84) 본 사건의 1심과 항소심은 피상고인의 주장을 받아들여 석방을 명하였으나, 미연방 정부가 이에 불복 상고하였다. 따라서 본문에서 피고인을 '피상고인'(respondent)으로 표시한다.

을 위반한 것인지'를 판단하였는데,[85] 조약 문언의 합리적 해석, 조약체결 경위 등을 고려할 때 납치를 금지하는 명시적 문구를 찾을 수 없고, 따라서 조약 위반을 인정할 수 없다고 판시하였다. 즉, ① 조약에 직접 납치를 금지하거나, 납치한 경우의 법적 효과를 명시한 규정이 없고, ② 조약체결 당시 멕시코 정부에서 커 판결의 법적 의미를 알고 있었고, 학계에서 커 판결의 적용을 막을 수 있는 초안이 제시된 바 있음에도 체결된 조약에 그러한 사항이 반영되지 않은 점 등을 고려할 때, 조약 해석의 방법으로 납치에 대한 금지조항을 도출할 수도 없다는 것이다.[86)]

다수의견은 다음으로 '위 조약이 묵시적으로 범죄인 인도 조약에 규정된 절차가 아닌 다른 방법으로 신병이 확보된 피고인의 기소를 금지한다고 해석할 수 있는지'를 판단하였다.[87] 피상고인은 위와 같은 해석의 근거로 '강제납치는 허용되지 않는다'는 국제관습 또는 국제법의 일반원칙을 들고 있다.[88] 그러나 다수의견은 ① 피상고인이 주장하는 국제규범은 범죄인 인도조약 관련 국가관행과 직접 연관되지 않았으므로 조약 해석에 그대로 반영할 수 없고, ② 강제납치가 허용되지 않는다는 국제관습법 또는 일반원칙으로부터 '강제납치된 피고인에 대하여 재판관할권을 행사할 수 없다'는 국내법적 효력(또는 그러한 효력을 가지는 묵시적 조약조항)을 바로 도출해낼 수는 없다고 판시한다.[89]

결론적으로 다수의견은 강제납치가 국제법 위반의 여지가 있더라도 그로 인한 국제법상 책임을 부담함에 그치는 것인지, 아니면 국제법상 책임에 더하여 관련 국가의 재판관할권도 부인되는 것인지에 대한 국제관습법은 성립하지 않

---

85) *Albarez-Machain*, 504 U.S. at 662 ("[O]ur first inquiry must be whether the abduction of respondent from Mexico violated the Extradition Treaty between the United States and Mexico.").

86) *Albarez-Machain*, 504 U.S. at 662-666.

87) *Albarez-Machain*, 504 U.S. at 666 ("The remaining question … is whether the Treaty should be interpreted so as to include an implied term prohibiting prosecution where the defendant's presence is obtained by means other than those established by the Treaty.").

88) 본 사건의 피상고인은 국제관습법 또는 국제법의 일반원칙을 조약 해석의 근거로 주장하였을 뿐 어떤 권리의 독립적 근거로 주장하지는 않았다. *Albarez-Machain*, 504 U.S. at 666.

89) *Albarez-Machain*, 504 U.S. at 667-669.

았다는 입장에 있다.[90] 따라서 국내법상 확립된 선례인 '커－프리스비 원칙'을 적용하여 재판관할권이 인정된다는 결론에 이르게 된다.

그러나 위 판결의 반대의견은 ① 조약에 명시적 문언이 없다는 이유로 범죄인 인도 절차 외에 피고인의 신병을 확보할 수 있는 다른 방법을 허용한다면, 마찬가지 상황에서 자력구제나 고문 등의 방법도 허용할 수 있다는 결론이 되어 부당하며, ② 조약체결의 목적이나 맥락에 비추어 '영토적 완전성'(territorial integrity)에 대한 상호존중의무를 도출할 수 있다는 이유로 다수의견을 비판하고 있다.[91] 또한 다수의견의 결론은 '국가가 지원하는 납치'를 조장한다는 비판에서 벗어나기 어렵다 할 것이다.[92]

나. 독일

(1) 국내법 질서 내에서 국제법의 지위

독일 기본법 제25조는 "국제법의 일반원칙은 연방 법의 일부이다. 이는 법률에 우선하며, 연방 영토 내의 주민에 대하여 직접 권리와 의무를 발생시킨다."라고 규정하여 미국과 달리 국제관습법에 대하여 연방 법률에 우선하는 효력을 인정한다.[93]

또한 독일 기본법 제59조 제2항은 "연방의 정치적 관계를 규율하거나 연방 입법사항에 관련되는 조약은 연방 법률의 형식을 통하여 당해 문제에 관한 연방 입법을 다룰 권한이 있는 기관의 동의나 참여를 필요로 한다. 행정협정에

90) 다수의견은 ① 국제관습법으로부터 재판관할권 행사를 부인하는 결론을 도출함은 '지나친 추론'(much larger inferential leap)이며, ② 피상고인의 납치가 '충격적'(shocking)이고 국제법의 일반원칙을 위반한 것일 수 있으나, 피상고인을 본국으로 돌려보내야 하는지를 결정하는 것은 조약 범위를 넘어선 '행정부의 영역'(a matter for the Executive Branch)이라고 설명한다. *Albarez-Machain*, 504 U.S. at 669.

91) *Albarez-Machain*, 504 U.S. at 674.

92) 이러한 주장과 구체적 논거에 대하여는 다음의 문헌을 참고할 수 있다. Jonathan Gentin, *Government-Sponsored Abduction of Foreign Criminals Abroad: Reflections on United States v. Caro-Quintero and the Inadequacy of the Ker-Frisbie Doctrine*, 40 **Emory L. J.** 1227 (1991); Linda C. Ward, *Forcible Abduction Made Fashionable: United States v. Alvarez-Machain's Extension of the Ker-Frisbie Doctrine*, 47 **Ark. L. Rev.** 477 (1994).

93) 독일에서 국제관습법의 국내법적 지위에 대하여는, 김대순, 앞의 책(주 1), 270면 참고.

대하여는 연방 행정에 관한 규정이 준용된다."고 규정한다. 즉, 조약은 연방 법률의 형식으로 도입되어 법률과 같은 효력을 가진다.[94)]

(2) 위계에 의한 체포와 재판관할권

독일 연방헌법재판소도 국제법과 형사재판관할권의 관계에 대한 쟁점을 판단한 바 있다.[95)] 독일 당국은 미국 연방법원이 발부한 체포영장에 의거 독일 내에 있던 예멘인을 체포하였다. 미국 검찰은 청구인(체포된 예멘인)이 테러단체에 자금 지원, 회원모집행위 등을 한 사실로 이미 기소한 상태였고, 청구인은 예멘에서 미 수사기관 비밀요원의 위계에 빠져 독일로 입국하였다가 체포되었다. 독일 연방헌법재판소는 본 건에서 '위계에 의한 체포'의 경우 범죄인 인도를 저지하는 국제법의 일반원칙이 존재한다는 청구인의 주장을 배척하였는데,[96)] 위와 같은 결론에 이르는 과정을 살펴볼 필요가 있다.

재판소는 먼저 본 사건이 '위계'에 의한 것으로 '강제수단'을 사용한 납치와 전제가 되는 사실관계가 다르다는 점을 지적한다. 특히 앞서 본 미연방대법원의 1992년 알바레즈(*Albarez*) 판결의 여파로 인하여 피고인 체포과정에서 심각한 인권침해가 있는 경우 형사재판관할권 행사 또는 범죄인 인도를 거부하는 방향으로 국가 관행이 변화하고 있으나,[97)] 본 건은 비록 기망에 의한 것이라 하더라도 청구인 자신의 의사에 의한 것이므로 강제납치와 사안을 달리한다는 것이다.[98)]

다음으로 재판소는 기망수단을 이용하여 피고인의 신병을 확보한 사례에 대한 다양한 국가 관행을 상세히 언급하고 있다.[99)] 즉, ① 영국 경찰이 범죄인 인도 절차를 통해 독일로 인도할 목적으로 아일랜드에 거주하는 독일인을 유인한 경우 국제법 위반을 인정하지 않은 영국 최고법원 판결,[100)] ② 정부 요원

---

94) 독일은 조약과 국내법의 관계에 대하여 '완화된 이원론'을 취한다고 설명하기도 한다. 독일에서 조약의 국내법적 지위에 대하여는, 김대순, 앞의 책(주 1), 285면 참고.

95) BVerfG, Beschluss vom 05.11.2003 - 2 BvR 1506/03 = BVerfGE 109, 38.

96) BVerfG, Beschluss vom 05.11.2003 - 2 BvR 1506/03. Rn. 63.

97) BVerfG, Beschluss vom 05.11.2003 - 2 BvR 1506/03. Rn. 54.

98) BVerfG, Beschluss vom 05.11.2003 - 2 BvR 1506/03. Rn. 55.

99) BVerfG, Beschluss vom 05.11.2003 - 2 BvR 1506/03. Rn. 56-58.

100) *In re Schmidt*, [1995] 1 A.C. 339. 영국의 'House of Lords'는 상원임과 동시에 영국의

의 속임수에 의하여 리비아를 떠나 도미니카 공화국으로 여행하던 중 체포된 경우 재판관할권을 인정한 미연방제4항소법원 판결,[101] ③ 증인으로 조사될 것처럼 속여 캐나다로 유인한 후 체포한 경우 재판관할권을 인정한 캐나다 온타리오주 최고법원 판결[102] 등을 검토한다. 나아가 ④ 피고인의 체포과정에서 '고문 또는 심각한 수준의 학대'(torture or serious mistreatment)가 있었던 경우에 재판관할권이 부정된다는 (구) 유고슬라비아 국제형사재판소(International Criminal Tribunal for Former Yugoslavia, ICTY) 판결도 검토하고 있다.[103] 위 사건들과 달리 ⑤ 독일 수사기관에 의해 스위스로 유인된 벨기에인의 범죄인 인도를 거절한 스위스 연방법원의 판결도 검토하고 있으나, 위 판결만으로는 국제관습법의 성립근거가 될 정도의 일반적 관행을 인정할 수 없다고 판시한다.[104]

위와 같은 판단 과정에서 다음의 점에 주목할 필요가 있다. 즉, 독일 연방헌법재판소가 기본법 제25조 '일반원칙'의 존재와 범위를 확인하는 과정에서 실제 중요한 역할을 하는 것은 개별 국가실행을 통해 확인되는 관행이며,[105] 그러한 관행을 확인하고 그 국내법적 효과를 판단하는 것은 어디까지나 해당 국가의 국내 법원이라는 점이다.

다. 영국

(1) 국내법 질서 내에서 국제법의 지위

영국에서도 국제관습법은 별도의 입법적 조치 없이 바로 보통법(Common Law) 일부를 구성한다.[106] 그러나 의회제정법이 보통법에 우선한다는 원칙에

최고법원이다. 본 문헌에서는 위 용어의 사용맥락에 따라 '최고법원'으로 번역한다.

101) *United States v. Wilson*, 721 F.2d 967 (4th Cir. 1983).

102) Ontario High Court of Justice, *Re Hartnett and the Queen*, decision of 20 September 1973, 14 Canadian Criminal Cases 6.

103) *Prosecutor vs. Slavko Dokmanovic*, "Decision on the Motion for Release by the Accused", 22 October 1997, Case No IT-95-13a-PT; *Prosecutor vs. Dragan Nikolic Case*, "Decision on Interlocutory Appeal Concerning Legality of Arrest", 5 June 2003, Case No. IT-94-2-AR73.

104) BVerfG, Beschluss vom 05.11.2003 - 2 BvR 1506/03. Rn. 59.

105) BVerfG, Beschluss vom 05.11.2003 - 2 BvR 1506/03. Rn. 51.

106) 영국도 국제관습법에 대하여 '수용이론'을 적용한다고 볼 수 있다.

따라 의회제정법은 국제관습법보다 우월한 효력을 가진다.107)

이와 달리 조약은 의회가 법 제정을 통하여 그 조약에 국내법적 효력을 부여하여야 한다.108) 그렇지 않으면 조약체결을 통하여 의회의 입법권을 침해할 수 있기 때문이다. 따라서 영국은 조약과 국내법의 관계에 대하여 '엄격한 이원론'을 취한다고 설명하기도 한다.109)

(2) 불법체포와 절차의 남용

영국 최고법원은 불법 납치와 재판관할권의 관계에 대하여 미연방대법원과 상반되는 견해를 밝혔다.110) 위 사건에서 영국 경찰은 남아프리카 공화국 당국의 도움을 받아 뉴질랜드 국적의 피고인을 강제납치하여 기소하였는데, 법원은 수사기관이 공식 범죄인 인도 절차를 무시하고 불법적 수단으로 피고인을 납치한 경우, '절차의 남용'(abuse of process)으로 판단하고 피고인을 석방할 수 있다고 판시한 것이다.

범죄인 인도 절차를 통할 경우 피고인은 인도청구서에 기재되어 있는 죄명으로만 처벌할 수 있고,111) 정치범죄로 처벌받지 않을 수 있는데,112) 피고인이 불법적으로 납치된 경우는 위와 같은 제약에서 벗어나게 된다. 따라서 영국 정부가 납치에 참여하거나 이를 장려한다면 이는 '국제법, 국제예양, 법의 지배에 대한 심각한 위반'(grave contravention of international law, the comity of nations and the rule of law)이 된다는 것이다. 영국 법원은 위와 같은 결론을 도출하면서, 뉴질랜드 법원의 판결,113) 남아프리카 공화국 최고법원의 판결,114) 앞서 살

---

107) 이는 의회우위 또는 의회주권 원칙을 근거로 하며, 대표적 선례로 다음 판결을 들 수 있다. *Mortensen v. Peters*, (1906) 14 Scot. L.T. 227.

108) *Attorney General for Canada v. Attorney General for Ontario*, [1937] A.C. 326.

109) 영국에서 조약의 국내법적 지위에 대하여는, 김대순, 앞의 책(주 1), 274면 참고.

110) *Regina v. Horseferry Magistrates' Court, ex parte Bennett*, [1994] 1 A.C. 42; [1993] 3 W.L.R. 90.

111) 이를 '특정성의 원칙'(principle of specialty)이라 한다. 우리 범죄인 인도법 제10조(인도가 허용된 범죄 외의 범죄에 대한 처벌 금지에 관한 보증)도 이를 규정하고 있다.

112) 이를 '정치범 불인도 원칙'이라 한다. 우리 범죄인 인도법 제8조(정치적 성격을 지닌 범죄 등의 인도거절)도 이를 규정하고 있다.

113) *Reg. v. Hartley*, [1978] 2 N.Z.L.R. 199. 위 사건에서 오스트레일리아 수사기관은 뉴질랜드 경찰의 요청에 따라 국내에 있던 피고인을 뉴질랜드에서 살인 혐의로 재판을 받

펴본 알바레즈 사건의 항소심 판결[115] 등의 관련된 국가실행을 검토하고 있다.

라. 검토

일반적인 형사 절차에서는 불법 체포된 피고인이라 하더라도, 일정한 절차를 통해 석방될 수 있고 위법수집증거 배제법칙의 적용으로 불법으로 구금되어 있을 때 취득한 진술증거 등의 증거능력이 부정될 뿐, 재판관할권 자체가 부정되지는 않는다. 그러나 불법체포와 재판관할권 행사의 문제는 '재판관할권을 얻기 위하여 이용한 수단의 불법성'을 이유로 재판관할권 자체를 부정하는 것이므로 논의의 평면이 다르며, 따라서 특별한 법적 고려가 필요한 것이다.

기존에 각국 법원은 '위법하게 체포되었으나, 적법하게 구금되었다'(*male captus, bene detentus*)는 관념에 따라,[116] 불법적 수단으로 납치되었다는 사실이 재판관할권 행사에 영향을 주지 않는다는 입장에 선 경우가 많았다.[117] 그러나 90년대를 기점으로 개별 국가실행은 새로운 움직임을 형성해가는 것으로 보인다.[118] 이러한 흐름은 개별 국가의 실행(국내법)이 국제법 질서를 매개로 타국

도록 하기 위해 강제로 송환하였다. 뉴질랜드 재판소는 피고인이 불법적인 방법으로 뉴질랜드로 송환되었다는 이유로 재판관할권 행사를 거부하였다.

114) *State v. Ebrahim*, 1991 (2) S.A. 553. 위 사건의 사실관계는 다음과 같다. 남아프리카 공화국 국민인 피고인은 흑인민권운동 조직에서 활동하다가 인접한 스와질란드로 도피하였다. 피고인은 1986년에 남아프리카 공화국의 수사 당국 요원으로 판단되는 사람들에 의해 납치되어 남아프리카 공화국 법원에 반역 등의 혐의로 기소되었다. 남아프리카 공화국 최고법원은 위 판결에서 국제법을 위반하여 피고인을 외국에서 납치해 온 것이므로 재판관할권을 행사할 수 없다고 판단하였다.

115) *United States v. Alvarez-Machain*, 946 F.2d 1466 (9th Cir. 1991).

116) 영문으로는 'wrongfully captured, rightfully detained'로 번역되는 원칙으로, 재판관할권을 얻기 위해 불법적 수단을 사용하였다는 점은 사안의 실체에 영향을 미치지 않는다는 논리를 배경으로 한다. 그 기원과 현대적 의미에 대하여는 다음의 문헌을 참고할 수 있다. C.Y.M. Paulussen, *Male Captus Bene Detentus?* Surrendering Suspects to the International Criminal Court 19 (2010).

117) 대표적인 선례로 다음의 판례를 들 수 있다. ① 이스라엘: *Attorney-General v. Eichmann*, 36 I.L.R. 5 (1961); ② 영국: *Regina v. Plymouth Magistrates Court, ex parte Driver*, [1986] Q.B. 95; ③ 미국: *United States v. Alvarez-Machain*, 504 U.S. 655 (1992).

118) 대표적인 선례로 다음의 판례를 참고할 수 있다. ① 뉴질랜드: *Reg. v. Hartley*, [1978] 2 N.Z.L.R. 199; ② 남아프리카 공화국: *State v. Ebrahim*, 1991 (2) S.A. 553; ③ 미국 하급심: *United States v. Alvarez-Machain*, 946 F.2d 1466 (9th Cir. 1991); ④ 영국:

의 국내법에 영향을 주는 사례 중 하나라 할 수 있다.

3. 해외 증거수집의 법적 평가

가. 역외 전자정보 수집의 특이성

압수·수색 등의 방법으로 외국에 있는 증거를 수집하는 경우, 특정 국가의 수사기관이 단독으로 이를 실행에 옮기기는 어렵다. 실제 외국에 있는 증거수집은 대부분 형사사법공조 절차를 통하거나, 국가 간 협력에 의한 합동수사 형태로 이루어진다. 이러한 경우는 이미 대상 국가의 승인이 존재하므로 주권 침해와 같은 국제법상 문제는 발생하기 어렵다. 또한 외국에서 이루어진 대물적 강제처분의 위법성이 국제법 차원에서 논의된 사례를 찾기도 어렵다. 이는 아마도 불법적 수단으로 취득한 증거를 절차에서 배제한다는 법 원칙이 상당수 국가에서 이미 국내법으로 받아들여져 있기 때문으로 생각된다.[119)]

이러한 이유로 역외 증거수집 사례에서 기존에 논해진 쟁점은 국가별로 절차법의 구체적 내용과 보호 수준이 같지 않다는 점에서 출발하는 것이었다. 즉, ① 대상 국가(또는 공조요청을 받은 국가)의 절차법은 준수하였으나 실행 국가(또는 공조요청 국가)의 절차법에 위반된 경우, ② 대상 국가(또는 공조요청을 받은 국가)의 절차법을 위반하였으나 실행 국가(또는 공조요청 국가)의 관점에서는 적법한 경우에 그 증거에 대한 법적 취급을 어떻게 할 것인가라는 문제라 할 수 있다.

Regina v. Horseferry Magistrates' Court, ex parte Bennett, [1994] 1 A.C. 42; [1993] 3 W.L.R. 90; ⑤ (구) 유고슬라비아 형사재판소: *Prosecutor vs. Slavko Dokmanovic*, "Decision on the Motion for Release by the Accused", 22 October 1997, Case No IT-95-13a-PT; *Prosecutor vs. Dragan Nikolic Case*, "Decision on Interlocutory Appeal Concerning Legality of Arrest", 5 June 2003, Case No. IT-94-2-AR73.

119) 위법수집증거 배제법칙의 취지는 국제법적으로도 받아들여져 있다. 예컨대, 국제형사재판소에 관한 로마규정 제69조(증거) 제7호가 "이 규정 또는 국제적으로 승인된 인권을 위반하여 취득한 증거는 다음의 경우 증거능력이 없다."고 하며, (a) 항은 "그 위반이 증거의 신빙성에 대하여 상당한 의심을 야기시키는 경우"를, (b) 항은 "그 증거의 인정이 절차의 일체성에 반하거나 또는 이를 중대하게 침해하는 경우"를 각 규정하는 점에서도 이를 알 수 있다.

그러나 역외 전자정보 수집은 이와 다른 특징을 가지고 있다. 즉, 실행 국가의 수사기관이 대상국가에 물리적으로 현존하지 않아도 증거수집이 가능하기 때문에 실행 국가 수사기관에 의한 일방적 집행의 가능성이 높아진 것이다. 그에 따라 영토주권 침해와 같은 문제가 새롭게 부상하게 된다. 본 항목에서는 이러한 이해를 바탕으로 기존에 논의된 역외 증거수집 관련 사례, 법리 등을 살펴본다.

나. 미국

(1) 외국 수사기관의 역외 증거수집 활동

㈎ 사법공조와 증거능력

수정헌법 제4조와 위법수집증거 배제법칙은 외국 수사기관이 역외에서 한 수사 활동에 적용되지 않는다.[120] 따라서 외국 수사기관이 미국인을 상대로 압수·수색한 증거를 미 수사기관이 넘겨받아 법정에 제출한 경우, 외국에서의 증거수집과정이 수정헌법 제4조의 기준을 충족하지 못하였다 하더라도 증거사용이 허용되는 것이다.

외국 수사기관의 독자적인 활동으로 수집한 증거는 주로 사법공조에 의하여 취득된다. 따라서 미국 법원은 사법공조에 의하여 수집된 증거의 증거능력을 원칙적으로 인정하는 것이라 할 수 있고, 이는 아래와 같은 이론적 배경을 가지고 있다.

㈏ 실버 플래터 원칙

'실버 플래터 원칙'(silver platter doctrine)은 주(州) 수사기관에 의하여 수집되어 연방 수사기관이 넘겨받은 증거는 설사 그 수집과정에 위법이 있다 하더라도 증거능력이 부정되지 않는다는 원칙이다.[121] 이는 20세기 전반부터 인정되었는데,[122] 연방 수정헌법 제4조 또는 이를 기초로 인정되는 위법수집증거 배

---

120) *United States v. Janis*, 428 U.S. 433, 455 n.31 (1976); *United States v. Mitro*, 880 F.2d 1480, 1482 (1st Cir. 1989); *United States v. Morrow*, 537 F.2d 120, 139 (5th Cir. 1976); *United States v. LaChapelle*, 869 F.2d 488, 489 (9th Cir. 1989); *United States v. Rosenthal*, 793 F.2d 1214, 1230 (11th Cir. 1986).

121) '실버 플래터'(silver platter)는 은쟁반을 말하는 것으로 '별로 힘들이지 않고 무엇인가를 얻는다'는 숙어적 표현에 사용된다.

제법칙이 주에는 적용되지 않는 당시의 법 상태에서 유래한 것이다. 수정헌법의 권리장전조항은 수정헌법 제14조 적법절차 조항에 의하여 주에 확대 적용되는바,[123] 연방 수정헌법 제4조는 1949년 울프(*Wolf*) 판결에 의하여,[124] 위법수집증거 배제법칙은 1961년 맵(*Mapp*) 판결에 의하여,[125] 각각 수정헌법 제14조에 편입되었다. 한편 미연방대법원은 위 울프 판결과 맵 판결 사이에 선고된 1960년 엘킨스(*Elkins*) 판결에서,[126] 같은 증거임에도 연방 수사기관이 직접 수집한 경우와 주 수사기관이 수집하여 연방 수사기관에 넘긴 경우에 실질적 차이가 발생함은 모순인 점, 주 수사기관이 적법절차를 무시하는 동기를 제공한다는 점 등을 근거로 실버 플래터 원칙을 폐기하였다.[127]

그러나 동 원칙은 국내 수사기관과 외국 수사기관 사이에는 여전히 적용되고 있다.[128] 가장 중요한 논거는 위법수집증거 배제법칙을 적용하더라도 외국 수사기관의 불법행위 억제 효과를 기대할 수 없다는 점이다.[129] 이는 위법수집

---

122) *Byars v. United States*, 273 U.S. 28 (1927); *Lustig v. United States*, 338 U.S. 74 (1949).

123) 이를 '편입이론'(incorporation doctrine)이라 하며, 연방헌법의 권리가 수정헌법 제14조의 '자유'(liberty)의 개념에 편입되어 주(州)에 적용됨을 의미한다. 위 이론은 연방대법원의 1897년 *Chicago, Burlington & Quincy Railroad v. Chicago*, 166 U.S. 226 판결에서 그 기초가 마련되었다.

124) 울프 판결은 수정헌법 제4조가 주에도 확대 적용된다고 하면서도, 위법수집증거 배제법칙은 수정헌법 제4조의 필수적 구성요소는 아니며, 따라서 수정헌법 제14조에 편입되지 않는다고 판시하였다. *Wolf v. Colorado*, 338 U.S. 25 (1949).

125) 맵 판결은 울프 판결을 파기하고 위법수집증거 배제법칙이 수정헌법 제14조를 통하여 주(州) 사건에도 적용된다고 판시하여 위법수집증거 배제법칙의 역사에 전환점을 만든 것으로 평가된다. *Mapp v. Ohio*, 367 U.S. 643 (1961).

126) *Elkins v. United States*, 364 U.S. 206 (1960).

127) 따라서 1960년 엘킨스(*Elkins*) 판결은 1961년 맵(*Mapp*) 판결의 선구로 평가될 수 있다. *Mapp*, 367 U.S. at 656.

128) 서로 다른 국가의 수사기관이 관련되기 때문에 이를 'international silver platter doctrine'이라 부르기도 한다. 동 원칙의 개요에 대하여는 다음의 문헌을 참고할 수 있다. Caitlin T. Street, *Streaming the International Silver Platter Doctrine: Coordinating Transnational Law Enforcement in the Age of Global Terrorism and Technology*, 49 **Colum. J. Transnat'l L.** 411 (2010).

129) *United States v. Janis*, 428 U.S. 433, 455 n.31 (1976): "수사기관의 불법행위 억제를 위한 제재수단인 위법수집증거 배제법칙은 민간 당사자나 외국 정부가 위반행위를 하는 경우에는 적용되지 아니한다."; *United States v. Morrow*, 537 F.2d 120, 139 (5th

증거 배제법칙을 수정헌법 제4조의 권리를 보호하기 위해 '사법적으로 창조된 구제책'(judicially created remedy)으로 그 의미를 한정하고,[130] 사안의 구체적 사정을 이익 형량하여 그 적용 여부를 결정한다는 일련의 흐름을 이론적 배경으로 하는 것이다.[131]

다만 이에는 다음과 같은 두 가지 예외 사유가 있다. ① 외국 수사기관 활동의 위법성이 중대하여 '법관의 양심에 충격을 주는 경우'(shock the judicial conscience),[132] ② 미국 수사기관이 상당한 정도로 관여하여 외국 수사기관과 합동수사로 볼 수 있거나,[133] 외국 수사기관이 미국 수사기관의 대리인으로 활동하였다고 볼 수 있는 경우이다.[134] 따라서 외국 수사기관의 독립적 수사 활동의 결과로 수집된 증거이고, 증거수집과정의 위법성이 예외적인 중대성을 가지는 경우가 아니라면, 해당 증거는 위법수집증거 배제법칙의 대상이 아니다.

(2) 미국 수사기관의 역외 증거수집 활동: 외국인을 대상으로 하는 경우

앞서 설명한 두 가지 예외 사유 중 '양심에 충격을 주는 경우'로 인정되는 사례는 그리 많지 않기 때문에,[135] 중요한 것은 합동수사 등의 예외와 같이 미

Cir. 1976): "수정헌법 제4조의 위법수집증거 배제법칙은 외국 수사기관이 자국에서 자국의 법을 집행하는 과정에서 한 수색에 적용되지 아니한다. 체포되거나 증거를 압수당한 사람이 미국인이라 하여도 마찬가지이다. … 이에 대하여는 위법수집증거를 배제함으로써 얻을 수 있는 해외 수사기관의 불법행위 억제 효과가 의심스럽다는 점이 근거로 제시된다."

130) 미연방대법원의 위와 같은 논리를 근거로 1974년 *United States v. Calandra*, 414 U.S. 338 판결 이래 위법수집증거 배제법칙의 적용 범위를 제한하여 왔다. Carol S. Steiker, *Counter-Revolution in Constitutional Criminal Procedure? Two Audiences, Two Answers*, 94. **Mich. L. Rev.** 2466 (1996).

131) *United States v. Calandra*, 414 U.S. 338, 347 (1974) (대배심 절차에서 '관련 절차의 예외'(collateral use exception)를 인정함); *United States v. Janis*, 428 U.S. 433, 459 (1976) (민사소송에서 관련 절차의 예외를 인정함); *Stone v. Powell*, 428 U.S. 465, 494 (1976) (영장심사절차에서 관련 절차의 예외를 인정함).

132) *United States v. Mitro*, 880 F.2d 1480, 1483 (1st Cir. 1989); *United States v. Barona*, 56 F.3d 1087, 1091 (9th Cir. 1995).

133) *Barona*, 56 F.3d at 1091.

134) *United States v. Maruto*, 982 F.2d 57, 61 (2d Cir. 1992).

135) *Rochin v. California*, 342 U.S. 165, 172 (1951) (모르핀 알약을 확보하기 위해 피의자의 복부에 압력을 가하는 방법을 사용한 경우 '양심에 충격을 주는 것'이라 판시함).

국 수사기관이 역외 증거수집에 실질적으로 관여한 경우이다. 그러나 미국 수사기관이 역외 증거수집에 실질적으로 관여하였다 하더라도 수정헌법 제4조가 항상 적용되는 것은 아니다. 즉, 미연방대법원은 1990년 베르두고(*Verdugo*) 판결에서, 수정헌법 제4조는 미연방 수사기관이 역외에서 외국인에 대하여 한 압수·수색에 적용되지 않는다고 판시한 것이다.[136)]

연방대법원은 ① 수정헌법 제4조는 비합리적인 체포, 수색, 압수로부터 신체, 주거, 서류 및 물건의 안전을 보장받을 "인민의 권리"(the right of the people)를 규정하는데,[137)] "인민"(the people)은 정치적 공동체의 일원이거나 기타 미국과 "충분한 연관성"(sufficient connection)을 가지는 사람을 의미하며, ② 수정헌법 제4조의 법적 성격, 제정 경위 등이 이러한 논증을 뒷받침한다고 판시한다.[138)] 다수의견은 본 사건의 피고인에게 그러한 연관성은 인정되지 않으므로 수정헌법 제4조가 적용되지 않는다고 판시하였는바,[139)] 이는 문언의 해석, 헌법 이론에 근거를 둔 논증이라 할 수 있다. 한편, 위 판결의 다수의견 5인 중 1명인 케네디 대법관은 보충의견을 통하여 역외 압수·수색의 경우 영장을 심사하고 발부할 법관이 존재하지 않는다는 현실론을 근거로 한 논증을 제시하기도 하였다.[140)]

---

136) *United States v. Verdugo-Urquidez*, 494 U.S. 259 (1990). 위 사건에서 마약 수사당국(Drug Enforcement Agency, DEA)은 멕시코에서 멕시코 연방 경찰과 함께 멕시코인 피의자의 집을 영장 없이 압수·수색하였다. 피의자는 마약밀수, 마약 수사관 살인교사 등의 혐의를 받고 있었고, 멕시코 경찰에 체포되어 압수·수색 전에 미국 구치소에 수용되어 있었다.

137) 수정헌법 제4조는 다음과 같이 규정한다. "① (합리성조항) 비합리적인 체포, 수색, 압수로부터 신체, 주거, 서류 및 물건의 안전을 보장받을 인민의 권리는 이를 침해할 수 없다. ② (영장조항) 영장은 상당한 이유가 있고, 선서 또는 확약에 의하여 뒷받침되며, 수색될 장소, 체포될 사람, 또는 압수될 물건을 특정하여 기재하지 아니하면 발부되지 아니한다." (① The right of the people to be secure in their persons, houses, papers, and effects, against unreasonable searches and seizures, shall not violated, and ② no Warrants shall issue, but upon probable cause, supported by Oath or affirmation, and particularly describing the place to be searched, and the persons or things seized.") (문장 구분기호 ①, ②와 밑줄은 필자가 부기한 것임)

138) *Verdugo-Urquidez,* 494 U.S. at 264.

139) *Verdugo-Urquidez*, 494 U.S. at 271.

140) 케네디 대법관은 다수의견에 마지막 5인으로 동참하면서도 별도로 보충의견도 제시하

결론적으로 수정헌법 제4조의 권리를 주장하려면 충분한 연관성, 즉 역외 압수·수색 당시에 합법적 체류자격 등이 인정되어야 하고, 이는 수정헌법 제4조의 적용 범위를 현저히 축소한 것이라 할 수 있다. 또한 위 판결에 대하여는 '충분한 연관성'의 범위가 불분명하다는 비판이 있고, 판례도 명확한 기준을 제시하지 못하고 있다.[141)]

(3) 미국 수사기관의 역외 증거수집 활동: 내국인을 대상으로 하는 경우

미국 수사기관이 내국인을 대상으로 하는 역외 증거수집 활동에 상당한 정도로 관여하여 외국 수사기관과 합동수사로 볼 수 있거나, 외국 수사기관이 미국 수사기관의 대리인으로 활동하였다고 볼 수 있는 경우, 영장주의는 적용되지 않으나 수정헌법 제4조의 합리성 요건은 충족해야 한다.[142)] 그런데 합리성 요건의 구체적 적용은 다음과 같은 두 가지 방향으로 나타나고 있다.

㈎ 대상 국가 법령 준수 여부로 합리성을 판단하는 견해

연방제9항소법원은 1987년 피터슨(*Peterson*) 판결에서,[143)] 미국 수사기관이 상당한 정도로 관여하여 외국 수사기관과 합동수사로 볼 수 있는 경우 해당 국가 법의 준수 여부에 따라 수사 활동의 합리성을 판단하고 있다.[144)] 구체적인 판단 과정은 다음과 같다. ① 미국 수사기관이 상당한 정도로 관여하여 외국 수사기관과 합동수사로 볼 수 있는지를 판단한다.[145)] ② 수사 활동이 대상

였다. *Verdugo-Urquidez*, 494 U.S. at 278 (Kennedy, J., concurring).

141) 관련 판례에 대한 분석으로 다음의 문헌을 참고할 수 있다. Orin S. Kerr, *The Fourth Amendment and the Global Internet*, 67 **Stan. L. Rev.** 285, 293 (2015).

142) *In re Terrorist Bombings of U.S. Embassies in East Africa*, 552 F.3d 157, 167 (2d Cir. 2008).

143) *United States v. Peterson*, 812 F.2d 486 (9th Cir. 1987). 본 사건에서 마약 수사당국(DEA)은 필리핀 마닐라에서 필리핀 수사기관과 함께 영장 없는 감청을 통해 마약밀수에 사용되는 배의 위치를 파악하였고, 그 배를 수색하여 마약을 압수하였다. 감청 대상자인 피고인은 감청의 위법성을 이유로 압수된 마약의 증거배제를 주장하였다.

144) 연방제9항소법원의 이러한 입장은 이후 판례에서도 확인되고 있다. *United States v. Barona*, 56 F.3d 1087 (9th Cir. 1995).

145) *Peterson*, 812 F.2d at 490; *Barona*, 56 F.3d at 1091. 연방제9항소법원이 제시하는 합동수사 판단기준은 뒤에 살펴볼 연방제2항소법원의 그것과 다소 표현을 달리하나, 실질적인 차이는 없는 것으로 보인다. 합동수사 판단기준의 상세한 내용은 다음의 문헌을 참고할 수 있다. Street, 앞의 논문(주 128), 433.

국가의 법에 따른 것인지 여부를 살펴 수정헌법 제4조의 여부를 판단한다.[146] ③ 만약 수사 활동이 대상 국가의 법을 위반하였다면, 미국 수사기관에 대하여 '선의 예외'(good−faith exception)를 적용할 수 있는지를 검토한다.[147]

피터슨 판결의 논리 구조는 주목할 만하다. 수정헌법 제4조의 '합리성'을 전적으로 외국(위 사건에서는 필리핀)의 법령에 따라 판단하나, 합리성이 인정되지 않을 때 위법수집증거 배제법칙을 적용할 것인지는 자국법에 따라 결정한다는 것이다.[148] 이는 국제민사소송의 증거조사에서 절차의 문제는 법정지법(*lex fori*), 실체의 문제는 당해 법률관계의 준거법(*lex causae*)을 적용하는 것과 유사한 논리이다.[149]

㈏ 제반 이익을 비교 형량하여 합리성을 판단하는 견해

한편, 연방제2항소법원은 2008년 동아프리카 대사관(*In re Terrorist Bombings of U.S. Embassies in East Africa*) 판결에서,[150] 수사를 통해 달성하는 공익과 프라이버시 등의 사익을 비교 형량하여 합리성 여부를 판단하였다. 구체적인 판단 과정은 다음과 같다. ① 외국 수사기관이 미국 수사기관의 대리인으로 활동하였거나, 미연방 헌법의 절차보장을 우회하기 위해 외국 수사기관을 이용하

146) *Peterson*, 812 F.2d at 491; *Barona*, 56 F.3d at 1092.

147) *Peterson*, 812 F.2d at 492; *Barona*, 56 F.3d at 1091.

148) *Peterson*, 812 F.2d at 491 ("Although local law of the Philippines governs whether the search was reasonable, our law governs whether illegally obtained evidence should be excluded, and the essence of our inquiry is whether exclusion serves the rationale of deterring federal officers from unlawful conduct."); *Barona*, 56 F.3d at 1092 ("Compliance with foreign law alone determines whether the search violated the Fourth Amendment.").

149) 석광현, 국제민사소송법(주 14), 319면. 예컨대, 다음의 대법원 판례는 '입증의 정도'에 대하여 실체법설을 취한 것으로 받아들여지고 있다. 대법원 2001. 5. 15. 선고 99다26221 판결: "이 사건 보험계약에 적용되는 영국 해상보험법 및 관습에 의하면, 보험의 목적에 생긴 손해가 그 부보위험인 해상 고유의 위험으로 인하여 발생한 것이라는 점에 관한 입증책임은 피보험자가 부담한다고 할 것이고, 그 증명의 정도는 이른바 '증거의 우월'(preponderance of evidence)에 의한 증명으로 충분하다고 할 것이다."

150) *In re Terrorist Bombings of U.S. Embassies in East Africa*, 552 F.3d 157 (2d Cir. 2008). 위 사건에서 미 정보기관은 영장 등을 발부받지 아니한 채 피의자를 감청하였고, 미국 수사기관은 케냐에서 케냐 수사기관과 함께 영장(케냐 당국이 발부함)을 근거로 미국인인 피의자의 집을 압수·수색하였다.

는 경우인지를 판단한다.[151] ② 개별 사안의 구체적 사정, 특히 수사를 통한 공익과 프라이버시 등의 사익을 비교 형량하여 수사 활동의 합리성 여부를 판단한다.[152] 연방제7항소법원도 2013년 스토크스(*Stokes*) 판결에서,[153] 유사한 판단 과정을 제시한다. 특히 ① 수색 장소(피의자의 집)에서 관련 증거가 발견된다고 믿을만한 상당한 이유가 있는 점, ② 타이 수사기관이 적법하게 영장을 발부받은 점, ③ 수색이 피해를 최소화할 방법으로 집행된 점 등을 근거로 압수·수색의 합리성을 인정하였다.[154]

스토크스 판결에서 주목할 것은 '외국 수사기관이 적법한 영장을 발부받는 등 대상 국가의 절차를 준수한 점'을 합리성 판단의 요소로 고려한다는 점이다. 외국의 법령에 따른 절차 준수 여부가 합리성 판단에서 중요한 의미를 가진다면, 대상 국가의 법을 기준으로 하는 견해(피터슨 판결)와 제반 이익을 비교 형량하는 견해(동아프리카 대사관 판결, 스토크스 판결)는 실질적으로 큰 차이가 없다고 볼 수 있다. 특히 전자의 견해가 수정헌법 제4조의 위반의 법률효과는 미국법의 관점에서 판단하는 점을 고려하면 더욱 그러하다 할 것이다.

(4) 역외 전자증거 압수·수색

앞서 살펴본 법리는 역외 전자증거 압수·수색의 맥락에서 그대로 적용되고 있다. 예컨대 워싱턴주 연방지방법원은 2001년 고르시코프(*Gorshkov*) 판결에서,[155] 다음과 같은 이유를 들어 키로거를 이용하여 계정정보를 확보한 후

---

151) 이에 대한 연방제2항소법원의 판단기준은 다음의 판례에 잘 나타나 있다. *United States v. Maruto*, 982 F.2d 57, 61 (2d Cir. 1992).

152) *In re Terrorist Bombings of U.S. Embassies in East Africa*, 552 F.3d at 172.

153) *United States v. Stokes*, 726 F.3d 880 (7th Cir. 2013). 위 사건에서 미국 수사기관은 타이에서 타이 수사기관과 함께 영장(타이 당국이 발부함)을 근거로 미국인인 피의자의 집을 압수·수색하였다.

154) *Stokes*, 726 F.3d at 893.

155) *United States v. Gorshkov*, No. CR00-550C, 2001 WL 1024026 (W.D. Wash. May 23, 2001): [**사실관계**] 위 사건에서 미연방 수사국(Federal Bureau of Investigation, FBI)은 미국의 인터넷서비스 제공자(ISP), 전자상거래, 은행 등에 대한 해킹에 대하여 수사를 착수하였는데, 러시아 출신 용의자를 특정한 다음 채용 제안을 통해 미국으로 유인하였고, 해킹기술 테스트를 하는 척하며 용의자가 자신의 아이디, 패스워드를 넣어 러시아 내 서버에 접속하도록 하였다. 그 과정에서 '키로거'(key logger)를 이용하여 아이디, 패스워드 등의 계정정보를 확보하였고, 이를 이용하여 해당 서버에 접속해 해킹 툴, 공

영장 없이 러시아 서버에 접근하여 증거를 확보한 사안의 적법성을 인정하였다. 즉, ① 미연방대법원의 베르두고(*Verdugo*) 판결의 취지에 따라,[156] 수정헌법 제4조는 미연방 수사기관의 외국인에 대한 역외 압수·수색에 적용되지 않고, ② 설사 수정헌법 제4조가 적용된다고 하더라도 러시아 현지의 공범들이 증거를 인멸할 우려 등이 있기 때문에 영장주의 예외인 '긴급 상황'(exigent circumstances)에 해당한다는 것이다.[157]

그러나 역외 전자증거 압수·수색에 대하여 베르두고 판결의 논리를 그대로 적용할 수는 없다고 생각된다. 베르두고 판결의 경우 멕시코 연방 경찰과 합동수사를 한 사안이나, 고르시코프 판결은 일방적 집행관할권 행사이므로 영토주권 침해의 문제를 검토해야 하기 때문이다. 어쨌든 현재까지 미국에서는 일방적 역외 전자증거 수집에 대하여 '긴급 상황 예외' 또는 '선의 예외' 등의 적용에 의하여 그 적법성을 인정하는 것이 다수라 할 수 있다.[158]

(5) 검토

앞서 살펴본 미연방법원의 입장은 다음과 같이 정리할 수 있다. 즉, 수정헌법 제4조는 외국 수사기관의 활동, 국내 수사기관의 활동 중 외국인을 대상으로 하는 경우에는 원칙적으로 적용되지 않는다. 그러나 '양심에 충격을 주는 경우'와 같이 예외적으로 중대한 위법인 경우는 달리 볼 수 있다.

따라서 수정헌법 제4조는 국내 수사기관의 내국인을 대상으로 하는 수사 활동에 적용되는데,[159] 이 경우 외국법에 따른 절차를 준수하였다는 점은 중요한 고려요소이나 궁극적으로는 자국법의 기준에 따라 압수·수색의 합리성과 위법수집증거 배제법칙의 적용을 결정하는 것이다. 따라서 구체적 사안에 따라 판단은 달라지겠으나, ① 대상 국가의 절차법은 준수하였으나 실행 국가의 절차법에 위반된 경우와 ② 대상 국가의 절차법을 위반하였으나 실행 국가의 관

격용 파일 등을 다운로드 받은 다음, 압수·수색영장을 발부받아 증거로 사용하였다.

156) *United States v. Verdugo-Urquidez*, 494 U.S. 259 (1990).

157) 이러한 법리와 관련된 선례로 다음의 판결을 들 수 있다. *Illinois v. MacArthur*, 531 U.S. 326 (2001).

158) '선의 예외'를 적용한 것으로는 제4장에서 살펴본 네트워크 수사기법에 대한 다음의 판례가 대표적이다. *United States v. Levin*, No. 16-1567 (1st Cir. 2017).

159) 이 경우에도 수정헌법 제4조의 영장조항은 제한적으로 적용된다.

점에서는 적법한 경우 모두 적법성을 인정받을 가능성이 높다. 즉, ① 비록 실행 국가(미국)의 절차법의 기준에서 볼 때 위법의 여지가 있다 하더라도 대상 국가의 법률을 준수하였다는 점이 이익형량의 중요한 요소로 인정되어 결국 증거능력이 인정될 수 있고, ② 대상 국가의 절차법을 위반하였더라도 궁극적인 증거능력의 인정 잣대인 실행 국가(미국)의 법에 따라 적법하기 때문에 증거능력이 인정될 수 있는 것이다.

결국 미국 판례는 외국에서 이루어진 증거수집에 대하여 비교적 관대한 입장으로 평가할 수 있다. 나아가 대상 국가의 국내법은 연방제9항소법원의 피터슨(*Peterson*) 판결과 같이 증거능력 판단 과정에서 일부 요소에 대한 **직접 판단기준**으로 작용하기도 하고, 연방제7항소법원의 스토크스(*Stokes*) 판결과 같이 **이익형량 판단의 고려요소**로 작용한다는 점을 알 수 있다.

[표 5-1]

주체	대상	수정헌법 제4조	참고사항
외국 수사기관	내국인	적용되지 않음 ('실버 플래터 원칙')	예외: ① 양심에 충격을 주는 경우 ② 합동수사
미국 수사기관	외국인	적용되지 않음 (베르두고(*Verdugo*) 판결)	예외: 충분한 연결점
미국 수사기관	내국인	합리성조항만 적용됨	판단기준: ① 대상 국가 법률 준수 여부 ② 이익형량 분석

나. 독일

(1) 사법공조와 증거능력

독일에서의 논의도 형사사법공조 절차를 중심으로 국가별로 절차법의 구체적 내용과 보호 수준이 같지 않다는 점에서 출발하는 것이다. 즉, ① 공조요청을 받은 국가의 절차법은 준수하였으나 공조요청 국가의 절차법에 위반된 경우, 또는 ② 공조요청을 받은 국가의 절차법을 위반하였으나 공조요청 국가의 관점에서는 적법한 경우에 그 증거에 대한 법적 취급을 어떻게 할 것인가라는 문제라 할 수 있다. 미국과 달리 독일의 수사기관이 현지 수사기관과 합동수사를 하는 경우에 대한 논의는 크게 발전하지 않았는데, 이는 각국의 현실적 수사행태와 직접 관련이 있다고 생각된다. 한편 최근에는 일방적 역외 증거수집에 대한 논의도 활발해지고 있다.

(2) 공조요청을 받은 국가의 법률은 준수하였지만, 공조요청 국가의 법률에 반하는 방식으로 수사가 이루어진 경우

공조요청을 받은 국가의 법률은 준수하였지만 공조요청 국가(독일)의 법률에 반하는 방식으로 수사가 이루어진 경우, 원칙적으로 그러한 점만으로 바로 증거능력이 배제되는 것은 아니며 공조요청 국가(독일)의 법을 기준으로 위반행위의 비난 가능성을 검토하여 증거능력 여부를 판단한다.[160] 대표적으로 독일 연방대법원은 프랑스 법에 의한 증인신문이 이루어졌으나 신문 전 고지 등 독일 형사소송법의 세부 절차 규정과 부합하지 않은 경우에도 증거능력을 부정하지 않았고,[161] 대체로 공조요청을 받은 국가의 법률을 준수하였다면 증거능력을 인정하는 추세이다.[162] 다만 공조요청 기관이 독일법의 요건을 준수하여 증거를 수집하도록 요청할 수 있음에도 불구하고 불법한 부작위로 이를 방치하였다면, 증거사용이 금지될 수 있다고 한다.[163]

독일 법원의 이러한 입장에 대하여 피의자 또는 참고인에 대한 실질적인 권리보장을 기준으로 증거능력을 엄격히 판단해야 한다는 비판이 있으나,[164] 독일 연방대법원은 진술거부권 고지가 결여된 경우에도 증거능력을 인정하는 등

---

160) 주로 통신감청의 관점에서 이에 대한 학설과 판례를 정리한 것으로 다음의 문헌을 참고할 수 있다. Schuster, *Telekommunikationsüberwachung in grenzüberschreitenden Strafverfahren nach Inkrafttreten des EU-Rechtshilfeübereinkommens*, **NStZ** 2006, 657, 660.

161) BGH, Beschluss vom 15.3.2007 - 5 StR 53/07 = StV 2007, 625.

162) BGH, Urteil vom 5.6.1951 - 1 StR 129/51 = BGHSt 1, 219; BGH, Urteil vom 28.10.1954 - 3 StR 466/54 = BGHSt 7, 15; BGH, Beschluss vom 11.11.1982 - 1 StR 489/81 = NStZ 1983, 181; BGH, Beschluss vom 3.11.1987 - 5 StR 579/87 = BGHSt 35, 82.

163) BGH, Urteil vom 19.3.1996 - 1 StR 497/95 = BGHSt 42, 86.

164) 대표적으로 다음의 문헌을 참고할 수 있다. Schuster, *Verwertbarkeit von Beweismitteln bei grenzüberschreitender Strafverfolgung*, **ZIS** 2016, 564.

학설이 제시하는 기준보다 광범위하게 증거능력을 인정하고 있다.[165)]

(3) 공조요청을 받은 국가의 법률을 위반하였으나, 공조요청 국가의 관점에서는 적법한 경우

독일 연방대법원은 본 쟁점에 대하여 다음과 같은 판단을 내린 바 있다.[166)] 즉, ① 형사사법공조를 통해 외국에서 획득한 증거의 증거능력은 내국법(독일법)에 따라 결정하며, ② 사법공조가 유럽연합 회원국에 의해 이루어진 경우라면, 그 증거가 공조요청을 받은 회원국의 내국법에 따라 합법적으로 수집된 것인지 여부는 제한된 범위에서만 심사할 수 있다는 것이다. 한편, 이러한 법리는 증거수집이 사법공조 절차에 근거하지 않은 경우에도 동일하게 적용된다.

이는 독일 법원이 다른 나라 법원 결정 등의 적법성을 그 나라의 법을 기준으로 판단하는 것은 국제법의 국가관할권 원칙상 독일 법원에 인정되지 않은 권한이라는 점 등을 근거로 한 것이다. 따라서 법치국가 기본원칙을 중대하게 위배하는 경우 등에 한정하여 공조요청을 받은 국가의 법률 위반을 검토할 수 있을 뿐이고, 실제로 기존 판례에서 외국 법률을 위반하였다는 사실만으로 증거능력이 부정된 사례는 거의 없다고 한다.[167)]

(4) 역외 전자증거 압수 · 수색

위와 같이 주로 사법공조의 관점에서 해외 증거수집을 논의해 온 독일에서는 사법공조 절차를 거치지 않고 수사기관이 해외에 저장·보관된 정보에 직접 접근하는 것에 대하여 부정적인 견해가 많다.[168)] 형사소송법이 효력을 가지는 범위를 넘어 대상 국가의 영토주권을 침해하고, 사법공조 관련 규범을 무의미

165) BGH, Urteil vom 1.4.1992 - 5 StR 457/91 = BGHSt 38, 263 ((구) 동독 법률에 따라 진술거부권이 고지되지 않은 경우에도 증거능력을 인정함). 유사한 취지로는 BGH, Urteil vom 10.8.1994 - 3 StR 53/94 = NJW 1994, 3364.

166) BGH, Beschluss vom 21.11.2012 - 1 StR 310/12 = BGHSt 58, 32. 위 사건에서 피고인은 밀수범죄로 재판을 받았는데, 독일 검찰은 헝가리 검찰이 독립적으로 시행한 통신감청 결과를 사법공조 요청을 통해 취득하였다.

167) 이와 관련된 판례로 다음의 것이 대표적이다. BGH, Urteil vom 27.5.1975 - 1 StR 219/75 = GA 1976, 219; BGH, Urteil vom 23.1.1985 - 1 StR 722/84 = NStZ 1985, 376.

168) 관련 논의를 정리한 것으로 다음의 문헌을 참고할 수 있다. Gercke, *Straftaten und Strafverfolgung im Internet*, **GA** 2012, 474, 489.

하게 만들기 때문이다.

독일 형사소송법 제110조 제3항은 수색 대상인 자에게서 발견한 저장매체에 대한 열람은 그 저장매체를 통하여 접근할 수 있는 다른 저장매체에까지 확대할 수 있도록 규정하고 있으나(원격 압수·수색),[169] 위 조항은 독일 영토 내에서만 효력을 가지는 것이므로 원칙적으로 역외 전자정보 수집의 근거조항이 될 수 없다.[170] 위 조항의 해석과 관련하여, ① 수사기관이 접근한 데이터가 해외에 존재한다는 점이 사후에 밝혀진 경우에도 국제사법공조 절차에 따라 요청하면 충분하다고 하여 제한적인 범위에서나마 제110조 제3항의 적용범위를 확장하는 견해도 있으나,[171] ② 수사기관의 선의(good－faith)만으로는 주권 침해라는 국제법 위반이 치유되지 않는다고 보아야 할 것이다.[172]

그러나 사이버범죄조약 제32조가 허용하는 범위에서는 형사소송법 제110조 제3항을 근거로 역외 전자정보를 수집할 수 있다. 예컨대, 이메일 서비스를 제공하는 사업자의 서버가 외국에 소재하는 경우에도 '법적 권한 있는 자의 적법하고 자발적인 동의(동 조약 제32조)'를 받으면 형사소송법 제110조 제3항을 근거로 이메일에 대한 수색과 보존을 할 수 있다.[173]

---

169) 독일 형사소송법 제110조(서류와 전자저장매체의 열람) 제3항: "수색 대상자에게서 발견한 전자저장매체에 대한 열람은 그 전저저장매체와 공간적으로 분리되어 있는 다른 저장매체까지로 확장할 수 있으나, 이는 그 전자저장매체를 통하여 그 다른 저장매체에 접근할 수 있고 이런 접근을 하지 않으면 찾고자 하는 데이터를 상실할 염려가 있는 경우에 한한다. 심리에 의미가 있을 수 있는 데이터는 저장할 수 있다; 제98조 제2항을 준용한다." (StPO § 110 *Durchsicht von Papieren und elektronischen Speichermedien.* (3) Die Durchsicht eines elektronischen Speichermediums bei dem von der Durchsuchung Betroffenen darf auch auf hiervon räumlich getrennte Speichermedien, soweit auf sie von dem Speichermedium aus zugegriffen werden kann, erstreckt werden, wenn andernfalls der Verlust der gesuchten Daten zu besorgen ist. Daten, die für die Untersuchung von Bedeutung sein können, dürfen gesichert werden; § 98 Abs. 2 gilt entsprechend.)

170) Gaede, *Der grundrechtliche Schutz gespeicherter E-Mails beim Provider und ihre weltweite strafprozessuale Überwachung*, **StV** 2009, 96, 101.

171) Bär, in: Wabnitz/Janovsky (Hrsg), **Handbuch des Wirtschafts- und Steuerstrafrechts**, 4. Aufl. 2014, 27. Kap. Rn. 30.

172) Meyer-Goßner/Schmitt, Strafprozessordnung, 61. Aufl. 2018, § 110 Rn. 7a.

173) Bär, *Transnationaler Zugriff auf Computerdaten*, **ZIS** 2011, 53, 57; Gercke, 앞의 논문

한편 국제규범을 위반하여 취득한 데이터라 할지라도 바로 증거능력이 배제되는 것은 아니고, 수사기관이 '고의로 또는 자의적으로' 국제공조 절차를 위반한 경우, 특히 다른 국가가 증거사용에 반대하거나 국제공조절차에 따른 협력을 거부하는 경우에 그 데이터를 증거로 사용할 수 없다고 한다.[174]

⑸ 검토

독일의 경우도 사법공조에 의하여 수집된 증거의 증거능력은 넓은 범위에서 인정된다. 구체적 사안에 따라 판단은 달라지겠으나, ① 공조요청을 받은 국가의 법률은 준수하였지만, 공조요청 국가의 법률에 반하는 방식으로 수사가 이루어진 경우, 그러한 점만으로 바로 증거능력이 배제되는 것은 아니고 공조요청 국가(독일)의 법을 기준으로 실질적 비난 가능성을 검토하므로 결국 증거능력이 인정될 가능성이 높다. ② 공조요청을 받은 국가의 법률을 위반하였으나, 공조요청 국가의 관점에서는 적법한 경우에도, 궁극적인 증거능력 인정의 기준은 공조요청 국가(독일)의 법이므로 중대한 위법사유가 없는 한 증거능력이 인정될 것이다. 공조요청을 받은 국가의 국내법은 특히 그 나라의 법률을 준수한 경우에 증거능력을 인정하는 강력한 논거가 되므로 위법성 판단의 실질적 기준 중의 하나라고 볼 수 있다.

4. 소결

본 항목에서는 국제형사법적 쟁점을 중심으로 ① 개별 국가실행이 **국제관습법의 존재를 인식하는 근거 또는 그 증거**로 기능하거나, ② 개별 국가의 국내법이 **타국의 국내법 해석에서 고려요소**로 기능하는 모습을 각각 살펴보았다. 특히 역외 전자정보 수집과 같이 국제규범이 성숙하지 않은 분야에서는 개별 국가의 국내법은 더욱 의미를 가질 것이다. 이하에서는 항목을 바꾸어 가상공간에 적용되는 주요한 국제규범을 살펴보기로 한다.

(주 168), 489.

174) Meyer-Goßner/Schmitt, 앞의 책(주 172), § 110 Rn. 7c; Gercke, 앞의 논문(주 168), 490면.

제2절 역외 전자증거 수집과 국제규범

Ⅰ. 가상공간의 국제법

1. 사이버범죄방지조약

가상공간 관련 범죄 현상에 대한 국제적 대응으로 대표적인 것은 '사이버범죄방지조약'(Convention on Cybercrime)이다.[175] 동 조약의 주요 내용은 '개별 국가 차원의 조치(제2조-제22조)'와 '국제협력(제23조-제25조)'으로 나눌 수 있다.[176] 특히 국제협력과 관련하여 조약은 비교적 상세한 규정을 두고 있다.

(1) 상호공조 원칙

제25조는 최대한의 상호공조 원칙을 선언하고,[177] 동 조약 제27조부터 제35조에 규정한 의무를 이행하는데 필요한 입법적 조치를 하도록 한다.[178] 또한 팩스·전자우편 등의 신속한 통신수단을 이용한 공조 요청도 규정하고 있다.[179]

---

175) 사이버범죄방지조약의 개요에 대하여는 다음의 문헌을 참고할 수 있다. 김한균·김성은·이승현, 사이버범죄방지를 위한 국제공조방안 연구 (대검찰청, 2009); 박희영, "독일의 사이버범죄방지조약의 비준에 관한 법률(상)", 법제(2009.4.), 20면; 박희영, "독일의 사이버범죄방지조약의 비준에 관한 법률(하)", 법제(2009.5.), 34면.

176) 사이버범죄방지조약은 제2장 '개별 국가 차원의 조치'(measures to be taken at the national level)를 ① 형사 실체법(제2조-제13조), ② 형사 절차법(제14조-제21조), ③ 관할(제22조)로, 제3장 '국제협력'(international co-operation)을 ① 일반원칙(제23조-제28조), ② 개별 규정(제29조-제35조)으로 나누어 규정하고 있다.

177) 사이버범죄방지조약 제25조(상호공조의 일반원칙) 제1항: "당사국은 컴퓨터시스템과 데이터 관련 범죄에 대한 수사 및 절차를 위해, 또는 범죄의 전자증거 수집을 위해, 최대한의 상호공조를 제공해야 한다." (Article 25 – *General principles relating to mutual assistance*. (1) The Parties shall afford one another mutual assistance to the widest extent possible for the purpose of investigations or proceedings concerning criminal offences related to computer systems and data, or for the collection of evidence in electronic form of a criminal offence.)

178) 사이버범죄방지조약 제25조(상호공조의 일반원칙) 제2항: "당사국은 또한 제27조-제35조에 규정한 의무를 이행하는데 필요한 입법적 조치와 그 밖의 조치를 하여야 한다." (Article 25 (2) Each Party shall also adopt such legislative and other measures as may be necessary to carry out the obligations set forth in Articles 27 through 35.)

(2) 저장데이터 관련 상호공조

사이버범죄조약 제29조 제1항은 당사국이 ① 다른 당사국 영역 내 컴퓨터에 저장된 데이터를 대상으로 ② 수색, 압수, 또는 자료 공개를 위한 국제공조를 요청할 의도를 가진 경우, 다른 당사국에 대하여 데이터의 신속한 보존과 획득을 요구할 수 있다고 규정한다.[180] 동 조항 제2항은 공조요청의 구체적 형식을,[181] 제3항은 공조요청을 받은 국가의 조치를 각 명시하고 있다.[182] 한편 공

---

179) 사이버범죄방지조약 제25조(상호공조의 일반원칙) 제3항: "당사국은 긴급한 경우에 팩스·전자우편 등의 신속한 통신수단을 이용하여 공조를 요청하고 그와 관련한 연락을 할 수 있다. 이러한 통신수단은 적정한 수준의 보안 및 인증수단(필요한 경우 암호화 수단을 사용)을 제공하고, 공조요청을 받은 국가에서 요구하는 경우 공식적 확인이 따라야 한다. 공조요청을 받은 국가는 신속한 통신수단을 이용한 요청을 접수하고 대응조치를 해야 한다." (Article 25 (3) Each Party may, in urgent circumstances, make requests for mutual assistance or communications related thereto by expedited means of communication, including fax or email, to the extent that such means provide appropriate levels of security and authentication (including the use of encryption, where necessary), with formal confirmation to follow, where required by the requested Party. The requested Party shall accept and respond to the request by any such expedited means of communication.)

180) 사이버범죄방지조약 제29조(저장데이터의 신속한 보존) 제1항: "당사국은 다른 당사국에 데이터의 신속한 보존을 요구할 수 있다. 그 데이터는 다른 당사국 영역 내 컴퓨터에 저장되어 있고, 당사국이 수색, 압수, 또는 자료 공개를 위한 국제공조를 요청할 의도를 가진 것이어야 한다." (Article 29 – *Expedited preservation of stored computer data.* (1) A Party may request another Party to order or otherwise obtain the expeditious preservation of data stored by means of a computer system, located within the territory of that other Party and in respect of which the requesting Party intends to submit a request for mutual assistance for the search or similar access, seizure or similar securing, or disclosure of the data.)

181) 사이버범죄방지조약 제29조(저장데이터의 신속한 보존) 제2항: "제1항에 의한 보존 요청은 (a) 요청기관, (b) 수사 중인 범죄와 관련 사실의 개요, (c) 보존이 필요한 데이터 및 그 데이터와 수사 중인 범죄의 관계, (d) 데이터를 관리하는 사람, 또는 데이터가 저장된 컴퓨터시스템의 위치를 파악할 수 있는 정보, (e) 보존의 필요성, (f) 당사국이 자료의 수색, 압수, 또는 공개를 위한 국제공조를 요청할 의도를 가졌다는 점 등을 기재하여야 한다." (Article 29 (2) A request for preservation made under paragraph 1 shall specify: (a) the authority seeking the preservation; (b) the offence that is the subject of a criminal investigation or proceedings and a brief summary of the related facts; (c) the stored computer data to be preserved and its relationship to the offence; (d) any available information identifying the custodian of the stored

조요청을 받은 국가는 요청된 데이터의 전송에 관여한 서비스제공자가 다른 국가에 있음을 알게 된 경우, 즉시 공조요청 국가에 관련 정보를 제공해야 한다(제30조).[183] 요청국가에서 서비스제공자가 있는 국가에 후속 조치를 할 수 있도록 하기 위함이다. 또한 당사국은 위와 같이 보전 요청한 데이터를 포함하여 공조요청을 받은 국가의 영역 내 컴퓨터시스템에 저장된 데이터의 수색, 압수, 또는 공개를 요청할 수 있다(제31조).[184]

---

computer data or the location of the computer system; (e) the necessity of the preservation; and (f) that the Party intends to submit a request for mutual assistance for the search or similar access, seizure or similar securing, or disclosure of the stored computer data.)

182) 사이버범죄방지조약 제29조(저장데이터의 신속한 보존) 제3항: "공조요청을 받은 국가는 자신의 국내법에 따라 요청된 자료의 신속한 보존을 위한 모든 적절한 조치를 해야 한다. 공조 요청에 대응할 때 쌍방 가벌성을 요건으로 해서는 아니 된다." (Article 29 (3) Upon receiving the request from another Party, the requested Party shall take all appropriate measures to preserve expeditiously the specified data in accordance with its domestic law. For the purposes of responding to a request, dual criminality shall not be required as a condition to providing such preservation.)

183) 사이버범죄방지조약 제30조(트래픽데이터의 신속한 공개): "(1) 제29조에 따른 요청을 실행하는 과정에서 다른 국가에 있는 서비스제공자가 데이터 전송에 관련되었음을 발견한 경우, 공조요청을 받은 국가는 요청국가에 데이터의 전송경로와 관련 서비스제공자를 파악할 수 있는 트래픽 데이터를 신속히 공개해야 한다. (2) (생략)." (Article 30 – *Expedited disclosure of preserved traffic data.* (1) Where, in the course of the execution of a request made pursuant to Article 29 to preserve traffic data concerning a specific communication, the requested Party discovers that a service provider in another State was involved in the transmission of the communication, the requested Party shall expeditiously disclose to the requesting Party a sufficient amount of traffic data to identify that service provider and the path through which the communication was transmitted.)

184) 사이버범죄방지조약 제31조(저장데이터 접근 관련 상호공조): "(1) 당사국은 다른 당사국에 대하여 제29조에 따라 보전한 데이터를 포함하여 그 영역 내 컴퓨터시스템에 저장된 데이터에 대한 수색, 압수, 또는 공개를 요청할 수 있다. (2) 공조요청을 받은 국가는 제23조에서 언급한 국제협약 등의 적용과 본 장의 관련 규정에 따라 공조 요청에 응해야 한다. (3) (생략)." (Article 31 – *Mutual assistance regarding accessing of stored computer data.* (1) A Party may request another Party to search or similarly access, seize or similarly secure, and disclose data stored by means of a computer system located within the territory of the requested Party, including data that has been preserved pursuant to Article 29. (2) The requested Party shall respond to the

(3) 실시간 수집 또는 감청 관련 상호공조

사이버범죄방지조약은 제33조,[185] 제34조[186]에서 트래픽데이터의 실시간 수집과 통신감청에 대한 상호공조도 규정하고 있다.

(4) 국제협력에 의하지 아니한 데이터 접근

한편 사이버범죄방지조약은 국제협력에 의하지 않는 일방적 집행관할권 행사에 대하여는 상세한 규정을 두고 있지 않다. 제32조가 (a) 일반에 공개되어 사용 가능한 데이터를 대상으로 하는 경우와 (b) 법적 권한 있는 자의 적법하고 자발적인 동의를 얻은 경우에 역외 데이터에 대한 일방적 접근이 가능하다고 규정할 뿐이다.[187] 협의 과정에서 논의의 여지가 없는 최소한의 경우만을

---

request through the application of international instruments, arrangements and laws referred to in Article 23, and in accordance with other relevant provisions of this chapter.)

185) 사이버범죄방지조약 제33조(트래픽데이터 실시간 수집 관련 상호공조): "(1) 당사국은 컴퓨터시스템으로 전송되는 자국 영역 내의 특정 통신과 관계있는 트래픽데이터의 실시간 수집에 관한 상호공조를 제공해야 한다. 이러한 공조는 자국법이 규정한 요건과 절차를 준수해야 한다. (2) 각 당사국은 적어도 자국의 유사 사건에서 트래픽데이터의 실시간 수집이 가능한 범죄에 대하여는 공조를 제공해야 한다." (Article 33 – *Mutual assistance regarding the real-time collection of traffic data.* (1) The Parties shall provide mutual assistance to each other in the real–time collection of traffic data associated with specified communications in their territory transmitted by means of a computer system. Subject to the provisions of paragraph 2, this assistance shall be governed by the conditions and procedures provided for under domestic law. (2) Each Party shall provide such assistance at least with respect to criminal offences for which real–time collection of traffic data would be available in a similar domestic case.)

186) 사이버범죄방지조약 제34조(통신감청 관련 상호공조) "당사국은 적용할 수 있는 조약과 국내법이 허용하는 범위 내에서 컴퓨터시스템으로 전송되는 통신 내용의 실시간 수집 또는 기록에 관한 상호공조를 제공해야 한다." (Article 34 – *Mutual assistance regarding the interception of content data.* The Parties shall provide mutual assistance to each other in the real–time collection or recording of content data of specified communications transmitted by means of a computer system to the extent permitted under their applicable treaties and domestic laws.)

187) 사이버범죄방지조약 제32조(동의에 의한 또는 공개된 저장데이터에 대한 초 국경적 접근): "당사국은 다른 당사국의 동의를 받지 않은 상태에서 (a) 데이터의 지리적 위치와 관계없이, 일반에 공개되어 사용 가능한 저장데이터에 접근할 수 있고, (b) 만약 데이

조약에 포함한 것도 하나의 이유라 할 수 있다. 즉, 현재로서는 초 국경적 접근의 범위에 대한 국제적 차원의 합의는 성숙하지 않았음을 알 수 있고, 따라서 조약의 내용만으로는 가상공간의 국가관할권 문제를 충분히 검토하기 어렵다.

2. 탈린 매뉴얼

가. 개요와 법적 성격

본 항목에서는 방향을 달리하여 가상공간의 국제법에 대한 학자들의 연구라는 관점에서 탈린 매뉴얼의 내용을 검토하기로 한다. 가상공간의 맥락에서 기존 국제규범의 적용을 검토하는 것은 중요한 법적 과제인바, 에스토니아 탈린에 있는 '북대서양조약기구 사이버 방위 협력센터'(NATO Cooperative Cyber Defence Centre of Excellence)는 2009년에 독립적 전문가그룹을 초빙하여 사이버 전쟁을 규율하는 국제법에 관한 매뉴얼을 만들도록 하였고, 그러한 노력의 결과 2013년 '사이버전에 적용 가능한 국제법에 관한 탈린 매뉴얼'(Tallinn Manual on the International Law Applicable to Cyber Warfare)이 출간되었다.[188] 2017년에는 이를 개정한 '사이버 작업에 적용 가능한 국제법에 관한 탈린 매뉴얼 2.0'(Tallinn Manual 2.0 on the International Law Applicable to Cyber Operations)이 출간되었는데,[189] 2013년에 발간된 '사이버전에 적용 가능한 국제법에 관한 탈린 매뉴얼'은 사이버전에 적용되는 국제법에 한정되었으나,[190] 2017년에 발간된 '매뉴

터를 공개할 법적 권한 있는 자의 적법하고 자발적인 동의를 얻었다면, 자국 영토 내의 컴퓨터를 통해 다른 당사국에 위치한 컴퓨터에 저장된 데이터에 접근하거나 이를 수령 할 수 있다." (Article 32 – *Trans-border access to stored computer data with consent or where publicly available.* A Party may, without the authorisation of another Party: (a) access publicly available (open source) stored computer data, regardless of where the data is located geographically; or (b) access or receive, through a computer system in its territory, stored computer data located in another Party, if the Party obtains the lawful and voluntary consent of the person who has the lawful authority to disclose the data to the Party through that computer system.)

188) Tallinn Manual on International Law Applicable to Cyber Warfare (Michael N. Schmitt ed., 2013).

189) Tallinn Manual 2.0 on the International Law Applicable to Cyber Operations (Michael N. Schmitt ed., 2d ed. 2017). [이하 '**매뉴얼**'이라 함]

얼'은 가상공간에 적용되는 국제법 전반으로 논의를 대폭 확장하였다.[191)]

'매뉴얼'은 공식 문서가 아니고 개인적 자격으로 활동하는 독립적 전문가들이 수행한 작업임을 유의할 필요가 있다.[192)] 또한 '매뉴얼'은 국제전문가그룹이 이를 채택한 2016년 6월 시점에 존재하였던 그대로의 법을 반영하려는 것이라 한다. 이는 '모범 관행'(best practice)을 제시하거나 '법의 점진적 발전'(progressive development of law)을 반영하는 것이 아니며 정책과 정치로부터 중립적인 서술이라는 설명을 하고 있다.[193)]

매뉴얼의 '용어집'(glossary)은 ① '사이버 작업'(cyber operation)을 '사이버공간에서 또는 이를 통하여 목표를 달성하기 위해 사이버 역량을 활용하는 것'으로 정의한다.[194)] 사이버 작업은 개인이 타인에게 메시지를 전달할 목적으로 이메일을 전송하는 것부터 무력충돌 시 사이버 무기의 활용까지 포괄하는 넓은 개념이며, 본 문헌에서 주로 다루는 수사기관의 증거수집 활동도 이에 포함되는 것이다. ② '사이버 활동'(cyber activities)은 '사이버 기초설비의 이용 또는 그러한 기초설비의 작동에 영향을 주기 위하여 사이버 수단을 사용하는 모든 활동'이며, 사이버 활동이 사이버 작업을 포함하는 더 포괄적인 개념이라 설명된다.[195)] 또한 ③ '사이버 기초설비'(cyber infrastructure)는 '정보시스템이 구축

---

190) 2013년에 발간된 '사이버전에 적용 가능한 국제법에 관한 탈린 매뉴얼'의 개요와 법적 성격을 논한 국내 문헌으로 다음의 것을 참고할 수 있다. 박기갑 · 신소현, "2013년 사이버 전쟁에 적용 가능한 국제법에 관한 Tallinn 지침서", 국제법평론 제37호 (2013), 185면; 박노형 · 정명현, "사이버전의 국제법적 분석을 위한 기본 개념의 연구 – Tallinn Manual의 논의를 중심으로", 국제법학회논총 제59권 제2호 (2014), 65면.

191) 2017년 매뉴얼의 개요와 법적 성격에 대한 논의로 다음의 것을 참고할 수 있다. Eric Talbot Jensen, *The Tallinn Manual 2.0: Highlights and Insights*, 48 **Geo. J. Int'l L.** 735 (2017); Michael J. Adams, *A Warning About Tallinn 2.0 … Whatever It Says*, **LawFare** (2017. 1. 4.),

192) 따라서 NATO, 사이버 방위 협력센터, 또는 그 후원국의 견해를 대변하는 것이 아니라고 한다. 매뉴얼 (주 189), 2면.

193) 매뉴얼 (주 189), 2-3면.

194) 매뉴얼 (주 189), 564면: "Cyber Operation: The employment of cyber capabilities to obtain objectives in or through cyberspace."

195) 매뉴얼 (주 189), 564면: "Cyber Activity: Any activity that involves the use of cyber infrastructure or employs cyber means to affect the operation of such infrastructure. Such activities include, but are not limited to, cyber operations."

되고 작동하는 통신, 저장, 컴퓨팅 기기'를 말한다.[196]

나. 원격 사이버 작업과 주권 침해

국가 주권의 원칙은 사이버공간에서도 적용된다.[197] 그에 따라 국가는 국제법적 의무의 제약하에, 자신의 영토 내에 있는 사이버 기초설비, 사람, 또는 사이버 활동에 대해 주권적 권한을 행사하고,[198] 국제관계에서 사이버 활동을 수행할 자유를 가진다.[199] 즉, 국가는 자신의 영토 내에서 사이버 기초설비, 사이버 활동을 하는 자, 또는 사이버 활동 자체에 대하여 국제인권법과 같은 국제법규에 의해 금지되지 않는 한 필요하거나 적절하다고 간주하는 어떠한 조치도 자유롭게 취할 수 있는 것이다.[200]

위와 같은 대내적, 대외적 주권의 원칙에 비추어, 국가는 다른 국가의 주권을 침해하는 사이버 작업을 수행해서는 아니 된다.[201] 국가는 자신의 대내적 주권에 기초하여 자신의 영토와 영공에 대한 접근을 통제할 수 있으므로, 한 국가가 다른 국가의 영토나 영공을 동의 또는 국제법상 다른 정당화 사유 없이 물리적으로 침범하면 주권의 침해가 발생한다. 사이버공간의 맥락에서 보면, 국가기관 등 자신의 행위가 국가에 귀속될 수 있는 자가 '**다른 국가의 영토에 물리적으로 소재하면서**'(while physically present on another State's territory)

---

196) 매뉴얼 (주 189), 564면: "Cyber Infrastructure: The Communications, storage, and computing devices upon which information systems are built and operate."

197) 매뉴얼 규칙 1 (주권(일반원칙)): "국가 주권의 원칙은 사이버공간에서 적용된다." (The principle of State sovereignty applies in cyberspace.)

198) 매뉴얼 규칙 2 (대내적 주권): "국가는 국제법적 의무의 제약하에, 자신의 영토 내에 있는 사이버 기초설비, 사람, 또는 사이버 활동에 대해 주권적 권한을 행사한다." (A State enjoys sovereign authority with regard to the cyber infrastructure, persons, and cyber activities located within its territory, subject to its international legal obligations.)

199) 매뉴얼 규칙 3 (대외적 주권): "국가는 국제법적 제약하에, 국제관계에서 사이버 활동을 수행할 자유를 가진다." (A State is free to conduct cyber activities in its international relations, subject to any contrary rule of international law binding on it.)

200) 매뉴얼 규칙 2 – 해설 1.

201) 매뉴얼 규칙 4 (주권의 침해): "국가는 다른 국가의 주권을 침해하는 사이버 작업을 수행해서는 아니 된다." (A State must not conduct cyber operations that violate sovereignty of another State.)

그곳에 있는 실체나 사람에 대하여 사이버 작업을 수행하면 영토주권의 침해가 되는 것이다.[202)]

그렇다면 수사기관이 다른 국가의 영토에 물리적으로 소재하지 않고 활동하는 경우는 어떠한가? 대부분의 역외 전자정보 수집 활동이 이에 해당하므로 그에 대한 국제규범을 살펴보는 것은 본 문헌의 목적상 대단히 중요한 것이다. 본 문제에 대하여 매뉴얼은 다음과 같은 두 가지 근거를 기초로 특정 국가에서 발현되어 다른 국가를 대상으로 하는 '원격 사이버 작업'(remote cyber operations)의 적법성을 평가하고 있다. 즉, ① **'영토적 완전성에 대한 침해 정도'**(the degree of infringement upon the target State's territorial integrity)와 ② **'정부 고유 기능에 대한 개입 · 침탈 여부'**(whether there has been an interference with or usurpation of inherently governmental functions)가 그것이다.[203)]

다. 영토적 완전성 침해

매뉴얼은 '영토적 완전성에 대한 침해'를 ① '물리적 손상'(physical damage), ② '기능상실'(loss of functionality), ③ '기능상실에 이르지 않는 영토의 완전성 침해'(infringement upon territorial integrity falling below the threshold of loss of functionality)의 3단계로 나누어 분석한다.

(1) 물리적 손상

악성 소프트웨어가 장비의 냉각 요소들의 오작동을 일으킴으로써 과열로 인해 부품이 녹아내리도록 하는 경우처럼 '물리적 손상이나 상해'(physical damage or injury)의 결과가 발생하면 해당 사이버 작업은 주권 침해에 해당한다.[204)] 사이버 작업을 수행하기 위해 동의 없이 다른 국가의 영토에 물리적으로 소재하는 것이 주권의 침해에 해당하는 만큼, 원격 수단을 통해 타국 영토에 물리적 결과를 발생시키는 것도 마찬가지로 주권의 침해에 해당한다는 것이다.[205)]

---

202) 매뉴얼 규칙 4 – 해설 6.

203) 매뉴얼 규칙 4 – 해설 10.

204) 매뉴얼 규칙 4 – 해설 11.

205) 다만, 사이버 작업의 주권 침해 여부를 판정함에 있어 물리적 손상이나 상해는 결정적 요인이 아닌, 관련 요인 중 하나에 불과하다는 견해도 있다고 한다. 매뉴얼 규칙 4 – 해설 12.

(2) 기능상실

원격으로 다른 국가에 있는 사이버 기초설비의 기능상실을 발생시키는 것도 주권 침해에 해당한다.[206] 사이버 작업이 사이버 기초설비의 물리적 부품을 수리하거나 교체하도록 하는 경우 그 결과가 물리적 손상이나 상해와 유사하기 때문이다. 다만 아직은 '기능상실'의 범주가 명확하지 않은 상태이다. 예컨대, 물리적 부품이 아닌 소프트웨어의 재설치가 필요가 필요한 경우도 기능상실에 포함되는지에 대하여는 견해가 성숙하지 않은 상태이다.[207]

(3) 기능상실에 이르지 않는 영토의 완전성 침해

기능상실에 이르지 않음에도 주권 침해에 해당하는 원격 사이버 작업의 범위를 어떻게 확정할 것인지에 대하여는 아직 확립된 견해가 없다. 본 유형에 해당하는 것으로 ① 사이버 기초설비나 프로그램이 다르게 작동하도록 하는 것, ② 물리적이거나 기능적 결과를 발생시키지 않는 수준에서 사이버 기초설비에 저장된 데이터를 변경·삭제하는 것, ③ 시스템에 악성 소프트웨어를 설치하는 것, ④ 시스템에 백도어를 설치하는 것,[208] ⑤ 대형 '분산서비스거부 공격'(distributed denial of service, D－DoS)처럼 일시적이지만 심각한 기능상실을 발생시키는 것 등이 제시되고 있다.[209] 국가에 영토주권 내의 활동에 대한 '완전한 통제'를 부여하는 광범위한 주권 개념을 전제로 하는 경우, 위 사례의 상당 부분에 대하여 주권 침해를 인정하게 될 것이다.

라. 정부 고유 기능에 대한 개입·침탈

한 국가의 원격 사이버 작업이 다른 국가의 정부 고유 기능에 개입하거나 이를 침탈하는 경우 주권 침해에 해당하며, 이 경우 물리적 손상, 상해, 또는 기능상실 등을 초래하였는지는 중요하지 않다.[210] 정부 관리 서버에 저장된 정

---

206) 매뉴얼 규칙 4 － 해설 13. 수천 대에 이르는 하드디스크를 수리·교체하도록 한 사우디아라비아 정유회사(Saudi Aramco)에 대한 2012년 바이러스 공격을 예로 들고 있다.

207) 매뉴얼 규칙 4 － 해설 13.

208) '백도어'(back door)는 시스템 접근에 대한 사용자 인증 등 정상적인 절차를 거치지 않고 응용 프로그램 또는 시스템에 접근할 수 있도록 하는 프로그램을 말한다.

209) 매뉴얼 규칙 4 － 해설 14.

210) 매뉴얼 규칙 4 － 해설 15.

보를 변경·삭제하여 세금 징수를 방해하거나, 핵심적 국방 활동에 개입하는 것 등을 예로 들 수 있다.[211)]

국제법에 의한 권한 부여나 동의 없이 하는 수사기관의 활동도 정부 고유 기능을 '침탈'하는 대표적인 경우이다.[212)] 예컨대 한 국가의 수사기관이 '봇넷'(bot-net)[213)]에 대한 수사를 위해 다른 국가에 있는 지휘·통제 서버를 탈취한다면, 국제법상 해당 국가가 배타적으로 보유한 정부 고유 기능을 침탈하는 것으로 주권 침해에 해당한다.[214)] 물론 이는 지휘·통제 서버 소재국의 형사법이 관련 범행과 피의자에게 적용되는 것을 전제로 한 것이다.

마. 역외관할권 행사

(1) 역외 입법관할권

본 항목에서는 앞서 살펴본 국가 주권의 원칙을 기초로 실행 국가의 역외관할권 문제를 살펴본다. 국가는 국제법적 의무의 제약하에, 사이버 활동에 대하여 영토관할권 및 역외관할권을 행사할 수 있다.[215)] 입법관할권을 결정하는 준칙으로 ① 속지주의, ② 속인주의, ③ 보호주의, ④ 수동적 속인주의, ⑤ 보편주의가 있는바, 매뉴얼도 유사하게 규정하고 있다. 즉, 규칙 제9조[216)]는 속지주의, 효과이론을 규정하고,[217)] 규칙 제10조[218)]는 속인주의, 기국주의, 보호주

---

211) 매뉴얼 규칙 4 – 해설 16.

212) 매뉴얼 규칙 4 – 해설 18.

213) '봇넷'은 악성코드에 감염되어 지휘·통제 서버(command and control servers)에 의해 원격제어되는 좀비 컴퓨터들의 네트워크를 말한다.

214) 매뉴얼 규칙 4 – 해설 18.

215) 매뉴얼 규칙 8 (관할권(일반원칙)): "국가는 국제법적 의무의 제약하에, 사이버 활동에 대하여 영토관할권 및 역외관할권을 행사할 수 있다." (Subject to limitations set forth in international law, a State may exercise territorial and extraterritorial jurisdiction over cyber activities.)

216) 매뉴얼 규칙 9 (영토적 관할권): "국가는 다음에 대하여 영토적 관할권을 행사할 수 있다. (a) 자국 영토상의 사이버 기초설비와 사이버 활동들에 참여하는 자, (b) 자국 영토에서 기원하거나 완료되는 사이버 활동들, 또는 (c) 자국 영토에 상당한 영향을 가지는 사이버 활동들." (A State may exercise territorial jurisdiction over: (a) cyber infrastructure and persons engaged in cyber activities on its territory; (b) cyber activities orginating in, or completed on, its territory; or (c) cyber activities having a substantial effect in its territory.)

의, 수동적 속인주의, 보편주의를 규정하고 있다.[219)]

(2) 역외 집행관할권

역외 집행관할권은 역외 입법관할권보다 제한된다.[220)] 입법관할권과 비교하여 집행관할권은 더욱 영토적인 성격을 가지기 때문이다. 따라서 매뉴얼 규칙 제11조는 국가는 ① '국제법상 명백한 권한 배분', 또는 ② '외국 정부의 유효한 동의'에 기초하여서만 역외 집행관할권을 행사할 수 있다고 규정한다.[221)]

먼저 ① '국제법상 권한 배분'의 예로 연안국이 해양법에 따라 배타적 경제수역, 접속수역, 대륙붕과 같은 일정한 구역에 특정한 목적을 위해 집행관할권을 행사하는 것을 들 수 있다.[222)] 사이버 작업에 특화된 국제법상 권한 배분은 아직 존재하지 않으나, 위와 같은 권한에 근거한 국가의 활동에 사이버

---

217) 규칙 9의 (a), (b) 항은 속지주의, (c) 항은 효과이론을 설명한다. 효과이론은 속지주의, 보호주의와 구별되면서도 '영토적 관할권' 측면에서 속지주의와 함께 검토되고 있다(규칙 9 – 해설 11; 규칙 9 – 해설 18; 규칙 10 – 해설 12 참고).

218) 매뉴얼 규칙 10 (역외 입법관할권): "국가는 다음의 사이버 활동에 관하여 역외 입법관할권을 행사할 수 있다. (a) 자국민에 의해 수행되는 것, (b) 자국 국적을 보유한 선박과 항공기 선상에서 이루어지는 것, (c) 외국인에 의해 수행되고 국가 핵심 이익을 심각하게 저해하도록 고안된 것, (d) 일정한 제한에 따라, 자국민에 대하여 외국인에 의해 수행되는 것, (e) 보편주의에 따라 국제법상 범죄를 구성하는 것." (A State may exercise extraterritorial prescriptive jurisdiction with regard to cyber activities: (a) conducted by its nationals; (b) committed on board vessels and aircraft possessing its nationality; (c) conducted by foreign nationals and designed to seriously undermine essential State interests; (d) conducted by foreign nationals against its nationals, with certain limitations; or that constitute crimes under international law subject to the universality principle.)

219) 규칙 10의 (a) 항은 속인주의, (b) 항은 기국주의, (c) 항은 보호주의, (d) 항은 수동적 속인주의, (e) 항은 보편주의를 설명하고 있다.

220) 매뉴얼 규칙 8 – 해설 8.

221) 매뉴얼 규칙 11 (역외 집행관할권): "국가는 다음에 기초하여서만 사람, 사물, 사이버 활동에 대한 역외 집행관할권을 행사할 수 있다. (a) 국제법상 명백한 권한 배분, 또는 (b) 외국 정부의 유효한 동의." (A State may only exercise extraterritorial enforcement jurisdiction in relation to persons, objects, and cyber activities on the basis of: (a) a specific allocation of authority under international law; or (b) valid consent by a foreign government to exercise jurisdiction on its territory.)

222) 매뉴얼 규칙 11 – 해설 4.

작업이 수반되는 경우가 규칙 제11조가 말하는 '국제법상 권한 배분'에 해당하는 것이다.

다음으로 ② '외국 정부의 유효한 동의'는 개별 사안별로 존재할 수 있고 더 일반적인 조약의 형태로 존재할 수도 있는바, 조약의 대표적인 예로 주둔군 지위협정에서 파견국 군대에 사이버 작업을 수행하는 권한을 부여하는 경우를 들고 있다.223)

(3) 역외 집행관할권 행사에 해당하는지 여부가 문제 되는 사례

매뉴얼은 역외 집행관할권 행사에 해당하는지가 문제 되는 다양한 사례를 검토하는바, 아래에서 그 내용을 살펴보기로 한다.

① **일반에 공개되어 사용 가능한 데이터**(publicly available data): 인터넷상에 있는 것과 같이 '일반에 공개되어 사용 가능한 데이터'가 해외에 있는 서버에서 호스팅 되는 경우, 그 데이터에 대한 접근은 역외 집행관할권 행사에 해당하지 않는다.224) 이 경우 그 데이터가 실행 국가에서 공개적으로 접근 가능하다는 사실에 기초하여 집행관할권을 영토적으로 행사하는 것이며, 따라서 대상 국가의 동의를 받을 필요가 없다는 것이다.225)

② **공개적으로 가용하지 않으나 인터넷에서 접근할 수 있는 데이터**(data that can be accessed on the Internet, but that is not publicly available): 매뉴얼은 '공개적으로 가용하지 않으나 인터넷에서 접근할 수 있는 데이터'도 실행 국가에서 접근 가능하다면 역외 집행관할권 행사에 해당하지 않는다고 본다.226) 앞서 본

---

223) 매뉴얼 규칙 11 – 해설 7.

224) 매뉴얼 규칙 11 – 해설 12.

225) 앞서 살핀 바와 같이, 사이버범죄방지조약 제32조 (a) 호에도 이러한 취지가 규정되어 있다. 동 조항은 '일반에 공개되어 사용 가능한 데이터를 대상으로 하는 경우 (…) 수사기관은 다른 당사국의 승인을 얻지 않은 상태에서 자국 영토 내의 컴퓨터를 통해 다른 당사국에 위치한 컴퓨터에 저장된 데이터에 접근할 수 있다'고 규정한다.

226) 매뉴얼 규칙 11 – 해설 13. 매뉴얼은 '공개적으로 가용하지 않으나 인터넷에서 접근할 수 있는 데이터'의 예시로 ① '폐쇄적 온라인 포럼'(closed online forum), ② '채팅방'(chat channels), ③ '일반 검색엔진에 색인되어 있지 않은 사설 인터넷 호스팅 서비스'(private internet hosting services that are not indexed in public search engines), ④ 소위 '다크 웹'(dark web, 기존의 웹 브라우저로는 접근 불가능하고 특정 프로그램에서만 접속할 수 있는 정보통신망의 일종)에 감추어진 콘텐츠 등을 들고 있다.

'일반에 공개되어 사용 가능한 데이터'와 같은 논거가 적용된다는 것이다.

구체적으로 매뉴얼은 '**실행 국가의 하나 이상의 사용자에 의한 접근이 예정된 데이터**'(data that is meant to be accessible to one or more users from the State)에 대한 접근은 역외 집행관할권 행사에 해당하지 않는다고 설명한다. 위 결론은 데이터에 대한 접근이 패스워드 등으로 보호되는 경우도 마찬가지인데, 심지어 수사기관이 기망적 수단으로 접근권한을 취득한 후 데이터에 접근하였다 하더라도 역외 집행관할권 행사에 해당하지 않는다고 한다.[227)]

③ **인터넷에서 접근할 수 없는 데이터**(data that is not meant to be accessible on the Internet): 그러나 위와 같은 설명은 해외에 있는 개인용 컴퓨터에 저장된 데이터와 같이 인터넷에 접속되어 있다 하더라도 다른 사람의 접근·이용이 전혀 전제되어 있지 않은 경우에는 해당하지 않는다.[228)]

구체적으로 매뉴얼은 '**실행 국가의 사용자에 의한 접근이 예정되어 있지 않은 데이터**'(data that is not meant to be made available to individuals in the State)에 대한 접근은 역외 집행관할권 행사에 해당한다고 표현한다. 이 경우 수사기관이 인터넷을 통한 해킹 등을 통해 데이터에 접근한다면 역외 집행관할권 행사가 되며, 대상 국가의 동의가 필요하게 된다.

④ **수사기관의 외국 인터넷 서비스제공자에 대한 자료제출 요청**: 수사기관이 정식 형사사법공조 절차를 통하지 않고 외국 인터넷서비스 제공자와 직접 접촉하여 역외 데이터 제출을 요청하는 경우, 역외 집행관할권 행사에 해당하는지가 문제된다. 매뉴얼에 의하면 이를 긍정하는 견해와 해당 서비스제공자가 그러한 요청에 따를 법적 의무를 부담하지 않는 점을 근거로 부정하는 견해가 대립한다고 한다.[229)]

---

227) 이는 미 워싱턴주 연방지방법원의 2001년 고르시코프(*Gorshkov*) 판결과 유사한 사실관계를 전제로 하는 것이다. 위 사건에서 미연방 수사국(Federal Bureau of Investigation, FBI)은 러시아 출신 용의자를 특정한 다음 채용 제안을 통해 미국으로 유인하고, 해킹 기술 테스트를 하는 척하며 용의자가 자신의 아이디, 패스워드를 넣어 러시아 내 서버에 접속하도록 하였다. 그 과정에서 '키로거'(key logger)를 이용하여 아이디, 패스워드 등의 계정정보를 확보한 후 해당 서버에 접속해 해킹 툴, 공격용 파일 등에 접근하였다. *United States v. Gorshkov*, No. CR00-550C, 2001 WL 1024026 (W.D. Wash. May 23, 2001).

228) 매뉴얼 규칙 11 – 해설 14.

한편 미연방 '클라우드 법'은 이러한 문제를 입법적으로 해결하고 있다. 즉, 미연방 정부는 외국 정부와 초 국경적 정보제공 요청을 위한 행정협정을 체결할 수 있는데,[230] 행정협정 당사국의 요청이 있을 때 서비스제공자는 자발적으로 통신 내용을 제공할 수 있도록 한 것이다.[231] 형사사법공조 절차의 비효율성을 극복하고 신속한 정보공유를 가능하도록 함이 클라우드 법이 의도하는 것이다.

⑤ **해외에 저장된 자국민 등의 데이터**: 국가가 해외에 저장된 정부 또는 자국민의 데이터에 대하여 주권적 권리를 주장할 수 있는지 문제 되나, 이를 부정하는 것이 다수 견해이다.[232] 그러나 국가는 일정한 경우 자국 영토 밖에 있는 데이터에 대해 입법관할권을 행사할 수 있다고 설명한다.[233] 또한 그 개인(정보주체)이 국가 내에 있는 경우 제출명령에 따르지 않았다는 점을 근거로 한 집행관할권 행사도 가능하다고 한다.[234]

미연방 '클라우드 법'이 이러한 입장을 기초로 한다고 볼 수 있다. 동 법 이전에는 수사기관이 서비스제공자에게 해외에 저장된 데이터 제출을 요구할 수 있는지에 대한 명시적 규정이 없었으나, 클라우드 법은 '해당 정보가 미국 내에 저장되어 있는지 여부와 관계없이' 서비스제공자가 소유, 소지, 또는 보관하는 정보에 대한 공개의무 등을 부과하였다.[235] 달리 말하면, 역외 정보에 대한 명시적 입법관할권을 행사한 것이다.

⑥ **역외 집행관할권 대상인 데이터의 위치 식별이 어려운 경우**: 본 문제는 수사기관이 집행관할권 대상 정보의 위치를 충분히 식별할 수 없었던 경우 선의 예외(good-faith exception)를 적용할 수 있을지와 관련이 있다. 매뉴얼에 의하면, 본 주제에 대한 국제법적 논의가 성숙하지 않아 확립된 견해를 발견할 수 없다고 한다.[236]

---

229) 매뉴얼 규칙 11 – 해설 15.
230) 18 U.S.C. § 2523. (b)(1).
231) 18 U.S.C. § 2702. (b)(9).
232) 매뉴얼 규칙 2 – 해설 11.
233) 매뉴얼 규칙 10 (역외 입법관할권).
234) 매뉴얼 규칙 11 – 해설 16.
235) 18 U.S.C. § 2713.

3. 검토

가. 기준의 모호성

앞서 살핀 바와 같이, 매뉴얼은 '표적 국가의 영토적 완전성에 대한 침해 정도'와 '정부 고유 기능에 대한 개입·침탈 여부'를 기준으로 영토주권 침해 여부를 판단한다. 나아가 영토적 완전성 침해는 ① 물리적 손상, ② 기능상실, ③ 기능상실에 이르지 않는 영토의 완전성 침해의 3단계로 나누어 분석하는데, 위 ③의 범위에 대하여 아직 일치된 견해를 제시하지 못한다.

다른 국가 영토 내의 '물리적 현존'(physical presence)을 기준으로 하는 기존 국제규범과 정합성을 고려할 때, ① 물리적 손상, ② 기능상실을 영토주권 침해 기준으로 제시함은 타당하다. 그러나 상당수의 역외 전자정보 수집 방법은 물리적 손상이나 기능상실에 미치지 못하는 경우가 많다. 그렇다면 가장 중요한 위 ③의 범위에 일치된 견해를 제시하지 못하는 점에서 매뉴얼의 기준은 여전히 모호성을 가진다고 생각된다.

또한 매뉴얼이 제시하는 역외 집행관할권 판단기준 역시 분명한 기준을 제시하지 못하고 있다. 이에 대하여는 개별 국가실행 또는 국내법을 검토한 후 상세히 검토하기로 한다.

나. 국내법적 효력

매뉴얼이 제시하는 기준은 국제법 위반 여부에 한정되는 것임을 유의하여야 한다. 즉, 국가 간 관계에서 대상 국가의 동의를 받아야 하는지, 또는 동의를 받지 않은 경우 국제법상 책임을 부담하는지에 대한 기준을 제시함에 불과하다. 예컨대, 매뉴얼은 한 국가의 수사기관은 대상 국가의 동의 없이는 증거수집 또는 '화이트 웜(white worm)'[237] 주입을 위해 대상 국가의 서버를 해킹할 수 없다고 설명한다.[238] 그러나 증거수집을 위한 수사기관의 해킹이 단순히 대상 국가 정부의 동의가 있다는 이유로 정당화될 수는 없고, 수사기관 활동의

236) 매뉴얼 규칙 11 – 해설 8.

237) '화이트 웜'(white worm)은 악성 프로그램에 감염된 컴퓨터의 기능을 회복하기 위해 설치하는 프로그램을 말한다.

238) 매뉴얼 규칙 11 – 해설 7.

적법성을 통제하는 관련 국가 법률의 규율을 받아야 할 것이다. 그러나 매뉴얼은 이러한 개별 국가의 국내법 위반 문제는 검토 범위에 포함하지 않고 있다.

나아가 매뉴얼은 국제법 위반의 문제가 있는 경우 실행 국가의 법정에서 해당 증거의 증거능력 판단에 어떠한 영향을 미치는지 등의 문제에는 전혀 해답을 제시하지 않는 한계가 있다. 이하에서는 항목을 바꾸어 역외 전자정보 수집과 관련된 개별 국가의 국내법을 살펴보도록 한다.

Ⅱ. 개별 국가의 국내법

1. 들어가며

역외 전자정보 압수·수색과 관련된 개별 국가의 국내법으로 다음의 두 가지 유형을 들 수 있다. 먼저 ① 컴퓨터 등의 정보처리장치와 정보통신망에 대한 불법적 접근을 금지하는 법률을 들 수 있다. 실행 국가 수사기관이 역외 전자정보에 직접 접근할 때 구체적인 방법에 따라 이러한 법률을 위반할 가능성이 있다.

다음으로 ② 정보주체의 동의 없는 정보 이전을 금지하거나 타국에 대한 정보 이전을 금지하는 법률을 들 수 있다. 해당 정보의 소유자, 소지자, 또는 보관자가 실행 국가 수사기관·법원의 제출명령에 응하는 경우, 한편으로 실행 국가의 법질서에 부응하는 것이지만, 다른 한편으로 대상 국가의 위와 같은 법률을 위반할 가능성이 있다. 과거에는 국제증거조사의 맥락에서 자국 내에 있는 정보를 외국 정부에 제공하는 것을 금지하는 '봉쇄조항'(blocking statute)이 문제 되었으나,[239] 최근에 개인정보보호라는 헌법적 가치를 보호하는 규정이 중요성을 가지게 되었다.

본 항목에서는 실행 국가 수사기관이 역외 전자정보에 직접 접근하는 경우에 주목하여 컴퓨터 등의 정보처리장치와 정보통신망에 대한 불법적 접근을 금지하는 각국의 규범 체계를 살펴보기로 한다.

---

239) 봉쇄조항은 저지조항, 대항입법으로도 불리는데, 특히 미국 법원의 증거개시 명령(discovery order)을 좌절시키기 위한 목적으로 입법된 것이다.

2. 미국[240)]

가. 컴퓨터사기 · 남용법

미국 연방 법률인 '컴퓨터사기·남용법'(Computer Fraud and Abuse Act, **CFAA**)의 핵심규정은 '권한 없는 접근'(access without authorization)을 금지하는 제1030조(a)(2), 제1030조(a)(3) 이다(이하 '**무권한 접근조항**'이라 함). 제1030조(a)(2)는 권한 없이 '보호 대상 컴퓨터' 등에 접근하여 특정 정보를 취득하는 것을 금지하고,[241)] 제1030조(a)(3)는 연방정부가 배타적으로 사용하는 비공개 컴퓨터에 대한 권한 없는 접근을 금지한다.[242)]

---

240) 본 항목은 拙稿, "정보통신망 침입에 대한 연구: 정보통신망 이용촉진 및 정보보호 등에 관한 법률 제48조를 중심으로", 법조 제62권 제12호 (2013) 117, 128-149면의 내용을 요약·정리한 것이다.

241) 연방 법률 제18장 제1030조 (a)(2) ('**무권한 접근조항**'): "누구든지 고의로 권한 없이 컴퓨터에 접근하거나 허용된 권한을 넘어 접근하여 다음과 같은 정보를 취득한 자는 본조 (c) 항에 규정된 바와 같이 처벌한다. (A) 금융기관 또는 카드회사가 보유하는 금융기록에 있는 정보, 또는 소비자신용회사가 보유하는 소비자에 대한 정보; (B) 연방정부가 보유하는 정보; (C) 보호 대상 컴퓨터에 있는 정보" (18 U.S.C. §1030. (a) Whoever (…) (2) intentionally accesses a computer without authorization or exceeds authorized access, and thereby obtains — (A) information contained in a financial record of a financial institution, or of a card issuer as defined in section 1602 (n) [1] of title 15, or contained in a file of a consumer reporting agency on a consumer, as such terms are defined in the Fair Credit Reporting Act (15 U.S.C. 1681 et seq.); (B) information from any department or agency of the United States; or (C) information from any protected computer; (…) shall be punished as provided in subsection (c) of this section.)

242) 연방 법률 제18장 제1030조 (a)(3) ('**무권한 접근조항**'): "누구든지 고의로 권한 없이 연방정부가 배타적으로 사용하고 일반에 공개되지 아니한 컴퓨터에 접근한 자는 본조 (c) 항에 규정된 바와 같이 처벌한다. 다만 그 컴퓨터가 연방정부가 배타적으로 사용하는 것이 아니라 하더라도, 일반에 공개되지 아니한 것이고 연방정부에 의하여 또는 이를 위해 사용되는 것이라면, 그 사용에 영향을 주는 경우에 한하여 위와 같다." (18 U.S.C. §1030. (a) Whoever (…) (3) intentionally, without authorization to access any nonpublic computer of a department or agency of the United States, accesses such a computer of that department or agency that is exclusively for the use of the Government of the United States or, in the case of a computer not exclusively for such use, is used by or for the Government of the United States and such conduct affects that use by or for the Government of the United States; (…) shall be

한편 제1030조(a)(4)(이하 '**사기조항**'이라 함)는 우리 형법의 컴퓨터등사용사기죄와 유사한 취지로 볼 수 있으나, 형법 제347조의2와 달리 행위 유형을 광범위하게 정하고 있다.[243] 즉, 권한 없이 또는 허용된 권한을 넘어 '보호 대상 컴퓨터'에 접근하고, 그러한 행위가 사기 범행의 일련의 과정 중 하나에 해당하면 구성요건을 만족하게 된다.

또한 제1030조(a)(5)(이하 '**손해조항**'이라 함)도 우리 형법의 컴퓨터등장애업무방해죄와 유사한 취지이나 역시 그 행위 유형을 광범위하게 정하고 있음을 알 수 있다.[244] 위 두 조항에서도 핵심 개념은 '보호 대상 컴퓨터'에 대한 권한 없는 접근인 것이다.[245]

---

punished as provided in subsection (c) of this section.)

243) 연방 법률 제18장 제1030조 (a)(4) ('**사기조항**'): "누구든지 자신의 행위를 인지하면서 편취 범의를 가지고, 권한 없이 보호 대상 컴퓨터에 접근하거나 허용된 권한을 넘어 접근하고, 그러한 행위로 말미암아 의도된 사기 범행을 발전시켜 재물 또는 재산상 이익을 취득한 자는 본조 (c) 항에 규정된 바와 같이 처벌한다. 다만 사기 범행의 객체와 취득한 이익이 컴퓨터의 사용으로 인한 이익에 한정되어 있고, 그러한 사용의 연간 가치가 미화 5,000달러를 초과하지 아니하는 때에는 그러하지 아니하다." (18 U.S.C. §1030 (a) Whoever (…) (4) knowingly and with intent to defraud, accesses a protected computer without authorization, or exceeds authorized access, and by means of such conduct furthers the intended fraud and obtains anything of value, unless the object of the fraud and the thing obtained consists only of the use of the computer and the value of such use is not more than $5,000 in any 1-year period; (…) shall be punished as provided in subsection (c) of this section.)

244) 연방 법률 제18장 제1030조 (a)(5) ('**손해조항**'): "누구든지 다음의 각 경우에 해당하는 자는 본조 (c) 항에 규정된 바와 같이 처벌한다. (A) 자신의 행위를 인지하면서 프로그램, 정보, 코드, 또는 명령이 전송되도록 하고, 그러한 행위의 결과로 말미암아 고의로 보호 대상 컴퓨터에 손해를 가한 자; (B) 고의로 권한 없이 보호 대상 컴퓨터에 접근하고, 그러한 행위의 결과로 말미암아 무분별하게 손해를 가한 자; (C) 누구든지 고의로 권한 없이 보호 대상 컴퓨터에 접근하고, 그러한 행위의 결과로 말미암아 손해와 손실을 가한 자." (18 U.S.C. §1030 (a) Whoever (…) (5)(A) knowingly causes the transmission of a program, information, code, or command, and as a result of such conduct, intentionally causes damage without authorization, to a protected computer; (B) intentionally accesses a protected computer without authorization, and as a result of such conduct, recklessly causes damage; or (C) intentionally accesses a protected computer without authorization, and as a result of such conduct, causes damage and loss; (…) shall be punished as provided in subsection (c) of this section.)

나. 권한 없는 접근

(1) 프로그램 기반 접근제한을 위반한 경우

그렇다면 어떤 경우에 '권한 없는 접근'으로 볼 것인지가 문제 된다. 먼저 '프로그램 기반 접근제한'(code-based restriction)을 위반한 경우 권한 없는 접근에 해당한다는 점에 대하여는 학설과 판례가 대체로 일치한다.[246] 프로그램 기반 접근제한이란, 사용 권한을 각자 다르게 규정한 계정(account)을 부여하고 패스워드에 의한 접근을 허용하는 등 프로그램을 기반으로 접근권한을 정해 주는 방법이다. 이러한 접근제한은 다른 사람의 아이디와 패스워드를 도용하거나(false identification), 프로그램의 결함을 이용하여 이를 오작동하게 하는 등 다양한 방법으로 회피될 수 있다.

(2) 계약 기반 접근제한을 위반한 경우

가장 느슨한 권한 부여 방식이라 할 수 있는 정보서비스 이용약관(terms of service) 등의 계약 기반 접근제한을 위반한 경우 권한 없는 접근에 해당하지

---

245) 연방 법률 제18장 제1030조 (e)(2): "**보호 대상 컴퓨터**란 다음의 것을 말한다. (A) 연방정부 또는 금융기관이 배타적으로 사용하는 컴퓨터. 다만 그 컴퓨터가 배타적으로 사용되는 것이 아니라 하더라도, 연방정부 또는 금융기관에 의하여 또는 이를 위해 사용되는 것이라면, 해당 범행이 그 사용에 영향을 주는 경우에 한하여 보호 대상 컴퓨터에 해당한다. (B) 주간통상·해외통상, 주간통신·해외통신에 사용되거나 그에 영향을 주는 컴퓨터. 다만 국외에 있는 컴퓨터라 하더라도 주간통상·해외통상, 또는 국내의 통신에 영향을 주는 때에는 보호 대상 컴퓨터에 해당한다." (18 U.S.C. §1030 (e) As used in this section– (…) (2) the term "protected computer" means a computer– (A) exclusively for the use of a financial institution or the United States Government, or, in the case of a computer not exclusively for such use, used by or for a financial institution or the United States Government and the conduct constituting the offense affects that use by or for the financial institution or the Government; or (B) which is used in or affecting interstate or foreign commerce or communication, including a computer located outside the United States that is used in a manner that affects interstate or foreign commerce or communication of the United States.)

246) *United States v. Morris*, 928 F.2d 504 (2d Cir. 2001); Orin S. Kerr, *Cybercrime's Scope: Interpreting Access and Authorization in Computer Misuse Statutes*, 78 **N.Y.U. L. Rev.** 1596, 1648-1660 (2003); Patricia L. Bellia, *Defending Cyberproperty*, 79 **N.Y.U. L. Rev.** 2164, 2253 (2004).

않는다고 해석함이 일반적이다.[247)]

캘리포니아주 연방지방법원도 2009년 드루(*Drew*) 판결에서,[248)] 소셜 네트워크 서비스의 이용자가 서비스이용약관에 위반한 것만으로는 권한 없는 접근을 인정할 수 없다고 하였다. ① 계약위반만으로는 형사책임을 물을 수 없다는 원칙에 반하고, ② 정보서비스 제공자에게 형사책임 범위를 정하는 실질적 권한을 부여하는 결과가 되며, ③ 컴퓨터사기·남용법의 규정을 극히 모호하게 만들어 '막연하기 때문에 무효'(void-for-vagueness)라는 원칙에 따른 헌법상 문제가 있다는 점을 논거로 한다.[249)]

(3) 중간영역 사례

프로그램 기반 접근제한과 계약 기반 접근제한의 중간영역에서는 다음과 같은 유형의 사건들이 문제 되며, 그에 대한 각급 법원의 판단이 일관되지 않는다.

먼저 ① 피고용인이 고용인의 컴퓨터를 고용인의 이익에 반하는 방법으로 사용한 경우인바, 이에 대하여는 '권한 없는 접근'에 해당한다는 판례[250)]와 이

---

247) Kerr, 앞의 논문(주 246), 1648-1660면; Bellia, 앞의 논문(주 246), 2253면.

248) *United States v. Drew*, 259 F.R.D. 449 (C.D. Cal. 2009). 위 사건의 피고인은 '소셜 네트워크 서비스'(social network service)인 '마이스페이스'(MySpace)에서 성인임에도 불구하고 16세의 남성으로 자신의 인적사항을 허위로 꾸민 후 피고인 딸의 급우였던 13세 소녀에게 접근하여 다양한 언어적·심리적 공격을 하였고 결국 자살에 이르게 한 사건이다. 한편 위와 같이 인적사항을 허위로 꾸민 행위는 마이스페이스의 서비스이용약관을 위반한 것이었다.

249) 유사한 취지로 다음의 판결이 있다. *Facebook, Inc. v. Power Ventures, Inc.*, 2010 WL 3291750 (N.D. Cal. 2010).

250) 원고 회사의 피고용인이었던 자가 피고 회사로 이직하면서 원고 회사의 영업비밀 등 비밀정보를 취득한 후 이를 원고 회사의 이메일을 이용하여 피고 회사에 전송하였는바, 워싱턴주 연방지방법원은 '대리인이 본인과 상충하는 이해관계를 가지게 되었거나 기타 본인에 대한 충실의무에 위반하는 상황이 되었을 때에, 그러한 사실을 본인이 알았던지 여부에 관계없이, 대리인의 권한은 종료된다'는 대리인 이론(agency theory)을 적용하여, 피고용인의 위와 같은 행위는 원고 회사 컴퓨터에 대한 권한 없는 접근에 해당한다고 판단하였다. *Shurgard Storage Centers, Inc. v. Safeguard Self Storage, Inc.*, 119 F.Supp.2d 1121 (W.D. Wash. 2000). 한편 이러한 법리는 다음과 같이 형사판결에도 확장되었다. *United States v. John*, 597 F.3d 263 (5th Cir. 2010); *United States v. Rodriguez*, 628 F.3d 1258 (11th Cir. 2010).

를 부정하는 판례[251]로 나뉘어 있다. 다음으로 ② 자동정보수집 프로그램을 이용하여 경쟁자의 웹사이트로부터 사업 관련 정보를 취득하는 경우인바, 본 유형에도 '권한 없는 접근'을 인정하는 판례[252]와 이를 부정하는 판례[253]가 대립하고 있다.

이에 대하여는 인터넷서비스 이용자의 활동의 자유와 개인정보보호를 조화하기 위해 프로그램 기반 접근제한을 위반한 경우에만 권한 없는 접근을 인정하자는 해석론이 있는바,[254] 컴퓨터사기·남용법은 범죄구성요건을 정하는 것이므로 제한적으로 해석해야 한다는 점을 고려하면 타당한 견해라고 생각된다.

3. 독일

독일 형법도 컴퓨터범죄와 관련하여 앞서 살펴본 미연방 컴퓨터사기·남용법과 유사한 규정을 두고 있다. 즉, 독일 형법 제202의 a조(데이터탐지)는 '보호되는 데이터에 대한 권한 없는 접근'을 처벌하고,[255] 제202의 b조(데이터가로채

251) 대표적으로 연방제9항소법원은 고용주에 대한 충실의무를 위반한 경우에도 권한 없는 접근에 해당하지 않는다고 판시한다. *LVRC Holdings LLC v. Brekka*, 581 F.3d 1127 (9th Cir. 2009). 한편 이러한 법리는 다음과 같이 형사판결에도 확장되었다. *United States v. Nosal*, 676 F.3d 854 (9th Cir. 2012).

252) 뉴욕주 지방법원은 피고가 자동정보수집 프로그램을 이용하여 경쟁자의 고객정보를 취득한 후 이를 이용하여 경쟁자의 고객들에게 접근하여 자신들의 서비스를 이용하도록 유도한 사건에서, 권한 없는 접근을 인정하였다. *Register.com, Inc. v. Verio, Inc.*, 126 F.Supp.2d 238 (S.D.N.Y. 2000), *aff'd on other grounds*, 356 F.3d 393 (2d Cir. 2004).

253) 연방제1항소법원은 피고가 스크레이퍼(scraper) 프로그램을 사용하여 경쟁자의 가격정보를 알아낸 사건에서, 스크레이퍼 프로그램의 사용 그 자체로는 권한 없는 접속에 해당하지 않는다고 판단하였다. *EF Cultural Travel BV v. Zefer Corp.*, 318 F.3d 58 (1st Cir. 2003).

254) Kerr, 앞의 논문(주 246), 1648-1666면; Bellia, 앞의 논문(주 246), 2253면.

255) 독일 형법 제202의 a조 (데이터탐지) ① 그를 위해서 작성된 것이 아니고 무권한 접근으로부터 특별히 보호되는 데이터에 권한 없이 보안장치를 해제함으로써 접근하거나 제3자로 하여금 접근하게 한 자는 3년 이하의 자유형 또는 벌금형에 처한다. ② 제1항의 데이터는 전기적·자기적으로 또는 기타 직접 인식할 수 없도록 저장되거나 전달되는 정보만을 의미한다. (StGB § 202a *Ausspähen von Daten*. ① Wer unbefugt sich oder einem anderen Zugang zu Daten, die nicht für ihn bestimmt und die gegen

기)는 '비공개 데이터 전송으로부터 기술적 수단을 이용하여 권한 없이 데이터를 취득'하는 것을 처벌하고 있다.[256]

나아가 형법 제263의 a조(컴퓨터사기)는 '위법한 재산상 이익을 취득할 의사로 부당한 프로그램의 입력, 데이터의 권한 없는 사용 등으로 데이터처리에 영향을 줌으로써 타인의 재산에 손해를 가하는 행위'를 처벌하고,[257] 제303의 b조(컴퓨터업무방해)는 '데이터 손괴 등의 행위로 타인의 데이터처리를 현저하게 방해하는 행위'를 처벌하고 있다.[258]

---

unberechtigten Zugang besonders gesichert sind, unter Überwindung der Zugangssicherung verschafft, wird mit Freiheitsstrafe bis zu drei Jahren oder mit Geldstrafe bestraft. ② Daten im Sinne des Absatzes 1 sind nur solche, die elektronisch, magnetisch oder sonst nicht unmittelbar wahrnehmbar gespeichert sind oder übermittelt werden.)

256) 독일 형법 제202의 b조 (데이터가로채기) 비공개적인 데이터 전송으로부터, 또는 데이터처리장치에서 전송으로부터 그를 위해서 만들어지지 아니한 데이터(제202조a 제2항)를 기술적 수단을 이용하여 권한 없이 취득하거나 제3자로 하여금 취득하게 한 자는, 다른 법규에 의하여 더 중한 형을 규정하고 있지 아니하는 한, 2년 이하의 자유형 또는 벌금형에 처한다. (StGB § 202b *Abfangen von Daten*. Wer unbefugt sich oder einem anderen unter Anwendung von technischen Mitteln nicht für ihn bestimmte Daten (§ 202a Abs. 2) aus einer nichtöffentlichen Datenübermittlung oder aus der elektromagnetischen Abstrahlung einer Datenverarbeitungsanlage verschafft, wird mit Freiheitsstrafe bis zu zwei Jahren oder mit Geldstrafe bestraft, wenn die Tat nicht in anderen Vorschriften mit schwererer Strafe bedroht ist.)

257) 독일 형법 제263의 a조 (컴퓨터사기) ① 위법한 재산상의 이익을 취득하거나 제3자로 하여금 취득하게 할 의사로 부당한 프로그램의 입력, 부당하거나 불충분한 데이터의 사용, 데이터의 권한 없는 사용, 기타 권한 없이 영향을 행사하여 데이터처리에 영향을 줌으로써 타인의 재산에 손해를 가한 자는 5년 이하의 자유형 또는 벌금형에 처한다. (이하 생략) (StGB § 263a *Computerbetrug*. ① Wer in der Absicht, sich oder einem Dritten einen rechtswidrigen Vermögensvorteil zu verschaffen, das Vermögen eines anderen dadurch beschädigt, daß er das Ergebnis eines Datenverarbeitungsvorgangs durch unrichtige Gestaltung des Programms, durch Verwendung unrichtiger oder unvollständiger Daten, durch unbefugte Verwendung von Daten oder sonst durch unbefugte Einwirkung auf den Ablauf beeinflußt, wird mit Freiheitsstrafe bis zu fünf Jahren oder mit Geldstrafe bestraft.)

258) 독일 형법 제303의 b조 (컴퓨터업무방해) ① 타인의 중요한 데이터처리를 다음 각호 1의 행위를 통하여 현저하게 방해한 자는 3년 이하의 자유형 또는 벌금형에 처한다. (1) 제303의 a조 제1항의 범죄행위 [데이터손괴], (2) 타인에게 손해를 가하려는 의도

한편 독일 형법에서도 '권한 없는 접근' 또는 '권한 없는 취득'의 범위가 문제 되고 있다. 가상공간에서 행동의 자유와 정보보호를 조화하는 적절한 해석이 필요하기 때문이다. 따라서 '무권한 접근으로부터 보호되는 데이터', 또는 '비공개 데이터 전송'에 해당하려면, 원칙적으로 사용자별로 권한을 부여하는 계정을 부여하고 패스워드에 의한 접근을 허용하는 프로그램 기반 접근제한이어야 할 것이다. 독일의 판례 중에도 이러한 취지에 따라 패스워드가 설정되지 아니한 타인의 무선랜을 무단으로 사용한 행위는 독일 형법 제202의 a조(데이터탐지) 또는 제202의 b조(데이터가로채기)의 구성요건에 해당하지 아니한다고 판단한 예가 있다.[259]

4. 한국

가. 형법

우리 법의 컴퓨터범죄 관련 구성요건은 형법과 특별형법 규정에 나누어 규정되어 있다. 먼저 1995. 12. 29. 법률 제5057호로 개정된 형법은 '정보처리장치'와 '특수매체기록'의 개념을 도입하여 컴퓨터범죄의 기본 틀을 마련하였다고 볼 수 있다.[260] 형법의 컴퓨터범죄 관련 구성요건은 다음과 같이 구분할 수 있다.

먼저 ① '특수매체기록'으로 넓은 의미의 '문서' 개념을 보완한 경우이다. 형법 제140조 제3항(공무상비밀전자기록등내용탐지), 제227조의2(공전자기록등위작·변작), 제228조 제1항(공전자기록등불실기재), 제229조(위작·변작공전자기록등행사,

---

로 데이터(제202의 a조 제2항)를 입력하거나 전송하는 행위, (3) 데이터처리장치 또는 전산 자료가 입력된 물체를 파괴, 손상, 사용 불능, 제거 또는 변경하는 행위 (이하 생략) (StGB § 303b *Computersabotage*. ① Wer eine Datenverarbeitung, die für einen anderen von wesentlicher Bedeutung ist, dadurch erheblich stört, dass er (1) eine Tat nach § 303a Abs. 1 begeht, (2) Daten (§ 202a Abs. 2) in der Absicht, einem anderen Nachteil zuzufügen, eingibt oder übermittelt oder (3) eine Datenverarbeitungsanlage oder einen Datenträger zerstört, beschädigt, unbrauchbar macht, beseitigt oder verändert, wird mit Freiheitsstrafe bis zu drei Jahren oder mit Geldstrafe bestraft.)

259) LG Wuppertal, Beschluss vom 19.10.2010 - 25 Qs 10 Js 1977/08－177/10.

260) 제140조 제3항, 제227조의2, 제232조의2, 제314조 제2항, 제316조 제2항, 제347조의2를 각 신설하고, 제141조 제1항, 제228조 제1항, 제229조, 제234조, 제323조, 제366조를 각 개정하였다.

불실기재공전자기록등행사), 제232조의2(사전자기록등위작·변작), 제234조(위작·변작사전자기록등행사), 제316조 제2항(전자기록등내용탐지)이 이에 해당한다.

다음으로 ② '특수매체기록'으로 '재물' 또는 '물건'의 개념을 보완한 경우이다. 형법 제141조 제1항(공용전자기록등손상·은닉·무효), 제323조(권리행사방해), 제366조(전자기록등손괴·은닉)가 이에 해당한다.

마지막으로 ③ '정보처리장치'를 매개로 한 구성요건으로, 컴퓨터범죄의 체계에 있어 가장 중요한 것이라 할 수 있다. 형법 제314조 제2항(컴퓨터등손괴·전자기록등손괴·컴퓨터등장애업무방해),[261] 형법 제347조의2(컴퓨터등사용사기)가 이에 해당하는 것이다.[262]

나. 정보통신망 이용촉진 및 정보보호 등에 관한 법률

2001. 1. 16. 법률 제6360호로 전부 개정된 "정보통신망이용촉진및정보보호등에관한법률" 제48조는 "정보통신망 침해행위 등의 금지"라는 표제 하에 일련의 행위를 금지하고 이를 위반할 경우 처벌하도록 규정하였고, 위 규정은 2020. 2. 4. 법률 제16955호로 개정된 "정보통신망 이용촉진 및 정보보호 등에 관한 법률"(이하 '**정보통신망법**'이라 함) 제48조에 이르기까지 기본적으로 큰 변화 없이 다음과 같이 규정하고 있다.[263]

> **정보통신망법 제48조(정보통신망 침해행위 등의 금지)**
> ① 누구든지 정당한 접근권한 없이 또는 허용된 접근권한을 넘어 정보통신망에 침입하여서는 아니 된다.

261) 형법 제314조(업무방해) ② 컴퓨터 등 정보처리장치 또는 전자기록 등 특수매체기록을 손괴하거나 정보처리장치에 허위의 정보 또는 부정한 명령을 입력하거나 기타 방법으로 정보처리에 장애를 발생하게 하여 사람의 업무를 방해한 자도 제1항의 형[5년 이하의 징역 또는 1천500만 원 이하의 벌금]과 같다.

262) 형법 제347조의2(컴퓨터등 사용사기) 컴퓨터 등 정보처리장치에 허위의 정보 또는 부정한 명령을 입력하거나 권한 없이 정보를 입력·변경하여 정보처리를 하게 함으로써 재산상의 이익을 취득하거나 제3자로 하여금 취득하게 한 자는 10년 이하의 징역 또는 2천만 원 이하의 벌금에 처한다.

263) 제48조 제1항에 "허용된 접근권한을 초과하여"가 "허용된 접근권한을 넘어"로 수정된 외에 별다른 변화는 없다.

> ② 누구든지 정당한 사유 없이 정보통신시스템, 데이터 또는 프로그램 등을 훼손·멸실·변경·위조하거나 그 운용을 방해할 수 있는 프로그램(이하 "악성프로그램"이라 한다)을 전달 또는 유포하여서는 아니 된다.
> ③ 누구든지 정보통신망의 안정적 운영을 방해할 목적으로 대량의 신호 또는 데이터를 보내거나 부정한 명령을 처리하도록 하는 등의 방법으로 정보통신망에 장애가 발생하게 하여서는 아니 된다.

한편 정보통신망법 제70조의2는 "제48조 제2항을 위반하여 악성프로그램을 전달 또는 유포한 자"를 7년 이하의 징역 또는 7천만 원 이하의 벌금에 처하고, 제71조 제10호는 "제48조 제3항을 위반하여 정보통신망에 장애가 발생하게 한 자"를, 같은 법 제71조 제9호는 "제48조 제1항을 위반하여 정보통신망에 침입한 자"를 각 5년 이하의 징역 또는 5천만 원 이하의 벌금에 처하도록 하고 있다.

(1) 제48조 제2항

제48조 제2항은 "악성프로그램을 전달·유포"하는 것을 금지한다. 본 조항이 제정되기 전에는 악성프로그램으로 인하여 "정보처리에 장애가 발생하게 하여 사람의 업무를 방해"하여야 형법 제314조 제2항의 구성요건에 해당하였던 반면, 위 조항으로 인하여 악성프로그램을 전달·유포하는 행위만으로도 처벌할 수 있게 되었다는 점에서 의미가 있고, 따라서 제48조 제2항은 형법 제314조 제2항을 보완하는 역할을 하는 것이다.

(2) 제48조 제3항

한편 제48조 제3항은 "대량의 신호 또는 데이터를 보내거나 부정한 명령을 처리하도록 하는 등의 방법" 즉, 소위 '분산서비스거부 공격'(D-DoS)을 행위 태양으로 규정한다. 분산서비스거부 공격은 형법 제314조 제2항에 의하여도 처벌할 수 있으므로 본 조항은 컴퓨터등장애업무방해죄 중 특별한 행위 유형을 처벌하는 것으로 해석할 수도 있다.

그러나 형법은 "정보처리에 장애를 발생"하게 하여 업무를 방해하는 것을 금지하는 반면, 정보통신망은 "정보통신망에 장애가 발생"하는 것을 금지한다는 점을 눈여겨볼 필요가 있다. 다시 말하면, 형법 제314조 제2항은 '**정보처리**

장치'라는 정보통신망의 하부 시스템에 장애가 발생할 것을 요건으로 하는 반면, 정보통신망법 제48조 제3항은 보다 큰 개념인 '**정보통신망**'에 장애가 발생할 것을 요건으로 한다는 점에서 차이가 있는 것이다. 대법원도 검색순위조작 사건에서, '정보통신망의 기능을 물리적으로 수행하지 못하게 하거나 기능 수행을 저해하지 아니하는 이상' 형법의 '정보처리 장애'에 해당함은 별론으로 하되 '정보통신망 장애'에 해당하지 않는다고 판시하여 이를 분명하게 구별하고 있다.[264)]

(3) 제48조 제1항

접근권한 없는 정보통신망 침입을 금지하는 제48조 제1항은 정보통신망법의 구성요건 중 핵심에 해당한다. 다만, '컴퓨터'에 대한 권한 없는 접근을 금지하는 미연방 컴퓨터사기·남용법이나, '보호되는 데이터'에 대한 권한 없는 접근(제202의 a조, 데이터탐지), 또는 '비공개 데이터 전송으로부터 기술적 수단을 이용하여 권한 없이 데이터를 취득하는 것'(제202의 b조, 데이터가로채기)을 금지하는 독일 형법과 달리, '정보통신망'을 객체로 규정한 점에 특색이 있다.[265)]

대법원은 ① 피고인이 업무상 알게 된 직속 상관의 아이디와 비밀번호를 이용하여 직속 상관이 모르는 사이에 군 내부전산망에 접속하여 직속 상관의 명의로 군사령관에게 이메일을 보낸 경우 정보통신망 침입에 해당한다고 판시하고,[266)] ② 피고인이 사용이 정지되거나 사용할 수 없게 된 휴대전화를 '유심칩

---

264) 대법원 2013. 3. 28. 선고 2010도14607 판결 ('검색순위조작 사건'): "비록 허위의 정보자료를 처리하게 하였다고 하더라도 그것이 정보통신망에서 처리가 예정된 종류의 정보자료인 이상 (…) '부정한 명령'을 처리하게 한 것이라 할 수 없고, 나아가 그와 같이 허위의 자료를 처리하게 함으로써 정보통신망의 관리자나 이용자의 주관적 입장에서 보아 진실에 반하는 정보처리 결과를 만들어 내었다고 하더라도 정보통신망에서 정보를 수집·가공·저장·검색·송신 또는 수신하는 기능을 물리적으로 수행하지 못하게 하거나 그 기능 수행을 저해하지는 아니하는 이상 형법에서 정한 **정보처리 장애**에 해당하여 컴퓨터등장애업무방해죄가 성립될 수 있음은 별론으로 하고 (…) **정보통신망 장애**에 해당한다고 할 수 없다." (밑줄과 강조는 필자)

265) '컴퓨터'와 '정보통신망'의 법적 성격 차이와 그로 인한 문제점에 대하여는, 拙稿, 앞의 논문(주 240), 149면을 참고.

266) 대법원 2005. 11. 25. 선고 2005도870 판결 ('상관 아이디·비밀번호 도용사건'): "이용자가 자신의 아이디와 비밀번호를 알려주며 사용을 승낙하여 제3자로 하여금 정보통신망을 사용하도록 한 경우라고 하더라도, ① 그 제3자의 사용이 (…) 이용자의 의도

(USIM Chip) 읽기' 등을 통하여 다량의 문자메시지를 발송할 수 있는 상태로 조작하기 위한 목적으로 피해자 이동통신 회사의 정보통신망에 접속한 사안에서, 피해자 회사의 위탁대리점 계약자가 피해자 회사의 전산망에 접속하여 '유심칩 읽기'를 할 수 있는 경우는 개통, 불통, 휴대폰 개설자의 유심칩 변경 등 세 가지 경우로 한정되어 있으므로, 피고인의 행위는 허용된 접근권한을 초과하여 피해자 회사의 정보통신망에 침입한 것에 해당한다고 판시하였다.[267)]

나아가 ③ A 회사 대표이사인 피고인이 그 회사가 운영하는 웹사이트에서 무료프로그램을 다운로드받을 경우 악성프로그램이 숨겨진 특정 프로그램을 필수적으로 컴퓨터 내에 설치하도록 유도한 사건에서,[268)] 악성프로그램이 설

에 따라 이용자의 이익을 위하여 사용되는 경우와 같이 사회통념상 이용자가 직접 사용하는 것에 불과하거나, ② 서비스제공자가 이용자에게 제3자로 하여금 사용할 수 있도록 승낙하는 권한을 부여하였다고 볼 수 있거나 또는 ③ 서비스제공자에게 제3자로 하여금 사용하도록 한 사정을 고지하였다면 서비스제공자도 동의하였으리라고 추인되는 경우 등을 제외하고는, 원칙적으로 그 제3자에게는 정당한 접근권한이 없다." (구분기호 ①, ②, ③와 밑줄은 필자)

267) 대법원 2011. 7. 28. 선고 2011도5299 판결 ('유심칩 읽기 사건'). 동 판결의 문제점에 대하여는, 拙稿, 주거침입과 정보통신망침입: 보호법익과 '침입'의 해석론을 중심으로, 선진상사법률연구 제80호 (2017), 313, 344면 참고.

268) 대법원 2013. 3. 28. 선고 2010도14607 판결 ('검색순위조작 사건'): "원심은, 피고인의 A회사는 그 회사가 운영하는 웹사이트에서 컴퓨터 사용자들이 무료프로그램을 다운로드받을 경우 eWeb.exe(이하 '이 사건 프로그램'이라 함)이라는 악성프로그램이 몰래 숨겨진 'ActiveX'를 필수적으로 설치하도록 유도하는 방법으로 그들의 컴퓨터(이하 '**피해 컴퓨터**'라 함)에 이 사건 프로그램을 설치하였는데, 이 사건 프로그램의 목적, 기능에 비추어 이 사건 프로그램에 대한 정확한 정보를 제공받았다면 그들이 이를 설치하지 않았을 것으로 보이므로, 그들이 '키워드 프로그램을 설치하겠습니까'라는 공지사항을 확인한 후 'ActiveX'를 설치하였다고 하더라도 그것만으로 이 사건 프로그램의 설치에 동의한 것으로 볼 수 없다고 판단하고, 이 사건 프로그램이 피해 컴퓨터에서 사용자가 인식하지 못하는 상태에서 추가적인 명령 없이 자동으로 실행되면서 A회사의 서버 컴퓨터와 주기적으로 HTTP로 통신을 하다가 A회사 서버 컴퓨터 작업지시에 따라 피해 컴퓨터로 하여금 네이버 시스템에 연결하여 특정 검색어를 검색하거나 검색 후 나오는 결과 화면에서 특정 링크를 클릭한 것처럼 네이버 시스템에 허위의 신호를 발송하는 등의 작업을 하도록 한 원심 판시 인정사실에 비추어, 위 피고인이 정당한 접근권한 없이 또는 허용된 접근권한을 초과하여 **피해 컴퓨터 사용자들이 사용하는 정보통신망**을 침입한 사실을 인정할 수 있다는 이유로, (…) 이 부분 공소사실에 대하여 유죄를 선고한 제1심판결을 그대로 유지하였다. (…) 원심 판시에서 알 수 있는 ① **피해 컴퓨터에 연결된 정보통신망**을 이용한 이 사건 프로그램의 피해 컴퓨터 내의 설치 경

치됨으로써 피해 컴퓨터 사용자들의 정보통신망에 침입에 해당한다고 판시하였다.[269] 결론적으로 우리 법원은 프로그램 기반 접근제한의 경우뿐만 아니라('상관 아이디·비밀번호 도용사건'), 부여된 접근제한을 초과한 경우('유심칩 읽기 사건'), 접근제한이 되어있지 않은 정보통신망에서 악성프로그램 유포 등 불법적 행위를 한 경우('검색순위조작 사건')에도 정보통신망 침입을 인정하는 등 넓은 범위에서 제48조 제1항의 성립을 인정하고 있다.

5. 소결

각국의 입법례를 통해 살펴본 바와 같이, 각국은 비록 '권한 없는 접근'을 금지하고 이에 대한 형사처벌 규정을 두고 있다. 문언상 접근의 대상을 '컴퓨터', '데이터', 또는 '정보통신망' 등으로 달리 규정하고, 법원의 해석에 따라 구체적 성립범위에 차이가 있기는 하나, 적어도 프로그램 기반 접근제한을 위반하여 접근한 경우는 불법성을 인정하는 경향임을 알 수 있다.

Ⅲ. 역외 전자정보 수집의 범위

1. 영토주권 침해의 범위

본 항목에서는 '매뉴얼'과 개별 국가의 국내법을 고려하여 영토주권과 집행관할권의 범위를 검토한다. 앞서 살핀 바와 같이, 매뉴얼은 '표적 국가의 영토적 완전성에 대한 침해 정도'와 '정부 고유 기능에 대한 개입·침탈 여부'를 기준으로 영토주권 침해 여부를 판단한다. 나아가 영토적 완전성에 대한 침해는

위, ② 피해 컴퓨터 사용자들이 인식하지 못하는 상태에서의 이 사건 프로그램의 실행 및 **피해 컴퓨터에 연결된 정보통신망**을 이용한 A회사 서버 컴퓨터와의 통신, ③ 그 통신에 의한 지시에 따라 **피해 컴퓨터와 네이버 시스템 사이에 연결되는 정보통신망**을 이용한 네이버 시스템에 대한 허위 신호 발송 결과 등에 비추어 보면, 이 사건 프로그램이 설치됨으로써 **피해 컴퓨터 사용자들이 사용하는 정보통신망**에 침입하였다고 판단한 원심판결은 (…) 정보통신망의 침입에 관한 법리를 오해하는 등의 사유로 판결에 영향을 미친 위법이 없다." (구분기호 ①, ②, ③과 밑줄은 필자)

269) 동 판결의 문제점에 대하여는, 拙稿, 앞의 논문(주 267), 320면 참고.

① 물리적 손상, ② 기능상실, ③ 기능상실에 이르지 않는 영토의 완전성 침해의 3단계로 나누어 분석하는데, 위 ③의 범위에 대하여 아직 일치된 견해를 제시하지 못한다. 다른 국가 영토 내의 '물리적 현존'을 기준으로 하는 기존 국제규범과 정합성을 고려할 때, ① 물리적 손상, ② 기능상실을 영토주권 침해 기준으로 제시함은 타당하다. 그러나 상당수의 역외 전자정보 수집 방법은 물리적 손상이나 기능상실에는 미치지 못하는 경우가 많기 때문에, 가장 중요한 위 ③의 범위에 일치된 견해를 제시하지 못하는 매뉴얼의 기준은 여전히 모호성을 가짐을 지적한 바 있다.

개별 국가의 국내법을 통해 살펴본 바와 같이, 각국은 '권한 없는 접근'을 금지하고 이에 대한 형사처벌 규정을 두고 있다. 문언상 접근의 대상을 '컴퓨터', '데이터', 또는 '정보통신망' 등으로 달리 규정하고, 법원의 해석에 따라 구체적 성립범위에 차이가 있기는 하나, 적어도 프로그램 기반 접근제한을 위반하여 보호 대상에 접근한 경우는 위법성을 인정하는 경향임을 알 수 있다.

형벌권은 국가 주권의 가장 분명한 표현이다. 따라서 각국의 국내법이 형사처벌 대상으로 하는 행위 태양은 대상 국가의 영토적 완전성을 침해할 위험성이 높다. 매뉴얼은 기능상실에 이르지 않음에도 주권 침해에 해당하는 원격 사이버 작업으로 ① 사이버 기초설비나 프로그램이 다르게 작동하도록 하는 것, ② 물리적이거나 기능적 결과를 발생시키지 않는 수준에서 사이버 기초설비에 저장된 데이터를 변경·삭제하는 것, ③ 시스템에 악성 소프트웨어를 설치하는 것, ④ 시스템에 백도어를 설치하는 것, ⑤ 대형 '분산서비스거부 공격'(D-DoS)처럼 일시적이지만 심각한 기능상실을 발생시키는 것 등을 제시하고 있다.[270] 위 유형의 상당 부분이 컴퓨터 등에 대한 '권한 없는 접근'에 해당할 것으로 생각되며, 따라서 영토주권 침해의 가능성이 높다고 생각된다.

2. 역외 집행관할권의 범위

가. 검토: ①유형

매뉴얼이 제시하는 역외 집행관할권 판단기준도 역시 분명한 기준을 제시하

270) 매뉴얼 규칙 4 – 해설 14.

지 못하고 있다. 매뉴얼은 데이터를 ① '일반에 공개되어 사용 가능한 데이터'(publicly available data), ② '공개적으로 가용하지 않으나 인터넷에서 접근할 수 있는 데이터'(data that can be accessed on the Internet, but that is not publicly available), ③ '인터넷에서 접근할 수 없는 데이터'(data that in not meant to be accessible on the Internet)의 3단계로 나누고, 위 ①, ②의 경우는 역외 집행관할권의 대상이 아니라고 한다.

먼저 '일반에 공개되어 사용 가능한 데이터(①**유형**)'는 실행 국가에서 공개적으로 접근 가능하다는 사실을 근거로 역외 집행관할권의 대상이 아니라고 설명한다.[271] 제2장에서 설명한 바와 같이, 마이크로소프트 아일랜드 사건의 항소심은 데이터 '**저장**'(storage) 장소를 기준으로 저장통신법의 역외적용 여부를 판단하였고,[272] 구글 펜실베이니아 사건의 법원은 데이터 '**접근**'(access) 장소를 기준으로 하였다.[273] 매뉴얼의 해설은 수사기관이 직접 데이터에 접근하는 경우를 전제하는 반면, 위 사건들은 클라우드 서비스제공자에게 제출의무를 부과하는 법률의 역외적용 여부를 판단하는 것이므로 완전히 같은 쟁점을 다루는 것은 아니다. 그러나 쟁점이 되는 행위의 '법적 위치'를 판단한다는 점에서는 유사한 맥락을 가지는 것이다. 어쨌든 매뉴얼은 일반에 공개된 데이터의 경우 실행 국가에서 '접근 가능'하다는 점을 근거로 역외 집행관할권 행사에 해당하지 않는다고 판단하며, 이는 구글 펜실베이니아 사건의 연장선에 있는 것이라 할 수 있다.

나. 검토: ②유형, ③유형

그러나 매뉴얼이 제시하는 '접근 가능'의 의미는 분명하지 않다. 즉, 매뉴얼은 '공개적으로 가용하지 않으나 인터넷에서 접근할 수 있는 데이터(②**유형**)'도 실행 국가에서 접근 가능함을 이유로 역외 집행관할권 대상이 아니라고 한다. '실행 국가의 하나 이상의 사용자에 의한 접근이 예정된 데이터'가 이에 해당

271) 매뉴얼 규칙 11 – 해설 12.

272) *In re Warrant to Search a Certain E-Mail Account Controlled & Maintained by Microsoft Corp. (Microsoft Ireland)*, 829 F.3d 197 (2d Cir. 2016).

273) *In re Search Warrant No. 16-960-M-01 to Google (Google Pennsylvania)*, 232 F. Supp. 3d 708 (E.D. Pa. 2017).

하며, 구체적인 예시로 수사기관이 기망적 수단으로 패스워드 등의 정보를 획득하여 역외 정보에 접근한 경우를 들고 있다.[274)]

반면 '인터넷에서 접근할 수 없는 데이터(**③유형**)'는 역외 집행관할권 대상이라고 한다. '실행 국가의 사용자에 의한 접근이 예정되어 있지 않은 데이터'가 이에 해당하며, 구체적 예시로 인터넷에 연결되어 있기는 하나 다른 사람의 접근·이용이 전제되어 있지 않은 개인용 컴퓨터에 대한 해킹을 들고 있다.[275)]

네트워크 연결이 완전히 차단된 컴퓨터(stand alone computer)를 제외하면, 이론적으로 모든 컴퓨터는 접근 가능한 것이다. 그러나 이러한 견해에 서면 국가관할권의 범위가 지나치게 확장되므로 위와 같이 일정한 제약 기준을 제시한 것으로 생각된다. 매뉴얼의 기준은 아무리 소규모라 할지라도 정보의 원격 접근·이용을 전제하고 있고, 수사기관이 그에 대한 접근권한을 취득한 경우라면 역외 집행관할권 행사가 아니라는 취지로 보인다. 따라서 전형적인 개인용 컴퓨터를 제외하면 역외 집행관할권의 행사에 해당하는 범위는 매우 좁을 것이다.

이에 대하여는 사이버범죄방지조약 제32조의 내용과 비교할 때 영토적 관할권의 범위를 크게 넓힌다는 비판이 가능하다. 특히 위 **②유형**과 **③유형** 사이에 법적 취급을 달리할 극적인 차이가 있는지도 의문이다. 동의권자를 기망하여 접근권한을 얻는 것도 해킹과 마찬가지로 컴퓨터에 대한 권한 없는 접근에 해당할 수 있기 때문이다. 기망수단으로 접근권한을 취득할 때 그 대상은 '인터넷서비스 제공자'와 '사용자'로 나눌 수 있는바, 대법원의 판례를 기준으로 그 위법성을 검토해 본다.[276)]

① 인터넷서비스 제공자에 대한 기망: 우리 대법원은 피고인이 업무상 알게 된 직속 상관의 아이디와 비밀번호를 이용하여 직속 상관이 모르는 사이에 군 내부전산망에 접속하여 직속 상관의 명의로 군사령관에게 이메일을 보낸 경우

---

274) 매뉴얼 규칙 11 – 해설 13.

275) 매뉴얼 규칙 11 – 해설 14.

276) 우리 대법원 판례를 검토기준으로 삼는 것이 적절한지에 대한 의문이 있을 수 있다. 우리 판례는 개별 국가실행 중 하나이면서 '접근권한' 또는 그와 유사한 구성요건 요소 해석에 대한 다른 국가의 사례와도 상당 부분 일관성을 가진다. 따라서 최종적 판단의 기준까지는 아니라 하더라도, 일응의 검토기준으로 사용할 수는 있다고 생각된다.

정보통신망 침입에 해당한다고 판시한다.[277] 특히 대법원은 '서비스제공자의 추정적 의사'에 반하는 경우 정당한 접근권한이 없다는 취지로 판시함을 주목해야 한다. 따라서 서비스제공자를 기망하여 취득한 접근권한정보를 이용하여 정보통신망에 접근할 경우 '침입'에 해당할 여지가 있다. 또한 서버 또는 정보통신망에 대한 '접근권한'은 규범적 차원에서 주거침입의 구성요건요소 중 '동의'와 유사한 측면이 있으므로 주거침입 관련 판례를 참고할 수 있다고 생각된다.[278] 주거침입의 해석에서도 대법원은 행위자의 명시적·묵시적 欺罔으로 주거권자의 동의를 받은 경우 주거권자의 추정적 의사에 반한다는 이유로 침입을 인정하고 있다.[279]

② **사용자에 대한 기망**: 사용자를 기망하여 접근권한을 취득한 경우도 마찬가지이다. 서버 또는 정보통신망 관리자의 '추정적 의사'는 정당한 권한자로부터 편취 등의 방법으로 접근권한정보를 취득한 제3자에 대하여 원칙적으로 출입을 허가하지 않는 것이라 보아야 한다. 따라서 사용자를 기망하여 취득한 권한을 이용하여 접근하는 것도 허용되지 않는 것이다.

위와 같은 검토 내용에 비추어, 기망에 의해 취득한 접근권한의 사용과 해킹에 의한 접근은 정보에 대한 위법한 접근이라는 점에서 유사한 법적 평가를 받을 수 있다. 이러한 점에서 보면 (②**유형**)과 (③**유형**)은 상대적인 차이밖에 없

---

277) 대법원 2005. 11. 25. 선고 2005도870 판결 ('상관 아이디·비밀번호 도용사건'): "이용자가 자신의 아이디와 비밀번호를 알려주며 사용을 승낙하여 제3자로 하여금 정보통신망을 사용하도록 한 경우라고 하더라도, ① 그 제3자의 사용이 (…) 이용자의 의도에 따라 이용자의 이익을 위하여 사용되는 경우와 같이 사회통념상 이용자가 직접 사용하는 것에 불과하거나, ② 서비스제공자가 이용자에게 제3자로 하여금 사용할 수 있도록 승낙하는 권한을 부여하였다고 볼 수 있거나 또는 ③ 서비스제공자에게 제3자로 하여금 사용하도록 한 사정을 고지하였다면 서비스제공자도 동의하였으리라고 추인되는 경우 등을 제외하고는, 원칙적으로 그 제3자에게는 정당한 접근권한이 없다." (구분기호 ①, ②, ③와 밑줄은 필자)

278) 이러한 관점을 설명한 것으로, 拙稿, 앞의 논문(주 267), 336면 참고.

279) ① 대리응시자들의 시험장 입장이 시험관리자의 승낙 또는 그 추정된 의사에 반한 불법침입인 경우(대법원 1967. 12. 19. 선고 67도1281 판결), ② 피고인이 피해자가 사용중인 공중화장실 용변 칸에 노크하여 남편으로 오인한 피해자가 용변 칸 문을 열자 강간할 의도로 용변 칸에 들어간 경우(대법원 2003. 5. 30. 선고 2003도1256 판결) 등이 이에 해당한다.

는 것이다.[280] 따라서 적법하게 접근권한을 취득한 경우로 한정하여 역외 집행관할권의 범위를 인정해야 한다고 생각된다.

제3절 역외 전자정보 수집과 증거능력

Ⅰ. 위법수집증거 배제법칙

1. 들어가며

대상 국가의 서버에 물리적 손상을 가하거나, 해킹을 통해 해외 데이터를 취득한 경우 ① 실행 국가의 국내법, ② 국제규범, ③ 대상 국가의 국내법 관련 문제가 각각 발생한다. 앞서 살펴본 영토주권, 국가관할권의 논의는 국제법 위반 여부에 한정되는 것이다. 즉, 국가 간 관계에서 대상 국가의 동의를 받아야 하는지, 동의를 받지 않은 경우 국제법상 책임을 부담하는지에 대한 기준을 제시함에 불과하다. 국제법 위반의 문제가 있는 경우 해당 증거의 증거능력 판단에 어떠한 영향을 미치는지는 실행 국가의 국내법에 의하여 판단할 문제이다. 본 항목에서는 국제법상 위법이라는 이유로 반드시 **형사소송법 위반**도 인정되고, 나아가 **위법수집증거 배제법칙**의 적용대상인지 등의 문제를 검토한다.

---

280) 매뉴얼의 내용은 미 워싱턴주 연방지방법원의 고르시코프(*Gorshkov*) 판결의 취지를 반영한 것으로 보인다. 미국에서는 현재 관련 장소에 압수대상물이 존재하지 않으나 장차 압수대상물이 그곳에 나타날 때를 상정하여 미리 발부받는 특수한 형태의 영장이 인정되며(Wayne R. LaFave, Jerold H. Israel, Nancy J. King & Orin S. Kerr, **Criminal Procedure** 179 (5th ed. 2009)), 그에 따라 미리 설치하는 키로거 프로그램의 적법성이 인정되고 있다. 그러한 이유로 키로거 프로그램을 사용한 고르시코프 판결에서도 아이디, 패스워드 취득과정의 위법성이 따로 문제되지 않은 것으로 보인다. 그러나 이는 키로거 프로그램이라는 특수유형에 한정된 것이며, 기망수단에 의한 접근권한 취득의 일반적인 적법성을 인정하는 취지는 아니라고 생각된다.

2. 외국에서 수집한 증거의 증거능력

가. 판례의 태도

먼저 외국에서 수집한 증거의 증거능력에 대한 판례를 살펴본다. 외국에서 수집한 증거의 증거능력에 대하여는 주로 진술증거에 대한 **전문법칙**의 적용이 쟁점이 되어 왔다. 이에 대하여 대법원은 국내에서 취득한 진술증거와 마찬가지로 형사소송법 제312조부터 제316조까지의 규정을 그대로 적용하고 있다.[281)]

예컨대, ① 대법원은 외국의 권한 있는 수사기관도 형사소송법 제312조 제2항(현 제312조 제3항)의 '검사 이외의 수사기관'에 해당하므로, 미군 범죄수사대(Criminal Investigation Division, CID) 수사관이 미국에서 작성한 진술서는 피고인이 그 내용을 부인하는 이상 증거로 사용할 수 없다고 판시하고,[282)] ② 일본 주재 대한민국 영사에게 증인에 대한 진술청취 촉탁에 관한 공조를 요청한 사안에서, 영사가 공조요청서에 첨부된 질문사항에 관해 질문하고 증인으로부터 답변을 청취하여 작성한 '영사진술서'는 형사소송법 제313조 제1항의 '피고인 아닌 자의 진술을 기재한 서류'에 해당하나, 제314조의 '특신상태' 요건을 갖추지 못하였다는 이유로 증거능력을 부정하였다.[283)]

반면 **위법수집증거 배제법칙**의 문제를 다룬 사례는 그리 많지 아니하다. 대

---

281) 대법원 판례에 대한 포괄적인 분석은 다음 문헌을 참고할 수 있다. 안성훈·김민이·김성룡, 국제범죄수사에 있어서 외국에서 수집된 증거의 증거능력에 대한 연구 (한국형사정책연구원, 2017), 81면.

282) 대법원 2006. 1. 13. 선고 2003도6548 판결: [판결 요지] "(1) 형사소송법 제312조 제2항은 검사 이외의 수사기관이 작성한 피의자신문조서는 그 피의자였던 피고인이나 변호인이 그 내용을 인정할 때에 한하여 증거로 할 수 있다고 규정하고 있는바, 피고인이 검사 이외의 수사기관에서 범죄 혐의로 조사받는 과정에서 작성하여 제출한 진술서는 그 형식 여하를 불문하고 당해 수사기관이 작성한 피의자신문조서와 달리 볼 수 없고, 피고인이 수사 과정에서 범행을 자백하였다는 검사 아닌 수사기관의 진술이나 같은 내용의 수사보고서 역시 피고인이 공판 과정에서 앞서의 자백의 내용을 부인하는 이상 마찬가지로 보아야 하며, 여기서 말하는 검사 이외의 수사기관에는 달리 특별한 사정이 없는 한 외국의 권한 있는 수사기관도 포함된다." "(2) 미국 범죄수사대(CID), 연방수사국(FBI)의 수사관들이 작성한 수사보고서 및 피고인이 위 수사관들에 의한 조사를 받는 과정에서 작성하여 제출한 진술서는 피고인이 그 내용을 부인하는 이상 증거로 쓸 수 없다고 한 원심의 조치를 정당하다고 한 사례." (밑줄은 필자가 부기함)

283) 대법원 2006. 9. 28. 선고 2006도3922 판결.

표적으로 대법원은 군검찰관이 피고인을 뇌물수수 혐의로 기소한 후, 형사사법공조 절차를 거치지 아니한 채 과테말라공화국에 현지 출장하여 그곳 호텔에서 뇌물공여자 甲을 상대로 참고인 진술조서를 작성한 사안에서, 국제법상 보장되는 외국의 영토주권을 침해하고 국제형사사법공조 절차를 위반한 위법수집증거로써 증거능력이 부정되어야 한다는 피고인과 변호인의 주장을 배척하였다.[284)]

위와 같은 판단의 근거로 대법원은 다음의 두 가지 이유를 들고 있다. 즉, ① 조사의 상대방이 우리나라 국민이고, 조사의 방식이나 절차에 강제력이나 위력 등의 비자발적 요소가 개입되지 않았는바, 이는 일반적으로 용인되는 우호국(대한민국)과 그 국민 사이의 자유로운 의사연락에 불과하여 영토주권 침해의 문제가 없고, ② 과테말라공화국은 피고인에 대하여 국제법상 관할권을 행사할 아무런 연관성을 갖지 아니한다는 것이다. 그러나 위 판결은 검찰관이 형사사법공조 절차나 과테말라공화국 주재 우리나라 영사를 통한 조사 등의 방법을 택하지 않고 직접 현지 호텔에 가서 조사한 것은 수사의 정형적 형태를 벗어난 것이라는 점 등의 제반 사정을 고려하여 '**특신상태**'를 인정하지 아니하였고, 결국 증거능력을 부정하였다.[285)]

---

284) 대법원 2011. 7. 14. 선고 2011도3809 판결: "검찰관의 甲에 대한 참고인조사가 증거수집을 위한 수사행위에 해당하고 그 조사 장소가 우리나라가 아닌 과테말라공화국의 영역에 속하기는 하나, ① 조사의 상대방이 우리나라 국민이고 그가 조사에 스스로 응함으로써 조사의 방식이나 절차에 강제력이나 위력은 물론 어떠한 비자발적 요소도 개입될 여지가 없었음이 기록상 분명한 이상, 이는 서로 상대방 국민의 여행과 거주를 허용하는 우호국 사이에서 당연히 용인되는 우호국 국가기관과 그 국민 사이의 자유로운 의사연락의 한 형태에 지나지 않으므로 어떠한 영토주권 침해의 문제가 생겨날 수 없고, ② 더욱이 이는 우리나라와 과테말라공화국 사이의 국제법적 문제로서 피고인은 그 일방인 과테말라공화국과 국제법상 관할의 원인이 될 만한 아무런 연관성도 갖지 아니하므로, 피고인에 대한 국내 형사소송절차에서 위와 같은 사유로 인하여 위법수집증거배제법칙이 적용된다고 볼 수 없다." (구분기호 ①, ②와 밑줄은 필자)

285) 대법원 2011. 7. 14. 선고 2011도3809 판결: "甲이 자유스러운 분위기에서 임의수사의 형태로 조사에 응하였고 진술조서에 직접 서명·무인하였다는 사정만으로 위와 같은 정황을 인정하기에 부족할 뿐만 아니라, 오히려 ① 甲에 대한 참고인조사가 강제력을 수반하지 아니하여 과테말라공화국에 대한 주권 침해의 문제는 낳지 않는다고 하더라도, 검찰관이 이 사건 공소 제기 후에 군사법원의 증거조사절차 외에서, 그것도 형사사법공조 절차나 과테말라공화국 주재 우리나라 영사를 통한 조사 등의 방법을 택하지

또한 법원은 국정원 직원이 중국과 일본에서 피의자들이 북한 공작원과 회합하는 모습을 동영상 촬영한 사안에서, 외국의 영토주권을 침해하고 국제형사사법공조 절차를 위반한 위법수집증거로써 증거능력이 부정되어야 한다는 주장을 유사한 논리를 들어 배척한 바 있다. 즉, ① 대법원은 촬영의 상대방이 우리나라 국민이고 앞서 본 바와 같이 공개된 장소에서 일반적으로 허용되는 상당한 방법으로 이루어진 촬영으로서 강제처분이라고 단정할 수 없는 점을,[286] ② 서울고등법원은 중국 또는 일본이 피고인에 대하여 국제법상 관할권을 행사할 아무런 연관성을 갖지 아니한다는 점을 근거로 하여 위 주장을 받아들이지 않은 것이다.[287]

않고 직접 현지 호텔에 가서 조사를 실시한 것은 아무래도 수사의 정형적 형태를 벗어난 것이라고 보지 않을 수 없는 점, ② 甲은 뇌물공여자로서 스스로 처벌 대상이 됨에도 국외 도피를 통해 그에 대한 책임을 회피하고 조사 과정의 허위진술에 따른 불이익도 염려할 필요 없는 상태에서 일방적으로 진술한 점, ③ 甲이 이러한 고발에 이르게 된 데는 자신의 도피자금 제공 요구를 피고인이 거절한 것에 대한 나쁜 감정이 배경이 된 점, ④ 甲은 귀국 후 법정 증언 등을 통해 자신의 진술에 대한 진실성을 담보할 뜻이 없음을 분명히 하는 점, ⑤ 甲은 위 진술조서를 작성한 이후 피고인의 부탁에 의한 것이라고는 하나 위 진술조서의 내용이 사실과 다르다는 취지의 서류를 보내온 바 있고, 원심 증인 乙과의 전화통화 과정에서도 공소사실과 달리 피고인의 주장에 일부 부합하는 진술을 하기도 하는 점 등에 비추어 보면, 위 진술이 특별히 신빙할 수 있는 상태에서 이루어졌다는 점에 관한 증명이 있다고 보기 어렵다." (구분기호 ①, ②, ③, ④, ⑤와 밑줄은 필자)

286) 대법원 2013. 7. 26. 선고 2013도2511 판결 (왕재산 사건): "비록 위 동영상의 촬영행위가 증거수집을 위한 수사행위에 해당하고 그 촬영 장소가 우리나라가 아닌 일본이나 중국의 영역에 속한다는 사정은 있으나, 촬영의 상대방이 우리나라 국민이고 앞서 본 바와 같이 공개된 장소에서 일반적으로 허용되는 상당한 방법으로 이루어진 촬영으로서 강제처분이라고 단정할 수 없는 점 등을 고려하여 보면, 위와 같은 사정은 그 촬영행위에 의하여 취득된 증거의 증거능력을 부정할 사유는 되지 못한다." (밑줄은 필자)

287) 서울고등법원 2011. 7. 14. 선고 2011도3809 판결: "형사사법공조 절차를 거치지 아니한 수사행위로 인한 영토주권 침해의 문제가 생겨날 가능성이 있다고 하더라도, 이는 우리나라와 중국 또는 일본 사이의 국제법적 문제로서 피고인은 중국 또는 일본과 사이에 국제법상 관할의 원인이 될 만한 아무런 연관성도 갖고 있지 아니하므로 위 피고인들에 대한 국내 형사소송절차에서 위와 같은 사유로 인하여 위법수집증거배제법칙이 적용된다고 볼 수 없다." (밑줄은 필자)

나. 검토

위 판결들의 취지를 종합하면, ① 국제형사사법 공조법에 규정된 절차를 준수하지 않았다는 이유만으로 획득한 증거의 증거능력을 배척할 수 없다는 결론을 도출할 수 있다. 또한 ② 영토주권의 침해와 같은 국제법 위반의 문제가 위법수집증거 배제법칙의 고려요소임을 전제로 판단한다는 점을 알 수 있다.

판결 이유를 상세히 살펴보면, 먼저 ① 수사기관이 타국의 영토 내에 물리적으로 존재하면서 강제력을 수반한 수사 활동을 하는 경우에 영토적 완전성 침해를 인정하고 있다. 다음으로 ② 대상 국가가 수사 대상인 자국민에 대하여 국가관할권(판례는 '국제법상 관할'이라고 표현함)을 가지지 않는다는 점도 주권 침해의 문제가 발생하지 않는 이유로 들고 있다. 속지주의에 의하면 해당 국가가 수사 대상인 자국민에 대한 일반적 관할권을 가지는 것이지만, 재판 중인 혐의에 대하여 대한민국과 해당 국가가 경합적으로 관할권을 가지지는 않는다는 취지인 것이다. 전체적으로 판례의 태도는 탈린 매뉴얼이 제시하는 '영토적 완전성 침해'와 '정부 기능 개입·침탈'이라는 기준과 맥락을 같이 한다. 다만 위와 같은 일반적인 기준을 넘어, 국제법상 위법이라는 이유로 형사소송법 위반도 인정되고 나아가 위법수집증거 배제법칙의 적용대상인지의 문제를 면밀히 검토한 사례는 흔하지 않다. 최근 역외 전자정보 압수·수색의 사건에서 본 문제가 쟁점이 되었는바, 이에 대하여는 후술한다.

3. 위법수집증거 배제법칙과 국제법규

형사소송법 제308조의2는 "위법수집증거의 배제"라는 표제하에 "적법한 절차에 따르지 아니하고 수집한 증거는 증거로 할 수 있다"고 규정한다. 또한 대법원은 수사기관의 절차 위반행위가 "**적법절차의 실질적 내용**"을 침해하는 경우에 유죄 인정의 증거로 사용할 수 없다고 판시한다.[288] 이에 대하여 별개 의

---

288) 대법원 2007. 11. 15. 선고 2007도3061 전원합의체 판결: "헌법과 형사소송법이 정한 절차에 따르지 아니하고 수집한 증거는 기본적 인권보장을 위해 마련된 적법한 절차에 따르지 않은 것으로서 **원칙적으로 유죄 인정의 증거로 삼을 수 없다.**" "다만 (…) 수사기관의 증거수집 과정에서 이루어진 절차 위반행위와 관련된 모든 사정 즉, ① 절

견은 "**영장주의 정신과 취지를 몰각하는 중대한 위법**"을 판단기준으로 제시한다.[289] 그렇다면 '법', '적법절차의 실질적 내용'은 무엇을 포함하는가? 특히, 국제규범도 '법'에 포함되는지, 또는 '적법절차의 실질적 내용'을 구성하는지가 문제 된다.

우리 헌법 제6조 제1항은 "헌법에 의하여 체결·공포된 조약과 일반적으로 승인된 국제법규는 국내법과 같은 효력을 갖는다"고 규정한다. 위 규정의 해석에는 다음과 같은 문제가 있다. 먼저 "일반적으로 승인된 국제법규"의 범위가 문제 된다. 이에 대하여 ① 국제관습법에 더하여 일반적으로 규범력이 인정되는 조약도 포함한다는 견해도 있으나,[290] ② 국제관습법만을 의미한다고 해석된다.[291] 국제사회의 호응을 얻은 조약이라 하더라도 조약 자체가 아니라 그

차조항의 취지와 그 위반의 내용 및 정도, ② 구체적인 위반 경위와 회피 가능성, ③ 절차조항이 보호하고자 하는 권리 또는 법익의 성질과 침해 정도 및 피고인과의 관련성, ④ 절차 위반행위와 증거수집 사이의 인과관계 등 관련성의 정도, ⑤ 수사기관의 인식과 의도 등을 전체적·종합적으로 살펴볼 때, 수사기관의 절차 위반행위가 '**적법절차의 실질적인 내용**'을 침해하는 경우에 해당하지 아니하고, 오히려 그 증거의 증거능력을 배제하는 것이 헌법과 형사소송법이 형사소송에 관한 절차조항을 마련하여 적법절차의 원칙과 실체적 진실 규명의 조화를 도모하고 이를 통하여 형사 사법 정의를 실현하려 한 취지에 반하는 결과를 초래하는 것으로 평가되는 **예외적인 경우라면, 법원은 그 증거를 유죄 인정의 증거로 사용할 수 있다.**" (구분기호 ①, ②, ③, ④, ⑤와 밑줄은 필자)

289) 대법원 2007. 11. 15. 선고 2007도3061 전원합의체 판결에서 대법관 양승태, 김능환, 안대희의 별개 의견: "지나치게 엄격한 기준으로 위법수집증거의 배제원칙을 선언함으로써 자칫 실체적 진실 규명을 통한 형벌권의 적정한 행사라는 형사 사법의 또 다른 목표의 달성을 불가능하게 하거나 지나치게 어렵게 만들 우려가 있다. 그러므로 수집 절차에 위법이 있는 압수물의 증거능력은, 법원이 그 증거수집 절차와 관련된 모든 사정 즉, ① 절차조항의 취지와 그 위반의 내용 및 정도, ② 구체적인 위반 경위와 회피 가능성, ③ 절차조항이 보호하고자 하는 권리 또는 법익의 성질과 침해 정도, ④ 수사기관의 인식과 의도 등을 전체적·종합적으로 고려하여 볼 때 그 증거수집 절차의 위법사유가 **영장주의의 정신과 취지를 몰각하는 것으로서 그 증거의 증거능력을 부정해야 할 만큼 중대한 것**이라고 인정될 경우에는 그 증거능력을 부정하여야 하고, 그 위법사유가 이 정도에 이르지 아니하는 경우에는 그 압수물의 증거능력을 부정하여서는 아니 된다." (구분기호 ①, ②, ③, ④와 밑줄은 필자)

290) 헌법학계의 다수 견해이다(권영성, 헌법학원론(개정판, 2009), 175면; 성낙인, 헌법학(제16판, 2016), 319면 등). 이러한 견해에 따르면, 우리나라가 아직 가입하지 않은 사이버범죄방지조약도 "일반적으로 승인된 국제법규"에 포함될 여지가 있다.

내용이 국제관습법으로서 일반적 규범력을 가지기 때문이다.[292]

다음으로 조약과 일반적으로 승인된 국제법규는 그대로 당연히 국내법 일부가 되는지, 아니면 따로 국내법을 제정해야 하는지가 문제 된다. 헌법상 적법하게 체결한 조약은 공포만으로 국내적 효력을 가지며, 일반적으로 승인된 국제법규는 공포도 필요하지 않다.[293] 그러나 주로 법원 판결의 형식에 의하여 '일반적으로 승인된 국제법규'임을 결정하는 절차는 필요할 것이다. 또한 조약과 일반적으로 승인된 국제법규의 국내적 효력이 문제 되는바, 일반적으로 헌법은 조약 등에 우선하며 법률은 동위에 있다고 해석된다.[294]

헌법 제6조 제1항의 해석에 의하면, 일반적으로 승인된 국제법규는 형사소송법 제308조의2의 '법', 또는 대법원이 말하는 '적법절차의 실질적 내용'을 구성할 수 있다. 또한 역외 전자증거 압수·수색과 관련한 '일반적으로 승인된 국제법규'의 구체적 내용은, 앞서 검토한 영토주권과 집행관할권의 논의를 참고할 수 있다.

4. 적법절차의 실질적 내용

가. 일반론

헌법 제6조 제1항의 "헌법에 의하여 체결·공포된 조약과 일반적으로 승인된 국제법규"는 형사소송법 제308조의2의 '법', 또는 대법원이 말하는 '적법절차의 실질적 내용'을 구성할 수 있다. 앞서 살펴본 바와 같이, 대법원도 이를 받아들이는 전제에서 외국에서의 수사 활동으로 취득한 증거의 증거능력을 판단하고 있다. 그러나 국제법 위반의 문제가 있다고 하여 바로 위법수집증거 배제법칙에 의해 증거능력이 부정되는 것은 아니다. 대법원도 수사기관의 증거수집 과정에서 이루어진 절차 위반행위와 관련된 모든 사정을 전체적·종합적으로 살펴 '**적법절차의 실질적인 내용**'을 침해하는지를 검토해야 한다고 판시

291) 김대순, 앞의 책(주 1), 271면; 정인섭, 앞의 책(주 1), 116면.
292) 정인섭, 앞의 책(주 1), 116-7면.
293) 김대순, 앞의 책(주 1), 270, 311면; 이한기, 앞의 책(주 2), 144면; 정인섭, 앞의 책(주 1), 110면.
294) 김대순, 앞의 책(주 1), 270, 311면; 정인섭, 앞의 책(주 1), 110면 이하.

하기 때문이다.[295] 국제법 위반의 소지가 있다고 하여 바로 위법수집증거 배제법칙에 따라 증거능력을 부정할 것이 아니라 수사기관 활동에 따른 공익과 프라이버시 침해 등의 사익을 비교 형량하여 증거능력 인정 여부를 결정하게 될 것이다.

위법수집증거 배제법칙의 적용이 문제 되는 유형으로 강학상 영장주의, 적법절차 등 헌법정신에 반한 경우, 형사소송법의 효력 규정을 위반하여 수집한 증거 등을 예로 들 수 있다.[296] 판례는 **영장주의**에 반하는 것으로 ① 영장 없이 정보를 취득한 경우,[297] ② 영장에 기재되지 않은 물건에 대한 압수·수색,[298] ③ 압수·수색의 집행 중에 별도의 범죄 혐의와 관련된 증거를 발견하고도 그 범죄 혐의에 대한 영장을 발부받지 않은 경우,[299] ④ 긴급 압수·수색

---

295) 대법원은 수사기관의 증거수집 과정에서 이루어진 절차 위반행위와 관련된 모든 사정 즉, "① 절차조항의 취지와 그 위반의 내용 및 정도, ② 구체적인 위반 경위와 회피 가능성, ③ 절차조항이 보호하고자 하는 권리 또는 법익의 성질과 침해 정도 및 피고인과의 관련성, ④ 절차 위반행위와 증거수집 사이의 인과관계 등 관련성의 정도, ⑤ 수사기관의 인식과 의도" 등을 전체적·종합적으로 살펴 "적법절차의 실질적인 내용"을 침해하는 경우인지를 검토한다고 판시한다. 대법원 2007. 11. 15. 선고 2007도3061 전원합의체 판결.

296) 이재상·조균석, 형사소송법(제11판, 2017), 584면.

297) 대법원 2013. 3. 28. 선고 2012도13607 판결: "수사기관이 범죄 수사를 목적으로 금융실명거래 및 비밀보장에 관한 법률(이하 '금융실명법'이라 한다) 제4조 제1항에 정한 '거래정보 등'을 획득하기 위해서는 법관의 영장이 필요하고, 신용카드에 의하여 물품을 거래할 때 '금융회사 등'이 발행하는 매출전표의 거래명의자에 관한 정보 또한 금융실명법에서 정하는 '거래정보 등'에 해당하므로, 수사기관이 금융회사 등에 그와 같은 정보를 요구하는 경우에도 법관이 발부한 영장에 의하여야 한다. 그럼에도 수사기관이 영장에 의하지 아니하고 매출전표의 거래명의자에 관한 정보를 획득하였다면, 그와 같이 수집된 증거는 원칙적으로 형사소송법 제308조의2에서 정하는 '적법한 절차에 따르지 아니하고 수집한 증거'에 해당하여 유죄의 증거로 삼을 수 없다." (밑줄은 필자)

298) 대법원 2009. 3. 12. 선고 2008도763 판결: "헌법과 형사소송법이 구현하고자 하는 적법절차와 영장주의의 정신에 비추어 볼 때, 법관이 압수·수색영장을 발부하면서 '압수할 물건'을 특정하기 위하여 기재한 문언은 엄격하게 해석하여야 하고, 함부로 피압수자 등에게 불리한 내용으로 확장 또는 유추 해석하여서는 안 된다. 따라서 압수·수색영장에서 압수할 물건을 '압수장소에 보관 중인 물건'이라고 기재하고 있는 것을 '압수장소에 현존하는 물건'으로 해석할 수는 없다." (밑줄은 필자)

299) ① 대법원 2014. 1. 16. 선고 2013도7101 판결: "수사기관이 피의자 甲의 공직선거법위반 범죄사실로 발부받은 압수·수색영장을 집행하는 과정에서 乙, 丙 사이의 대화가

의 요건을 갖추지 못한 경우,[300] ⑤ 사후 압수·수색영장을 발부받지 않은 경우,[301] ⑥ 영장 사전제시 원칙을 위반한 경우,[302] ⑦ 압수·수색영장의 집행 후에 지체없이 압수목록을 작성하여 교부하지 않은 경우[303] 등을 들고 있다.

또한 **적법절차**에 위반한 것으로 ① 피의자의 진술거부권,[304] ② 변호인과의 접견교통권을 침해하거나,[305] ③ 변호인의 피의자신문참여권이 보장되지 않은

녹음된 녹음파일을 압수하여 乙, 丙의 공직선거법위반 혐의사실을 발견한 것은 압수·수색영장에 기재된 피의자 甲의 혐의사실과 관련이 없으므로 별도의 압수·수색영장을 발부받지 않은 이상 위법수집증거로서 증거능력을 인정할 수 없다."; ② 대법원 2015. 7. 16.자 2011모1839 결정(종근당 사건): "전자정보에 대한 압수·수색이 종료되기 전에 혐의사실과 관련된 전자정보를 적법하게 탐색하는 과정에서 별도의 범죄 혐의와 관련된 전자정보를 우연히 발견한 경우라면, 수사기관은 더 이상의 추가 탐색을 중단하고 법원에서 별도의 범죄혐의에 대한 압수·수색영장을 발부받은 경우에 한하여 그러한 정보에 대하여도 적법하게 압수·수색을 할 수 있다."

300) 대법원 2009. 12. 24. 선고 2009도11401 판결: "피고인에 대한 긴급체포가 위법하므로 그에 수반하여 이루어진 각 압수절차 또한 위법임을 면할 수 없고, 가사 위 긴급체포가 적법하여 그에 수반된 압수절차가 허용되는 경우라 하더라도 이후 공소외인 등은 그 영장을 발부받아야 함에도 그러한 조치가 이루어지지 아니하였으므로, 위와 같이 위법한 압수절차에 의하여 압수한 물건은 이 사건 공소사실을 유죄로 인정하는 증거로 사용할 수 없다." (밑줄은 필자)

301) ① 대법원 2009. 5. 14. 선고 2008도10914 판결: [판결 요지] "구 정보통신망 이용촉진 및 정보보호 등에 관한 법률상 음란물 유포의 범죄 혐의를 이유로 압수·수색영장을 발부받은 사법경찰리가 피고인의 주거지를 수색하는 과정에서 대마를 발견하자, 피고인을 마약류관리에 관한 법률 위반죄의 현행범으로 체포하면서 대마를 압수하였으나, 다음 날 피고인을 석방하였음에도 사후 압수·수색영장을 발부받지 않은 사안에서, 위 압수물과 압수조서는 형사소송법상 영장주의를 위반하여 수집한 증거로서 증거능력이 부정된다고 한 사례."; ② 대법원 2012. 11. 15. 선고 2011도15258 판결: "수사기관이 법원으로부터 영장 또는 감정처분허가장을 발부받지 아니한 채 피의자의 동의 없이 피의자의 신체로부터 혈액을 채취하고 사후에도 지체없이 영장을 발부받지 아니한 채 혈액 중 알코올농도에 관한 감정을 의뢰하였다면, 이러한 과정을 거쳐 얻은 감정의뢰회보 등은 형사소송법상 영장주의 원칙을 위반하여 수집하거나 그에 기초하여 획득한 증거로서, 원칙적으로 절차위반행위가 적법절차의 실질적인 내용을 침해하여 피고인이나 변호인의 동의가 있더라도 유죄의 증거로 사용할 수 없다." (밑줄은 필자)

302) 대법원 2017. 9. 7. 선고 2015도10648 판결; 2017. 9. 21. 선고 2015도12400 판결.

303) 대법원 2017. 9. 7. 선고 2015도10648 판결; 2018. 2. 8. 선고 2017도13263 판결.

304) 피의자의 진술거부권 침해: 대법원 2014. 4. 10. 선고 2014도1779 판결; 대법원 2011. 11. 10. 선고 2010도8294 판결; 대법원 2010. 5. 27. 선고 2010도1755 판결; 대법원 2009. 8. 20. 선고 2008도8213 판결.

경우,[306] ④ 영상녹화·녹음 사실을 피의자에게 미리 알려주지 않거나 참고인의 동의를 얻지 아니하고 진술을 녹화·녹음한 경우,[307] ⑤ 압수·수색에서 참여권을 보장하지 않은 경우[308] 등을 들고 있다.

나. 역외 전자정보 수집과 적법절차의 실질적 내용

(1) 당사자 참여권: 개인정보자기결정권과 방어권 보장

그렇다면 역외 전자정보 압수·수색의 맥락에서 '적법절차의 실질적 내용'을 구성하는 요소는 어떠한 것이 있는가? 전자정보 압수·수색의 특성을 고려할 때, 앞서 제3장에서 논한 바와 같이 유관정보의 선별 과정에 참여하는 당사자의 참여권이 그 핵심을 이룰 수밖에 없다. 정보주체의 개인정보자기결정권 보호와 피의자의 방어권 보장이 전자정보 압수·수색절차에서 보호되어야 할 핵심 법익이며, 그 수단은 당사자 참여권이기 때문이다.

이와 관련하여 대법원이 '시나닷컴' 사건에서, 인터넷서비스 이용자는 ① '이메일 계정과 관련 서버에 대한 접속 권한', ② '전자정보에 관한 작성·수정·열람·관리 등의 처분 권한', ③ '전자정보의 내용에 관하여 사생활의 비밀과 자유 등의 권리 보호 이익'을 가지는 주체로서 '**해당 전자정보의 소유자 내지 소지자**'라고 판시한 것은 주목할 만하다.[309] 수사단계의 압수·수색 집행은, ①

---

305) 변호인의 접견교통권 침해: 대법원 1990. 9. 25. 선고 90도1586 판결; 대법원 1990. 8. 24. 선고 90도1285 판결.

306) 변호인의 피의자신문참여권: 대법원 2013. 3. 28. 선고 2010도3359 판결.

307) 대법원 2014. 10. 15. 선고 2011도3509 판결: "선거관리위원회 위원·직원이 관계인에게 진술이 녹음된다는 사실을 미리 알려 주지 아니한 채 진술을 녹음하였다면, 그와 같은 조사절차에 의하여 수집한 녹음파일 내지 그에 터 잡아 작성된 녹취록은 형사소송법 제308조의2에서 정하는 '적법한 절차에 따르지 아니하고 수집한 증거'에 해당하여 원칙적으로 유죄의 증거로 쓸 수 없다."

308) 대법원 2015. 7. 16.자 2011모1839 결정(종근당 사건).

309) 대법원 2017. 11. 29. 선고 2017도9747 전원합의체 판결(역외 서버 압수·수색 사건 – 시나닷컴): "**인터넷서비스 이용자**는 ① 인터넷서비스 제공자와 체결한 서비스이용계약에 따라 인터넷서비스를 이용하여 개설한 이메일 계정과 관련 서버에 대한 접속 권한을 가지고, ② 해당 이메일 계정에서 생성한 이메일 등 전자정보에 관한 작성·수정·열람·관리 등의 처분 권한을 가지며, ③ 전자정보의 내용에 관하여 사생활의 비밀과 자유 등의 권리 보호 이익을 가지는 주체로서 해당 **전자정보의 소유자 내지 소지자**라고 할 수 있다." (구분기호 ①, ②, ③과 밑줄은 필자)

'처분을 받는 자'에 대한 영장 제시(법 제219조, 제118조), ② '피의자 또는 변호인'에 대한 통지(법 제219조, 제122조), ③ '피의자 또는 변호인'의 참여(법 제219조, 제121조), ④ '소유자, 소지자, 보관자 기타 이에 준할 자'에 대한 압수목록 교부(법 제219조, 제129조) 등의 순서로 진행된다. 위 사안에서 수사기관은 적법하게 취득한 피의자의 계정정보를 이용하여 서버에 접속하면서, 피의자(정보주체)에게 영장을 제시하고 참여의 기회를 제공하였다. 이에 대법원은 피의자(정보주체)가 '처분을 받는 자'(법 제118조)이자 '소유자 또는 소지자'(법 제129조)에 해당한다는 전제 아래 절차적 위법성을 판단한 것이다.

물론 위 사건은 제3자(인터넷서비스 제공자)에 대하여 압수·수색영장을 집행한 사안은 아니라는 점에서 일정한 한계는 있다. 그러나 압수·수색의 대상이 제3자가 보관하는 전자정보라 하더라도 정보주체는 피의자라는 점을 확인한 점에서 큰 의미가 있다고 판단된다.

(2) 국제법 위반의 판단과 일관성 유지

앞서 기존 국제규범과 개별 국가의 국내법의 내용을 종합적으로 검토할 때, 접근권한 없는 침입은 국제법 위반(영토주권 침해)을 구성할 가능성이 높다는 점을 설명하였다. 개인정보자기결정권과 방어권 보장을 위해 당사자 참여권의 보장을 강조하는 본 문헌의 주장은, 국제법 문제에 대한 위 내용과도 일관된 맥락을 가지는 것이다. 수사기관이 '권한 없는 침입'을 시도할 경우, 당사자에게 절차참여권을 보장해 줄 가능성은 극히 낮을 것으로 생각된다. 반면, 수사기관이 진술거부권 보장 하에 피의자로부터 접근권한을 취득하였거나, 독립적 수사 활동으로 적법하게 접근권한을 취득한 경우, 상대적으로 당사자의 절차 참여를 거부할 이유가 많지 않을 것이다.

당사자 참여권의 보장은 '공개성'을 의미한다. 공개된 강제처분은 수사기관의 무관정보에 대한 무분별한 접근을 막는 외에 적법한 권한 없는 정보 접근을 막는 효과도 있을 것이다. 즉, 국제법 위반의 기준과 증거능력 판단의 기준은 일관성을 갖추고 상호 보완하면서 역외 전자정보 압수·수색 과정의 적법성을 실질적으로 보장할 수 있을 것이다.

Ⅱ. 역외 전자정보 관련 판례 검토

1. 서울고등법원 2017. 6. 13. 선고 2017노23 판결

본 항목에서는 지금까지 살펴본 국제법 위반, 적법절차의 실질적 내용에 대한 기준을 바탕으로 역외 전자정보 압수·수색 관련 판례를 상세히 검토하고자 한다.[310)]

항소심은 ① 수사기관이 적법한 방법으로 이메일 계정에 대한 접근권한정보를 확보하고, ② 피의자(인터넷서비스 이용자)의 이메일 계정에 대한 접근권한에 갈음하여 발부받은 압수·수색영장에 따라 국내에서 해외 인터넷서비스 제공자의 해외 서버에 접속한 후, ③ 송·수신이 완료된 이메일 등 전자정보를 추출, 저장하는 방법으로 압수·수색하는 것(이하 '**원격 역외 압수·수색**'이라 함)은, 대물적 강제처분인 압수·수색의 효력을 아무런 근거 없이 확장하는 것으로 적법하다고 볼 수 없다고 판시한다. 그 근거로 다음과 같은 3가지 이유를 제시한다.

가. 근거(1): '원격 역외 압수·수색'은 형사소송법이 상정하는 압수·수색의 방법이 아니다.

항소심은, 외국에 위치한 서버에서 해당 전자정보 자체를 보관하고 있는 인터넷서비스 제공자에 대한 강제처분이 아닌 그 밖의 방법으로 전자정보를 확

310) 본 사건의 사실관계는 제2장에 소개되어 있으나, 검토의 편의를 위해 아래에 간략히 정리하여 둔다. 국가정보원 수사관은 국가보안법위반 등 혐의로 수사하던 중 甲의 차량에서 압수한 이동형 저장장치(USB)에 암호화되어 저장되어 있던 파일을 복호화하였고, 그 결과 甲 등이 시나닷컴(sina.com)에서 사용한 이메일 아이디와 비밀번호를 알게 되었다. 수사기관은 '압수할 물건'을 '시나닷컴(sina.com) 이메일 계정 내 편지함 등에 저장된 이메일 내용 등'으로, '압수·수색 장소'를 '한국인터넷진흥원 사무실에 설치된 PC'로 하여 영장을 청구하였고, 법원은 甲에게 압수·수색에 참여할 기회를 부여할 것을 부가조건으로 하여 영장을 발부하였다. 수사기관은 甲과 그 변호인에게 영장을 제시하며 참여 의사를 확인하였으나 참여 의사를 밝히지 아니하여, 한국인터넷진흥원 직원의 참여하에 위 웹사이트의 이메일 계정에 접속하였고, 15건의 이메일 및 그 첨부파일을 추출하여 이미지화하고 저장하는 방법으로 압수하였다. 검사는 위와 같이 압수된 이메일 등을 증거로 甲을 국가보안법위반 등으로 기소하였다.

보하는 것[311]은 형사소송법이 상정하는 압수·수색의 방법이 아니라고 판시한다.[312] 즉, 제3자(인터넷서비스 제공자)를 압수대상자로 하는 경우만 적법한 방식이라는 것이다. '형사소송법의 압수·수색은 피고인 또는 피의자 등을 상대로 이루어지는 대인적 강제처분이 아니라 압수할 물건을 상대로 이루어지는 대물적 강제처분'이라는 점을 논거로 든다.

나. 근거(2): '원격 역외 압수 · 수색'은 형사소송법이 정하는 압수 · 수색의 집행방식에 부합하지 아니한다.

'원격 역외 압수 · 수색'은 ① 대상물의 '소유자, 소지자 또는 보관자', '전기통신을 소지 또는 보관하는 기관' 등을 상대로 압수·수색이 이루어질 것을 정하는 **법 제106조, 제107조**에 저촉되고, ② '처분을 받는 자'에게 압수·수색영장을 반드시 제시하도록 정하는 **법 제118조**, 압수·수색이 피의자의 주거지 외에서 이루어질 경우 해당 '주거주 또는 간수자 등'을 참여하도록 하는 **법 제123조**의 규정을 실질적으로 회피하게 되며, ③ 압수·수색 처분을 받는 인터넷서비스 제공자의 참여가 배제되어 수집된 증거의 원본성과 무결성을 담보할 수 없는 문제가 있다는 것이다.[313]

---

311) 소위 '**원격 역외 압수 · 수색**'을 의미한다.

312) 서울고등법원 2017. 6. 13. 선고 2017노23 판결: "압수·수색에 관한 형사소송법의 제 규정들을 보면 형사소송법에서 정하고 있는 압수·수색은 피고인 또는 피의자 등을 상대로 이루어지는 대인적 강제처분이 아니라 압수할 물건을 상대로 이루어지는 대물적 강제처분이라고 할 것이고, 전자우편 등 통신비밀보호법 제2조 제3에서 정하는 전기통신에 대한 압수·수색 역시 비록 그 대상이 유형물이 아니어서 실제 압수·수색을 하기 위해서는 해당 자료를 보관하고 있는 기관 등의 협조가 필수적이라는 특징이 있기는 하나, 이를 달리 볼 것은 아니라고 할 것이다. 그런데 만약 수사기관이 특정 이메일서비스 이용자로부터 이메일 계정에 관한 접근권한에 관한 자료(ID, 비밀번호)를 확보하였음을 기화로, 외국에 위치한 서버에서 해당 디지털정보 자체를 보관하고 있는 이메일서비스 제공자에 대한 강제처분이 아닌 그 밖의 방법에 의하여 해당 이메일 계정에 접근하여 관련 전기통신 등에 관한 자료를 확보하는 것은 형사소송법이 상정하고 있는 압수·수색의 방법은 아닌 것으로 보인다." (밑줄은 필자)

313) 서울고등법원 2017. 6. 13. 선고 2017노23 판결: "이러한 압수·수색의 경우, 형사소송법이 정하고 있는 압수·수색의 집행방식에도 부합하지 아니한다. ① 즉, 실제로는 해외 이메일서비스 제공자가 외국 소재 서버에서 보관 중인 전기통신 등을 압수·수색의 대상으로 하면서도 압수·수색영장 상의 압수·수색 장소는 국내의 임의의 장소로 기

항소심은 제3자(인터넷서비스 제공자)를 압수대상자로 하는 경우만 적법한 방식이라는 논리를 집행 절차에서도 일관되게 적용하고 있다. 따라서 집행과정에 인터넷서비스 제공자가 배제되는 '**원격 역외 압수·수색**'은 적법성을 인정받기 어려운 것이다. 한편 법 제121조, 제122조는 명시적으로 집행 참여 통지 및 참여권 보장의 대상이 '피의자 또는 변호인'이라고 규정함에도, 항소심이 제3자(인터넷서비스 제공자)의 참여가 배제되는 점을 집행과정의 문제점으로 열거한 것은 적절하지 않다. 물론 항소심도 이러한 점을 고려하여 그 이유에 법 제121조, 122조를 언급하지 않고 '원본성과 무결성 보장'을 논하는 것으로 보인다. 그러나 원본성과 무결성을 보장하는 방법은 인터넷서비스 제공자의 참여 외에도 다양한 방법이 있으므로 이러한 논증의 설득력은 크지 않다고 생각된다.

다. 근거(3): 해외 인터넷서비스 제공자의 '해외 서버'와 그 서버에 저장된 '전자정보'에는 대한민국의 사법관할권이 미치지 아니한다.

항소심은 해외 인터넷서비스 제공자의 '해외 서버'와 그 서버에 저장된 '전자정보'에는 대한민국의 사법관할권이 미치지 아니한다고 하면서, 그 이유로 '법 제120조 제1항의 압수·수색영장의 집행에 필요한 처분을 하여 압수·수색하는 장소 내지 대상물이 해외에 존재'한다는 점을 들고 있다.[314]

재하고, 실제로 그 장소에서 압수·수색을 집행하게 되는바, 이는 압수·수색은 해당 대상물을 소지하고 있는 소유자, 소지자 또는 보관자를 상대로, 전기통신의 경우에는 해당 전기통신을 소지 또는 보관하고 있는 기관 등을 상대로 해당 물건이나 전기통신에 대하여 이루어질 것을 정하고 있는 **형사소송법 제106조와 제107조**의 규정과 저촉된다. ② 또한, 그와 같은 방식의 압수·수색을 허용한다면, 처분을 받는 자에게 해당 압수·수색영장을 반드시 제시하도록 정하고 있는 **형사소송법 제118조**와 압수·수색이 피고인 또는 피의자의 주거지 외에서 이루어질 경우 해당 주거주 또는 간수자 등을 참여하도록 정하고 있는 **형사소송법 제123조**의 규정을 실질적으로 회피하게 되는 것으로 볼 수 있다. ③ 나아가 압수·수색 대상인 전기통신 자체를 직접 보관하고 있는 자를 상대로 하지 않고, 이메일서비스 이용자의 접근수단을 이용하여 임의의 장소에서 해당 이메일 계정에 접근하여 관련 전기통신 등을 수집하는 방식의 압수·수색을 허용할 경우, 이는 압수·수색 처분을 받게 되는 이메일서비스 제공자의 참여를 배제한 채 이루어지게 됨으로써, 수집된 증거의 원본성과 무결성을 실질적으로 담보할 수 없게 되는 문제 또한 발생한다." (구분기호 ①, ②, ③과 밑줄은 필자)

314) 서울고등법원 2017. 6. 13. 선고 2017노23 판결: "그리고 **형사소송법 제120조 제1항**에

항소심은 모호한 표현으로 '해외 서버에 접근하여 정보를 검색하고, 국내에 있는 컴퓨터로 정보를 이전하는 행위'가 '**압수 · 수색 자체**'인지 아니면, 형사소송법 제120조 제1항의 '**압수 · 수색의 집행에 필요한 처분**'인지에 대하여 분명한 판단을 하고 있지 않다. 다만, '해외 서버에 접근하고, 국내에 있는 컴퓨터로 정보를 이전하는 행위'는 적어도 '압수·수색의 집행에 필요한 처분'에는 해당하고 전체 압수·수색 집행의 일환에 해당하는 행위는 시작되었다는 취지로 보인다. 어쨌든 항소심은 인터넷서비스 제공자가 외국 기업으로 서버가 해외에 존재하는 경우, 대한민국의 사법관할권이 적용되지 아니하므로 형사사법공조 절차를 거치거나 개별 인터넷서비스 제공자의 협조를 얻어 전자정보를 제공받아야 한다고 판시하고 있다.

2. 대법원 2017. 11. 29. 선고 2017도9747 판결

그러나 대법원은 항소심과 달리 본 사건에서 쟁점이 된 압수·수색 방식의 적법성을 인정하였다. 물론 본 사건은 모든 유형의 역외 전자정보 수집의 적법성을 판단한 것이 아니다. 그러나 일반적인 측면에서 참고할 수 있는 중요한 가이드라인을 제공한다고 생각된다. 대법원은 '**원격 역외 압수 · 수색**'을 정의함에 있어도, 자신의 관점에 따라 항소심과 다소 다른 표현을 사용한다. 즉, "① 수사기관이 피의자의 이메일 계정에 대한 접근권한에 갈음하여 발부받은 영장에 따라 ② 영장 기재 수색 장소에 있는 컴퓨터 등 정보처리장치를 이용하여 적법하게 취득한 피의자의 이메일 계정 아이디와 비밀번호를 입력하는

서 '압수·수색영장의 집행에 있어서는 건정(건정, 자물쇠)을 열거나 개봉 기타 필요한 처분을 할 수 있다'고 규정하고 있고, 위 규정이 검증영장을 집행하는 경우에도 준용되기는 하나, 건정을 열거나 개봉하여 압수·수색하는 장소 내지 대상물이 해외에 존재하여 대한민국의 사법관할권이 미치지 아니하는 해외 이메일서비스제공자의 해외 서버 및 그 해외 서버에 소재하는 저장매체 속 디지털정보에 대하여까지 압수·수색·검증영장의 효력이 미친다고 보기는 어렵다(이메일서비스 제공자가 외국 기업으로 서버가 해외에 존재하는 경우 대한민국의 사법관할권이 적용되지 아니하므로 수사기관이 정보저장매체에 물리적으로 접근할 수 있는 방법이 없고, 따라서 현재로서는 형사사법공조절차를 거치거나 개별 이메일서비스 제공자의 협조를 얻어 디지털정보를 제공받아야 할 것으로 보이고, 궁극적으로는 관련 법령의 개정이나 관련 외국과의 조약체결의 방법으로 해결할 문제라 할 것이다)." (밑줄은 필자)

등 '**피의자가 접근하는 통상적인 방법**'에 따라 원격지의 저장매체에 접속하고, ③ 그곳에 저장된 피의자의 이메일 관련 **전자정보를 수색 장소의 정보처리장치로 내려받거나 그 화면에 현출시키는 것**"이라고 표현하는 것이다.[315]

이는 '피의자가 접근하는 통상적인 방법에 따라 접근하였다'는 점, '전자정보를 수색 장소의 정보처리장치로 내려받거나 그 화면에 현출시킨 후 그 전자정보를 대상으로 하여 압수·수색하였다'는 점을 강조하기 위함이다. 어쨌든 대법원은 이러한 정의를 바탕으로 다음과 같은 논증을 전개한다.

가. 항소심의 근거(1)에 대하여: 피의자가 소유·소지하는 정보를 대상으로 하고 단지 저장매체를 달리할 뿐이라면, 형사소송법에 의하여 허용되는 증거 수집방법이다.

대법원은 피의자의 소유에 속하거나 소지하는 전자정보를 대상으로 하는 것이라면, '**피의자의 정보처리장치에 저장된 전자정보**'를 압수·수색하는 것과 그 정보처리장치와 정보통신망으로 연결되어 '**제3자가 관리하는 원격 저장매체에 저장된 전자정보**'를 압수·수색하는 것을 다르게 취급할 이유가 없다고 본다.[316] 정보주체가 다양한 이유에 따라 저장매체를 달리 선택한 것에 불과하

315) 또는 "① 피의자의 이메일 계정에 대한 접근 권한에 갈음하여 발부받은 압수·수색영장에 따라 ② 원격지의 저장매체에 적법하게 접속하여 내려받거나 현출된 전자정보를 대상으로 하여 ③ 범죄 혐의사실과 관련된 부분에 대하여 압수·수색하는 것"이라 하여 전자정보를 국내로 이전한 이후의 과정까지 포괄하는 축약된 표현을 사용하기도 한다. (구분기호 ①, ②, ③은 필자)

316) 대법원 2017. 11. 29. 선고 2017도9747 전원합의체 판결(역외 서버 압수·수색 사건 – 시나닷컴): "수사기관이 인터넷서비스 이용자인 피의자를 상대로 **피의자의 컴퓨터 등 정보처리장치 내에 저장되어 있는 이메일 등 전자정보**를 압수·수색하는 것은 전자정보의 소유자 내지 소지자를 상대로 해당 전자정보를 압수·수색하는 대물적 강제처분으로 형사소송법의 해석상 허용된다. 나아가 압수·수색할 전자정보가 압수·수색영장에 기재된 수색 장소에 있는 컴퓨터 등 정보처리장치 내에 있지 아니하고 그 정보처리장치와 정보통신망으로 연결되어 **제3자가 관리하는 원격지의 서버 등 저장매체**에 저장되어 있는 경우에도, ① 수사기관이 피의자의 이메일 계정에 대한 접근권한에 갈음하여 발부받은 영장에 따라 ② 영장 기재 수색 장소에 있는 컴퓨터 등 정보처리장치를 이용하여 적법하게 취득한 피의자의 이메일 계정 아이디와 비밀번호를 입력하는 등 피의자가 접근하는 통상적인 방법에 따라 원격지의 저장매체에 접속하고, ③ 그곳에 저장되어 있는 피의자의 이메일 관련 전자정보를 수색 장소의 정보처리장치로 내려받거

므로, 전자정보의 소유자 또는 소지자가 같다면 두 가지 경우에 본질적 차이가 없다는 취지로 이해된다.

피의자에게 위와 같은 선택의 자유가 있다면, 수사기관 입장에서도 형사소송법의 규정을 명시적으로 위반하지 않는 범위에서 적절한 방법을 선택할 수 있어야 할 것이다. 따라서 항소심의 판단과 같이 특정한 압수·수색의 방법만이 적법하다는 논리는 별다른 이론적·법률적인 근거를 찾기 어렵다고 생각된다. 이러한 측면에서 대법원의 판단은 타당하다고 생각된다.

나. 항소심의 근거(2)에 대하여: 정보주체에 대한 절차보장이 이루어졌다면, 형사소송법이 정하는 압수·수색의 집행방식에 부합한다.

대법원은 '원격 역외 압수·수색'이 형사소송법의 집행방식에 부합하지 아니한다는 항소심의 판단에 명시적인 반론을 제시하지는 않는다. 다만 인터넷서비스 이용자는 ① '이메일 계정과 관련 서버에 대한 접속 권한', ② '전자정보에 관한 작성·수정·열람·관리 등의 처분 권한', ③ '전자정보의 내용에 관하여 사생활의 비밀과 자유 등의 권리 보호 이익'을 가지는 주체로서 '**해당 전자정보의 소유자 내지 소지자**'라고 판시한다.[317] 즉, 절차보장의 주된 대상은 정보주체인 피의자라는 점을 지적하여 제3자(인터넷서비스 제공자)에 대한 절차적 보장 흠결을 논하는 항소심의 판단을 반박하는 것으로 보인다.

제3장에서 논한 바와 같이, 혐의사실과 관련된 정보의 선별 과정에 정보주체가 참여하여 수사기관의 무관정보에 대한 무분별한 접근을 막는 것이 전자정보 압수·수색의 핵심 과제인 점, 수사기관이 구체적으로 어떠한 증거수집방

나 그 화면에 현출시키는 것 역시 피의자의 소유에 속하거나 소지하는 전자정보를 대상으로 이루어지는 것이므로 그 전자정보에 대한 압수·수색을 위와 달리 볼 필요가 없다." (구분기호 ①, ②, ③과 밑줄은 필자)

317) 대법원 2017. 11. 29. 선고 2017도9747 전원합의체 판결(역외 서버 압수·수색 사건 – 시나닷컴): "**인터넷서비스 이용자**는 ① 인터넷서비스 제공자와 체결한 서비스이용계약에 따라 인터넷서비스를 이용하여 개설한 이메일 계정과 관련 서버에 대한 접속 권한을 가지고, ② 해당 이메일 계정에서 생성한 이메일 등 전자정보에 관한 작성·수정·열람·관리 등의 처분 권한을 가지며, ③ 전자정보의 내용에 관하여 사생활의 비밀과 자유 등의 권리 보호 이익을 가지는 주체로서 해당 **전자정보의 소유자 내지 소지자**라고 할 수 있다." (구분기호 ①, ②, ③과 밑줄은 필자)

법을 선택하든 정보주체 입장에서는 같은 수준의 절차보장을 받아야 한다는 점 등을 고려하면, 대법원의 입장은 매우 중요한 전환점을 제공할 수 있다고 생각된다.

다. 항소심의 근거(3)에 대하여: '피의자가 접근하는 통상적인 방법'에 따라 정보에 접근하였고, '수색행위'와 '압수행위'가 국내에서 행해졌으므로 대한민국의 사법관할권의 범위를 벗어나지 아니한다.

대법원은 '**피의자가 접근하는 통상적인 방법**'에 따라 전자정보에 접근하였고, '수색행위'와 '압수행위'가 모두 압수·수색영장에 기재된 장소에서 행해졌으므로 압수·수색영장에서 허용한 집행의 장소적 범위를 확대하는 것이라고 볼 수 없다고 판시한다.[318] 대법원은 수색 장소에 있는 컴퓨터에 내려받거나 화면에 현출된 정보를 수사기관이 살펴보는 단계에서 비로소 '**수색**'이 개시되고, 선별한 정보를 최종 복제 또는 출력하는 단계에서 '**압수**'가 이루어진다고 본다. 수사기관이 인지할 수 있는 진행 과정에 법적 의미를 부여한다는 측면에서 이를 '현실공간의 관점'이라 부를 수 있다는 점은 제2장에서 설명한 바 있다. 즉, 대법원은 현실공간의 관점에서 '수색'과 '압수'를 파악함으로써 형사소송법이 관할권이 미치지 않는 범위로 확장되지 않는 결과를 도출한 것이다.

---

318) 대법원 2017. 11. 29. 선고 2017도9747 전원합의체 판결(역외 서버 압수·수색 사건 – 시나닷컴): "① 비록 수사기관이 위와 같이 원격지의 저장매체에 접속하여 그 저장된 전자정보를 수색 장소의 정보처리장치로 내려받거나 그 화면에 현출시킨다 하더라도, 이는 인터넷서비스 제공자가 허용한 피의자의 전자정보에 대한 접근 및 처분 권한과 일반적 접속 절차에 기초한 것으로서, 특별한 사정이 없는 한 인터넷서비스 제공자의 의사에 반하는 것이라고 단정할 수 없다. ② 또한, 형사소송법 제109조 제1항, 제114조 제1항에서 **영장에 수색할 장소를 특정하도록 한 취지**와 정보통신망으로 연결되어 있는 한 정보처리장치 또는 저장매체 간 이전, 복제가 용이한 **전자정보의 특성** 등에 비추어 보면, 수색 장소에 있는 정보처리장치를 이용하여 정보통신망으로 연결된 원격지의 저장매체에 접속하는 것이 위와 같은 형사소송법의 규정에 위반하여 압수·수색영장에서 허용한 집행의 장소적 범위를 확대하는 것이라고 볼 수 없다. ③ **수색행위**는 정보통신망을 통해 원격지의 저장매체에서 수색 장소에 있는 정보처리장치로 내려받거나 현출된 전자정보에 대하여 위 정보처리장치를 이용하여 이루어지고, **압수행위**는 위 정보처리장치에 존재하는 전자정보를 대상으로 그 범위를 정하여 이를 출력 또는 복제하는 방법으로 이루어지므로, 수색에서 압수에 이르는 일련의 과정이 모두 압수·수색영장에 기재된 장소에서 행해지기 때문이다." (구분기호 ①, ②, ③과 밑줄은 필자)

한편 해외에 있는 컴퓨터 또는 네트워크에서 발생한 정보처리 과정에 아무런 의미를 부여하지 않을 수는 없다. 대법원은 '피의자가 접근하는 통상적인 방법'에 따라 원격지 저장매체에 접속하였다는 점을 들어 이 문제를 해결하고 있다. 압수·수색 과정이 '피의자의 접근권한'에 기초한 것으로서, 인터넷서비스 제공자의 의사에 반하지 않는다는 것이다.

한편 대법원도 항소심 판결과 유사하게 특정 행위가 '**압수·수색 자체**' 또는 '**압수·수색의 집행에 필요한 처분**' 중 어디에 해당하는지에 대하여 모호하게 표현하고 있음은 유의해야 한다.[319] 향후 이를 명확히 해줄 필요가 있다고 생각하나, 어느 쪽에 해당하든 전체 압수·수색 집행의 일환에 해당하는 행위는 시작된 것이므로 구체적인 결론에는 영향을 미치지 않을 것이라 생각된다.

3. 검토

본 문헌은 수사기관이 적법하게 취득한 권한에 근거하여 해외 전자정보에 접근한 경우 영토주권 침해의 문제가 발생하지 아니한다고 주장한다. 본 사안에서 수사기관은 독립적인 수사 활동으로 적법하게 접근권한정보를 취득하였고, 피의자의 이메일 계정에 대한 접근권한에 갈음하여 발부받은 영장에 따라 제3자(인터넷서비스 제공자)의 서버에 접속하였다. 따라서 역외 집행관할권 행사에 해당하지 아니하고 영토주권 침해의 문제는 발생하지 않을 것으로 생각된다. 판결문의 내용만으로는 명확하지 않지만, 본 사안의 해외 서비스제공자

---

319) 대법원은 아래와 같이 마치 역외 전자정보 압수·수색 과정 전체가 '압수·수색의 집행에 필요한 처분'에 해당하는 듯이 표현하고 있다. 대법원 2017. 11. 29. 선고 2017도9747 전원합의체 판결(역외 서버 압수·수색 사건 – 시나닷컴): "위와 같은 사정들을 종합하여 보면, ① 피의자의 이메일 계정에 대한 접근 권한에 갈음하여 발부받은 압수·수색영장에 따라 ② 원격지의 저장매체에 적법하게 접속하여 내려받거나 현출된 전자정보를 대상으로 하여 ③ 범죄 혐의사실과 관련된 부분에 대하여 압수·수색하는 것은, 압수·수색영장의 집행을 원활하고 적정하게 행하기 위하여 필요한 최소한도의 범위 내에서 이루어지며 그 수단과 목적에 비추어 사회통념 상 타당하다고 인정되는 대물적 강제처분 행위로서 허용되며, 형사소송법 제120조 제1항에서 정한 압수·수색영장의 집행에 필요한 처분에 해당한다. 그리고 이러한 법리는 원격지의 저장매체가 국외에 있는 경우라 하더라도 그 사정만으로 달리 볼 것은 아니다." (구분기호 ①, ②, ③과 밑줄은 필자)

에게 정당한 접근권한 여부를 판단할 권한이 있을 것으로 추측된다. 그러나 그러한 권한에 따라 일정한 경우 접근을 제한할 수 있다 하더라도 그러한 접근 제한은 계약(서비스이용약관)에 의한 것일 가능성이 높고, 따라서 권한 없는 접근으로 단정하기 어려울 것으로 보인다.

또한 필자는 역외 전자정보 압수·수색에서 '적법절차의 실질적 내용'의 핵심은 정보주체에 대한 참여권 보장이라고 주장하였다. 본 사안에서 수사기관은 정보주체인 피의자에게 절차 참여의 기회를 제공하였으므로 집행과정에도 특별한 위법사항이 있다고 보기 어렵다.

위 판결이 ① 국내법 위반의 문제, ② 국제법과 개별 국가의 국내법을 고려한 영토주권 침해의 문제, ③ 적법절차의 실질적 내용의 검토를 통한 위법수집증거 배제법칙의 문제를 구분하여 역외 전자정보 압수·수색의 적법성을 면밀히 검토하지 않은 것은 아쉬우나, 영토주권을 침해하지 않는다거나, 위법수집증거 배제법칙의 적용대상이 아니라는 결론은 타당하다고 생각된다. 향후 위법수집증거 배제법칙의 적용 논리와 정보주체에 대한 절차 참여의 보장을 더 명확히 할 필요가 있을 것이다.

* * * * *

제6장

관련 문제

제 1 절 국가관할권 행사의 합리성 이론

제 2 절 국제협력의 가능성

제6장 관련 문제

제1절 국가관할권 행사의 합리성 이론

Ⅰ. 비교법적 고찰: 국제예양

1. 국제예양의 의의

국제예양(*comitas*, comity)은 특정 국가의 법에 따라 취득한 권리가 다른 나라의 영역에서 어떠한 효력을 가지는가를 설명하기 위해 네덜란드 법학자 휘버(Ulrich Huber)에 의해 처음 제시된 개념이며, 1648년 베스트팔렌 조약(Peace of Westfalen)에 따라 성립한 상호 독립한 주권 국가들의 근대적 국제정치 질서를 역사적 배경으로 한다.[1] 예양은 다른 국가의 주권에 대한 사법적 존중을 의미하며,[2] '국내 법원이 다른 주권국가의 법률과 이익에 관계되는 사건을 해결함에 있어 따르는 협조의 정신'이라 표현하기도 한다.[3] 그러나 국제예양으로

---

1) 국제예양 개념의 역사적 발전 경과에 대하여는 다음의 문헌을 참고할 수 있다. William S. Dodge, *International Comity in American Law*, 115 **Colum. L. Rev.** 2071, 2084-2098 (2015).

2) *Hilton v. Guyot*, 159 U.S. 113, 163 (1895): "법적인 의미에서 국제예양은 (한편으로) 절대적 의무의 문제도 아니고 (다른 한편으로) 단순한 호의의 문제도 아니다. 이는 국제적 의무 및 편의와 자국민의 권리를 적절히 고려하여, 한 국가가 그의 영토 내에서 다른 국가의 입법적, 행정적, 또는 사법적 행위에 대하여 허락하는 승인이다." (Comity, in the legal sense, is neither a matter of absolute obligation, on the one hand, nor of mere courtesy and goodwill, upon the other. But it is the recognition which one nation allows within its territory to the legislative, executive, or judicial acts of another nation, having due regard both to international duty and convenience and to the rights of its own citizens or of other persons was are under the protection of its laws.)

3) *Société Nationale Industrielle Aérospatiale v. U.S. District Court for Southern District of Iowa*, 482 U.S. 522, 543 n. 27 (1987): "예양은 국내 법원이 다른 주권국가의 법률과 이익에 관계되는 사건을 해결함에 있어 따르는 협조의 정신을 말한다." (Comity refers to the spirit of cooperation in which a domestic tribunal approaches the resolution of

부터 국제법상 의무가 도출되는 것은 아니며, 오히려 국내법의 해석에서 타국의 이익을 고려하는 것임을 유의하여야 한다.[4)]

예양은 제반 요소를 고려하여 특정 행위의 합리성(reasonableness) 여부를 판단하는 이익형량의 사고방식에 기초해 있다. 보다 구체적으로, '이익형량 과정에서 다른 국가의 이익을 체계적으로 고려'함을 의미한다. 영미에서는 국제예양이라는 개념을 다양한 맥락으로 활용하는데, 대체로 사법 자제 원칙에 일관성을 부여하는 이론적 근거로 사용되고 있다.[5)] 예컨대, 국제도산에서 보편주의를 취하는 경우에도 그 결과 외국의 주권에 부당하게 간섭하지 않기 위해 보편주의를 국제예양에 의하여 적절히 완화할 필요가 있다고 설명하기도 한다.[6)]

2. 국제예양의 구체적 모습

가. 입법관할권

(1) 이익형량이론

국제예양은 입법관할권을 제한하는 이론적 근거로도 사용되고 있다. 제5장에서 살핀 바와 같이, 대표적인 것이 미연방제9항소법원이 1977년 팀벌레인(*Timberlane*) 판결에서 제시한 이익형량이론(interest balancing theory)이다.[7)] 이는 1945년 알코아(*Alcoa*) 판결의 일방적 효과이론을 제약하기 위해 타국의 이익을 포함한 제반 요소를 고려하여 관할권 행사의 범위를 정해야 한다는 견해이며, 국제예양을 중요한 이론적 근거로 제시한다. 즉, ① 당해 행위가 미국의 대외 통상에 '실제적 또는 의도된 효과'(actual or intended effect)를 미치고, ②

---

cases touching the laws and interests of other sovereign states.)

4) Dodge, 앞의 논문(주 1), 2078면: "International comity is deference to foreign government actors that is not required by international law but is incorporated in domestic law."

5) 반면 대륙법계, 특히 독일에서는 국제민사소송법의 기본원칙으로 예양이라는 개념을 선호하지 않는다고 한다. 석광현, 국제민사소송법: 국제사법(절차편) (2012), 21면. [이하 '**국제민사소송법**'이라 함]

6) 석광현, 국제민사소송법(주 5), 23면.

7) *Timberlane Lumber Co. v. Bank of America National Trust & Savings Association*, 549 F.2d 597 (9th Cir. 1977).

다양한 관련 요소를 '국제예양과 공정성'(international comity and fairness)에 비추어 볼 때 당해 행위와 관련된 미국의 이익이 다른 국가의 이익보다 커서 역외관할권을 인정하는 것이 정당해야 한다는 기준을 제시한 것이다.

위 기준을 '합리적 관할권 원칙'(jurisdictional rule of reason)이라고도 하는데, 대외관계법 리스테이트먼트 제403조는 위 판결의 취지를 받아들여 관할권 결정준칙에 의하여 당해 사람이나 활동에 대하여 관할권을 행사할 수 있다고 하더라도 관련 요소를 고려할 때 당해 관할권 행사가 불합리한 경우에는 그 관할권 행사를 자제할 수 있다고 규정하고 있다.[8)]

⑵ 역외적용 추정금지의 원칙

이익형량이론 외에도 입법관할권 제한을 위한 다양한 시도가 있다. 예컨대 미연방대법원은 2004년 엠파그란(*Empagran*) 판결에서,[9)] 국제예양을 근거로 미국 독점규제법의 역외적용을 제한하였다. 구체적으로는 법 문언이 모호한 경우 '다른 국가 주권에 대한 비합리적 간섭'(unreasonable interference with the sovereign authority of other nations)을 피하는 방향으로 해석한다는 방법으로 역외적용을 제한한 것이다.

그러나 최근에 주류적인 방법론은 '역외적용 추정금지 원칙'(presumption against extraterritoriality)이다. 역외적용 추정금지 원칙은 역외적용에 대한 입법자의 의사가 명시적으로 나타나 있지 않다면 해당 법률의 역외적용은 원칙적으로 허용되지 않는다는 것으로, 이익형량이론과 마찬가지로 국제예양을 주요한 이론적 배경으로 한다.[10)] 미국 증권거래법(Securities Exchange Act)의 역외

---

8) 대외관계법 리스테이트먼트 제403조(입법관할권의 제한) 제1항: "제402조에 따른 관할권의 근거가 존재하더라도, 다른 국가와 연관성이 있는 사람이나 행위에 대하여 관할권을 행사함이 합리적이지 않은 경우, 국가는 입법관할권을 행사하지 않을 수 있다."
같은 조 제3항: "두 국가가 각각 개인이나 활동에 대해 관할권을 행사하는 것이 불합리하지 않지만 두 국가의 규율이 상충하는 경우, 각 국가는 관할권을 행사함에 있어 제2항에 제시된 모든 관련 요소, 다른 국가의 이익과 자신의 이익을 적절히 평가하여야 한다. 다른 국가의 이익이 명백하게 더 큰 경우 이를 존중하여야 한다."

9) *F. Hoffmann-La Roche Ltd. v. Empagran S.A.*, 542 U.S. 155, 169 (2004).

10) 역외적용 추정금지 원칙이 예양 또는 국제관계를 고려하는 측면은 2013년 키오벨(*Kiobel*) 판결에서 더욱 명확하게 나타나고 있다. 미연방대법원은 위 판결에서 역외적용 추정금지 원칙은 '자국 법률과 다른 나라의 법률 사이에 의도하지 않은 충돌이 발생하는 것을

적용 여부를 판단한 미연방대법원의 2010년 모리슨(*Morrison*) 판결이 위 원칙을 명시한 대표적 선례이며,[11] '외국인 불법행위 배상법'(Alien Tort Claims Act)의 역외적용을 부인한 2013년 키오벨(*Kiobel*) 판결에서 위 원칙이 재확인되었다.[12]

위 원칙에 따르면 특정 법률의 역외적용 여부는 다음과 같은 2단계의 과정을 거쳐 판단한다.[13] 먼저 ① 법원은 법의 문언, 제정 경위·목적 등을 고려하여 역외적용 추정금지를 번복할 근거가 있는지를 판단한다. 예컨대 해당 법률이 역외적용된다는 명시적 규정이 있다면, 역외적용 추정금지를 번복할 가능성이 있는 것이다. 다음으로 ② 해당 법률의 주된 보호법익이 무엇인지, 그리고 그 보호법익과 관련 있는 행위가 어디에서 발생한 것인지를 파악한다. 예컨대 해당 법률의 역외적용에 대한 명시적 규정을 찾을 수 없고, 주된 보호법익과 관련된 행위가 역외에서 발생하였다면, 해당 법률은 그 사건에서 적용될 수 없는 것이다.

국제인권법의 맥락에서 입법관할권의 범위가 쟁점이 된 대표적 사례가 미연방제2항소법원의 1980년 *Filatiga v. Pena-Irala* 판결이다.[14] 파라과이인이 자국에서 경찰의 고문을 받다 사망하였는데, 수년 후 그 책임자가 미국에 불법체류 중인 사실이 발견되었다. 사망자의 가족들은 그를 상대로 미국 법원에 손해배상 소송을 제기하였고, 법원은 국제법을 위반한 불법행위에 대하여 외국인이 소를 제기할 수 있다고 규정한 연방 법률인 '외국인 불법행위 배상법'(Alien Tort Claims Act)에 근거하여 배상 청구를 인용한 것이다.[15]

위 판결에 의하면 미국과 아무 관계가 없어도 세계 각국에서 발생한 인권침

방지하는 역할'을 한다고 판시하였다. *Kiobel v. Royal Dutch Petroleum Co.*, 133 S. Ct. 1659, 1661 (2013).

11) *Morrison v. National Australia Bank Ltd.*, 561 U.S. 247 (2010).

12) *Kiobel v. Royal Dutch Petroleum Co.*, 133 S. Ct. 1659 (2013).

13) William S. Dodge, *The Presumption against Extraterritoriality in Two Steps*, 110 **AJIL Unbound** 45 (2016).

14) *Filatiga v. Pena-Irala*, 630 F.2d 876 (2d Cir. 1980).

15) '외국인 불법행위 배상법'(Alien Tort Claims Act)는 국제법을 위반한 해외에서의 불법행위에 대해 외국인이 미국 연방법원에 소를 제기할 수 있도록 한 1789년 법을 말한다. 중요 조항의 원문은 다음과 같다. 28 U.S.C. § 1350: "The district courts shall have original jurisdiction of any civil action by an alien for a tort only, committed in violation of the law of nations or a treaty of the United States."

해 사건에 대해 미국 법원이 관할권을 행사할 수 있게 되며, 실제로도 외국 정부의 인권침해 관련자를 상대로 한 다수의 소송이 미국 법원에 제기되어 논란이 되었다. 이에 미연방대법원은 2013년 키오벨(*Kiobel*) 판결에서,[16] 위와 같은 논리를 적용하여 '외국인 불법행위 배상법'의 역외적용을 부인하고 미국 내에서 벌어진 국제법 위반행위에 대해서만 위 법을 근거로 한 손해배상 청구 소송이 가능하다고 판단하였다. 위 법의 문언, 제정 경위·목적 등을 고려할 때 역외적용 추정금지를 번복할 근거를 찾을 수 없다는 것이다.

특히 역외적용 추정금지 원칙은 마이크로소프트 아일랜드 사건의 항소심 판결이 저장통신법(SCA)에 근거한 영장의 효력을 부인하는 근거로 사용되었음을 주목할 필요가 있다.[17]

나. 재판관할권

미연방대법원은 재판관할권 인정의 기준으로 연방헌법의 적법절차 조항을 제시한다. 즉, 피고가 법정지 주의 영토 내에 현존하지 않는 경우 재판관할권을 인정하려면, 적법절차 원칙에 따라 ① 피고와 법정지 사이에 '**최소한의 접촉**'(minimum contact)이 있어야 하고, ② 법정지의 재판관할권 행사가 '**공평과 실질적 정의**'(fair play and substantial justice) 관념에 부합하여야 한다.[18]

이러한 재판관할권 행사의 합리성 원칙은 대표적으로 대외관계법 리스테이트먼트 제421조에서도 인정되고 있다. 즉, 동조 제1항은 '관할권 행사를 합리적으로 만들 정도의 관계'가 있는 경우에 재판관할권을 행사할 수 있다고 규정

16) 위 사건은 미국에 정치적 망명을 한 12명의 나이지리아인이 다국적 석유회사(Royal Dutch Petroleum Co.)를 상대로 제기한 것으로, 원고들은 피고 회사가 1990년대 나이지리아 내 자회사를 통해 군부에 대한 수송수단 제공, 식품 제공, 금전적 지원 등을 함으로써 자신들에 대한 인권유린에 일조했다고 주장하였다.

17) *In re Warrant to Search a Certain E-Mail Account Controlled & Maintained by Microsoft Corp. (Microsoft Ireland)*, 829 F.3d 197 (2d Cir. 2016).

18) 미연방대법원은 ① *International Shoe Co. v. Washington*, 326 U.S. 310 (1945) 판결에서 위와 같은 기준을 처음으로 제시하였고, ② *Hanson v. Denckla*, 357 U.S. 235 (1958) 판결 ('**의도적 이용 이론**'(purposeful availment theory)), ③ *World-Wide Volkswagen Corp. v. Woodson*, 444 U.S. 286 (1980) 판결 ('**유통과정이론**'(stream of commerce theory)), ④ Asahi Metal Industry Co., Ltd. v. Superior Court, 480 U.S. 102 (1987) 판결 등을 통하여 '최소한의 접촉' 요건의 세부적 내용을 정립하였다.

하고,[19] 제2항은 합리적 재판관할권 행사로 판단할 수 있는 관계의 예를 제시하고 있다.

한편 미연방대법원은 2014년 다임러(*Daimler*) 판결에서,[20] 법인에 대한 재판관할권 행사 기준에 근본적인 변화를 선언하였다. 위 사건에서 원고들은 캘리포니아 북부 연방지방법원에 **독일 법인**(Daimler AG)을 상대로 '외국인 불법행위배상법'(Alien Tort Claims Act), '고문 피해자 보호법'(Torture Victims Protection Act) 등에 따른 다양한 소송을 제기하였다. 원고들은 자신들의 친척들을 상대로 한 아르헨티나 정부의 살인, 납치, 고문 등의 범죄행위에 위 독일 법인의 아르헨티나 자회사가 협조하였다고 주장하였다. 원고는 외국인들이고, 피고는 외국 법인이며, 관련 행위가 발생한 곳은 아르헨티나이므로 위 소송은 원칙적으로 미국과 아무 관련이 없었다. 그러함에도 불구하고 원고들은 미국 법원이 재판관할권을 가진다고 주장하였는데, 독일 법인의 자회사인 미국 법인(Mercedes-Benz USA, LLC)이 캘리포니아 대리점을 통해 차량을 판매하고 캘리포니아에 사무실 등의 시설을 유지했다는 점을 근거로 한다.

미연방대법원은 전통적으로 법인에 대하여 법정지에서 '지속적·조직적 활동'(continuous and systematic activities)을 영위하는지 여부를 재판관할권 행사의 기준으로 삼아왔다.[21] 그러나 미연방대법원은 위 판결에서 재판관할권을 행사하려면 법정지를 '설립준거법 소속지'(place of incorporation) 또는 '주된 영업소 소재지'(principal place of business)로 볼 수 있을 정도의 '지속적·조직적 활동'이 필요하다고 판시하여 지나치게 포괄적인 위 기준의 적용을 제한하였다.[22] 그리고 위 기준에 따른다면 모회사(독일 법인)뿐만 아니라 자회사(미국

---

19) 대외관계법 리스테이트먼트 제421조(재판관할권) 제1항: "국가가 어느 사람 또는 물건에 대하여 관할권 행사를 합리적인 것으로 만들 정도의 관계를 갖는 경우에는 그 사람 또는 물건에 대한 재판관할권을 행사할 수 있다."

20) *Daimler AG v. Bauman*, 134 S. Ct. 746 (2014).

21) 위 원칙을 적용한 것으로 대표적으로 다음의 사건을 들 수 있다. *Perkins v. Benguet Consolidated Mining Co.*, 342 U.S. 437 (1952); *Helicopteros Nacionales de Colombia, S.A. v. Hall*, 466 U.S. 408 (1984). 한편 영업활동에 근거하여 폭넓은 재판관할권을 인정하는 것은 미국법의 특징으로 이에 대하여는 재판관할권의 과잉 행사라는 비판이 있다. 석광현, 국제민사소송법(주 5), 109면.

22) 다음의 표현을 근거로 이를 'essentially at home test'라 부르기도 한다. *Goodyear*

법인) 모두 재판관할권을 인정할 수 없다고 판시한 것이다. 위와 같이 재판관할권을 제한한 중요한 논거도 바로 국제예양 또는 국제관계 존중이다. 즉, 국제예양을 근거로 '최소한의 접촉' 요건을 강화하여 해석하는 것이다.

다. 외국판결의 승인 및 집행

외국판결의 승인 및 집행의 맥락에서도 국제예양 개념이 이용된다. 영미법계에서는 과거 국제예양을 근거로 외국판결의 효력을 승인해 왔고,[23] 미연방대법원도 1895년 힐튼(*Hilton*) 판결에서 국제예양을 근거로 한 외국판결 승인 원칙을 제시하였다.[24]

그러나 예양을 근거로 외국판결을 승인할 경우, 상호주의의 적용을 어떻게 할 것인지, 피고의 항변을 받아들이는 범위 등 다양한 이론적 문제가 있고, 영국의 예양 이론도 1842년 이후에 '의무이론(doctrine of obligation)'으로 대체되었다.[25] 또한 기판력의 본질을 소송법적으로 파악하는 우리 법에서는 외국 법원의 판결에 의하여 새로운 권리와 의무가 발생한다는 실체법적 이해를 전제로 하는 견해는 수용하기 어렵다는 점을 유의해야 할 것이다.[26]

3. 증거조사와 국제예양

가. 증거개시제도

국제예양은 증거조사 분야에서도 중요한 역할을 한다. **증거개시제도**(discovery)를 운용하는 미국은 예양분석에 따라 타국 당사자의 증거제출의무를 판단한 경험을 축적해 왔다. 증거개시제도는 소송의 당사자가 상대방이나 제3자로부

Dunlop Tires Operations, S.A. v. Brown, 564 U.S. 915 (2011): "[A] State may exercise general jurisdiction where a defendant's affiliations with the State are so 'continuous and systematic' as to render [the defendant] essentially at home in the forum State." (밑줄은 필자)

23) *Geyer v. Aguilar* (1798) 7 Term Rep 681.

24) *Hilton v. Guyot*, 159 U.S. 113, 163 (1895).

25) 김석호, "외국판결을 승인·집행하는 논거", 법학연구 제23집 (2006), 275, 281면.

26) 석광현, 국제민사소송법(주 5), 345면.

터 소송에 관계되는 정보를 얻거나 사실을 밝혀내기 위해 이용하는 기일 전 절차를 말한다. 이는 1938년 미연방 민사소송규칙이 제정되면서 폭넓게 인정되기 시작하였고, 이후 미국 민사소송 절차에서 가장 중요한 절차의 하나로 자리 잡게 되었다.[27)]

특히 1960년대 이래 미국 법원은 해외 소재 자료에 대한 제출의무를 광범위하게 인정해 왔다. 예컨대 연방제2항소법원은 1968년 씨티뱅크(*Citibank*) 사건에서, "세계 무역의 상호의존도가 높아지고 개인과 기업의 이동이 증가함에 따라, 해외 소재 증거의 제출 요청은 빈번하게 발생한다. <u>법원이 자료를 소유하거나 통제하는 당사자에 대한 인적관할권을 가지는 경우, 해외 소재 자료의 제출을 요구할 권한을 갖는다는 것은 의심의 여지가 없다</u>. 따라서 본 사건의 문제는 권한이 존재하는지가 아니라 그 권한을 적절히 행사할 수 있도록 하는 규칙을 발전시키는 것이다"라고 판시하였다.[28)] 즉, ① 제출의무를 부담하는 자에 대한 '대인관할권'(personal jurisdiction)이 있고, ② '청구된 자료에 대한 소유, 소지, 또는 보관'(possession, custody, or control)이 인정되면, 별다른 제약 없이 제출의무를 인정해 온 것이다.[29)]

또한, 자료제출의무는 당사자가 아닌 제3자에 대하여도 폭넓게 인정되는데,

---

27) Stephen N. Subrin, *Fishing Expeditions Allowed: The Historical Background of the 1938 Federal Discovery Rules*, 39 **B.C.L. Rev.** 691, 698 (1998).

28) *United States v. First National City Bank*, 396 F.2d 897, 900 (2d Cir. 1968): "With the growing interdependence of world trade and the increased mobility of persons and companies, the need arises not infrequently, whether related to civil or criminal proceedings, for the production of evidence located in foreign jurisdictions. <u>It is no longer open to doubt that a federal court has the power to require the production of documents located in foreign countries if the court has in personam jurisdiction of the person in possession or control of the material</u>. Thus, the task before us, as Citibank concedes, is not one of defining power but of developing rules governing the proper exercise of power.") (밑줄은 필자)

29) 유사한 취지의 판결로 다음의 것이 있다. ① *Société Internationale Pour Participations Industrielles et Commerciales, S.A. v. Rogers*, 357 U.S. 197 (1958); ② *First National City Bank of New York v. Internal Revenue Service*, 271 F.2d 616 (2d Cir. 1959); ③ *In re Equitable Plan Co.*, 185 F. Supp. 57 (S.D.N.Y.), *modified, Ings v. Ferguson*, 282 F.2d 149 (2d Cir. 1960); ④ *Application of Chase Manhattan Bank*, 297 F.2d 611 (2d Cir. 1962); ⑤ *Linde v. Arab Bank, PLC*, 706 F.3d 92 (2d Cir. 2013).

특히 피고의 금융자산에 대한 정보를 보유한 금융기관이 주된 대상이 된다. 즉, 법원은 미국 은행의 파나마 지점에 있는 자료,[30] 미국 은행의 독일 프랑크푸르트 지점에 있는 자료에 대한 제출의무를 인정하고,[31] 미국 뉴욕에 지점을 둔 캐나다 은행에 자국 소재 자료의 제출을 명하기도 하였다.[32] 나아가 모회사와 자회사의 법인격이 서로 구분되는 경우에도 제출의무를 부과한다.[33] 결국, 모회사(본점)에 대하여 자회사(지점)가 보유한 자료의 제출을 명하거나, 반대로 자회사(지점)에 대하여 모회사(본점)가 보유한 자료의 제출을 명하는 경우 모두 인정되는 것이다.

이러한 광범위한 제출의무의 인정은 효과이론(effect doctrine)에 따른 독점규제법의 역외적용과 결합하여 국제적인 마찰을 빚게 되었다.[34] 이러한 상황을 1987년 대외관계법 리스테이트먼트는 다음과 같이 설명하고 있다: “미국의 법체계를 영토적 범위를 넘어 확장하려는 그 어떤 시도도 미국 내에서의 수사와 소송을 위해 해외에 있는 서류의 제출을 명하는 것보다 더 큰 마찰을 불러온 것이 없다. 1986년 현재 15개 국가가 해외에 있는 문서를 확보하려는 미국의 시도에 대항하기 위한 법안을 채택하고 있다.”[35] ‘대인관할권 + 통제’라는 간단한 요건만으로 해외 소재 자료에 대한 광범위한 제출의무를 인정하는 것은,

---

30) *First National City Bank of New York v. Internal Revenue Service*, 271 F.2d 616 (2d Cir. 1959); *Application of Chase Manhattan Bank*, 297 F.2d 611 (2d Cir. 1962).

31) *United States v. First National City Bank*, 396 F.2d 897 (2d Cir. 1968).

32) *In re Equitable Plan Co.,* 185 F. Supp. 57 (S.D.N.Y.), *modified, Ings v. Ferguson*, 282 F.2d 149 (2d Cir. 1960).

33) *United States v. Vetco Inc.*, 691 F.2d 1281 (9th Cir. 1981).

34) 대표적으로 다음의 사건에서 미연방 수사당국은 석유 가격 담합사건에 대한 조사를 진행하였는데, 서로 다른 국적을 가진 개인과 회사에 대하여 각국에 산재한 증거의 광범위한 제출을 강제하여 일종의 사법 마찰을 빚게 되었다. *In re Investigation of World Arrangements with Relation to the Production, Transportation, Refining & Distribution of Petroleum*. 13 F.R.D. 280 (D.D.C. 1952).

35) 대외관계법 리스테이트먼트 제442조 – 주석 1: “No aspect of the extension of the American legal system beyond the territorial frontier of the United States has given rise to so much friction as the requests for documents in investigation and litigation in the United States. As of 1986, some 15 states had adopted legislation expressly designed to counter United States efforts to secure production of documents situated outside the United States.”

해당 자료가 소재하는 국가의 이익을 침해하거나 관련 국가의 법률과 충돌할 여지가 있다. 이러한 문제점에 대응하려면 제출의무를 판단할 때 제반 이해관계를 적절히 고려할 필요가 있다는 의견은 일찍부터 제시되었다. 대표적으로 1965년 대외관계법 리스테이트먼트 제2판은 '관련 국가의 중대한 이익', '상충하는 의무를 부담하는 자가 겪을 곤란함' 등을 고려한 이익형량 분석을 제시하였다.[36] 또한 미연방제2항소법원은 앞서 살펴본 1968년 씨티뱅크(*Citibank*) 사건에서, 이러한 발전 과정을 반영하여 ① 대인관할권, ② 자료에 대한 소유, 소지, 또는 보관, ③ 이익형량 분석이라는 3단계 판단기준을 제시하였다.[37] 특히 해당 자료가 소재한 국가가 기업정보의 제출·공개를 다루는 국내법을 가진 경우 그러한 외국 법령을 무시하는 것은 예양을 존중하지 않는 것이라 판시하며, 이익형량 분석에서 타국의 이익을 고려하는 근거로 '국제예양'을 언급한 것이다. 다만, 법원은 위 사건에서 결과적으로는 독일 프랑크푸르트 지점에 있는 자료의 제출의무를 인정하였다.[38]

나. 증거협약의 성립

그러나 위와 같은 움직임만으로 관련 국가들의 불만을 잠재울 수는 없었고, 앞서 살펴본 '대외관계법 리스테이트먼트 제442조 – 주석 1'이 설명하는 바와 같이, 유럽의 국가들은 미국 법원의 증거개시 명령에 대응하는 봉쇄조항을 입법하기에 이르렀다. 봉쇄조항(blocking statute)은 자국민이 해당 국가 내에 있

---

36) 1965년 대외관계법 리스테이트먼트 제2판(Restatement (Second) of Foreign Relations Law of the United States (1965)) 제40조는 이익형량 분석에서 다음의 요소를 고려할 것을 권유하였다. ① 관련 국가의 중대한 이익(vital national interests of each of the states), ② 상충하는 법적 의무를 부담하는 자가 겪을 곤란함(the extent and the nature of the hardship that inconsistent enforcement actions would impose upon the person), ③ 다른 국가의 영역에서 요구되는 행동이 이루어지는 정도(the extent to which the required conduct is to take place in the territory of the other state), ④ 관련자의 국적(the nationality of the person), ⑤ 어느 한 국가에 의한 집행이 그 국가의 법에 부합할 것으로 예상하는 범위(the extent to which enforcement by action of either state can reasonably be expected to achieve compliance with the rule prescribed by that state).

37) *First National City Bank*, 396 F.2d at 900.

38) *First National City Bank*, 396 F.2d at 905.

는 정보를 외국에 제공하는 것을 금지하는 일체의 법규를 말한다. 넓은 의미로는 일반적인 형법상의 비밀보호 관련 구성요건도 포함하나, 통상은 국제 증거조사의 맥락, 특히 미국 법원의 증거개시 명령(discovery order)에 대항하기 위한 입법을 의미한다. 즉, 미국 법원으로부터 증거개시 명령을 받은 자가 '**외국강제의 항변**'(foreign compulsion defense)을 제출하여 증거개시 명령의 목적을 달성하지 못하도록 하기 위한 것이며,[39] 이러한 의미에서 봉쇄조항은 '대항입법'이라 표현하기도 한다.

이러한 마찰의 배경에는 영미법계와 대륙법계 사이에 사법체계에 대한 관점의 차이도 있다.[40] 전통적으로 당사자주의(adversarial system)를 취하는 영미법계에서 증거조사는 원칙적으로 당사자와 변호사가 주도하고 법원의 개입이 제한적이므로 증거조사는 타국의 주권에 대한 침해가 아니라고 보지만, 직권주의(inquisitorial system)에 가까운 대륙법계에서 증거조사는 법원이 주도하는 주권적 활동이므로 법원이 다른 국가에서 직접 증거조사를 하는 것은 주권 침해로 허용되지 않으며, 따라서 다른 국가 사법기관의 협력이 필요하다는 사고방식을 취하게 된다. 어쨌든 이러한 다양한 이유로 증거조사에 있어 사법공조의 필요성은 일찍부터 인식되었으며, '민사 또는 상사의 해외증거조사에 관한 협약'(The Hague Convention of Explanatory Report on the Convention)'[41]은 이를 위한 노력의 결과물이다.[42]

---

39) 대외관계법 리스테이트먼트 제442조 – 주석 4, 5.

40) 미국의 증거개시제도와 다른 국가의 갈등에 대하여는 다음의 문헌을 참고할 수 있다 Diego Zambrano, *A Comity of Errors: The Rise, Fall, and Return of International Comity in Transnational Discovery*, 34 **Berkeley J. Int'l L.** 157, 167 (2016).

41) The Hague Convention of 18 March 1970 on the Taking of Evidence Abroad in Civil or Commercial Matters. [이하 '**증거협약**'이라 함]

42) 헤이그 국제사법회의(Hague Conference on Private International Law)는 1968년 개최된 제11차 회의에서 증거협약의 최종안을 채택하였고, 1970. 6. 1. 서명을 위해 개방되었으며, 1972. 10. 7. 발효하였다. 우리 정부도 2009. 12. 14. 가입국이 되었으며, 조약 제1993호로 2010. 2. 12.부터 발효하였다. 증거협약의 상세한 경위와 내용은 다음의 문헌을 통해 확인할 수 있다. Report of the United States Delegation to Eleventh Session of Hague Conference on Private International Law, 8 **I.L.M.** 785 (1969); Philip W. Amram, *United States Ratification of the Hague Convention on the Taking of Evidence Abroad*, 67 **AJIL** 104 (1973).

다. 증거협약과 국내법의 관계

그렇다면 '증거협약'과 국내법의 관계는 어떠한지가 문제 된다. 즉, 외국 소재 자료에 대한 증거조사는 반드시 증거협약에 의한 절차를 따라야 하는 것인지, 또는 증거협약에 의한 절차와 법정지법에 의한 절차 모두 사용 가능한 것인지의 문제인 것이다.[43] 위 쟁점을 단순히 '증거협약의 배타성' 문제라고도 한다. 미국 증거개시제도의 적용 범위를 결정한다는 측면에서도 매우 중요한 쟁점이며, 종래 대륙법계 국가들은 증거협약이 우선하여 배타적으로 적용된다는 원칙을 지지하여 왔다.[44]

미연방대법원은 1987년 아에로스파시알(*Aérospatiale*) 판결에서 본 문제를 정면으로 다루었는데, 결론적으로 외국 소재에 자료에 대한 증거조사에 있어 증거협약의 배타적 적용을 부정하였다.[45] 위 판결에는 다수의견(5인)과 소수의견(4인)이 있는데, 두 의견 모두 증거협약의 배타성을 인정하지 않음은 마찬가지이나, 다만 증거협약과 국내법의 구체적 관계에 대하여 견해 차이가 있다.

먼저 다수의견은 조약 해석에 대하여도 계약 해석의 일반원칙이 적용됨을 전제로 증거협약의 문언, 협상 경위 등을 검토한 후 이를 근거로 외국 소재 증거에 대한 증거협약의 배타적 적용을 부정하였다.[46] '사안별 예양분석'(case by case comity analysis)을 통하여 증거협약에 의한 절차에 의하지 아니하고 국내법(연방민사소송규칙) 절차에 따른 증거수집을 할 수 있다는 것이다. 또한 예양분석의 구체적 고려요소로 ① 요청된 자료의 중요성, ② 요청이 특정된 정도,

---

43) 이러한 점은 형사 절차에서도 문제 될 수 있다. 즉, 사법공조 절차를 거치지 않고 해외 소재 증거를 수집하는 것이 적법한 것인지의 쟁점이 제기될 수 있는 것이다.

44) 그에 따라 아래에서 살펴볼 미연방대법원의 1987년 아에로스파시알(*Aérospatiale*) 사건의 재판과정에서 독일, 프랑스 등의 대륙법 국가들은 증거협약의 배타적 적용을 주장하는 취지의 의견서(amicus curiae brief)를 제출하기도 하였다. *Société Nationale Industrielle Aérospatiale v. U.S. District Court for Southern District of Iowa*, 482 U.S. 522, 529 n. 11 (1987).

45) *Société Nationale Industrielle Aérospatiale*, 482 U.S. at 547. 위 사건에서 원고는 미국 법원의 대인관할권이 인정되는 피고들에 대하여 프랑스 영역 내에 소재하는 문서의 제출을 요구하거나 질문서의 회답을 요구하였는데, 이러한 경우에 증거협약이 배타적으로 적용되는지가 판결의 핵심 쟁점이었다.

46) *Société Nationale Industrielle Aérospatiale*, 482 U.S. at 534-539.

③ 자료가 유래한 장소, ④ 요청된 자료를 구하기 위한 다른 수단의 가능성, ⑤ 관련 국가의 이익 등을 제시하였다.[47]

반면, 위 판결의 소수의견은 국제예양을 근거로 '증거협약의 사용을 선호하는 일반적인 추정'(general presumption favoring use of the convention)을 인정하면서, 법원은 원칙적으로 증거협약을 우선 적용하고 그 적용이 무의미한 예외적인 경우에만 사안별 예양분석에 따라 국내법의 절차를 사용할 수 있다고 판시한다.[48] 소수의견은 ① 증거협약이 궁극적으로는 미국의 장기적 이익에 도움이 되고, ② 조약의 교섭을 담당한 행정부와 이를 비준한 입법부의 판단을 사법부가 존중하지 않는 것은 권력분립 원칙에 반하여, ③ '사안별 분석'(case-by-case analysis)은 예견 가능하고 효율적인 방법이 되지 못한다는 점 등을 근거로 한다.

아에로스파시알(*Aérospatiale*) 판결의 다수의견은 예양분석을 통한 증거협약의 적용 가능성을 열어두기는 하였으나, 위 판결 이후 선고된 하급심 판결들은 국내법에 의한 증거개시절차의 적용 범위를 더욱 넓혔고,[49] 현실적으로 '증거협약'에 의한 증거수집은 발견하기 어려울 정도가 되었다.[50]

4. 새로운 동향

가. 국제예양의 부활

(1) 국제경제가 발전하고 국제관계의 상호존중이 중요시됨에 따라, 위와 같

---

47) *Société Nationale Industrielle Aérospatiale*, 482 U.S. at 544 n. 28.

48) *Société Nationale Industrielle Aérospatiale*, 482 U.S. at 568.

49) 대표적인 연방항소법원의 판결로 다음의 것이 있다. ① 연방제2항소법원: *In re Maxwell Communication Corp.*, 93 F.3d 1036 (2d Cir. 1996); *First American Corp. v. Price Waterhouse LLP*, 154 F.3d 16, 21 (2d Cir. 1998) (해외에 있는 제3자에 대하여도 제출의무를 인정함); ② 연방제3항소법원: *In re Automotive Refinishing Paint Antitrust Litigation*, 358 F.3d 288 (3d Cir. 2004); ③ 연방제9항소법원: *Richmark Corp. v. Timber Falling Consultants*, 959 F.2d 1468, 1478 (9th Cir. 1992) (해당 국가의 형법이 문서 제출을 처벌하는 경우에도 제출의무를 인정함).

50) 이러한 경향을 분석한 문헌으로는 다음의 문헌을 참고할 수 있다. Zambrano, 앞의 논문(주 40), 176면.

은 일방적인 방향이 그대로 유지될 수는 없었고 '국제예양' 개념을 중시하는 일련의 판결들이 선고되었다. 앞서 살펴본 미연방대법원의 ① 2004년 엠파그란(*Empagran*) 판결,[51] ② 2010년 모리슨(*Morrison*) 판결,[52] ③ 2013년 키오벨(*Kiobel*) 판결,[53] ④ 2014년 다임러(*Daimler*) 판결[54] 모두 예양을 이론적 근거로 국가관할권을 제한하는 판결들이다. 즉, ① 엠파그란 판결은 법 문헌이 모호한 경우 다른 국가의 주권에 대한 비합리적 간섭을 피하는 해석을 통해 입법관할권을 제한하고, ② 모리슨 판결, ③ 키오벨 판결은 역외적용 추정금지 원칙을 적용하여 입법관할권을 제한하였으며, ④ 다임러 판결은 최소한의 접촉 요건을 강화함으로써 재판관할권을 제한한 것이다.

[표 6-1]

① 2004년 엠파그란(*Empagran*) 판결	입법관할권	법 문언이 모호한 경우 다른 국가 주권에 대한 비합리적 간섭을 피하는 해석
② 2010년 모리슨(*Morrison*) 판결	입법관할권	역외적용 추정금지
③ 2013년 키오벨(*Kiobel*) 판결	입법관할권	역외적용 추정금지
④ 2014년 다임러(*Daimler*) 판결	재판관할권	'최소한의 접촉' 요건 강화

(2) 이러한 흐름을 바탕으로 외국 소재 자료에 대한 제출의무를 부인하는 일련의 판결이 있다. 예컨대, 연방제2항소법원은 2014년 구찌(*Gucci*) 판결에서,[55] 국제예양 또는 국제관계존중을 근거로 재판관할권을 부인하는 방법으로 결론적으로 자료제출의무를 부정하였다. 위 사건에서 피고들은 인터넷을 통해 위조명품(counterfeit luxury goods)을 판매하고 그 대금을 '중국은행'(Bank of

51) *F. Hoffmann-La Roche Ltd. v. Empagran S.A.*, 542 U.S. 155 (2004).

52) *Morrison v. National Australia Bank Ltd.*, 561 U.S. 247 (2010).

53) *Kiobel v. Royal Dutch Petroleum Co.*, 133 S. Ct. 1659 (2013).

54) *Daimler AG v. Bauman*, 134 S. Ct. 746 (2014).

55) *Gucci America, Inc. v. Weixing Li*, 768 F.3d 122 (2d Cir. 2014).

China)에 개설한 계좌로 송금했다. 명품 제조업체인 원고(Gucci America)는 자신의 지적재산(IP)을 보호하기 위해 뉴욕주 남부 연방지방법원에 소송을 제기하였다. 원고는 기일 전 증거개시절차(pretrial discovery)에서, 불법행위에 대한 배상과 증거를 확보할 목적으로 중국은행 뉴욕지점(New York City branch)을 상대로 '자산동결 가처분'(asset freeze injunction)과 '피고와 관련된 모든 중국은행 계좌에 대한 정보'를 제출하도록 하는 제출명령(subpoena)을 발부받았다. 그러나 중국은행 측은 뉴욕지점에 있는 서류만 제출하고 중국 본토에 있는 서류 등은 제출하지 아니한 것이다.

법원은 미연방대법원의 2014년 다임러(*Daimler*) 판결의 논리를 적용하여,[56] ① 중국은행은 법정지에 지점을 가지고 있을 뿐 설립준거법 소속지는 다른 곳인 점, ② 중국은행은 미국 내에 오직 4개의 지점을 설치하고 뉴욕에서의 영업활동 비중이 매우 작은 점 등을 근거로 미국 법원의 재판관할권을 부정하였다.

(3) 또한 뉴욕주 최고법원은 2014년 모토로라(*Motorola*) 판결에서,[57] 국제예양에 근거를 둔 '독립실체원칙'(separate entity rule)을 재확인하면서 외국 은행의 뉴욕지점은 미국 외 지점에 있는 자산에 대한 법적 책임이나 자료제출의무를 부담하지 않는다고 판시하였다. 터키 출신의 범죄집단(Uzans Family)은 모토로라로부터 수십억 달러를 빌려 이를 유용하였고, 이에 모토로라는 소송을 제기하여 21억 달러의 손해배상금이 인용되었다. 모토로라는 위 판결의 집행을 확보하기 위해 은행을 상대로 한 제출명령을 발부받고, 전 세계에 있는 관련 재산을 압류하였다. 영국법에 의해 설립되고 영국에 주된 사무소를 둔 스탠다드차타드 은행(SCB)도 뉴욕지점을 통해 위 명령 등을 송달받았고, 아랍에미리트 지점에 있는 관련 자산을 동결하였다. 그러나 아랍에미리트 중앙은행 등으로부터 보복 조치를 당하자 제출명령 등의 효력을 다투게 된 것이다.

'독립실체원칙'은 법원이 특정 지점에 대하여 재판관할권을 가진다 하더라도 압류, 자산동결 명령 등의 집행에서 다른 지점은 독립된 실체로 다루어야

56) 앞서 본 바와 같이, 다임러 판결은 재판관할권을 행사하려면 법정지를 '설립준거법 소속지' 또는 '주된 영업소 소재지'로 볼 수 있을 정도의 '지속적·조직적 활동'이 필요하다고 판시한다.

57) *Motorola Credit Corp. v. Standard Chartered Bank*, 21 N.E.3d 223 (2014).

한다는 원칙이다. 이는 뉴욕주 판례에 의하여 인정되는 것으로, 국제예양, 관련된 국가의 주권에 대한 존중, 은행이 상충하는 법적 책임을 부담할 위험성 등을 근거로 한다.[58)]

나. 프라이버시 보호

유럽연합(EU)은 1995년에 '개인정보처리와 관련한 개인의 보호 및 개인정보의 자유로운 이동에 관한 1995. 10. 24. 유럽의회 및 유럽이사회 95/46/EC 지침'을 발표한 바 있다.[59)] '**EU 개인정보보호 지침**'은 유럽연합을 출입하는 데이터 이동을 통제하는데, 특히 제25조는 '적절한 보호 수준'(adequate level of protection)을 보장하지 않는 비유럽연합 국가로의 개인정보 이전을 금지하고 있었다.[60)]

또한, 2018. 5. 25. 유럽연합의 '개인정보처리와 관련한 개인의 보호 및 개인정보의 자유로운 이동에 관한 2016. 4. 27. 유럽의회 및 유럽이사회 2016/679 규정'이 발효되었다.[61)] 1995년의 EU 개인정보보호 지침은 회원국이 준수할 최소한의 요건을 규정하고 개별 회원국이 그 내용에 부합하는 국내법을 제정하도록 하였기 때문에 회원국별로 개인정보보호의 수준이 서로 달라지는 문제가 발생하였다. 이에 유럽연합 전역에 적용되는 단일한 정보보호제도를 시행하기 위해 직접적 법적 효력을 갖는 '**EU 일반 개인정보보호 규정**'(**GDPR**)을 도입하게 된 것이다.

'EU 일반 개인정보보호 규정'은 기존의 EU 개인정보보호 지침보다 강화되

---

58) *Motorola Credit Corp.*, 21 N.E.3d at 226.

59) Directive 95/46/EC of the European Parliament and of the Council of 24 October 1995 on the Protection of Individuals with Regard to the Processing of Personal Data and on the Free Movement of Such Data, 1995 O.J. (L 281) 31-50. [이하 '**EU 개인정보보호 지침**'이라 함]

60) EU 개인정보보호 지침, 45면.

61) Regulation (EU) 2016/679 of the European Parliament and of the Council of 27 April 2016 on the Protection of Natural Persons with Regard to the Processing of Personal Data and on the Free Movement of Such Data, and Repealing Directive 95/46/EC (General Data Protection Regulation), 2016 O.J. (L 119) 1 (EU). [이하 '**EU 일반 개인정보보호 규정**'(**GDPR**)이라 함]

고 포괄적인 개인정보보호 체계를 수립한 것으로 평가받는데, 특히 본 장의 목적상 중요한 특징은 다음과 같다. 먼저 ① EU 일반 개인정보보호 규정도 EU 개인정보보호 지침과 유사하게 국제적 데이터 이전을 통제하고 있다.[62] 그런데 ② 'EU 일반 개인정보보호 규정'은 'EU 개인정보보호 지침'보다 적용 범위가 넓다. 즉, 유럽연합 내에서 정보가 처리되는지 여부와 관계없이 유럽연합 시민과 관련된 정보에 적용된다.[63] EU 일반 개인정보보호 규정의 역외적용은 국제적 정보의 유통에 큰 영향을 미칠 것으로 생각된다. 나아가 ③ 'EU 일반 개인정보보호 규정'은 최대 '2천만 유로 또는 전 세계 매출액의 4% 중 높은 금액'이라는 강력한 제재를 규정하고 있다.[64] 또한 ④ 'EU 일반 개인정보보호 규정' 제48조는 유럽연합 회원국과 외국 정부 간에 체결된 '국제형사사법공조 조약과 같은 국제협정'에 근거한 경우에 외국의 영장이나 법원 명령의 효력을 인정하고 있다.[65]

'EU 일반 개인정보보호 규정'의 위와 같은 특징은 역외자료에 대한 제출을 명할 때 예양분석에서 고려하는 요소들의 중요성에 큰 변화를 가져온다. 우선 'EU 일반 개인정보보호 규정' 또는 개별 국가의 개인정보보호 관련 국내법에 의한 정보 이전금지 조항은, 단순한 봉쇄조항에 그치는 것이 아니라 개인정보보호라는 헌법적 가치를 보호하는 의미를 갖게 되었다는 점이다.[66] 그로 인하

---

62) EU 일반 개인정보보호 규정 제45조.

63) EU 일반 개인정보보호 규정 제3조.

64) EU 일반 개인정보보호 규정 제83조.

65) EU 일반 개인정보보호 규정 제48조(유럽연합 법으로 승인되지 않은 정보의 이전 또는 제공): "개인정보처리자나 수탁처리자가 개인정보를 이전하거나 제공하도록 요구하는 제3국의 법원이나 재판소의 판결 또는 행정기관의 결정은, 본 장에 의거한 기타 이전의 근거를 침해하지 않고, 요구한 제3국과 유럽연합이나 회원국 간에 유효한 국제형사사법공조 조약 등의 국제협정을 근거로 한 경우 어떠한 방식으로도 인정되거나 강제될 수 있다." (EU GDPR Article 48 *Transfers or disclosures not authorised by Union law.* Any judgment of a court or tribunal and any decision of an administrative authority of a third country requiring a controller or processor to transfer or disclose personal data may only be recognised or enforceable in any manner if based on an international agreement, such as a mutual legal assistance treaty, in force between the requesting third country and the Union or a Member State, without prejudice to other grounds for transfer pursuant to this Chapter.) (밑줄은 필자)

66) 유럽에서 개인정보보호가 가지는 헌법적 가치에 대하여는 다음의 문헌을 참고할 수 있

여 예양분석의 고려요소 중 '개인정보보호와 관련한 국가의 이익'에 중요성을 부여하지 않을 수 없게 된 것이다.[67]

다음으로 'EU 일반 개인정보보호 규정' 제83조에 내용에서 볼 수 있듯이 미국의 증거개시 명령에 응하는 자가 부담하게 될 불이익이 극적으로 커졌다는 점이다. 이에 따라 예양분석의 고려요소 중 '당사자가 부담할 불이익'의 중요성이 커지게 된다.[68] 위에 살펴본 '관련 국가의 이익', '당사자가 부담할 불이익'의 중요성이 주목받게 되면, 결국 예양분석의 균형추는 증거개시 명령을 불허하거나 필요한 범위로 제한하는 방향으로 기울게 될 것이며, 실제 이러한 움직임을 보이는 판결도 선고되고 있다.[69]

Ⅱ. 형사 절차의 증거수집과 국제예양

1. 들어가며

1968년 씨티뱅크(*Citibank*) 사건에서 제시된 바와 같이, ① 대인관할권, ②

다. Paul M. Schwartz & Karl-Nikolaus Peifer. *Transatlantic Data Privacy Law*, 106 **Geo. L.J.** 115, 122−131 (2017).

67) 실무 법조계에서도 이러한 주장이 힘을 얻고 있다. David J. Kessler, Jamie Nowak & Sumera Khan, *The Potential Impact of Article 48 of the General Data Protection Regulation on Cross Border Discovery from the United States*, 17 **Sedona Conf. J.** 575, 600 (2016).

68) 기존 판례에서도 예양분석의 요소 중 하나로 증거개시 명령으로 인하여 정보제공을 금지하는 자국 법령을 위반하게 될 경우 소송관련자가 부담할 고통이나 위해를 고려해 왔다. *United States v. First Naional. City Bank*, 396 F.2d 897, 902 (2d Cir. 1968); *Richmark Corp. v. Timber Falling Consultants*, 959 F.2d 1468, 1475 (9th Cir. 1992).

69) *Volkswagen, A.G. v. Valdez*, 909 S.W.2d 900, 902 (Tex. 1995) (개인정보보호에 대한 관련 국가의 이익, 요청된 정보를 얻는 다른 방법이 존재하는 점, 요청된 정보가 사건에서 가지는 중요성 등을 고려하여, 개인정보가 포함된 전화번호부에 대한 증거개시 명령을 인정하지 아니함); *In re Vitamins Antitrust Litigation*, No. 99-197TFH, 2001 WL 1049433, at *9 (D.D.C. June 20, 2001); *In re Xarelto (Rivaroxaban) Products Liability Litigation*, MDL NO. 2592, 2016 WL 2855221, at *3 (E.D. La. May 11, 2016), WL 3923873, at *17 (E.D. La. July 21, 2016) (독일 국내법이 프라이버시 보호에 두는 중요성을 고려하여, 독일 측의 정보보호 관련 이익이 정보제출을 명하는 미국 측의 이익보다 우월하다고 판단함).

자료에 대한 소유, 소지, 또는 보관, ③ 이익형량 분석이라는 3단계 판단기준을 통하여 외국에 있는 자료에 대한 제출의무를 인정하는 것은 형사사건에서도 마찬가지이다.[70] 타국 정부의 동의가 없는 한 수사기관이 타국의 영역 내에서 직접 수사 관련 활동을 하는 것은 허용되지 않지만,[71] 미국 법원의 재판관할권이 인정되는 자에 대하여 외국에 있는 자료의 제출을 명할 수 있는 것이다.[72] 즉, 형사사건에서도 국제예양의 관점에서 범죄 수사라는 공적 이익, 개인의 프라이버시 이익, 관련 국가의 이익 등을 비교 형량하는 합리성 판단을 통하여 외국에 있는 자료의 제출의무가 인정될 수 있다.[73]

한편 형사적 맥락에서 예양분석이 적용되는 측면을 이해하려면 관련 법 제도의 이해가 필수적이므로 이를 살펴보기로 한다. 디지털증거의 증거조사 관련 법제는 ① 일반 제출명령 제도, ② 디지털증거에 대한 특칙으로 볼 수 있는

70) 씨티뱅크 사건 자체가 대배심 제출명령(Grand Jury subpoena *duces tecum*)의 유효성을 다툰 사건이다. 대표적인 연방항소법원의 판례로 다음의 것을 들 수 있다. ① *United States v. First National City Bank*, 396 F.2d 897 (2d Cir. 1968); ② *In re Grand Jury Subpoena to Marc Rich & Co., A.G.*, 707 F.2d 663 (2d Cir. 1983); ③ *United States v. Vetco Inc.*, 691 F.2d 1281 (9th Cir. 1981); ④ *In re Grand Jury Proceedings Bank of Nova Scotia (United States v. Bank of Nova Scotia)*, 740 F.2d 817 (11th Cir. 1984).

71) 대외관계법 리스테이트먼트 제432조 제2항: "수사기관은 다른 국가의 권한 있는 공무원에 의한 그 국가의 동의를 받은 경우에만 다른 국가의 영역에서 그 권한을 행사할 수 있다." (§ 432. *Measures in Aid of Enforcement of Criminal Law.* (2) A state's law enforcement officers may exercise their functions in the territory of another state only with the consent of the other state, given by duly authorized officers of that state.)

72) 대외관계법 리스테이트먼트 제442조 제1항 (a): "미국 법원이나 기관은, 법률 또는 법원 명령에 따라, 재판관할권이 인정되는 자에 대하여 수사에 관련된 문서, 물건, 기타 정보의 제출을 명할 수 있다. 이는 해당 정보나 이를 소지하는 자가 외국에 있더라도 마찬가지이다." (§ 442. *Requests for Disclosure: Law of the United States.* (1) (a) A court or agency in the United States, when authorized by statute or rule of court, may order a person subject to its jurisdiction to produce documents, objects, or other information relevant to an action or investigation, even if the information or the person in possession of the information is outside the United States.)

73) *In re Grand Jury Proceedings Bank of Nova Scotia (United States v. Bank of Nova Scotia)*, 740 F.2d 817, 828 (11th Cir. 1984) (본 판결에 따라 해외 자료에 대한 제출명령(a subpoena for foreign records)을 'Nova Scotia type subpoena'라 부르기도 한다.); *In re One Grand Jury Subpoena Returnable January 11, 1989*, No. N-89-7, 1989 WL 49165, at *3 (D. Conn. Mar. 22, 1989).

'저장통신법'(Stored Communication Act, SCA), ③ 저장통신법의 개정법률인 '클라우드 법'까지 살펴보아야 전체적인 모습을 파악할 수 있다.

2. 제출명령

가. 의의

미국에서는 수사단계의 자료수집을 위해 '제출명령'(subpoena)이 적극적으로 활용된다. 제출명령이란 그 명령의 송달을 받은 사람에게 자신이 보관·소지하는 것으로서 현재 계속 중인 절차의 쟁점과 관련성을 가진 특정한 문서·물건을 제출하도록 하는 명령이다.[74] 제출명령은 17세기 무렵 등장하여 주로 민사절차에서 사용되었으나, 19세기 말부터 행정기관의 조사 권한의 일부로 사용되었고 이후 대배심의 권한으로 확대되었다.[75] 수사단계에서 문서 등의 자료제출을 위해 이용되는 것으로 ① 대배심 제출명령(Grand Jury subpoena *duces tecum*)과 ② 행정 제출명령(administrative subpoena)이 있다. 본 문헌에서는 수사단계에서 활용도가 높은 대배심 제출명령을 기준으로 서술하기로 한다.

대배심 제출명령은 대배심의 권한이기는 하나 대상자가 이에 이의를 제기할 경우 최종적으로 법원이 유효성을 확인함으로써 강제성을 확보하게 된다. 즉, 수사기관이 일단 집행에 착수하는 압수·수색영장과 달리, 제출명령을 송달받은 대상자가 이의를 제기할 경우 일종의 대심 구조형(adversary process) 절차를 통해 제출명령의 유효성을 다투게 되며, 최종적으로 법원의 판단에 의하여 그 강제력이 확보되는 것이다.[76] 대배심에 대하여는 공권력의 남용을 방지

---

74) 제출명령(subpoena)은 연방 형사소송규칙(Federal Rules of Criminal Procedure) 제17조, 연방 민사소송규칙(Federal Rules of Civil Procedure) 제45조가 이를 규율하고 있다. 민사절차에서 제출명령은 증거개시제도(discovery)의 구체적인 실현방법 중 하나로 인정된다.

75) 제출명령의 역사에 대하여는 다음의 문헌을 참고할 수 있다. Christopher Slobogin, *Subpoenas and Privacy*, 54 **DePaul L. Rev.** 805, 810 (2005).

76) 다음의 판례가 이러한 성격을 적절히 설명하고 있다. *United States v. Bailey (In re Subpoena Duces Tecum)*, 228 F.3d 341, 347 (4th Cir. 2000): "A subpoena (…) commences an adversary process during which the person served with the subpoena may challenge it in court before complying with its demands. (…) As judicial process

하려는 제도의 취지와 달리 현실에서는 검사의 수사 권한을 보충하는 역할을 한다는 비판이 있고, 실제 연방검사들은 상당수의 증거를 압수·수색영장이 아닌 대배심 제출명령을 통해 수집하고 있다.[77] 행정 제출명령은 미연방 조세 당국(Internal Revenue Service, IRS), 경쟁 당국(Federal Trade Commission, FTC), 검찰(Department of Justice, DOJ) 등이 발부하나, 대배심 제출명령과 마찬가지로 궁극적으로는 법원의 판단에 따라 강제력을 확보하게 된다. 제출명령에 불응하면 검사는 법원에 법정모욕에 의한 제재를 청구할 수 있다.[78] 즉, 제출명령에는 일정 수준의 법적 강제력이 인정되므로 검사 입장에서 사건의 혐의를 입증할 서류나 정보를 수집하는 유용한 도구가 된다.

독일에서는 형사소송법 제95조에 따라 제출명령과 유사한 절차가 인정되고 있으며,[79] 일본은 2011년 형사소송법 개정으로 기록명령부 압수제도를 도입하고(제99조의2),[80] 수사기관도 법관이 발부하는 영장을 받아 기록명령부 압수를 할 수 있도록 규정하였다(제218조 제1항).[81] 이와 달리 우리 형사소송법의 해석

---

is afforded before any intrusion occurs, the proposed intrusion is regulated by, and its justification derives from, that process."

77) Niki Kuckes, *The Useful, Dangerous Fiction of Grand Jury Independence*, 41 **Am. Crim. L. Rev.** 1, 7 (2004).

78) 연방 형사소송규칙 제17조 (g).

79) 독일 형사소송법 제95조(제출의무) "(1) 제94조에 규정된 종류의 대상을 보관하는 자는 요구가 있으면 이를 제시하고 제출할 의무가 있다. (2) 거부하는 경우에는 그에게 제70조에 규정된 질서벌과 강제수단을 부과할 수 있다. 증언거부권이 있는 사람에게는 제1문을 적용하지 않는다." (StPO § 95 *Herausgabepflicht*. (1) Wer einen Gegenstand der vorbezeichneten Art in seinem Gewahrsam hat, ist verpflichtet, ihn auf Erfordern vorzulegen und auszuliefern. (2) Im Falle der Weigerung können gegen ihn die in § 70 bestimmten Ordnungs- und Zwangsmittel festgesetzt werden. Das gilt nicht bei Personen, die zur Verweigerung des Zeugnisses berechtigt sind.)

80) 일본 형사소송법 제99조의2: "법원은 필요가 있을 때, 기록명령부 압수(전자정보를 보관하는 자, 그 밖에 전자정보를 이용하는 권한을 갖는 자에게 명하여 필요한 전자정보를 정보저장매체에 기록시키거나, 또는 인쇄시킨 후에, 해당 정보저장매체를 압수하는 것을 말한다. 이하 같다)를 할 수 있다." (第九十九条の二. 裁判所は、必要があるときは、記録命令付差押え（電磁的記録を保管する者その他電磁的記録を利用する権限を有する者に命じて必要な電磁的記録を記録媒体に記録させ、又は印刷させた上、当該記録媒体を差し押さえることをいう。以下同じ。）をすることができる。)

81) 일본 형사소송법 제218조 제1항 제1문: "검찰관, 검찰사무관, 또는 사법경찰직원은 범죄

상 수사단계에서 제출명령은 인정되지 않고,[82] 법원에 의한 제출명령도 그에 불응하였을 경우 별다른 제재수단이 없다.[83] 그러나 인터넷서비스 제공자 등에 대한 압수·수색영장의 집행도 실질적으로는 제출명령의 성격을 가지고 있는 점, 향후 우리 법제에도 수사단계의 제출명령이나 제출명령 불응 시 강제수단이 도입될 가능성이 있는 점 등을 고려하면, 비교법적 검토를 통해 우리 법의 해석에 참고할 점을 얻을 수 있다고 생각된다.

나. 대상자

(1) 피의자

피의자가 제출명령의 대상자가 되는지는 수정헌법 제5조 자기부죄거부특권의 범위와 관련이 있다. 자기부죄거부특권은 '**진술 또는 의사 표현의 성격을 가지는 행위**'(testimonial or communicative act)의 강요를 금지하는 것이며,[84] 물적 증거제출을 거부할 수 있는 권리는 아니다.[85] 수정헌법 제5조는 모든 종류의 증거가 아니라 자신에게 불리한 진술을 강제하는 것으로 평가할 수 있는

수사에 관하여 필요할 때에 법관이 발부하는 영장으로 압수, 기록명령부 압수, 수색, 또는 검증을 할 수 있다." (第二百十八条 ① 検察官、検察事務官又は司法警察職員は、犯罪の捜査をするについて必要があるときは、裁判官の発する令状により、差押え、記録命令付差押え、捜索又は検証をすることができる。)

82) 형사소송법 제219조는 제106조를 준용하고 있어 수사기관이 행하는 압수에도 제출명령의 형태가 인정된다고 해석될 여지가 있으나, 영장주의에 따라 수사기관의 압수에는 원칙적으로 법관의 영장이 필요하므로 독자적인 제출명령권을 가진다고 할 수 없고, 따라서 제106조 제2항은 준용되지 않는다고 보는 견해가 일반적이다. 신동운, 신형사소송법(제5판, 2014), 400면; 이은모, 형사소송법(제6판, 2018), 320면; 이재상·조균석, 형사소송법(제11판, 2017), 316면; 이창현, 형사소송법(제4판, 2018), 431면.

83) 형사소송법 제106조(압수) 제2항은 "법원은 압수할 물건을 지정하여 소유자, 소지자 또는 보관자에게 제출을 명할 수 있다"고 규정하고, 별다른 제재수단을 두고 있지 않다. 제출명령에 응하지 않을 경우 궁극적으로 압수·수색영장에 의해 강제력을 확보할 수 있다고 하나, 이러한 논리는 해외 소재 자료에 대한 제출명령에는 의미를 가지기 어려운 것이다.

84) *Schmerber v. California*, 384 U.S. 757, 761 (1966); *Doe v. United States*, 487 U.S. 201, 210 (1988).

85) 이러한 점을 명확히 한 미연방대법원의 1976년 피셔(Fisher) 판결 이후 문제제출 강제는 원칙적으로 수정헌법 제5조의 보호를 받을 수 없게 되었다. *Fisher v. United States*, 425 U.S. 391 (1976).

제출명령에만 적용되므로, 피의자의 의복, 혈액, 음성, 필적 표본 등을 제공하는 경우는 수정헌법 제5조의 보호를 받을 수 없는 것이다.[86)]

(2) 제3자

'제3자 이론'(third party doctrine)은 정보주체가 제3자에게 자발적으로 정보를 제공한 경우, 그 정보에 대하여는 수정헌법 제4조의 프라이버시 이익이 인정되지 않는다는 미국 법 특유의 이론이다.[87)] 이에 따라 미국 법원은 피의자·피고인이 아닌 **제3자**에 대한 제출명령을 넓은 범위에서 인정해 왔다.[88)]

다. 요건

(1) 제출명령의 합리성

제출명령을 어떤 요건에 따라 인정할 것인지가 문제 된다. 비록 압수·수색과 같이 직접적인 물리력을 행사하지는 않지만, 법적 강제력으로 자료제출을 명하는 제출명령의 성격에 비추어 강제처분의 '합리성'(reasonableness)을 요구하는 수정헌법 제4조의 취지는 유지되어야 한다.[89)] 그러나 '상당한 이유'와 같이 압수·수색영장에 준하는 요건까지 요구할 수는 없을 것이다. 그에 따라 법원은 제출명령의 합리성을 보장하기 위해 연방 형사소송규칙 제17조를 기준으

---

86) ① *Holt v. United States*, 218 U.S. 245 (1910) (의복); ② *Schmerber v. California*, 384 U.S. 757 (1966) (혈액); ③ *United States v. Wade*, 388 U.S. 218 (1967) (음성); ④ *Gilbert v. California*, 388 U.S. 263 (1967) (필적).

87) *Smith v. Maryland*, 442 U.S. 735 (1979); *United States v. Miller*, 425 U.S. 435 (1976).

88) 다만 미연방대법원은 밀러 판결, 스미스 판결 이전부터 제3자에 대한 제출명령이 수정헌법 제4조, 제5조에 위반되지 않는다는 견해를 밝혀 왔다. *First National Bank v. United States*, 267 U.S. 576 (1925).

89) ① *Oklahoma Press Publishing Co. v. Walling*, 327 U.S. 186, 208 (1946) ("The Fourth, if applicable, at the most guards against abuse only by way of too much indefiniteness or breadth in the things required to be 'particularly described,' if also the inquiry is one the demanding agency is authorized by law to make and the materials specified are relevant. The gist of the protection is in the requirement, expressed in terms, that the disclosure sought shall not be unreasonable."); ② *United States v. Bailey (In re Subpoena Duces Tecum)*, 228 F.3d 341, 347 (4th Cir. 2000) ("Because a subpoena duces tecum leads to 'the compulsory production of private papers,' a person served with a subpoena *duces tecum* is entitled to the Fourth Amendment's protection against unreasonableness.")

로 삼아왔다.[90)]

위 규칙은 제출명령이 비합리적이거나 억압적일 경우 이를 취소 또는 수정할 수 있다고 규정하는바,[91)] 미국 법원은 대체로 다음과 같은 세부 요건을 요구하여 온 것이다.[92)] 즉, ① 수사와 관련성(relevance), ② 대상의 특정성(particularity), ③ 적절한 시간적 범위(temporal scope) 내에 있을 것, ④ 대상자에게 과도한 부담(undue burden)이 되지 않을 것 등이다.

(2) 과도한 부담 여부

제출명령의 대상자에게 과도한 부담을 주지 않아야 한다는 요건은 제출명령의 효력을 다투는 대부분 사건에서 쟁점이 되고 있다. 위 요건은 '저인망식 조사'(fishing expedition)라고 표현되기도 하는 제출명령을 어디까지 허용할 것인가의 문제로서, 관련성, 특정성, 시간적 범위 등의 다른 요건과 밀접한 관련이 있다.[93)] 예컨대, 대상자인 기업에 수년간에 걸친 광범위한 자료를 요구하는 제출명령은 제한될 수 있으나, 반면 자료가 구체적으로 특정되어 있다면 자료의 양이 많다는 이유만으로 이를 거부할 수는 없을 것이다. 즉, 구체적으로 요구된 자료의 분량, 사건의 복잡성, 자료의 관련성 등의 요소를 종합적으로 고려하여 판단해야 할 것이다.[94)]

---

90) *United States v. R. Enterprises, Inc.*, 498 U.S. 292, 299 (1991): "이 사건에서 핵심적인 질문은 연방 형사 절차에서 대배심 제출명령의 발부를 규율하는 연방 형사소송규칙 제17조 (c) 항이 부과하는 제약이다." (In this case, the focus of our inquiry is the limit imposed on a grand jury by Federal Rule of Criminal Procedure 17(c), which governs the issuance of subpoenas *duces tecum* in federal criminal proceedings.)

91) 연방 형사소송규칙 제17조 (c)(2): "법원은 제출명령이 비합리적이거나 억압적인 경우 이를 취소하거나 수정할 수 있다." (The court may quash or modify the subpoena if compliance would be unreasonable or oppressive.)

92) *United States v. Gurule*, 437 F.2d 239, 241 (10th Cir. 1970); *United States v. Alewelt,* 532 F.2d 1165, 1168 (7th Cir. 1976); *In re Grand Jury Matters*, 751 F.2d 13, 18 (1st Cir. 1984).

93) *In re Special, Sept. 1983, Grand Jury*, 608 F. Supp. 538, 542 (S.D. Ind. 1985); *Reich v. Montana Sulphur & Chemical Co.*, 32 F.3d 440 (9th Cir. 1994).

94) ① *In re Radio Corp. of America*, 13 F.R.D. 167 (S.D.N.Y. 1952) (제출명령의 유효성 판단에 대상자인 기업의 규모를 고려함); ② *In re Grand Jury Investigation*, 381 F.Supp. 1295 (E.D. Pa. 1974) (대상자인 기업의 2년 반 동안의 모든 자료를 요구한 경우 과도한 부담이 된다고 판단함); ③ *In re Grand Jury Proceedings*, 115 F.3d 1240 (5th Cir.

라. 검토

그러나 실제 형사사건의 제출명령은 민사사건의 그것에 비하여 상대적으로 낮은 기준으로 발령되고 있다. 예컨대 미연방대법원은 대배심 제출명령에 대하여, 대배심의 수사대상과 관련된 정보를 획득할 합리적 가능성이 없다고 인정될 때에만 영장무효신청(motion to squash a search warrant)을 받아들일 수 있다고 판시하고 있다.[95] 그렇다면 '관련성' 요건은 사실상 제출명령을 통제하는 기능을 수행하지 못하며, 특히 제3자가 보관하는 정보에 대한 정보주체의 이익을 충분히 보장할 수 없다. 이에 따라 저장통신법은 제3자가 보관하는 전자정보에 대한 제출의무 인정 요건을 높여 정보주체의 이익을 보호하는 것이다. 이하에서는 항목을 바꾸어 저장통신법의 내용을 살펴본다.

3. 저장통신법

가. 배경

'제3자 이론'(third party doctrine)은 정보주체가 제3자에게 자발적으로 정보를 제공한 경우, 그 정보에 대하여는 수정헌법 제4조의 프라이버시 이익이 인정되지 않는다는 미국 법 특유의 이론이다. 미연방대법원은 대표적으로 1977년 밀러(*Miller*) 판결에서 제3자인 은행이 보관 중인 거래기록에 대하여 프라이버시 이익을 부정하고,[96] 1979년 스미스(*Smith*) 판결에서 통신사업자가 보관 중인 통화기록에 대한 프라이버시 이익이 인정되지 않는다고 판시하였다.[97]

1997) (187명의 대상자에게 85종에 달하는 문서의 제출을 요구하였다는 이유만으로는 과도한 부담이 되지 않는다는 취지로 판시함).

95) *United States v. R. Enterprises, Inc.*, 498 U.S. 292, 301 (1991): "Drawing on the principles articulated above, we conclude that where, as here, a subpoena is challenged on relevancy grounds, the motion to quash must be denied unless the district court determines that there is no reasonable possibility that the category of materials the Government seeks will produce information relevant to the general subject of the grand jury's investigation." (밑줄은 필자)

96) *United States v. Miller*, 425 U.S. 435 (1976).

97) *Smith v. Maryland*, 442 U.S. 735 (1979).

다만 미연방대법원이 2018년 카펜터(*Carpenter*) 판결에서 통신사업자가 보관하는 휴대전화의 위치정보에 대하여 수정헌법 제4조의 보호 대상이라고 판시한 취지를 고려하면,[98] 전통적인 제3자 이론의 범위가 축소될 가능성이 있음은 염두에 두어야 할 것이다.

어쨌든 위 이론을 일관하면, 수사기관은 금융기관, 통신회사, 인터넷서비스 제공자 등이 보관하는 정보에 대하여 별다른 제약 없이 접근할 수 있게 된다. 그러나 현대사회에서 금융기관 등이 보관하는 정보의 중요성을 고려할 때 제3자에게 제공된 정보라고 하여 아무런 법적 보호를 받지 못하는 사각지대에 놓이도록 할 수는 없다. 이에 따라 의회는 다양한 법률을 제정하여 위와 같은 정보에 대한 보호 수단을 제공하고 있는데, 이를 '성문법에 의한 프라이버시 보호'(statutory privacy protection)라 부를 수 있다. 저장통신법(SCA)은 위와 같이 제3자가 보관 중인 정보를 보호하는 성문법 중 하나이다.

저장통신법은 아래에서 보는 바와 같이 제3자가 보관하는 전자정보에 대한 제출의무의 요건을 강화하고 있으나, 일정한 한계가 있다. 그중 가장 중요한 것은, 수정헌법 제4조가 적용되지 않기 때문에 위법수집증거 배제법칙이 적용되지 않는다는 점이다.

나. 개요

저장통신법은 미국 연방 법률 제18장 제2701조부터 제2713조까지 규정을 통칭하는 것이다.[99] 동 법의 분석을 위해서는, ① 수범자, ② 대상 정보, ③ 수단으로 나누어 살펴보아야 한다.

(1) 수범자

저장통신법은 수범 대상으로 ① '전자통신서비스'(electronic communication service, **ECS**) 제공자, ② '원격정보처리서비스'(remote computing service, **RCS**) 제공자의 개념을 정하고, 그들이 보관하는 정보에 대하여 수정헌법 제4조와 유사한 법적 보호 수단을 제공하는 것이다.

---

98) *Carpenter v. United States*, 138 S.Ct. 2206 (2018).

99) 18 U.S.C. §§ 2701-2713.

(2) 대상 정보

저장통신법은 중요 디지털증거를 그 대상으로 규정하고 있다. 즉, 수사기관이 취득할 수 있는 정보는, ① 제2703조 (a), (b) 항이 규정하는 '통신 내용'(content of communication), ② 제2703조 (c)(1)에 규정된 '통신 내용이 아닌 기록 기타 정보',[100] ③ 제2703조 (c)(2)에 열거된 '가입자 기본 정보'(basic subscriber information)[101] 등 3가지 유형으로 나눌 수 있다.

(3) 정보취득 수단

저장통신법은 수사기관이 서비스제공자에게 특정 정보의 공개를 강제하는 데 사용할 수 있는 방법을 제시하고 있는데, ① '제출명령'(subpoena), ② '통지 후 제출명령'(subpoena with prior notice), ③ '법원 명령'(court order), ④ '통지 후 법원 명령'(court order with prior notice), ⑤ '영장'(warrant)이 바로 그것이다. 비록 제출명령, 법원 명령, 영장으로 법적 수단이 세분되어 있으나, 적절한 법적 수단을 제시하면 서비스제공자가 그 취지에 부합하는 정보를 제공하는 형식일 것이므로 법적 수단이 다르다 하더라도 실제 집행의 모습은 크게 다르지 않을 것이다. 따라서 법적 수단을 세분하는 것은 정보 유형별로 프라이버시 이익이 다르다는 점을 고려하여 서로 다른 수준의 요건을 부과하려는 것에 불과하다. 사전통지를 수반하지 않는 경우, 제출명령만으로 취득할 수 있는 정보는 제2703조 (c)(2)에 열거된 가입자 기본 정보에 불과하므로 저장통신법은 디지털증거와 관련하여 정보수집에 필요한 요건을 상향시킨 것으로 평가할 수 있을 것이다.

① **제출명령**은 발부요건이 가장 약하며 절차가 간소한 증거수집 절차로, (사전통지를 하지 않을 경우) 이를 통하여 '제2703조 (c)(2)에 열거된 사항(가입자 기본 정보)'을 취득할 수 있다.

② (사전통지를 하지 않을 경우) **법원 명령**을 이용하여 '제2703조 (c)(1)의 통

100) 제2703조 (a), (b) 항에 규정된 '통신 내용'에 해당하지 아니하고, 제2703조 (c)(2)에 열거된 '가입자 기본 정보'에도 해당하지 않는 정보로, 가입자가 방문한 웹사이트의 주소, 이메일을 주고받은 상대방의 메일주소 등을 예로 들 수 있다.

101) 제2703조 (c)(2)는 (A) 가입자 이름, (B) 주소, (C) 장·단거리 통화기록, (D) 통신서비스 시간 및 종류, (E) 송·수신에 사용된 통신(전화) 번호, (F) 서비스 지불수단에 대한 정보를 열거하는데, 이를 '가입자 기본 정보'(basic subscriber information)라고도 한다.

신 내용이 아닌 기록 기타 정보', '제2703조 (c)(2)에 열거된 사항(가입자 기본 정보)'을 취득할 수 있다.[102] 제2703조 (d) 항은 법원 명령의 요건을 다음과 같이 정하고 있다.[103] 즉, 정부 기관은 유·무선 통신 내용, 또는 기록 기타 정보가 진행 중인 수사와 관련성이 있고 중요하다고 믿을 만한 합리적 근거가 있다는 점을 보여주는 '구체적이고 설명할 수 있는 사실'(specific and articulable facts)을 제시해야 한다.[104] 또한 법원은 서비스제공자의 신청에 따라 법원 명령이 비정상적으로 방대하거나 서비스제공자에게 과도한 부담을 줄 수 있는 경우 그 명령을 취소 또는 수정할 수 있다. 결국 제2703조 (d) 항은 관련성, 중요성, 과도한 부담이 되지 않을 것 등의 요건을 규정하는데, 이는 앞서 살펴본 대배심 제출명령의 요건과 크게 다르지 않다고 볼 수 있다. 다만 법원의 사전 심사를 거친다는 점, '구체적이고 설명할 수 있는 사실' 제시를 요구한다는 점에서 실제 운용에서는 제출명령보다 강화된 요건이 적용될 것으로 생각된다.

---

102) 18 U.S.C. § 2703 (c)(1), 2703 (c)(2).

103) 제2703조 (d) 항이 요건을 규정하기 때문에 저장통신법의 법원 명령을 '(d) order'라 부르기도 한다. Orin S. Kerr, *A User's Guide to the Stored Communications Act, And A Legislator's Guide to Amending It*, 72 **Geo. Wash. L. Rev.** 1208, 1219 (2004).

104) 연방 법률 제18장 제2703조 (d) 항 (법원 명령의 요건): "(b) 또는 (c) 항에 따른 법원 명령은 관할이 인정되는 법원에서, 정부 기관이 유·무선 통신 내용, 또는 기록 기타 정보가 진행 중인 수사와 관련성이 있고 중요하다고 믿을 만한 합리적 근거가 있다는 점을 보여주는 구체적이고 설명할 수 있는 사실을 제시하는 경우에 발부된다. (생략) 본 조에 따른 명령을 발급하는 법원은, 서비스제공자의 신청에 따라, 요청한 정보나 기록이 비정상적으로 방대하거나 또는 서비스제공자에게 과도한 부담을 줄 수 있는 경우, 이를 취소 또는 수정할 수 있다." (18 U.S.C. § 2703 (d) *Requirement for court order.* A court order for disclosure under subsection (b) or (c) may be issued by any court that is a court of competent jurisdiction and shall issue only if the governmental entity offers specific and articulable facts showing that there are reasonable grounds to believe that the contents of a wire or electronic communication, or the records or other information sought, are relevant and material to an ongoing criminal investigation. In the case of a State governmental authority, such a court order shall not issue if prohibited by the law of such State. A court issuing an order pursuant to this section, on a motion made promptly by the service provider, may quash or modify such order, if the information or records requested are unusually voluminous in nature or compliance with such order otherwise would cause an undue burden on such provider.) (밑줄은 필자)

③ **영장**은 통신 내용을 포함하여 가장 광범위한 데이터 공개를 강제할 수 있는 수단이기는 하나, 연방 형사소송규칙에 따라 범죄 혐의의 상당성 등을 입증하여야 하므로 가장 요건이 강화되어 있다고 할 수 있다. 제2703조의 내용을 간략히 정리하면 다음과 같다.

*****

- 연방 법률 제18장 제2703조 (a) 항 제1문: 전자통신서비스(ECS) 제공자로부터 전자적 형태로 저장된 유·무선 통신 내용 중 180일 이내의 것을 취득하려면, 수사기관은 연방 형사소송규칙에 따른 법원의 영장을 발부받아야 한다.[105)]

- 연방 법률 제18장 제2703조 (a) 항 제2문: 전자통신서비스(ECS) 제공자로부터 180일이 지난 통신 내용을 취득하려면, (b) 항에 정한 바와 같이 ① 사전통지를 하지 않는 경우는 연방 형사소송규칙에 따른 법원의 영장을 발부받고, ② 사전통지를 하는 경우는 법원 명령, 행정 제출명령, 대배심 제출명령, 또는 법원 제출명령을 발부받아야 한다.[106)]

- 연방 법률 제18장 제2703조 (b)(1): 원격정보처리서비스(RCS) 제공자로부터 통신 내용을 취득하려면, ① 사전통지를 하지 않는 경우는 연방 형

105) 18 U.S.C. § 2703 (a) *Contents of wire or electronic communications in electronic storage.* A governmental entity may require the disclosure by a provider of electronic communication service of the contents of a wire or electronic communication, that is in electronic storage in an electronic communications system for one hundred and eighty days or less, only pursuant to a warrant issued using the procedures described in the Federal Rules of Criminal Procedure (…) by a court of competent jurisdiction.

106) 18 U.S.C. § 2703 (a) *Contents of wire or electronic communications in electronic storage.* A governmental entity may require the disclosure by a provider of electronic communications services of the contents of a wire or electronic communication that has been in electronic storage in an electronic communications system for more than one hundred and eighty days by the means available under subsection (b) of this section."

사소송규칙에 따른 법원의 영장을 발부받고, ② 사전통지를 하는 경우는 법원 명령, 행정 제출명령, 대배심 제출명령, 또는 법원 제출명령을 발부받아야 한다.[107)]

- 연방 법률 제18장 제2703조 (c)(1): 전자통신서비스(ECS) 제공자, 원격정보처리서비스(RCS) 제공자로부터 통신 내용이 아닌 기록 기타 정보를 취득하려면, ① 연방 형사소송규칙에 따른 영장, ② 법원 명령을 발부받거나, ③ 가입자 또는 고객의 동의를 받거나, 또는 ④ 텔레마케팅 사기 수사와 관련하여, 수사기관이 관련 정보를 서비스제공자에게 문서로 정식으로 요청해야 한다.[108)]

---

107) 18 U.S.C. §2703 (b) *Contents of wire or electronic communications in a remote computing service*. (1) A governmental entity may require a provider of remote computing service to disclose the contents of any wire or electronic communication to which this paragraph is made applicable by paragraph (2) of this subsection—
(A) without required notice to the subscriber or customer, if the governmental entity obtains a **warrant** issued using the procedures described in the Federal Rules of Criminal Procedure (…) by a court of competent jurisdiction; or
(B) with prior notice from the governmental entity to the subscriber or customer if the governmental entity—
(i) uses an **administrative subpoena** authorized by a Federal or State statute or a Federal or State **grand jury or trial subpoena**; or
(ii) obtains a **court order** for such disclosure under subsection (d) of this section; except that delayed notice may be given pursuant to section 2705 of this title.

108) 18 U.S.C. §2703 (c) *Records concerning electronic communication service or remote computing service*. (1) A governmental entity may require a provider of electronic communication service or remote computing service to disclose a record or other information pertaining to a subscriber to or customer of such service (not including the contents of communications) only when the governmental entity—
(A) obtains a **warrant** issued using the procedures described in the Federal Rules of Criminal Procedure (…) by a court of competent jurisdiction;
(B) obtains a **court order** for such disclosure under subsection (d) of this section;
(C) has the **consent** of the subscriber or customer to such disclosure;
(D) submits a **formal written request** relevant to a law enforcement investigation concerning telemarketing fraud for the name, address, and place of business of a subscriber or customer of such provider, which subscriber or customer is engaged in telemarketing (as such term is defined in section 2325 of this title); or

- 연방 법률 제18장 제2703조 (c)(2): 전자통신서비스(ECS) 제공자, 원격정보처리서비스(RCS) 제공자로부터 제2703조 (c)(2)에 열거된 사항(가입자 이름, 주소, 장, 단거리 통화기록, 통신서비스 시간 및 종류, 송·수신에 사용된 통신(전화) 번호, 서비스 지불수단에 대한 정보)을 취득하려면, ① 행정 제출명령, 대배심 제출명령, 또는 법원 제출명령을 발부받거나, ② 위 제2703조 (c)(1)에 규정된 수단을 이용해야 한다.[109]

[표 6-2]

조항	수범자	대상 정보	정보취득 수단
§ 2703(a) 제1문	ECS	통신 내용 (180일 이내)	• 영장
§ 2703(a) 제2문, 2703(b)	ECS	통신 내용 (180일 초과)	• 영장 • 법원명령 + 통지 • 제출명령 + 통지
§ 2703(b)	RCS	통신 내용	• 영장 • 법원명령 + 통지 • 제출명령 + 통지
§ 2703(c)(1)	ECS, RCS	통신 내용이 아닌 기록 기타 정보	• 영장 • 법원명령
§ 2703(c)(2)	ECS, RCS	제2703조 (c)(2) 열거 사항	• 영장 • 법원명령 • 제출명령

(E) seeks information under paragraph (2).

109) 18 U.S.C. §2703 (c)(2) A provider of electronic communication service or remote computing service shall disclose to a governmental entity the (A) name; (B) address; (C) local and long distance telephone connection records, or records of session times and durations; (D) length of service (including start date) and types of service utilized; (E) telephone or instrument number or other subscriber number or identity, including any temporarily assigned network address; and (F) means and source of payment for such service (including any credit card or bank account number), of a subscriber to or customer of such service when the governmental entity uses an **administrative subpoena** authorized by a Federal or State statute or a Federal or State **grand jury or trial subpoena** or **any means available under paragraph (1)**.

다. 저장통신법과 역외 전자정보 수집

제2장에서 살펴본 마이크로소프트 아일랜드,[110] 구글 펜실베이니아 사건[111]은 저장통신법의 적용 범위가 문제 된 사안이다. 즉, 저장통신법에 의한 영장을 집행하여 '**해외에 저장되어 있으나 국내에서 접근 가능한 정보**'의 제출을 강제할 수 있는지가 쟁점인 것이다. 이러한 맥락에서 '수색'의 법적 위치를 데이터 '접근' 장소로 파악할 경우 저장통신법의 역외적용 문제는 없으나, 이와 달리 데이터 '저장' 장소를 기준으로 할 경우 역외적용이 가능한지 여부를 살펴봐야 한다. 그런데 구글 펜실베이니아 사건은 수색의 법적 위치를 데이터 접근 장소로 파악하였고, 반면 마이크로소프트 아일랜드 사건은 데이터 저장 장소로 파악한 것이다.

이에 따라 연방제2항소법원은 마이크로소프트 社에 미국 외에 저장된 데이터의 제출을 요구하는 영장의 집행은 법률의 역외적용에 해당하여 허용될 수 없다고 판시하였다. 즉, ① 저장통신법(SCA)에는 역외적용에 대한 명시적 규정이 없으므로 '역외적용 추정금지 원칙'(presumption against extraterritoriality)에 따라 위 법에 따라 발부된 영장의 역외집행은 허용될 수 없다. 다음으로 ② 저장통신법 제2703조 (a) 항의 주된 보호법익은 '사용자의 통신 내용에 대한 프라이버시'이고, 이와 관련된 행위는 마이크로소프트 직원이 수사기관의 대리인 자격으로 사용자의 통신 내용을 취득하는 경우에 발생한다. 그런데 그러한 행위는 아일랜드 더블린(Dublin)에 있는 데이터 센터에서 발생하므로 법률의 보호법익과 관련된 행위는 역외에서 발생하는 것이다. 따라서 본건 영장의 집행을 강제하는 것은 허용되지 않는 역외적용에 해당한다는 것이다.

한편, '클라우드 법'은 입법에 의하여 위와 같은 논쟁을 정리한 것이다. 마이크로소프트 아일랜드 사건이 연방대법원에 계류 중에 위 사건의 항소심 판단을 무력화하고자 한 '클라우드 법'이 양원을 통과하였고, 이에 연방대법원은 항소심 판결을 파기하고 소의 이익이 없으므로(moot) 기각함이 상당하다는 취지

---

110) *In re Warrant to Search a Certain E-Mail Account Controlled & Maintained by Microsoft Corp. (Microsoft Ireland)*, 829 F.3d 197 (2d Cir. 2016).

111) *In re Search Warrant No. 16-960-M-01 to Google (Google Pennsylvania)*, 232 F. Supp. 3d 708 (E.D. Pa. 2017).

로 환송하였다. 아래에서는 항목을 바꾸어 클라우드 법의 내용을 살펴본다.

4. 클라우드 법

'클라우드 법'의 공식 명칭은 '합법적 해외 데이터 활용의 명확화를 위한 법(Clarifying Lawful Overseas Use of Data Act, CLOUD Act)'이며, 역외 전자정보 수집과 관련하여 다음과 같은 다양한 내용을 담고 있는 저장통신법 개정법률이다.[112)]

가. 서비스제공자에게 해외에 저장 · 보관된 데이터 제출을 요구할 수 있는 명시적 근거를 규정

'클라우드 법' 이전에는 정부가 서비스제공자에게 해외에 저장·보관된 데이터의 제출을 요구할 수 있는지에 대한 명시적 규정이 없었다. 이러한 이유로 앞서 살펴본 마이크로소프트 아일랜드 사건 등에서 역외 데이터의 제출을 강제할 수 있는지에 대한 논란이 있었고, 미연방 의회는 이를 입법적으로 해결하기 위해 연방 법률 제18장 제2713조를 신설한 것이다.[113)] 제2713조는 "서비스제공자는, 해당 통신 또는 정보가 미국 내에 저장되어 있는지 여부와 관계없이, 해당 제공자가 소유, 소지, 또는 관리하는 통신의 내용과 가입자 관련 정보를 보존, 백업, 또는 공개할 법적 의무를 준수하여야 한다"라고 규정하여 서비스제공자가 해외에 저장·보관된 데이터를 제출할 의무가 있음을 분명히 하였다.[114)]

---

112) CLOUD Act, H.R. 1526, 115th Con. div. V (2018).

113) 기존 저장통신법은 미국 연방 법률 제18장 제2701조부터 제2712조까지 규정되어 있었는데, 이에 제2713조를 추가한 것이다.

114) 연방 법률 제18장 제2713조: "서비스제공자는, <u>해당 통신 또는 정보가 미국 내에 저장되어 있는지 여부와 관계없이</u>, 해당 제공자가 <u>소유, 소지, 또는 관리</u>하는 통신의 내용과 가입자 관련 정보를 보존, 백업, 또는 공개할 법적 의무를 준수하여야 한다." (18 U.S.C. § 2713. *Required preservation and disclosure of communications and records*. A provider of electronic communication service or remote computing service shall comply with the obligations of this chapter to preserve, backup, or disclose the contents of a wire or electronic communication and any record or other information pertaining to a customer or subscriber within such provider's <u>possession, custody, or control</u>, regardless of whether such communication, record, or other information <u>is</u>

나. 영장 등에 대한 불복절차[115)]

'클라우드 법'은 서비스제공자가 영장 등의 효력을 다툴 수 있는 절차를 규정하였는데,[116)] 신설된 제2703조 (h) 항의 주요 내용은 다음과 같다.

*****

- 연방 법률 제18장 제2703조 (h)(1)(A): '자격을 갖춘 외국 정부'(qualifying foreign government)란 연방 법률 제18장 제2523조에 따라 미국 정부와 행정협정을 체결하고, 전자통신서비스 제공자, 원격정보처리서비스 제공자에게 실체법·절차법적으로 본항에 규정된 것과 유사한 기회를 제공하는 외국 정부를 말한다.[117)]

- 연방 법률 제18장 제2703조 (h)(2)(A): 가입자 등의 통신 내용을 공개하라는 요청을 받은 서비스제공자는, ① 가입자 등이 미국인이 아니고 미국 내에 거주하지도 않으며, ② 통신 내용 공개로 인하여 자격을 갖춘 외국 정부의 법률을 위반할 실질적 위험이 있는 경우, 영장의 무효 또는 변경을 신청할 수 있다. 이 신청은 정보공개 요청을 송달받은 날로부터 14일 이내에 이루어져야 한다.[118)]

---

located within or outside of the United States.) (밑줄은 필자)

115) 제2703조 (h)항은 통신 내용 공개를 요청할 수 있는 '법적 절차'(legal process), 즉 영장을 비롯한 모든 형태의 공적인 공개요청에 대한 불복절차를 규정한다. 그러나 본 문헌의 성격을 고려하여 본문에서는 간단히 '영장'으로 번역하였다.

116) CLOUD Act, H.R. 1625, 115th Cong. div. V, § 103(b) (2018). (18 U.S.C. § 2703(h) 신설).

117) 18 U.S.C. § 2703. (h)(1)(A). In this subsection, the term "qualifying foreign government" means a foreign government — (i) with which the United States has an executive agreement that has entered into force under section 2523; and (ii) the laws of which provide to electronic communication service providers and remote computing service providers substantive and procedural opportunities similar to those provided under paragraphs (2) and (5).

118) 18 U.S.C. § 2703. (h)(2)(A) A provider of electronic communication service to the

- 연방 법률 제18장 제2703조 (h)(2)(B): 신청을 받은 법원은 정부기관에 대응할 기회를 주어야 하며, ① 통신 내용의 공개로 인하여 자격을 갖춘 외국 정부의 법률을 위반할 여지가 있고, ② 제반 상황을 종합할 때 영장의 무효 또는 변경이 정의에 부합하며, ③ 가입자 등이 미국인이 아니고 미국 내에 거주하지도 않는다면, 영장을 무효로 하거나 내용을 변경할 수 있다.119)

- 연방 법률 제18장 제2703조 (h)(3) '예양분석': 본 조항은 위 제2703조 (h)(2)(B)의 내용 중 '제반 상황을 종합할 때 영장무효 또는 변경이 정의의 이익에 부합'하는지를 판단함에 필요한 8가지 요소를 제시한다. ① 통신내용 공개를 요구하는 수사기관의 이익을 포함한 미국의 이익, ② 공개를 금지하는 외국 정부의 이익, ③ 서비스제공자에게 부과된 일관성

---

public or remote computing service, including a foreign electronic communication service or remote computing service, that is being required to disclose pursuant to legal process issued under this section the contents of a wire or electronic communication of a subscriber or customer, may file a motion to modify or quash the legal process where the provider reasonably believes (i) that the customer or subscriber is not a United States person and does not reside in the United States; and (ii) that the required disclosure would create a material risk that the provider would violate the laws of a qualifying foreign government. Such a motion shall be filed not later than 14 days after the date on which the provider was served with the legal process, absent agreement with the government or permission from the court to extend the deadline based on an application made within the 14 days. The right to move to quash is without prejudice to any other grounds to move to quash or defenses thereto, but it shall be the sole basis for moving to quash on the grounds of a conflict of law related to a qualifying foreign government.

119) 18 U.S.C. § 2703. (h)(2)(B) Upon receipt of a motion filed pursuant to subparagraph (A), the court shall afford the governmental entity that applied for or issued the legal process under this section the opportunity to respond. The court may modify or quash the legal process, as appropriate, only if the court finds that (i) the required disclosure would cause the provider to violate the laws of a qualifying foreign government; (ii) based on the totality of the circumstances, the interests of justice dictate that the legal process should be modified or quashed; and (iii) the customer or subscriber is not a United States person and does not reside in the United States.

> 없는 법적 의무로 인하여 서비스제공자 또는 그 임직원에게 부과되는 제재의 가능성, 범위 및 성격, ④ 가입자 등의 위치와 국적, 가입자 등이 미국에 대하여 가지는 연관성의 성격과 정도, 또는 제3512조에 따라 외국 수사기관이 통신내용 공개를 요청할 때에 가입자 등이 그 외국에 대하여 가지는 연결점의 성격과 정도, ⑤ 서비스제공자가 미국에 대하여 가지는 연관성의 성격과 정도, ⑥ 공개 대상 정보가 수사절차에서 가지는 중요성, ⑦ 다른 수단을 통해 공개 대상 정보에 시기적절하고 효과적으로 접근할 가능성, ⑧ 제3512조에 따라 외국 수사기관이 통신 내용 공개를 요청할 때에 그 외국 수사기관의 이익이 그것이다.[120)]

앞서 설명한 바와 같이, 예양은 다른 국가의 주권에 대한 사법적 존중을 의미하며, 제반 요소를 고려하여 특정 행위의 합리성 여부를 판단하는 이익형량의 사고방식에 기초해 있다. 보다 구체적으로, '이익형량 과정에서 다른 국가의 이익을 체계적으로 고려'함을 의미한다. 영미에서는 국제예양이라는 개념을 입법관할권, 재판관할권의 제한, 외국판결의 승인·집행 등의 다양한 맥락에서

---

120) 18 U.S.C. § 2703. (h)(3) *Comity analysis*. For purposes of making a determination under paragraph (2)(B)(ii), the court shall take into account, as appropriate— (A) the interests of the United States, including the investigative interests of the governmental entity seeking to require the disclosure; (B) the interests of the qualifying foreign government in preventing any prohibited disclosure; (C) the likelihood, extent, and nature of penalties to the provider or any employees of the provider as a result of inconsistent legal requirements imposed on the provider; (D) the location and nationality of the subscriber or customer whose communications are being sought, if known, and the nature and extent of the subscriber or customer's connection to the United States, or if the legal process has been sought on behalf of a foreign authority pursuant to section 3512, the nature and extent of the subscriber or customer's connection to the foreign authority's country; (E) the nature and extent of the provider's ties to and presence in the United States; (F) the importance to the investigation of the information required to be disclosed; (G) the likelihood of timely and effective access to the information required to be disclosed through means that would cause less serious negative consequences; and (H) if the legal process has been sought on behalf of a foreign authority pursuant to section 3512, the investigative interests of the foreign authority making the request for assistance.

대체로 사법 자제 원칙에 일관성을 부여하는 이론적 근거로 사용하고 있다. 나아가 외국에 있는 자료에 대한 증거조사의 맥락에서도 예양분석이 중요한 의미를 가짐은 상술한 바 있다.

해외 증거조사의 맥락에서 예양분석은 국내법과 외국법 간의 충돌이 발생한 경우 법원이 다양한 요소를 고려하여 미국과 외국 정부의 관련 이해관계를 검토하도록 하는 것이다. 달리 말하면, 예양 원칙은 법적 권리·의무의 주체가 의무의 충돌을 피하려는 최대한의 노력을 다해 행동하였음에도 외국법에 의한 제재를 받을 우려가 있을 때, 국내법에 의한 의무를 부담하지 않도록 하는 기능을 한다. '클라우드 법'에 의해 저장통신법에 새로 도입된 영장 등에 대한 불복절차는 미국 법원에서 발부한 영장 집행이 외국법을 위반할 소지가 있는 경우 서비스제공자가 영장의 무효·변경을 구할 수 있는 장치를 두어 각국 법률의 충돌 문제를 해결하는 역할을 하며, 이를 구체화한 제2703조 (h) 항은 바로 예양분석을 근거로 하는 것이다.[121] 위 제2703조 (h)(3)의 8가지 요소가 예양분석의 구체적 내용을 이루며, '클라우드 법'에 의해 신설된 영장 등에 대한 불복절차의 핵심이라 할 것이다.

한편 이는 대외관계법 리스테이트먼트에서 제시되는 예양분석의 전통적 판단요소와 다소 차이가 있다. 대외관계법 리스테이트먼트는 제442조는 다음과 같은 5가지 판단요소를 제시한다.[122] 즉, ① 요청된 문서 또는 기타 정보가 수

---

121) Jennifer Daskal, *Microsoft Ireland, the CLOUD Act, and International Lawmaking 2.0*, 71 **Stan. L. Rev. Online** 9 (2018); Paul M. Schwartz, *Legal Access to the Global Cloud*, 118 **Colum. L. Rev.** 1681, 1716 (2018).

122) 대외관계법 리스테이트먼트 제442조 제1항 (c): "외국에 있는 정보의 제출을 명할지 여부를 결정할 때, 그리고 그러한 명령을 구성할 때 법원이나 정부 기관은 다음의 사항을 고려해야 한다. ① 요청된 문서 또는 기타 정보가 수사 또는 재판에서 가지는 중요성, ② 요청 대상을 특정한 정도, ③ 정보가 미국에서 유래된 것인지 여부, ④ 대체 수단의 가능 여부, ⑤ 요청에 응하지 않을 때 훼손될 우려가 있는 미국의 중요한 이익, 또는 요청에 응할 때 훼손될 우려가 있는 증거 소재지 국가의 중요한 이익." (§ 442. *Requests for Disclosure: Law of the United States*. (1) (c) In deciding whether to issue an order directing production of information located abroad, and in framing such an order, a court or agency in the United States should take into account ① The importance to the investigation or litigation of the documents or other information requested; ② the degree of specificity of the request; ③ whether the information originated in the United States; ④ the availability of alternative means

사 또는 재판에서 가지는 중요성, ② 요청 대상을 특정한 정도, ③ 정보가 미국에서 유래된 것인지 여부, ④ 대체 수단의 가능 여부, ⑤ 요청에 응하지 않을 때 훼손될 우려가 있는 미국의 중요한 이익, 또는 요청에 응할 때 훼손될 우려가 있는 증거 소재지 국가의 중요한 이익이 바로 그것이다. 그렇다면 전통적 예양분석과 '클라우드 법'에 의하여 신설된 제2703조 (h)(3)의 예양분석의 관계는 어떠한 것인가? 동 법안은 '클라우드 법'이 전통적인 예양분석에 영향을 미치지 않는다고 명시적으로 규정한다.[123] 즉, 일반적으로 적용되는 전통적 의미의 예양분석은 여전히 유효하고(general comity), 제2703조 (h)(3)의 예양분석은 아래에 설명하는 행정협정을 맺은 국가, 즉 자격을 갖춘 외국 정부에 대하여 적용되는 것이다(special comity).

다. 행정협정

'클라우드 법'은 연방 법률 제18장 제2523조를 신설하여 초 국경적 정보제공 요청을 위한 행정협정(executive agreement) 관련 규정을 마련하였는바,[124] 그 주요 내용은 다음과 같다.

*****

- 연방 법률 제18장 제2523조 (b)(1): 외국 정부의 국내법과 그 집행이 데이터수집과 관련된 프라이버시와 시민적 자유를 실체법·절차법적으로

---

of securing the information; and ⑤ the extent to which noncompliance with the request would undermine important interests of the United States, or compliance with the request would undermine important interests of the state where the information is located.) (구분기호 ①, ②, ③, ④, ⑤는 필자)

123) CLOUD Act, H.R. 1625, 115th Cong. div. V, § 103(c) (2018): *Rule of Construction*. Nothing in this section, or an amendment made by this section, shall be construed to modify or otherwise affect the common law standards governing the availability or application of comity analysis to other types of compulsory process or to instances of compulsory process issued under section 2703 of title 18, United States Code, as amended by this section, and not covered under subsection (h)(2) of such section 2703.

124) CLOUD Act, H.R. 1625, 115th Cong. div. V, § 105(a) (18 U.S.C. § 2523 신설).

강력하게 보장하는 등 법률에서 정한 요건을 충족하는 경우,[125] 해당 외국 정부와 행정협정을 체결할 수 있다.

- 연방 법률 제18장 제2523조 (b)(1)(B): 행정협정을 체결할 때 고려할 사항은 다음과 같다.[126] 즉, ① 외국 정부가 사이버범죄 및 디지털증거에 관한 적절한 실체법과 절차법을 가질 것(이는 외국 정부가 사이버범죄조약 가입국이거나 국내법이 사이버범죄조약의 규정과 합치하는 경우에 증명될 수 있다), ② 법의 지배와 차별금지원칙에 대한 존중, ③ 국제 보편적 인권의 존중(이에는 자의적이고 불법적인 프라이버시 침해로부터의 보호, 공정한 재판을 받을 권리, 표현의 자유, 집회·시위의 자유, 자의적인 체포·구금 금지,

---

125) 18 U.S.C. § 2523. (b)(1) [T]he domestic law of the foreign government, including the implementation of that law, affords robust substantive and procedural protections for privacy and civil liberties in light of the data collection and activities of the foreign government that will be subject to the agreement (…).

126) 18 U.S.C. § 2523. (b)(1)(B) [T]he factors to be met in making such a determination include whether the foreign government—(i) has adequate substantive and procedural laws on cybercrime and electronic evidence, as demonstrated by being a party to the Convention on Cybercrime, done at Budapest November 23, 2001, and entered into force January 7, 2004, or through domestic laws that are consistent with definitions and the requirements set forth in chapters I and II of that Convention; (ii) demonstrates respect for the rule of law and principles of nondiscrimination; (iii) adheres to applicable international human rights obligations and commitments or demonstrates respect for international universal human rights, including—(I) protection from arbitrary and unlawful interference with privacy; (II) fair trial rights; (III) freedom of expression, association, and peaceful assembly; (IV) prohibitions on arbitrary arrest and detention; and (V) prohibitions against torture and cruel, inhuman, or degrading treatment or punishment; (iv) has clear legal mandates and procedures governing those entities of the foreign government that are authorized to seek data under the executive agreement, including procedures through which those authorities collect, retain, use, and share data, and effective oversight of these activities; (v) has sufficient mechanisms to provide accountability and appropriate transparency regarding the collection and use of electronic data by the foreign government; and (vi) demonstrates a commitment to promote and protect the global free flow of information and the open, distributed, and interconnected nature of the Internet (…).

고문 금지, 잔인하고 비인도적 처벌 금지 등이 포함된다), ④ 데이터수집, 보유, 활용, 공유의 절차 및 그러한 활동의 효과적 통제에 대한 분명한 법적 권한과 절차, ⑤ 데이터수집 및 사용과 관련하여 책임성 및 적절한 투명성을 제공하는 메커니즘, ⑥ 세계적인 정보의 자유로운 이동과 인터넷의 공개되고 분산되고 상호연결된 특성을 촉진하고 보호하겠다는 의지 등이다.

한편 '클라우드 법'은 제2702조 (b)(9)를 신설하여 행정협정 대상국 정부의 요청이 있는 경우 서비스제공자가 자발적으로 통신 내용을 제공할 수 있도록 하였다.[127] 이는 타국 정부에 대한 봉쇄조항(blocking statute)을 제거하는 의미를 가진다. 즉, 일정한 요건을 갖추어 행정협정을 체결한 경우, 해당 국가는 국제형사사법공조 절차를 거치지 않고 바로 미국에 근거한 서비스제공자에게 통신 내용의 제출을 요구할 수 있다. 국제형사사법공조 절차의 비효율성을 극복하고, 신속한 정보공유를 가능하도록 하는 것이 '클라우드 법'이 의도하는 핵심적 내용이라 할 수 있다. 한편 '클라우드 법'은 기존의 국제 데이터 공유 방법을 보완하는 것이지 대체하는 것이 아니다. 따라서 행정협정이 없는 경우에도 여전히 기존의 국제형사사법공조 절차를 통해 공조 요청이 가능하다. 또한, 행정협정이 체결된 국가라 하더라도 '클라우드 법'의 범위를 넘어서는 정보에 대하여는 국제형사사법공조 절차를 활용해야 한다.

라. 기타

행정협정을 체결하려면 위 제2703조 (b)(1) 외에도 추가 요건도 충족하여야 하는바,[128] 특히 외국 정부가 접근할 수 있는 데이터 범위에 대한 제한규정을 살펴볼 필요가 있다.

행정협정은 서비스제공자에게 암호해제(decryption) 능력을 갖출 의무를 부과하거나 서비스제공자가 복호화를 할 수 없도록 하는 제한을 포함하여서는

127) CLOUD Act, H.R. 1625, 115th Cong. div. V, § 104 (2)(A)(i)(II) (18 U.S.C. § 2702 (b)(9) 신설).

128) 18 U.S.C. § 2523 (b)(2)-(4).

아니 된다.[129] 또한 '의도적으로 미국인이나 미국 내에 거주하는 사람을 대상으로 하는 것'은 허용되지 않고, 미국인이나 미국 내에 거주하는 사람과 관련된 정보를 획득하기 위한 목적으로 미국 밖에 있는 미국인이 아닌 자를 대상으로 할 수 없다.[130] 테러리즘을 포함한 '중대한 범죄'(serious crime)의 수사 등과 관련된 정보에 한정되며,[131] 표현의 자유를 침해하기 위해 이용되어서는 아니 된다.[132]

한편, '클라우드 법'은 통신에 대한 실시간 감청의 법적 근거도 제공한다는 점에서도 획기적이라 할 수 있다.[133] 즉, 제2511조 (2)(j)를 신설하여 서비스제공자가 미국과 행정협정을 체결한 외국 정부의 명령에 따라 통신의 내용을 감청하거나 공개하는 것은 위법하지 않다는 명시적 예외규정을 두고 있다.[134] 다만 실시간 감청은 '정해진, 제한된 기간'(fixed, limited duration)에만 할 수 있고, 덜 강제적인 방법으로는 같은 정보를 확보할 합리적 기대가 없는 경우에만 허

---

129) 18. U.S.C. § 2523. (b)(3) [T]he terms of the agreement shall not create any obligation that providers be capable of decrypting data or limitation that prevents providers from decrypting data (…).

130) 18 U.S.C. § 2523. (b)(4) [T]he agreement requires that, with respect to any order that is subject to the agreement—(A) the foreign government may not intentionally target a United States person or a person located in the United States, and shall adopt targeting procedures designed to meet this requirement; (B) the foreign government may not target a non-United States person located outside the United States if the purpose is to obtain information concerning a United States person or a person located in the United States (…).

131) 18 U.S.C. § 2523. (b)(4)(D) [A]n order issued by the foreign government—(i) shall be for the purpose of obtaining information relating to the prevention, detection, investigation, or prosecution of serious crime, including terrorism (…).

132) 18 U.S.C. § 2523. (b)(4)(E) [A]n order issued by the foreign government may not be used to infringe freedom of speech (…).

133) CLOUD Act, H.R. 1625, 115th Cong. div. V, § 104 (18 U.S.C. § 2511 (2)(j) 신설).

134) 18 U.S.C. § 2511. (2)(j) It shall not be unlawful under this chapter for a provider of electronic communication service to the public or remote computing service to intercept or disclose the contents of a wire or electronic communication in response to an order from a foreign government that is subject to an executive agreement that the Attorney General has determined and certified to Congress satisfies section 2523.

용됨을 유의하여야 할 것이다.[135)]

Ⅲ. 검토: 우리 형사법 이론·실무와의 관계를 중심으로

1. 제출명령과 국제예양

제4장, 제5장에서 압수·수색의 맥락에서 국내법의 문제, 국제규범의 문제, 다른 국가의 국내법 문제로 나누어 역외 전자정보 수집의 범위를 판단하였다. 그러한 판단 과정에서 영토주권과 역외 집행관할권의 범위, 적법절차의 실질적 내용이 핵심적 판단기준임을 설명하였다. 즉, 역외 전자정보 압수·수색의 문제는 국가관할권의 범위를 획정하는 문제라 할 수 있다.

반면 본 항목에서 검토한 '증거조사와 국제예양'은 제출명령(subpoena)의 맥락에서 역외 전자정보 제출의무의 범위를 판단하는 것이다. 또한 국가관할권의 범위를 획정한다기보다 이미 관할권이 인정된다는 전제 아래 그 제한원리를 검토하는 것이므로, 제5장의 논의와 그 전제와 맥락이 다르다. 따라서 아직 법적 강제력이 따르는 제출명령 제도가 인정되지 않고, 수사단계에서는 이마저도 인정되지 않는 우리 형사법의 해석지침으로 그대로 받아들이기는 무리가 있다. 다만 예양분석이 의미하는 것이 무엇인지에 대하여 검토해 볼 필요는 있다고 생각된다.

2. 법이론적 기초[136)]

국제예양은 제반 요소를 고려하여 특정 행위의 합리성(reasonableness) 여부

---

135) 18 U.S.C. § 2523. (b)(4)(D)(vi) [I]n the case of an order for the interception of wire or electronic communications, and any extensions thereof, shall require that the interception order–(I) be for a fixed, limited duration; and (II) may not last longer than is reasonably necessary to accomplish the approved purposes of the order; and (III) be issued only if the same information could not reasonably be obtained by another less intrusive method (…).

136) 본 장의 내용은 拙稿, "정당방위에 대한 법이론적 고찰", 법학연구 제20권 제3호(2017), 311면의 내용 중 일부를 수정·발전시킨 것이다.

를 판단하는 이익형량의 사고방식에 기초해 있다. 이 의미를 이해하기 위해 전통적 법이론과 형사법의 관계를 간략히 설명할 필요가 있다.

(1) 자유지상주의 법이론과 형사법

자유지상주의(libertarianism)[137] 법이론은 자유를 보호하는 절대적 권리를 옹호한다.[138] 그에 따라 正當防衛(self-defense, Notwehr)와 承諾(consent, Einwilligung)은 위법성조각사유의 핵심에 위치하게 된다.[139] 자유지상주의는 공격자의 침해로부터 자유를 보호하는 절대적 권리를 지지하며, 법익주체의 승낙을 제외하고는 공동체의 이익, 또는 상충하는 이익 사이의 교량과 같은 사항을 고려하지 않기 때문이다.

또한 자유지상주의는 대체로 형벌이론 중 응보(retribution) 사상으로 이어지게 된다.[140] 형벌은 그 자체가 목적이며 사회의 필요성이나 어떤 목적의 추구와 무관하다고 보기 때문이다.

---

137) 정치철학 또는 법이론으로서 'libertarianism'은 '자유주의', '자유지상주의', '자유의지주의' 등 다양하게 번역되며, 'liberalism'과는 구별된다. 본 문헌에서는 'libertarianism'의 번역어로 '자유지상주의'를, 'liberalism'의 번역어로 '자유주의'를 각 사용하기로 한다.

138) 자유지상주의와 형사법의 관계에 대하여는 다음의 문헌을 참고할 수 있다. Robert F. Schopp, **Justification Defenses and Just Conviction** (1998); Robert Nozick, **Anarchy, State, and Utopia** (1974).

139) 주지하다시피 피해자의 승낙이 위법성을 조각하는지 여부에 대하여 自然法論, 歷史法學派, 社會法學派 사이에 역사적 논쟁이 있으며, 현대 형법이론에서도 利益抛棄說(Interessenpreisgabetheorie)과 利益較量說(Interessenabwägungstheorie)의 견해대립이 있다. 필자의 견해로는 정당방위에 있어 자기보호사상을 강조하는 견해는 승낙에 있어서도 이익포기설적 입장을 견지하는 것이 논리적이라고 생각된다.

140) Immanuel Kant, *The Metaphysics of Morals*, *in* **The Cambridge Edition of the Works of Immanuel Kant: Practical Philosophy** 6:335 (Mary J. Gregor, trans. and ed., Cambridge University Press 1996) (1797) (형벌은 결코 범죄자 자신이나 시민사회를 위해서 어떤 다른 선을 촉진하기 위한 한낱 **수단**으로 가해질 수 없고, 그가 범죄를 저질렀기 때문에 항상 오직 그 때문에 가해지지 않으면 안 된다고 주장함); Georg Wilhelm Friedrich Hegel, **Elements of the Philosophy of Right** § 99 (Allen W. Wood ed., H.B. Nisbet trans., Cambridge Univ. Press 1991) (1821) ("법과 정의는 인간의 자유와 의지에 그 근거를 가져야 하며, 위하가 지향하는 부자유에 근거가 있는 것이 아니다. 형벌위하를 통해 범죄를 저지하고자 하는 예방사상은 인간을 그의 자유와 명예에 따라 대우하지 않고 마치 개처럼 취급하여 개에게 겁을 주기 위해 막대기를 드는 것과 같다"고 하여 형벌의 목적 추구를 인정하지 아니함).

(2) 자유주의 법이론과 형사법

반면 자유주의(liberalism) 법이론은 가치의 다양성(diversity in value)을 전제로 하고 있다.[141] 무엇이 범죄이고 그 범죄에 대하여 어떤 형벌이 과하여지는지 미리 법률에 정할 것을 요청하는 **죄형법정주의**는 절대적 가치의 존재에 대한 회의적 입장을 전제로 한다. 궁극적이고 유일한 가치체계를 인정하지 않는 입장에서는 어떠한 행위에 형벌이 부과되는 것인지를 수범자가 미리 알 수 있도록 하는 것이 필요하기 때문이다.[142] 또한 자유주의는 형벌이론 중 **예방**(prevention) 또는 **억제**(deterrence) 사상과 밀접한 관계를 가지게 된다.[143] '궁극적 정의'를 실현하고자 하는 응보 사상은 가치의 다양성을 인정하는 자유주의와 친하지 않기 때문이다.

자유주의에서는 **緊急避難**(necessity, Notstand)이 위법성조각사유의 핵심으로 떠오르게 된다. 법률은 '개별 주체의 쾌락 내지 행복을 최대한 증진하는 것'이 본래적 善(the good)이며 윤리적으로 옳은 것(義, the right)으로 보는 공리주의와 충돌 관계에 놓이는 경우가 있다. 일반적 적용성이라는 법률의 본질적 특성 때문에 개별 주체의 구체적 사정을 살피지 못하는 경우가 많고, 따라서 각자의 사정에 따른 쾌락을 증진한다는 목표에 장애가 될 수 있기 때문이다. 바로 이

---

141) 자유주의는 어느 하나로 정의 내리기 어렵고 실제로 서로 충돌하는 입장을 포괄하는 넓은 개념이다. 이에 따라 때로는 서로 대립하는 이론으로 다루어지는 공리주의(utilitarianism)와 자유적 평등주의(liberal egalitarianism)는 넓은 의미의 자유주의에 포함되기도 한다. 자유주의와 가치 다양성(diversity in value)의 관계에 대하여는 다음의 문헌을 참고할 수 있다. Bruce Ackerman, **Social Justice in the Liberal State** (1980); John Rawls, **Political Liberalism** (Expanded Ed. 2005).

142) 예컨대, 포이에르바흐(Feuerbach)는 심리강제설(Theorie des psychologischen Zwang)을 포함한 공리주의적 관점에서, 냉철한 이성으로 이익과 불이익을 비교하는 합리적 인간상을 전제로 형벌이론을 전개하였다. 형벌의 목적은 일반국민에게 범죄를 행함으로써 얻어지는 쾌락보다 형벌에 의하여 부과되는 불쾌의 고통이 더욱 크다는 것을 알게 하는 심리적 강제에 의하여 달성할 수 있는 것이다(일반예방이론). 이러한 논리의 전제로 무엇이 범죄이고 그 범죄에 대하여 어떤 형벌이 과하여지는가를 법률에 미리 정할 것이 요청되며, 따라서 죄형법정주의가 형법의 중요원리로 위치하게 된 것이다.

143) 자유주의, 특히 공리주의와 형사법의 관계에 대하여는 다음의 문헌을 참고할 수 있다. Jeremy Bentham, **An Introduction to the Principles of Morals and Legislation** 170 (1789); H.L.A. Hart, **Punishment and Responsibility: Essays in the Philosophy of Law** 8 (1968).

러한 점 때문에 공리주의 사상에서는 이익형량을 통하여 개별적·구체적 사정을 고려할 수 있는 긴급피난이 위법성조각사유의 핵심이 되는 것이다.

한편 긴급피난의 요체인 이익형량은 앞서 살펴본 자유지상주의 전통과는 상반되는 입장에 있다. 자유에 대한 절대적 권리를 인정하는 입장에서는 무고한 피침해자의 자유가 사회적 이익(social welfare)을 위해 희생되는 경우를 받아들일 수 없다. 이러한 관점에서 본다면 정당방위와 긴급피난은 일반적으로 설명되는 '正 대 不正'과 '正 대 正'의 관계를 넘어서는 의미를 가진다. 즉, 서로 다른 적용 영역을 가지는 위법성조각사유라는 차이 외에도, 자유지상주의와 공리주의라는 서로 다른 이념을 상징한다고 할 수 있고, 나아가 위법성조각사유의 역사에 있어 서로 다른 이념을 배경으로 하는 제도가 순차적으로 실정법에 수용되는 현상을 보여주는 것이다.[144]

3. 우리 형사법에 적용 가능성

(1) 국제예양은 제반 요소를 고려하여 특정 행위의 합리성 여부를 판단하는 이익형량의 사고방식에 기초해 있으며, 이는 가치의 다양성을 인정하는 자유주의 법이론을 전제로 하는 것이다.[145] 이러한 사고방식은 우리 위법수집증거배제법칙의 해석에도 반영되어 있다. 대법원은 수사기관의 증거수집 과정에서 이루어진 절차 위반행위와 관련된 모든 사정을 전체적·종합적으로 살펴 '적법절차의 실질적인 내용'을 침해하는지를 검토해야 한다고 판시하고,[146] 사인이

144) 예컨대 독일의 경우 정당방위는 15세기 카롤리나 형법전에서 이미 실정법 제도로 도입된 반면, 정당화 긴급피난은 1927년 낙태죄 판결(1927. 3. 11. RG 61, 242)을 통해 초법규적 긴급피난이 인정된 후 1969년 형법개정으로 비로소 실정법에 도입되었다.

145) 법학의 다양한 분야에 이러한 사고방식이 도입되어 있다. 예컨대 영미법에서 재산권(property)의 제한원리로 작용하는 형평법적 사고(equity)는 제반 이익을 고려하여 재산권 행사의 합리성 여부를 판단하는 것이다. 이러한 관점에서 보면, 예양(comity)은 형평법적 사고를 기초로 하는 주권(sovereignty)의 제한원리로 파악할 수 있다고 본다. 형사법적 관점에서 이러한 관계를 검토한 것으로 다음의 문헌을 참고할 수 있다. George P. Fletcher, *The Right and the Reasonable*, 98 **Harv. L. Rev.** 949 (1985).

146) 대법원은 수사기관의 증거수집 과정에서 이루어진 절차 위반행위와 관련된 모든 사정 즉, "① 절차조항의 취지와 그 위반의 내용 및 정도, ② 구체적인 위반 경위와 회피 가능성, ③ 절차조항이 보호하고자 하는 권리 또는 법익의 성질과 침해 정도 및 피고인

수집한 증거의 증거능력을 판단함에 있어서도 '효과적인 형사소추 및 형사소송에서의 진실발견이라는 공익과 개인의 사생활 보호 이익을 비교 형량하여 그 허용 여부를 결정'하고 있다.147) 즉, 우리의 위법수집증거 배제법칙은 법이론적 측면에서는 합리성 원칙을 수용할 수 있는 기반을 가지고 있는 것이다.

그렇다면 어떠한 범위에서 이를 반영할 수 있는 것인가? 위법수집증거 배제법칙의 적용에 있어, 앞서 살펴본 '클라우드 법'의 예양분석 조항이 제시하는 사항을 이익형량의 요소 중 하나로 고려해 볼 여지는 있다.148) 그러나 위 조항이 열거하는 내용의 상당수는 이미 기존에 위법수집증거 배제법칙의 적용에서 고려되어 온 것이고, 그나마 의미를 가지는 것은 다음과 같은 사항이라고 생각된다. 즉, ① 정보주체의 프라이버시 이익을 보호하는 외국 정부의 이익, ② 일관성 없는 법적 의무로 인하여 서비스제공자가 부담할 제재의 범위 및 성격, ③ 정보주체의 위치와 국적 등을 고려하는 것이다.

(2) 압수·수색 제도와 위법수집증거 배제법칙의 맥락에서 보면, 예양분석의 내용에서 우리 형사법의 해석에 참고할 사항은 많지 않다. 그러나 입법론으로 압수·수색 외에 전자정보의 수집방법을 검토하는 경우에는 그 내용과 취지를

과의 관련성, ④ 절차 위반행위와 증거수집 사이의 인과관계 등 관련성의 정도, ⑤ 수사기관의 인식과 의도" 등을 전체적·종합적으로 살펴 "적법절차의 실질적인 내용"을 침해하는 경우인지를 검토한다고 판시한다. 대법원 2007. 11. 15. 선고 2007도3061 전원합의체 판결.

147) 대법원 1997. 9. 30. 선고 97도1230 판결: "모든 국민의 인간으로서의 존엄과 가치를 보장하는 것은 국가기관의 기본적인 의무에 속하는 것이고, 이는 형사절차에서도 당연히 구현되어야 하는 것이기는 하나 그렇다고 하여 국민의 사생활 영역에 관계된 모든 증거의 제출이 곧바로 금지되는 것으로 볼 수는 없고, 법원으로서는 효과적인 형사소추 및 형사소송에서의 진실발견이라는 공익과 개인의 사생활의 보호이익을 비교형량하여 그 허용 여부를 결정하고, 적절한 증거조사의 방법을 선택함으로써 국민의 인간으로서의 존엄성에 대한 침해를 피할 수 있다." 같은 취지로 대법원 2008. 6. 26. 선고 2008도1584 판결이 있다.

148) ① 통신 내용 공개를 요구하는 수사기관의 이익, ② 금지된 공개를 방지하는 외국 정부의 이익, ③ 서비스제공자에게 부과된 일관성 없는 법적 요구로 인하여 서비스제공자에게 부과되는 제재의 가능성, 범위 및 성격, ④ 가입자 등의 위치와 국적, ⑤ 서비스제공자의 연관성, ⑥ 정보의 중요성, ⑦ 다른 수단에 의한 접근 가능성, ⑧ 외국 수사기관의 이익 등이다. 18 U.S.C. § 2703. (h)(3)

검토할 필요가 있으며, 그러한 측면에서 본 문헌의 내용이 도움이 될 것으로 생각된다.

예양분석에 의한 해결은 개별 사안의 구체적 사안에 따라 결과가 달라질 수 있으므로 법적 안정성이 떨어진다는 비판이 가능하나, 반면 사안별로 구체적 타당성을 실현할 수 있는 장점도 있다. 또한 타국 정부의 이익을 고려하는 측면에 대하여 살펴보면, 개인정보보호 관련 법제에 주목할 필요가 있다. 주로 민사절차와 관련된 것이기는 하나, 증거개시 제도를 운영하는 미국은 예양분석에 따라 해외 소재 증거의 제출의무를 판단해온 경험이 축적되어 있다. 제조물책임 관련 집단소송, 국제카르텔 관련 집단소송에서 주로 외국계 기업인 피고가 자국 법령의 준수를 이유로 해외에 보관된 증거의 제출을 거부한 경우, 법원은 예양분석에 따라 증거제출의무를 판단하게 된다. 이때 피고는 자국의 헌법 또는 법률상 개인정보보호 제도의 중요성을 강조하여 자료제출을 거부하는 경우가 많고,[149)] 미국 법원도 예양분석에 있어 관련 국가의 개인정보보호 관련 법제의 내용에 점점 큰 비중을 두고 있다고 한다.[150)] 이러한 점에 비추어 보면, 형사상 증거수집에서도 개인정보보호 관련 원칙과 제도가 압수·수색의 적법성과 적절성을 실질적으로 담보하는 중요한 기준으로 기능해야 할 것이다.

---

149) *Volkswagen, A.G. v. Valdez*, 909 S.W.2d 900, 902 (Tex. 1995); *In re Vitamins Antitrust Litigation,* No. 99-197TFH, 2001 WL 1049433, at *9 (D.D.C. June 20, 2001); *In re Xarelto (Rivaroxaban) Products Liability Litigation*, MDL NO. 2592, 2016 WL 2855221, at *3 (E.D. La. May 11, 2016), WL 3923873, at *17 (E.D. La. July 21, 2016).

150) Samantha Cutler, Note, "*The Face-Off Between Data Privacy and Discovery: Why U.S. Courts Should Respect EU Data Privacy Law When Considering the Production of Protected Information*", 59 **B.C. L. Rev.** 1513, 1532 (2018).

제2절 국제협력의 가능성[151)]

Ⅰ. 새로운 형태의 국제형사 규범의 발전

제2장에서 범죄행위와 네트워크의 초 국경적 성격, 암호화 기술발전 등의 이유로 역외 전자정보 수집의 문제는 날로 중요성을 더하고 있는바, 각국 정부는 이를 위하여 다양한 방법을 동원하고 있음을 설명한 바 있다. 대표적인 수단으로 ① 관할권의 확장, ② 데이터 국지화, ③ 암호화 관련 조치 등을 들 수 있다. 그러나 역외 전자정보를 확보하기 위한 개별 국가의 노력은 개인의 자유를 침해할 우려가 크면서도 정작 그 실효성을 담보하기도 어렵다. 즉, 규제와 회피의 악순환은 국가안보나 정당한 법 집행과 같은 공적 이익을 훼손함과 동시에 정치적, 경제적 측면에서도 바람직하지 않은 결과로 귀결될 수 있는 것이다. 이에 따라 공적 이익과 프라이버시 보호를 조화를 위하여 역외 전자정보 접근 관련 법적 절차를 개선하려는 다양한 방법론이 제시되고 있다.

가상공간 관련 범죄 현상에 대한 국제적 대응으로 대표적인 것은 '사이버범죄방지조약'(Convention on Cybercrime)이다. 동 조약의 주요 내용은 '개별 국가 차원의 조치(제2조–제22조)'와 '국제협력(제23조–제25조)'으로 나눌 수 있고, 특히 국제협력과 관련하여 비교적 상세한 규정을 두고 있음을 제5장에서 설명한 바 있다.[152)] 그 외에도 국제형사사법공조(mutual legal assistance in criminal matters) 절차를 효율적으로 개선하려는 움직임이 있으나,[153)] 아직 만족할 만한 수준의 협력이 이루어진다고 보기 어렵다. 따라서 전자증거 수집 관련 제도개

151) 본 장의 내용 중 일부는 拙稿, "역외 디지털증거 수집과 국제형사 규범의 발전", 법학논집 제43권 제3호 (2019), 93면의 내용을 수정·발전시킨 것이다.

152) 사이버범죄방지조약은 제2장 '개별 국가 차원의 조치'(measures to be taken at the national level)를 ① 형사 실체법(제2조–제13조), ② 형사 절차법(제14조–제21조), ③ 관할(제22조)로, 제3장 '국제협력'(international co–operation)을 ① 일반원칙(제23조–제28조), ② 개별 규정(제29조–제35조)으로 나누어 규정하고 있다.

153) 예컨대, 비자 면제 프로그램(Visa Waver Program)을 모델로 하여 국제형사사법공조 절차를 개선하자는 주장도 있다. Peter Swire & Justin D. Hemmings, *Mutual Legal Assistance in an Era of Globalized Communications*, 71 N.Y.U. Ann. Surv. Am. L. 687 (2016).

선을 위한 국제적 차원의 논의가 필요하다. 충돌하는 주권국가 사이의 이익을 조정하여 정부(수사기관)의 정보 접근에 대한 일관되고 안정적인 규칙을 발전시켜 나갈 필요가 있다.

그런데 국제적으로 일원화된 하나의 조약으로 이러한 목표를 이루는 것은 쉬운 일이 아니다. 서로 가치관을 달리하는 개별 주권국가의 이해관계를 모두 충족하고자 하는 경우, 실효성이 없는 최소한의 합의 수준에 머무르는 경우가 많기 때문이다.[154] 개별 국가별로 서로 다른 법체계와 이해관계를 가진 현실에서 단일한 조약체계로 대응하는 것은 적절하지 않다는 사고를 전제로 하여 '분권화된 접근방법'(decentralized approach)이 제시되고 있으며, 대표적인 것으로 미연방 '클라우드 법'을 들 수 있다. 이하에서는 항목을 바꾸어 위 법에 대한 평가와 관련 동향을 살피고, 우리 형사법에 미치는 영향과 함의를 논하고자 한다.

Ⅱ. 분권형 국제협력 모델: 클라우드 법

1. 기본원칙

'클라우드 법'은 다음의 두 가지 원칙을 기초로 한다. 먼저 동등경쟁조건(level playing field) 원칙이다. 이는 서비스제공자의 데이터가 지역적으로 어디에 저장되어 있는지와 관계없이 동등하게 취급하는 것을 의미하며, 앞서 살펴본 제2713조는 명시적으로 이러한 원칙을 밝히고 있다. 동 원칙은 역외 데이터 접근에 대한 법적 절차를 형성함에 있어 데이터 저장장소 등에 따라 서비스제공자를 차별 대우하는 것은 타당하지 않다는 고려를 바탕으로 한다. 그러한 차별이 감지될 경우 사용자들은 규제를 회피하기 위한 선택을 하고, 궁극적으로 인터넷의 국지화·파편화를 촉진할 우려가 있다는 것이다.

다음으로 상호주의(principle of reciprocity)를 들 수 있다. '클라우드 법'은 해외 수사기관이 미국 내에 저장된 데이터에 접근할 수 있는 새로운 방법을 제시하는데, 이러한 절차는 상호주의 원칙에 따라 제공되는 것이다. 즉, 해당 국

---

154) 이러한 점을 지적하는 견해로 다음의 문헌을 참고. Andrew Keane Woods, *Against Data Exceptionalism*, 68 **Stan. L. Rev.** 729, 788 (2016).

가도 미국과 동등한 수준의 조치를 취할 것을 요구하는 것이다. 전통적으로 국제형사사법공조 절차에서도 상호주의를 채택하여 온 점을 참고할 수 있다. 국제형사사법공조에 있어 상호주의란 외국이 사법공조를 행하여 주는 만큼 자국도 동일 또는 유사한 범위 내에서 당해 외국으로부터의 공조요청에 응한다는 것으로 대부분 국가가 형사사법공조에 관한 기본원칙으로 인정하고 있다.155)

2. 의의와 한계

앞서 설명한 바와 같이, 주권국가 사이의 상충하는 이익을 조정하여 정보접근에 대한 일관되고 안정적인 규칙을 발전시켜 나가는 것이 중요한데, 국제적으로 일원화된 하나의 조약으로 이러한 목표를 이루는 것은 쉬운 일이 아니다. 서로 가치관을 달리하는 개별 주권국가의 이해관계를 모두 충족하고자 하는 단일조약체계는 실효성이 없는 최소한의 공통분모를 설정함에 그칠 수 있기 때문이다. 반면 클라우드 법은 '분권화된 접근방법'을 전제하고 있다. 일정한 기본원칙으로 바탕으로 양자 간, 또는 한정된 범위의 다자 간 합의를 점진적으로 발전시켜 나간다는 사고방식을 담고 있는 것이다. 이러한 과정을 통하여 새로운 형태의 국제적 데이터 공유 규범을 정착시켜 나갈 수 있을지는 여부는 아직은 섣불리 판단하기 어렵다. 다만 어느 때보다 국제적 차원의 데이터 공유에 대한 요청이 높은 상황이므로 그 구체적 실행 경과를 면밀히 관찰해야 할 것으로 생각된다.

한편 '클라우드 법'도 일정한 한계를 가지고 있다. 먼저 동 법은 해외 수사기관이 미국 외 지역에 있는 미 국적자, 영주권자가 아닌 사람에 대한 정보만을 요구할 수 있도록 규정한다. 미국 내에 있는 사람이나 미 국적자 등에 대한 정보는 여전히 국제형사사법공조 절차에 의하도록 하는 점에서 그 범위는 제한되는 것이다. 앞서 살펴본 바와 같이, 복호화된 정보를 요청하는 것도 한계가 있다. 이러한 한계를 극복하려면 국제형사사법공조 절차의 개선도 동시에 필

155) 우리 국제형사사법 공조법 제4조도 "공조조약이 체결되어 있지 아니한 경우에도 동일하거나 유사한 사항에 관하여 대한민국의 공조요청에 따른다는 요청국의 보증이 있는 경우에는 이 법을 적용한다"고 규정하여 상호주의를 채택하고 있다.

요할 것이다.

3. 관련 동향

유럽연합 역시 '클라우드 법'과 유사한 움직임을 보이고 있다. 2018년 4월 유럽연합 위원회(European Commission)는 디지털증거에 대한 새로운 규칙(Regulation)을 제안하였고,[156] 회원국 사이에 전자정보에 대한 접근을 개선하는 방안을 검토하고 있다. 미국과 유럽연합 사이에도 국가안보와 범죄의 국제화 현상에 대응하기 위한 협력 방안이 논의되고 있고, 대표적인 것이 테러와 같은 범죄에 대응하기 위한 데이터 공유를 내용으로 하는 '미국 유럽연합 간 데이터 보호 기본합의'(E.U.－U.S. Data Protection Umbrella Agreement)이다.[157] 또한, 영국의 경우 미국과 협정 체결을 논의 중이며, '클라우드 법'에 따른 행정협정을 체결하는 최초의 국가가 될 것으로 예상된다.[158]

한편 유럽연합에서 2018. 5. 25. 'EU 일반 개인정보보호 규정'(GDPR)이 발효되었다.[159] 따라서 위 규정과 '클라우드 법'의 규정이 충돌할 여지가 있는지를 검토할 필요가 있다. 특히 'EU 일반 개인정보보호 규정' 제48조는 유럽연합 회원국과 외국 정부 간에 체결된 '국제형사사법공조 조약과 같은 국제협정'에 근거한 경우에만 외국의 영장이나 법원명령의 효력을 인정하므로,[160] '클라우드

---

156) Proposal for a Regulation of the European Parliament and of the Council on European Production and Preservation Orders for Electronic Evidence in Criminal Matters, COM (2018) 225 final (2018. 4. 7.).

157) Agreement Between the United States of America and the European Union on the Protection of Personal Information Relating to the Prevention, Investigation, Detection, and Prosecution of Criminal Offenses, E.U.－U.S., T.I.A.S. No. 17-201 (2016. 6. 2.)

158) Daskal, 앞의 논문(주 121), 14면.

159) Regulation (EU) 2016/679 of the European Parliament and of the Council of 27 April 2016 on the Protection of Natural Persons with Regard to the Processing of Personal Data and on the Free Movement of Such Data, and Repealing Directive 95/46/EC (General Data Protection Regulation), 2016 O.J. (L 119) 1 (EU).

160) EU 일반 개인정보보호 규정 제48조(유럽연합 법으로 승인되지 않은 정보의 이전 또는 제공): "개인정보처리자나 수탁처리자가 개인정보를 이전하거나 제공하도록 요구하는

법'에 근거한 행정협정이 위 조항의 '국제협정'에 해당하는지에 대한 검토가 필요할 것이다.

Ⅲ. 우리 형사법 이론과 실무에 미치는 영향

1. 행정협정 등을 통한 역외 전자정보 접근범위 확대

우리 형사실무에서도 양자 간 협의 등을 통한 역외 전자정보에 대한 접근범위 확대를 검토할 필요가 있다. 물론 행정협정 등을 체결할지는 여부는 국제동향 등에 대한 면밀한 검토를 기초로 신중하게 결정해야 할 것이지만, 검토 과정에서 다음과 같은 사항을 고려함이 필요하다.

예컨대, '클라우드 법'은 행정협정을 체결하려면, 데이터수집과 관련된 국내법이 프라이버시와 시민적 자유를 실체법·절차법적으로 강력하게 보장하는 등 법률에서 정한 요건을 충족하여야 하며, 사이버범죄방지조약 가입국이거나 국내법이 사이버범죄방지조약의 규정과 합치하는 등 사이버범죄·디지털증거에 관한 적절한 실체법과 절차법을 가질 것을 요구한다.[161] 아직 우리나라는 사이버범죄방지조약 가입국이 아니며 국내법이 조약의 내용과 완전히 합치한다고 보기 어려우므로 향후 실체법 및 절차법의 정비가 필요할 수 있다. 특히 '데이터수집 및 사용과 관련하여 책임성 및 적절한 투명성을 제공하는 메커니즘'이라는 요건과 관련하여 개인정보 보호법, 형사소송법을 비롯한 국가의 정보통제제도 전반에 대한 검토 및 정비가 필요할 것이다.

제3국의 법원이나 재판소의 판결 또는 행정기관의 결정은, 본 장에 의거한 기타 이전의 근거를 침해하지 않고, 요구한 제3국과 유럽연합이나 회원국 간에 유효한 국제형사사법공조 조약 등의 국제협정을 근거로 한 경우 어떠한 방식으로도 인정되거나 강제될 수 있다." (밑줄은 필자)

161) 그 외에도 ① 법의 지배와 차별금지원칙에 대한 존중, ② 국제 보편적 인권의 존중, ③ 데이터수집, 보유, 활용, 공유하는 절차 및 그러한 활동의 효과적 통제에 대한 분명한 법적 권한과 절차, ④ 데이터수집 및 사용과 관련하여 책임성 및 적절한 투명성을 제공하는 메커니즘, ⑤ 세계적인 정보의 자유로운 이동과 인터넷의 공개되고 분산되고 상호연결된 특성을 촉진하고 보호하겠다는 의지 등의 요건을 충족하여야 한다. 18 U.S.C. § 2703. (b)(1)(B).

2. 전자정보 관련 법 제도의 수렴

'클라우드 법'에 의한 행정협정과 같은 양자 간 협의를 통해 디지털증거의 공유를 확대하는 과정에서 개별 국가의 정보보호 법제와 수사·증거 관련 형사법의 핵심적 내용은 서로 수렴해 갈 것이다. 이러한 과정을 통해 발전된 형태의 국제형사 규범이 발전할 여지가 있다.162)

기존에 발전해 온 국제형사 규범은 다음과 같은 두 가지 형태가 대표적이었다. 먼저 ① 다자간 조약을 통해 전통적 국제법 주체인 국가에 대한 제재를 넘어 국제범죄를 저지른 개인에 대한 처벌 체계를 구축하는 것이다. '국제형사재판소에 관한 로마규정'(Rome Statute of the International Criminal Court)은 그러한 노력의 결정체라 할 수 있다.163) 다음으로 ② 범죄인 인도로 대표되는 개별 국가 간 협력 체계를 들 수 있는데, 이는 어떠한 국제규범의 발전보다는 개별 국가의 형사사법권을 적절히 행사함을 목표로 하는 것이다.

그런데 본 문헌에서 논한 디지털증거에 대한 집행관할권 확장과 양자 간 협력을 매개로 한 국제형사 규범의 발전은 위 두 분야와 다른 성격을 가진다. 먼저 ① 다자간 조약보다 양자 협정을 위주로 한 국제규범의 발전 과정이고, 초국가적 사법기구의 성립을 전제로 하지 않는 점에서 '국제형사재판소에 관한 로마규정'과 같은 전통적 의미의 국제형사법과 구별된다. 다음으로 ② 개별 국가의 형사사법권 행사에 초점을 두면서도 개별 국가의 형사법 내용을 실질적으로 수렴해 가는 성격을 가지는 점에서 범죄인 인도 절차와도 구별되는 것이다. 이러한 점에서 양자 간 협의를 통한 디지털증거 공유체계의 확립은 새로운 형태의 국제형사 규범 발전 과정이라 할 수 있다. 구체적으로 다음과 같은 두 가지 측면의 결과를 예상할 수 있다.

---

162) 예컨대, 미국과 유럽의 형사법 제도·실무의 차이점과 그 수렴 가능성을 설명한 것으로 다음의 문헌을 참고할 수 있다. Peter Swire & DeBrae Kennedy–Mayo, *How Both the EU and the U.S. Are "Stricter" than Each Other for the Privacy of Government Requests for Information*, 66 **Emory L.J.** 617, 662 (2017).

163) UN General Assembly, Rome Statute of the International Criminal Court (last amended 2010), 17 July 1998.

가. 형사법 영역으로 개인정보보호 원칙의 확장

먼저 개인정보보호 법제에서 발전한 프라이버시 보호 원칙이 형사법의 영역으로 도입될 가능성이 있다. 압수·수색 및 감청 관련 법제는 수사기관으로 대표되는 국가의 정보통제권이라는 관점에서 바라보아야 한다. 달리 말하면, 국가와 민간 사이에 정보 통제에 대한 적절한 범위를 결정한다는 관점이 필요하다. 우리 개인정보 보호법을 살펴보면, 원칙적으로 정보 주체의 '동의'를 전제로 한 개인정보 보호법의 각종 제도나 기본원칙은 형사 절차에 직접 적용되기 어렵다.[164] 개인정보 보호법 제15조 제1항 제2호는 개인정보 수집·이용에서 정보 주체의 동의가 면제되는 사유의 하나로 '법률에 특별한 규정이 있거나 법령상 의무를 준수하기 위하여 불가피한 경우'를 들고 있고, 제17조 제1항 제2호는 법률에 특별한 규정이 있는 경우 등에는 동의를 받지 않고 개인정보를 제3자에게 제공할 수 있도록 하고 있다. 이러한 조항을 통하여 법원의 영장에 의한 정보 이전의 경우 개인정보 보호법의 원칙과 제도를 적용할 여지가 사실상 배제되는 구조를 취한다고 생각된다. 수사기관의 정보수집은 국가에 의한 개인정보 수집의 가장 강력한 형태임을 고려하면 이러한 구조는 일종의 아이러니라고 하지 않을 수 없다. 물론 수사 목적을 위해 정보주체의 '동의'를 원칙으로 하는 개인정보 보호법의 기본 구조는 수정될 필요가 있을 것이다. 그러나 수사 목적 이용의 범위를 제한하고 정부에 의한 정보 통제를 최소화하기 위해 개인정보보호 관련 원칙과 구체적 제도는 최대한 관철되어야 할 것이다.

나. 수사·증거 관련 형사법의 수렴

다음으로 개별 국가 간 수사·증거 관련 형사법의 핵심 원칙과 제도가 서로 수렴해 갈 가능성이 있다. 주지하다시피 대법원은 영장 발부 및 기각 재판에 대한 불복을 허용하지 않는다.[165] 그러나 '클라우드 법'에 의한 행정협정 체결

---

164) 개인정보 보호법 제3조(개인정보보호 원칙)는 ① 처리 목적 명확화 원칙, ② 최소 수집의 원칙, ③ 적법한 수집 원칙, ④ 목적 외 이용금지 원칙, ⑤ 정확성의 원칙, ⑥ 안정성의 원칙, ⑦ 공개의 원칙, ⑧ 열람청구권 등 정보 주체 권리보장 원칙, ⑨ 사생활침해 최소화 원칙, ⑩ 익명처리 원칙, ⑪ 책임의 원칙 등을 규정하고 있다.

165) 대법원 1997. 9. 29.자 97모66 결정.

을 고려한다면 영장에 대한 불복제도를 도입할 필요가 있을 것이다. 우리 형사법이 다른 나라 제도의 일방적 수용자에 머무를 필요도 없다. 예컨대, 대법원은 전자정보 압수·수색절차에 대한 당사자 참여권을 진술거부권에 버금가는 중요한 절차적 권리로 인식하며,[166] 실제 실무에서도 당사자 참여절차는 매우 큰 역할을 한다.[167] 준항고 절차는 영장 집행 전의 영장심사, 영장 집행 후의 위법수집증거 판단의 중간에 위치하면서, 당사자 참여권을 실질적으로 보호하는 역할을 하고 있다. 그런데 아직은 전자정보 압수·수색 관련 당사자 참여권이 다른 주요 국가에서도 일반화되었다고 보기는 어렵다. 향후 예상되는 양자간 협의에서 압수·수색 관련 당사자 참여권의 보장을 주장할 필요가 있고, 이런 과정을 통해 우리의 제도가 다른 나라로 전수될 가능성도 있다.

정리하자면, 양자 간 협의를 통해 전자정보의 공유를 확대하는 과정에서 ① 국가의 정보수집 활동 통제라는 의미에서 개인정보보호 관련 원칙과 제도가 압수·수색의 적법성을 통제하는 실질적 원칙으로 발전할 수 있고, ② 개별 국가의 정보보호 법제와 수사·증거 관련 형사법의 핵심적 내용은 서로 수렴하며 새로운 국제형사 규범 발전을 도모할 수 있을 것으로 생각된다.

* * * * *

166) 대법원 2015. 7. 16.자 2011모1839 전원합의체 결정(종근당 사건).

167) 최근 수사 중인 기업 관련 형사사건에서 최종 압수대상 파일을 선정하고 영장 집행을 완료하는데 수개월이 걸리는 것으로 알려져 있다.

제7장

결론

제7장 결론

역외 전자정보 수집의 중요성에 대응하여 각국 정부는 전자정보 또는 데이터에 대한 접근권한을 확대하기 위해 다양한 방법을 동원하고 있다. 그러나 이러한 개별 국가의 노력은 개인의 자유를 침해할 우려가 크면서도 정작 그 실효성을 담보하기도 어렵다. 즉, 규제와 회피의 악순환은 국가안보나 정당한 법집행과 같은 공적 이익을 훼손함과 동시에 정치적, 경제적 측면에서도 바람직하지 않은 결과로 귀결될 수 있는 것이다. 본 문헌은 이러한 문제의식을 바탕으로 공적 이익과 프라이버시 보호를 조화할 수 있는 해석론과 입법론을 검토하였다.

전자정보의 대량성, 다양성, 증거분석의 복잡성 등의 특징 때문에 기존 영장주의 법리 외에 새로운 제한이 필요하다는 의견이 제시되고 있다. 제3장에서는 다양한 대안을 비교하며 그 적법성 및 적절성을 살펴보았다.

영장에 구체적인 집행방법을 기재하는 '사전통제'는 이론상 받아들이기 어렵고 실효적인 방안이 되기도 어렵다. 위법수집증거 배제법칙을 매개로 한 공판절차의 '사후통제'도 시기적절한 대응이 되지 못하거나 위법한 수사 관행에 미흡한 대응이 될 우려가 있다. 따라서 법원의 사전통제(영장심사) 및 사후통제(공판절차)에 더하여 당사자 참여권(준항고)을 매개로 한 '중간단계 통제'를 강화할 필요성이 있다.

나아가 압수·수색영장의 맥락에서 영장 재판에 대한 불복을 허용함이 필요하다. 최근 전자정보 수집의 맥락에서 적법성 및 집행 가능성에 의문이 있는 내용의 영장이 발부되고 있고, 특히 '집행방법'의 기재가 문제 되고 있다. 적법하게 발부된 영장의 집행방법 기재는 실제 압수·수색 현장에서 사실상의 강제력을 가질 위험이 있고, 사후통제를 통해 이를 바로잡는 것은 결코 쉬운 일이 아니다. 따라서 이러한 위험을 제거하기 위해서도 영장의 효력을 다툴 절차를 인정할 필요가 있다. 참여권, 준항고, 영장 항고라는 3단계 중간단계 통제를 통하여 압수·수색 등의 대물적 강제처분에서 적법절차의 실질적 내용을 보장할 수 있을 것이다.

제4장에서는 역외 전자정보 수집의 국내법적 측면으로 수사기관의 전자정보 접근방법의 법적 문제를 검토하였다.

접근권한정보, 암호화 정보를 이용한 전자정보 수집에는 다양한 방법이 존재하며 그에 따라 살펴봐야 할 법적 쟁점에 차이가 있다. 본 문헌은 ① 접근권한정보 등의 '진술', ② 접근권한정보 등을 입력하는 '행위', ③ 접근권한정보 등으로 사용되는 '생체정보'로 유형화한 후, 특히 진술거부권과 관계에서 적법성 판단기준을 살펴보았다. 접근권한정보와 암호화 정보는 진술거부권의 보호대상이며, 접근권한정보 등을 입력하는 '행위', 접근권한정보 등으로 사용되는 '생체정보'에도 상응하는 보호가 이루어져야 할 것이다.

피의자로부터 접근권한정보 등을 취득하지 못할 경우, 수사기관이 수사 과정에서 발견한 다른 증거 등을 통해 알아낼 수밖에 없다. 달리 말하면 패스워드 등도 수사의 대상인 것이다. 본 문헌에서는 이러한 수사 활동의 현황을 정리하고, 수사 일반에 적용되는 기준과 개별 수사방법의 특수성을 고려한 해석론을 제시하였다.

제5장에서는 ① 국내법 위반의 문제, ② 국제법과 개별 국가의 국내법을 고려한 영토주권 침해의 문제, ③ 적법절차의 실질적 내용의 검토를 통한 위법수집증거 배제법칙의 문제를 구분하여 역외 전자정보 압수·수색의 범위와 한계를 검토하였다.

가상공간의 맥락에서 영토주권 침해 여부는 ① 영토적 완전성에 대한 침해, ② 정부 고유 기능에 대한 개입·침탈을 기준으로 하되, 개별 국가의 국내법을 함께 고려하여야 한다. 기존 국제규범과 개별 국가의 국내법의 내용을 종합적으로 검토할 때, '접근권한 없는 침입'은 국제법 위반(영토주권 침해)을 구성할 가능성이 높다 할 것이다.

국제법 위반의 문제가 있는 경우 해당 증거의 증거능력 판단에 어떠한 영향을 미치는지는 실행 국가의 국내법에 의하여 판단할 문제이다. 따라서 국제법상 위법이라는 이유로 반드시 형사소송법 위반도 인정되고, 나아가 위법수집증거 배제법칙의 적용 대상인지 여부는 별도의 검토가 필요하다. 역외 전자정보 압수·수색의 맥락에서도 유관정보의 선별 과정에 참여하는 당사자의 참여권이 '적법절차의 실질적 내용'의 핵심을 이룰 수밖에 없다. 정보주체의 개인정보자기결정권 보호와 피의자의 방어권 보장이 전자정보 압수·수색 절차에서 보호되어야 할 핵심 법익이며, 그 수단은 당사자 참여권이기 때문이다. 당사자 참여권이 적법절차의 실질적 내용을 구성한다는 본 문헌의 주장은, 국제법 위반의 문제와도 일관된 맥락을 가진다. 수사기관이 '권한 없는 침입'을 시도할 경우, 당사자에게 절차참여권을 보장해 줄 가능성은 극히 낮을 것으로 생각된다. 반면, 수사기관이 진술거부권 보장 하에 피의자로부터 접근권한을 취득하였거나, 독립적 수사 활동으로 적법하게 접근권한을 취득한 경우, 상대적으로 당사자의 절차 참여를 거부할 이유가 많지 않을 것이다. 당사자 참여권의 보장은 '공개성'을 의미한다. 공개된 강제처분은 수사기관의 무관정보에 대한 무분별한 접근을 막는 외에 적법한 권한 없는 정보 접근을 막는 효과도 있을 것이다. 즉, 국제법 위반의 기준과 증거능력 판단의 기준은 일관성을 갖추고 상호보완하면서 역외 전자정보 압수·수색 과정의 적법성을 실질적으로 보장할 수 있을 것이다.

제6장에서는 ① 우리 법의 해석 및 입법에 참고할 수 있도록 이익형량의 방법에 따른 국가관할권의 제한 법리를 검토하고, ② 디지털증거 공유를 위한 국제적 차원의 논의를 살펴보았다.

이익형량의 방법에 따른 국가관할권의 제한 법리는 법적 강제력이 인정되는 제출명령의 맥락에서 역외 전자정보 제출의무의 범위를 판단하는 것이다. 또한 국가관할권의 범위를 획정한다기보다 이미 관할권이 인정된다는 전제 아래 그 제한원리를 검토하는 것이므로, 제5장의 논의와 그 전제와 맥락이 다르다. 따라서 압수·수색 제도와 위법수집증거 배제법칙의 관점에서 보면 우리 형사법의 해석에 참고할 사항은 많지 않다. 그러나 입법론으로 압수·수색 외에 전자정보의 수집 방법을 검토하는 경우에는 그 내용과 취지를 검토할 필요가 있으며, 그러한 측면에서 본 문헌의 내용이 도움이 될 것으로 생각된다.

충돌하는 주권국가 사이의 이익을 조정하여 정보 접근에 대한 일관되고 안정된 규칙을 발전시키기 위한 국제적 차원의 논의가 발전하고 있다. 그러나 국제적으로 일원화된 하나의 조약으로 이러한 목표를 이루는 것은 쉬운 일이 아니다. 서로 가치관을 달리하는 개별 주권국가의 이해관계를 모두 충족하고자 하는 경우 실효성이 없는 최소한의 합의 수준에 머무르는 경우가 많기 때문이다. 이에 대한 대안으로 분권화된 접근방법이 제시되고 있으며, 대표적인 것으로 미연방 클라우드 법을 들 수 있다. 본 문헌에서는 그 내용과 우리 형사법에 미치는 영향과 함의를 검토하였다. 국제적 협의를 통해 전자정보의 공유를 확대하는 과정에서 ① 국가의 정보수집 활동 통제라는 의미에서 개인정보보호 관련 원칙과 제도가 압수·수색의 적법성을 통제하는 실질적 원칙으로 발전할 수 있고, ② 개별 국가의 정보보호 법제와 수사·증거 관련 형사법의 핵심적 내용은 서로 수렴하며 새로운 국제형사 규범 발전을 도모할 수 있을 것으로 생각된다.

* * * * *

참고문헌

[국내 문헌]

권건보, 개인정보와 자기정보통제권 (2005).

권영성, 헌법학원론 (개정판, 2009).

권오걸, 형사소송법 (2010).

권오승, "한국 독점규제법의 역외적용", 경쟁법연구 제24권 (2011), 149면.

김기범, 범죄수사에서 제3자 정보 취득법제 통합방안 연구 (고려대학교 박사학위 논문, 2016).

김기준, "독립적 긴급압수수색제도의 도입 필요성에 대한 고찰", 형사법의 신동향 제15호 (2008), 1면.

______, "수사단계의 압수수색 절차 규정에 대한 몇 가지 고찰", 형사법의 신동향 제18호 (2009), 6면.

김대순, 국제법론 (제20판, 2019).

김석호, "외국판결을 승인·집행하는 논거", 법학연구 제23집 (2006), 275면.

김성돈, 형법총론 (제5판, 2017).

김성룡 (역), "온라인수색 – 국가의 해킹인가 허용된 수사방법인가, 법학논고 제23집 (2005), 92면.

김성룡, "이메일 압수·수색에 관한 독일 연방헌법재판소 결정의 주요 내용과 그 시사점", 법학논고 제32집 (2010), 181면.

김재환, 형사소송법 (2013).

김한균·김성은·이승현, 사이버범죄방지를 위한 국제공조방안 연구 (대검찰청, 2009).

노명선, 전자적 증거의 실효적인 압수·수색, 증거조사 방안연구 (대검찰청, 2007).

노명선·이완규, 형사소송법 (제5판, 2017).

박기갑·신소현, "2013년 사이버 전쟁에 적용 가능한 국제법에 관한 Tallinn 지침서", 국제법평론 제37호 (2013), 185면.

박노형·정명현, "사이버전의 국제법적 분석을 위한 기본 개념의 연구 – Tallinn Manual의 논의를 중심으로", 국제법학회논총 제59권 제2호 (2014), 65면.

박석훈, 제3자 보관 디지털증거에 대한 원격지 압수수색 체계에 관한 연구 (고려대학교 박사학위 논문, 2016).

박석훈·이상진·임종인, “디지털증거의 압수·수색영장 사본 제시에 따른 문제점과 개선 방안에 대한 고찰”, 법조 제716호 (2016), 98면.

박지현, 진술거부권에 대한 연구 (서울대학교 박사학위 논문, 2007).

박희영, “독일 연방헌법재판소의 정보기술시스템의 기밀성 및 무결성 보장에 관한 기본권”, 인터넷법률 제45호 (2009), 92면.

______, “독일의 사이버범죄방지조약의 비준에 관한 법률(상)”, 법제 (2009.4), 20면.

______, “독일의 사이버범죄방지조약의 비준에 관한 법률(하)”, 법제 (2009.5), 34면.

______, “수사목적의 암호통신감청의 허용과 한계”, 형사정책연구 제29권 제2호 (2018), 25면.

박희영·이상학, “암호통신감청 및 온라인수색에서 부수처분의 허용과 한계”, 형사정책연구 제30권 제2호 (2019), 1면.

배종대, 형법총론 (제12판, 2016).

배종대·이상돈·정승환·이주원, 형사소송법 (제2판, 2016).

백형구·박일환·김희옥 (편), 주석형사소송법 (II) (제4판, 2009).

법원행정처, 압수·수색영장 실무 (개정2판, 2016).

사법연수원, 국제형사법 (2013).

석광현, 국제재판관할에 관한 연구 (2001).

______, “클라우드 컴퓨팅의 규제 및 관할권과 준거법”, Law & Technology 제7권 제5호 (2011), 3면.

______, 국제민사소송법: 국제사법(절차편) (2012).

성낙인, 헌법학 (제16판, 2016).

손동권, “수사절차상 긴급 압수·수색 제도와 그에 관한 개선입법론”, 경희법학 제46권 제3호 (2011), 15면.

______, “새로이 입법화된 디지털증거의 압수, 수색제도에 관한 연구 – 특히 추가적 보완입법의 문제”, 형사정책 제23권 제2호 (2011), 325면.

신동운, 형법총론 (제9판, 2015).

______, 신형사소송법 (제5판, 2014).

신양균, 형사소송법 (신판, 2009).

심희기, “종근당 결정과 가니어스 판결의 정밀비교”, 형사판례연구 제25권 (2017), 607면.

안성훈·김민이·김성룡, 국제범죄수사에 있어서 외국에서 수집된 증거의 증거능력에 대한 연구 (한국형사정책연구원, 2017).

오기두, 전자증거법 (2015).

우지이에 히토시, “일본의 전자적 압수에 관한 2011년 개정법 소개”, 형사법의 신동향 통권 제49호 (2015), 421면.

이상학, “테러방지 수권 규정과 기본권침해의 한계 – 독일연방수사청법의 테러방지권한에 대한 연방헌법재판소의 판결(2016.4.20.) 검토를 중심으로”, 공법학연구 제17권 제3호 (2016), 109면.

이순옥, “디지털증거의 역외 압수·수색”, 중앙법학 제20집 제1호 (2018), 117면.

이완규, “검사의 지위와 객관의무”, 형사소송법특강, 194면, 204면 (2006).

______, “디지털증거 압수수색과 관련성 개념의 해석”, 법조 제62권 제11호 (2013), 101면.

이용, 디지털증거 수집에 있어서의 협력 의무 (서울대학교 전문박사 학위논문, 2016).

이은모, 형사소송법 (제5판, 2015).

이재상·조균석, 형사소송법 (제11판, 2017).

이정민, “외국계 이메일 계정에 대한 압수·수색의 정당성”, 비교형사법연구 제19권 제3호 (2017), 117면.

이창현, 형사소송법 (제4판, 2018).

이한기, 국제법강의 (신정판, 1997).

임동규, 형사소송법 (제12판, 2016).

전현욱·윤지영, 디지털증거 확보를 위한 수사상 온라인수색 제도 도입방안에 대한 연구 (한국형사정책연구원, 2012).

정대용·김기범·이상진, “수색 대상 컴퓨터를 이용한 원격 압수수색의 쟁점과 입법론”, 법조 제714호 (2016), 46면.

정대용·김기범·권헌영·이상진, “디지털증거의 역외 압수수색에 관한 쟁점과 입법론”, 법조 제720호 (2016), 133면.

정문식, “테러방지 감시조치에 대한 위헌심사기준 – 독일연방헌법재판소 연방사법경찰청법(BKAG) 결정을 중심으로”, 법과 정책연구 제18권 제2호 (2018), 3면.

정웅석·최창호, 형사소송법 (2017).

정인섭, 신국제법강의 (제5판, 2014).

정진욱·김현철·조강홍, 컴퓨터네트워크 (2003).

조성훈, “정보통신망 침입에 대한 연구: 정보통신망 이용촉진 및 정보보호 등에 관한 법률 제48조를 중심으로”, 법조 제62권 제12호 (2013), 117면.

______, “디지털증거와 영장주의: 증거분석과정에 대한 규제를 중심으로”, 형사정책연구 제25권 제3호 (2013), 119면.

______, "디지털 미란다 원칙: 전자정보에 대한 압수·수색과 당사자의 참여권", 사법 제36호 (2016), 33면.
______, "수사기관 정보수집활동의 요건과 한계", 비교형사법연구 제18권 제3호 (2016), 153면.
______, "주거침입과 정보통신망침입: 보호법익과 '침입'의 해석론을 중심으로", 선진상사법률연구 제80호 (2017), 313면.
______, "정당방위에 대한 법이론적 고찰", 법학연구 제20권 제3호 (2017), 311면.
______, "역외 디지털증거 수집과 국제형사 규범의 발전", 법학논집 제43권 제3호 (2019), 93면.
차용석·최용성, 형사소송법 (제4판, 2013),
홍선기·강문찬, "테러방지법상 국정원 정보수집 권한에 대한 개정논의 – 최근 독일 연방헌법재판소의 판결과의 비교검토", 법과 정책연구 제17권 제3호 (2017), 439면.

[영미 문헌]

Abelson, Hal, Ross Anderson, Steven M. Bellovin, Josh Benaloh, Matt Blaze, Whiteld Die, John Gilmore, Peter G. Neumann, Ronald L. Rivest, Jerey I. Schiller & Bruce Schneier, The Risks of Key Recovery, Key Escrow, and Trusted Third-Party Encryption (1997).
Ackerman, Bruce, Social Justice in the Liberal State (1980).
Amar, Akhill Reed, *Fourth Amendment First Principles*, 107 Harvard Law Review 107 (1994).
Amram, Philip W., *United States Ratification of the Hague Convention on the Taking of Evidence Abroad*, 67 American Journal of International Law 104 (1973).
Ashby, Joseph R., *Declining to State a Name in Consideration of the Fifth Amendment's Self-Incrimination Clause and Law Enforcement Databases after Hiibel*, 104 Michigan Law Review 779 (2006).
Bellia, Patricia L., *Defending Cyberproperty*, 79 N.Y.U. Law Review 2164 (2004).
Bentham, Jeremy, An Introduction to the Principles of Morals and Legislation (1789).
Bradley, Craig M., *Two Models of the Fourth Amendment*, 83 Michigan Law Review 1468 (1985).
______, *The Court's Two Model Approach to the Fourth Amendment: Carpe Diem*, 84

Journal of Criminal Law & Criminology 429 (1993).

Brenner, Susan W. & Barbara A. Frederiksen, *Computer Searches and Seizures: Some Unresolved Issues*, 8 Michigan Telecommunications & Technology Law Review 39 (2002).

Brownlie, Ian, Principles of Public International Law (4th ed. 1990).

Carnahan, Sandra J., *The Supreme's Primary Purpose Test: A Roadblock to the National Law Enforcement Database*, 83 Nebraska Law Review 1 (2004).

Chander, Anupam & Uyen P. Le, *Data Nationalism*, 64 Emory Law Journal 677 (2015).

Chang, RayMing, *Why the Plain View Doctrine Should not Apply to Digital Evidence*, 12 Suffolk Journal of Trial & Appellate Advocacy 31 (2007).

Choi, Bryan H., *The Privilege Against Cellphone Incrimination*, 97 Texas Law Review Online 73 (2019).

Clancy, Thomas K., Cyber Crime and Digital Evidence: Materials and Cases (2011).

Cohen, Aloni & Sunoo Park, *Compelled Decryption and the Fifth Amendment: Exploring the Technical Boundaries*, 32 Harvard Journal of Law & Technology 169 (2018).

Cooter, Robert & Thomas Ulen, Law and Economics (6th ed. 2012).

Cutler, Samantha, Note, *The Face-Off Between Data Privacy and Discovery: Why U.S. Courts Should Respect EU Data Privacy Law When Considering the Production of Protected Information*, 59 Boston College Law Review 1513 (2018).

Dakoff, Howard S., *The Clipper Chip Proposal: Deciphering the Unfounded Fears That Are Wrongfully Derailing Its Implementation*, 29 John Marshall Law Review 475 (1996).

Daskal, Jennifer, *Microsoft Ireland, the CLOUD Act, and International Lawmaking 2.0*, 71 Stanford Law Review Online 9 (2018).

Determann, Lothar & Michaela Weigl, *Data Residency Requirements Creeping into German Law*, Bloomberg BNA Privacy & Security Law Report, 15 PVLR 529 (2016).

Diffie, Whitfield & Martin E. Hellman, *New Directions in Cryptography*, 22 IEEE Transactions on Information Theory 644 (1976).

Dodge, William S., *International Comity in American Law*, 115 Columbia Law Review 2017 (2015).

______, *The Presumption against Extraterritoriality in Two Steps*, 110 American Journal of International Law Unbound 45 (2016).

Farahany, Nita A., *Incriminating Thoughts*, 64 Stanford Law Review 351, 404 (2012),

Fleischer, Victor, *Regulatory Arbitrage*. 89 Texas Law Review 227 (2010).

Fletcher, George P., *The Right and the Reasonable*, 98 Harvard Law Review 949 (1985).

Froomkin, A. Michael, *The Metaphor is the Key: Cryptography, the Clipper Chip and the Constitution*, 143 University of Pennsylvania Law Review 709 (1995).

______, *It Came from Planet Clipper: The Battle Over Cryptographic Key "Escrow"*, 1996 University of Chicago Legal Forum 15 (1996).

Gentin, Jonathan, *Government-Sponsored Abduction of Foreign Criminals Abroad: Reflections on United States v. Caro-Quintero and the Inadequacy of the Ker-Frisbie Doctrine*, 40 Emory Law Journal 1227 (1991).

Ghappour, Ahmed, *Searching Places Unknown: Law Enforcement Jurisdiction on the Dark Web*, 69 Stanford Law Review 1075 (2017).

Goldstein, Abraham S., *The Search Warrant, the Magistrate, and Judicial Review*, 62 N.Y.U. Law Review 1173 (1987).

Hart, H.L.A., Punishment and Responsibility: Essays in the Philosophy of Law (1968).

Hegel, Georg Wilhelm Friedrich, Elements of the Philosophy of Right (Allen W. Wood ed., H.B. Nisbet trans., Cambridge Univ. Press 1991) (1821).

Jensen, Eric Talbot, *The Tallinn Manual 2.0: Highlights and Insights*, 48 Georgetown Journal of International Law 735 (2017).

Kant, Immanuel, *The Metaphysics of Morals*, *in* The Cambridge Edition of the Works of Immanuel Kant: Practical Philosophy (Mary J. Gregor, trans. and ed., Cambridge University Press 1996) (1797).

Kerr, Orin S., *The Problem of Perspective in Internet Law*, 91 Georgetown Law Journal 357 (2003).

______, *Cybercrime's Scope: Interpreting Access and Authorization in Computer Misuse Statutes*, 78 N.Y.U. Law Review 1596 (2003).

______, *The Fourth Amendment and New Technologies: Constitutional Myths and the Case for Caution*, 102 Michigan Law Review 801 (2004).

______, *A User's Guide to the Stored Communications Act, And A Legislator's Guide to Amending It*, 72 George Washington Law Review 1208 (2004).

______, *Digital Evidence and the New Criminal Procedure*, 105 Columbia Law Review 279 (2005).

______, *Searches and Seizures in a Digital World*, 119 Harvard Law Review 531 (2005).

______, *Search Warrants in an Era of Digital Evidence*, 75 Mississippi Law Journal 85 (2005).

______, Computer Crime Law (2d ed. 2009).

______, *Fourth Amendment Seizures of Computer Data*, 119 Yale Law Journal 700 (2010).

______, *Ex Ante Regulation of Computer Search and Seizure*, 96 Virginia Law Review 1241 (2010).

______, *The Fourth Amendment and the Global Internet*, 67 Stanford Law Review 285 (2015).

______, *Executing Warrants for Digital Evidence: The Case for Use Restrictions on Nonresponsive Data*, 48 Texas Tech Law Review 1 (2015).

______, *Encryption Workarounds*, 106 Georgetown Law Journal 989 (2018).

______, *Compelled Decryption and the Privilege Against Self-Incrimination*, 97 Texas Law Review 767 (2019).

Kerr, Orin S. & Sean D. Murphy, *Government Hacking to Light the Dark Web: What Risks to International Relations and International Law*, 70 Stanford Law Review Online 58 (2017).

Kessler, David J., Jamie Nowak & Sumera Khan, *The Potential Impact of Article 48 of the General Data Protection Regulation on Cross Border Discovery from the United States*, 17 Sedona Conference Journal 575 (2016).

LaFave, Wayne R., Jerold H. Israel, Nancy J. King & Orin S. Kerr, Criminal Procedure (5th ed. 2009).

Lasson, Nelson B., The History and Development of the Fourth Amendment to the United States Constitution 25 (1937).

Lessig, Lawrence, Code: Version 2.0 (2006).

Maclin, Tracey, *When the Cure for the Fourth Amendment is Worse than the Disease*, 68 S. California Law Review 1 (1994).

______, *The Complexity of the Fourth Amendment: A Historical Review*, 77 Boston University Law Review 925 (1997).

Mandelman, Joel C., *Lest We Walk Into the Well: Guarding the Keys-Encrypting the Constitution: To Speak, Search, & Seize in Cyberspace*, 8 Albany Law Journal of Science and Technology 227 (1998).

Nozick, Robert, Anarchy, State, and Utopia (1974).

Paulussen, C.Y.M., *Male Captus Bene Detentus?* Surrendering Suspects to the International Criminal Court (2010).

Prosser, William L., Torts (4th ed. 1971).

Rawls, John, Political Liberalism (Expanded Ed. 2005).

Ryan, Patrick & Sarah Falvey, *Trust in the Clouds*, 28 Computer Law & Security

Review 513 (2012).

Sacharoff, Laurent, *Unlocking the Fifth Amendment: Passwords and Encrypted Devices*, 87 Fordham Law Review 203 (2018).

Scheurer, Kirsten, *The Clipper Chip: Cryptography Technology and the Constitution - The Government's Answer to Encription "Chips" away at Constitutional Rights*, 21 Rutgers Computer & Technology Law Journal 263 (1995).

Schopp, Robert F., Justification Defenses and Just Conviction (1998).

Schwartz, Paul M. & Karl-Nikolaus Peifer. *Transatlantic Data Privacy Law*, 106 Georgetown Law Journal 115 (2017).

Schwartz, Paul M., *Legal Access to the Global Cloud*, 118 Columbia Law Review 1681 (2018).

Shaw, Malcolm N., International Law (6th ed. 2008).

Slobogin, Christopher, *Subpoenas and Privacy*, 54 DePaul Law Review 805 (2005).

Smith, Henry E.. *Semicommon Property Rights and Scattering in the Open Fields*, 29 Journal of Legal Studies 131 (2000).

Steiker, Carol S., *Counter-Revolution in Constitutional Criminal Procedure? Two Audiences, Two Answers*, 94. Michigan Law Review 2466 (1996).

Swire, Peter & Kenesa Ahmad, *Encryption and Globalization*, 13 Columbia Science & Technology Law Review 416, 433 (2012).

Swire, Peter & Justin D. Hemmings, *Mutual Legal Assistance in an Era of Globalized Communications*, 71 N.Y.U. Annual Survey of American Law 687 (2016).

Swire, Peter & Justin Hemmings, *Stakeholders in Reform of the Global System for Mutual Legal Assistance*, in Bulk Collection: Systematic Government Access to Private Data 49 (Fred H. Cate & James X. Dempsey eds., 2017).

Swire, Peter, *From Real-Time Intercepts to Stored Records: Why Encryption Drives the Government to Seek Access to the Cloud*, in Bulk Collection: Systematic Government Access to Private Data 409 (Fred H. Cate & James X. Dempsey eds., 2017).

Swire, Peter & DeBrae Kennedy-Mayo, *How Both the EU and the U.S. Are "Stricter" than Each Other for the Privacy of Government Requests for Information*, 66 Emory Law Journal 617 (2017).

Street, Caitlin T., *Streaming the International Silver Platter Doctrine: Coordinating Transnational Law Enforcement in the Age of Global Terrorism and Technology*, 49 Columbia Journal of Transnational Law 411 (2010).

Stunz, William J., *Implicit Bargains, Government Power, and the Fourth Amendment*, 44

Stanford Law Review 553 (1992).

______, *The Substantive Origins of Criminal Procedure*, 105 Yale Law Journal 393 (1995).

______, *Local Policing after Terror*, 111 Yale Law Journal 2137 (2002).

Ward, Linda C.. *Forcible Abduction Made Fashionable: United States v. Alvarez-Machain's Extension of the Ker-Frisbie Doctrine*, 47 Arkansas Law Review 477 (1994).

Winick, Raphael, *Searches and Seizures of Computers and Computer Data*, 8 Harvard Journal of Law & Technology 75 (1994).

Woods, Andrew Keane, Against Data Exceptionalism, 68 Stanford Law Review 729 (2016).

Zambrano, Diego, *A Comity of Errors: The Rise, Fall, and Return of International Comity in Transnational Discovery*, 34 Berkeley Journal of International Law 157 (2016).

Ziff, David J.S., Note, *Fourth Amendment Limitations on the Execution of Computer Searches Conducted Pursuant to a Warrant*, 105 Columbia Law Review 841 (2005).

[독일 문헌]

Bär, Wolfgang, *Transnationaler Zugriff auf Computerdaten*, Zeitschrift für Internationale Strafrechtsdogmatik 2011, 50.

______, 27. Kapital, in: Wabnitz/Janovsky (Hrsg), Handbuch des Wirtschafts- und Steuerstrafrechts, 4. Aufl. 2014.

Gaede, Karsten, *Der grundrechtliche Schutz gespeicherter E-Mails beim Provider und ihre weltweite strafprozessuale Überwachung*, Strafverteidiger 2009, 96, 101

Gercke, Björn, *Straftaten und Strafverfolgung im Internet*, Goltdammer's Archiv für Strafrecht 2012, 474.

Hofmann, Manfred, *Die Online-Durchsuchung - staatliches "Hacken" oder zulässige Ermittlungsmaßnahme*, Neue Zeitschrift für Strafrecht 2005, 121.

Krüger, Christine, *Anmerkung zu BVerfG, Beschluss vom 16.6.2009 - 2 BvR 902/06*, Multimedia und Recht 2009, 680.

Meyer-Goßner, Lutz & Bertram Schmitt, Strafprozessordnung, 61. Aufl. 2018.

Rath, Michael, Christian Kuß & Christoph Maiworm, *Die neue Microsoft Cloud in Deutschland mit Datentreuhand als Schutzschild gegen NSA & Co.?*, Computer und Recht 2016, 98.

Schuster, Frank Peter, *Telekommunikationsüberwachung in grenzüberschreitenden Strafverfahren nach Inkrafttreten des EU-Rechtshilfeübereinkommens*, **Neue Zeitschrift für Strafrecht** 2006, 657.

______, *Verwertbarkeit von Beweismitteln bei grenzüberschreitender Strafverfolgung*, **Zeitschrift für Internationale Strafrechtsdogmatik** 2016, 564.

Schwartz, Paul M. & Karl-Nikolaus Peifer, *Datentreuändermodelle-Sicherheit vor Herausgabeverlangen US-amerikanischer Behörden und Gerichte?*, **Computer und Recht** 2017, 165.

[조약, 정부 문헌 등]

The Hague Convention of 18 March 1970 on the Taking of Evidence Abroad in Civil or Commercial Matters.

Directive 95/46/EC of the European Parliament and of the Council of 24 October 1995 on the Protection of Individuals with Regard to the Processing of Personal Data and on the Free Movement of Such Data, 1995 O.J. (L 281) 31-50.

UN General Assembly, Rome Statute of the International Criminal Court , 17 July 1998.

Council of Europe, Convention on Cybercrime, 23 November 2001.

Regulation (EU) 2016/679 of the European Parliament and of the Council of 27 April 2016 on the Protection of Natural Persons with Regard to the Processing of Personal Data and on the Free Movement of Such Data, and Repealing Directive 95/46/EC (General Data Protection Regulation), 2016 O.J. (L 119) 1 (EU).

American Law Institute, Restatement (Third) of the Foreign Relations Law of the United States (1987).

Cybercrime Convention Committee (T-CY), Transborder Access and Jurisdiction: What are the Options? (2012).

Tallinn Manual on International Law Applicable to Cyber Warfare (Michael N. Schmitt ed., 2013).

Tallinn Manual 2.0 on the International Law Applicable to Cyber Operations (Michael N. Schmitt ed., 2d ed. 2017).

U.S. Department of Justice, Searching and Seizing Computers and Obtaining Electronic Evidence in Criminal Investigation (3d ed. 2009).

Report of the United States Delegation to Eleventh Session of Hague Conference on Private International Law, 8 International Legal Materials 785 (1969).

[기타]

Adams, Michael J., *A Warning About Tallinn 2.0 … Whatever It Says*, **LawFare** (2017. 1. 4.).

Electronic Privacy Information Center, *Cryptography Policy*, available at: http://epic.org/crypto

Hackers Writer, *Bruteforce Password Cracking Software Tries 8 Million Times Per Second*, **Hackers News Bulletin** (2013. 9. 4.).

Kerr, Orin, A *Revised Approach to the Fifth Amendment and Obtaining Passcodes*, **Washington Post: Volokh Conspiracy** (2015. 9. 25.).

______, *Remotely Accessing an IP Address Inside a Target Computer Is a Search*, **Washington Post: Volokh Conspiracy** (2016. 10. 7.).

______, *When 'Miranda' Violations Lead to Passwords*, **Washington Post: Volokh Conspiracy** (2016. 12. 12.).

Macaskill, Ewen & Gabriel Dance, *NSA Files: Decoded*, **Guardian** (2013. 11. 1.).

Nakashima, Ellen, *Apple Vows to Resist FBI Demand to Crack iPhone Linked to San Bernardino Attacks*, **Washington Post** (2016. 2. 17.).

Smith, Brad, *In the Cloud We Trust*, **Microsoft Stories**. available at: http://news.microsoft.com/stories/inthecloudwetrust

Study on Searches and Seizures of Extraterritorial Data

The issue of law enforcement access to extraterritorial data is increasingly important because of the transnational nature of crime and network, and the development of encryption technology. Frustrated by delays in accessing data located across territorial borders, some nations are asserting that they can unilaterally compel Internet Service Providers that operate in their jurisdiction to produce the emails and other private communications that are stored in other nation's jurisdictions, without regard to the location or nationality of the target. Others are considering mandatory data localization requirements. However, it is difficult to guarantee the effectiveness of individual countries' efforts to secure extraterritorial data. That is, the vicious circle of regulation and avoidance can result in undesirable consequences in both political and economic terms while undermining public interests, such as national security and due law enforcement. Based on this awareness of the problem, this text reviews the problems associated with law enforcement access to data across borders such as the complicated jurisdictional, privacy, and security matters.

Due to the concerns over the possibility of harmful consequences associated with the characteristics of computer searches and seizures, there are opinions suggesting that new restrictions are needed in addition to existing legal principles. In chapter three of this book, I examined the legal and practical aspects of proposed schemes for regulating computer warrants. The *ex ante* restrictions on the execution of computer warrants is not acceptable in theory and cannot be an effective plan. The *ex post* judicial review also does not provide a timely response to illegal investigation practices. Therefore, there is a need to strengthen "intermediate level regulation" through the right to participate in the execution of searches and seizures. Furthermore, it is necessary to allow the procedure for motion to squash a computer warrant.

As a domestic legal aspect of collecting extraterritorial data, the legal issues of the investigation agency's access to electronically stored information were reviewed in chapter four. First, I classified various methods for collecting data into (1) asking the 'statement' of access information, (2) requesting 'actions' such as entering access information, and (3) collecting 'biometric information' used as access information. Then, I reviewed the judging criteria for legality in relation to the right to silence. Access and encryption information should be protected by the right to silence. In addition, corresponding protection should be provided for 'biometric information' used as access information and 'actions' such as entering access information.

In chapter five, I reviewed the scope and limitations of law enforcement access to extraterritorial data by separately considering the issue of international law and the problem of the exclusion of illegally obtained evidence. In the context of remote cyber operations, the violation sovereignty should be based on two different bases: (1) the degree of infringement of the target State's territorial integrity and (2) whether there has been an interference with or usurpation of inherently governmental functions. When reviewing the contents of existing international norms and domestic laws of individual countries, it is likely that 'access without authorization' constitutes a violation of territorial sovereignty. Next, the issues of the rule of exclusion of illegally obtained evidence were reviewed. The right to participate should function as the key criteria for determining the admissibility of digital evidence because it is the core institution for protection of right of informational self-determination in the context of seizure and search of electronically stored information.

Finally, I reviewed (1) the jurisprudence of limiting state jurisdiction according to the principles of international comity and (2) methods for cooperation for global information sharing. In the process of building the system for information sharing through international cooperation, (1) the principles related to personal information protection can be developed into practical principles for regulation of computer searches and seizures and (2) criminal procedure laws associated with the digital evidence can converge and promote the development of new international criminal norms.

판례색인

[대한민국 판례]

[미국 판례: 연방대법원]

[미국 판례: 연방항소법원]

[미국 판례: 연방지방법원]

[미국 판례: 주 법원]

[독일 판례]

[기타]

사항색인

[ㅅ]

[ㅇ]

[ㅈ]

저자 약력

조성훈

서울대학교 화학부
사법시험 · 행정고등고시 합격, 사법연수원 수료
서울대학교 대학원 (법학박사)
미 뉴욕주 변호사시험 합격
미 버클리 법학대학원 (법학박사)

검사
김 · 장 법률사무소 변호사
연세대, 서강대, 이화여대 법학전문대학원 겸임교수
대한변호사협회 학술위원회 위원 (형사법 · 지적재산법)
한국형사소송법학회 이사

역외 전자정보 압수 · 수색 연구

초판발행 2020년 6월 25일
초판2쇄발행 2021년 9월 15일

지은이 조성훈
펴낸이 안종만

편 집 한두희
기획/마케팅 조성호
표지디자인 이미연
제 작 우인도 · 고철민

펴낸곳 도서출판 박영사
경기도 파주시 회동길 37-9(문발동)
등록 1952. 11. 18. 제406-3000000251001952000002호(倫)
전 화 02)733-6771
f a x 02)736-4818
e-mail pys@pybook.co.kr
homepage www.pybook.co.kr
ISBN 978-89-10-98016-2 93360

정 가 28,000원